KB250202

SERI 보고서로 읽는 **글로벌 경제위기**

SERI 보고서로 읽는 글로벌 경제위기

2009년 4월 30일 초판 1쇄 발행
2010년 7월 12일 초판 4쇄 발행

엮 은 이 | 삼성경제연구소
펴 낸 곳 | 삼성경제연구소
펴 낸 이 | 정기영
출판등록 | 제302-1991-000066호
등록일자 | 1991년 10월 12일
주   소 | 서울시 서초구 서초2동 1321-15 삼성생명 서초타워 30층
         전화 3780-8153(기획), 3780-8084(마케팅)
         팩스 3780-8152
         http://www.seri.org   seribook@seri.org

ISBN | 978-89-7633-396-4 03320

• 저자와의 협의에 의해 인지는 붙이지 않습니다.
• 가격은 뒤표지에 있습니다.
• 잘못된 책은 바꾸어 드립니다.

삼성경제연구소 도서정보는 이렇게도 보실 수 있습니다.
인터넷 홈페이지에서 → SERI 북 → SERI가 만든 책

SERI 보고서로 읽는
글로벌 경제위기

삼성경제연구소 엮음

삼성경제연구소

세계경제와 그 구성원으로서 한국경제는 전례 없는 위기의 거대한 소용돌이를 헤쳐 나오기 위해 안간힘을 쓰고 있다. 이 소용돌이가 미국발 서브프라임 모기지 부실에서 시작되었음은 분명하나 그 바닥이 얼마나 깊을지, 또 언제까지 계속될지 섣불리 예측하기는 어렵다. 일부에서는 불황은 이제 시작일 뿐이라고 목소리를 높인다. 또 다른 쪽에서는 한국경제의 조기 회복설을 제기하기도 한다. 하지만 지나친 비관론도, 때 이른 낙관론도 위기극복에는 결코 도움이 되지 못한다.

삼성경제연구소는 이번 위기에 대응해 2009년 들어 비상연구체제로 전환하고 유효한 기업대응 전략과 정책대안을 제시하는 많은 연구결과물을 발신해오고 있다. 이 중에서 경제위기 극복에 도움이 되는 핵심 보고서들을 엄선해 《SERI 보고서로 읽는 글로벌 경제위기》(경제편)와 《SERI 보고서로 읽는 불황기 경영전략》(경영편)이라는 이름 아래 두 권의 책으로 묶었다.

경제편에서는 현재 글로벌 경제위기가 어떻게 진행되고 있는지, 주요 국가들의 상황은 어떠한지, 그리고 우리 경제는 지금 어디에 서 있는지, 그 현황을 정확히 읽어내는 데 초점을 두었다. 희망은 현실을 직시하는 것에서부터 가능해진다는 판단에서다. 경영편에서는 금융불안이 실물경제 침체로 전이되고 본격적인 불황기로 접어들고 있는 상황에 대비하여 각각의 산업이 처한 환경을 분석하고 기업들이 어떻게 살아남을 수 있을 것인지 그 구체적인 전략을 제시하는 데 집중하였다.

현 경제위기와 관련하여 이미 수많은 책들이 나와 있다. 긴 호흡을 필요로 하는 책들과 비교해 이 책은 시의성과 실용성이라는 측면에서 장점을 가지고 있다. 말 그대로 보도 듣도 못한 전대미문의 위기상황은 무엇보다 우리에게 빠르고 냉철한 판단과 실행을 요구하고 있다. 이 책은 핵심만을 간추리고 있을 뿐 아니라 실천적 대안을 제시하는 데 무게를 두고 있기에 더욱 유용하게 쓰일 수 있을 것이다.

글로벌 경제위기는 여전히 진행 중이다. 모든 것이 불투명한 상황에서 명확한 것은 위기극복이 쉽지 않으며 그 후유증 또한 만만치 않을 것이라는 사실뿐이다. 그러함에도 우리 경제가 더디게나마 회복의 기미를 보이고 있음은 다행스럽기 그지없다. 아무쪼록 연구원들의 노고가 담긴 이 책이 널리 활용되어 회복의 시기를 조금이라도 앞당기는 데 일조하기를 기대한다. 의미있는 보고서를 작성한 연구원들, 편집하느라 수고한 출판팀원들에게 심심한 감사를 표한다.

2009년 4월
삼성경제연구소 소장 정기영

2009년 세계경제 및 국내경제 전망

00

SERI Economic Outlook

≫≫≫ 2009. 2. 16. (2009. 4. 24. 업데이트)

황인성, 구본관, 전효찬, 장재철, 이지훈, 정영식, 박현수, 신창목, 강성원, 유정석, 손민중, 이종규

Summary

　2008년 4/4분기 이후 경제상황이 급속히 악화되고 있다. 국내 금융시장은 다소 진정 기미를 보이고 있으나, 세계경제의 침체가 한국경제에 본격적인 영향을 미치고 있다. 수출 감소, 내수 침체로 인해 2008년 4/4분기 경제성장률은 전년동기 대비 -3.4%로 1998년 이후 처음으로 마이너스 성장을 기록했다. 공장의 평균가동률이나 재고가 외환위기 직후인 1998년 수준에 머무는 등 경제활동이 급속히 위축되고 있다. 경제에 대한 불안감이 커지면서 건설업, 조선업 등 어려움을 겪고 있는 기업에 대한 구조조정이 단행되는 등 경제 내의 부실 확산을 제어하려는 노력이 병행되고 있다.

　2009년 세계 경제성장률(PPP기준)은 1960년대 이후 최저 수준인 0.5%로 전망된다. 미국 등 주요 선진국은 마이너스 성장을 기록할 것으로 보이고, 신흥개도국의 경기도 급속히 하강할 전망이다. 대외여건의 악화로 수출 중심의 성장을 해온 한국경제는 큰 충격을 피할 수 없을 전망이다. 2009년 경제성장률은 -2.4%로 1980년, 1998년 이후 세 번째로 마이너스 성장을 기록할 것으로 보인다. 지난해 4/4분기의 경기 급락 추세가 상반기까지 이어지고, 하반기에는 전기 대비 성장률이 0.8%에 그치는 매우 완만한 회복세가 예상된다. 지난 6년간 두 자릿수 증가세를 유지한 수출은 2009년에는 두 자릿수 감소가 예상된다. 소비도 일자리 창출력 저하로 가계버블 붕괴를 겪은 2003~2004년 이후 처음으로 감소할 것으로 예상된다. 하반기에는 글로벌 금융불안이 완화되고 정부의 경기부양조치가 효과를 보이면서 경기가 완만히 회복될 전망이다.

2009년에는 민간의 경제활동을 자극하는 정부의 적극적인 역할이 요구된다. 추경 편성 등을 통해 재정지출 확대를 일관되게 추진하는 한편, 추가적인 금리 인하 등의 정책조합을 추진해야 할 것이다. 또한 정부의 경기부양효과가 최대한 시현될 수 있도록 세밀한 조치가 필요하다. 예산집행이 신속히 이루어지도록 하는 한편, 예산부족으로 사업이 지연되지 않도록 지방자치단체의 재정 부담을 중앙정부가 대신하는 방안을 고려할 필요가 있다. 공급된 유동성이 가계 및 기업으로 충분히 흘러들어가도록 해야 한다. 특히 중소기업은 은행의 대출을 중요한 자금조달 재원으로 사용하고 있기 때문에 중소기업 대출 비중이 큰 국책은행이나 지방은행에 유동성을 우선적으로 지원할 필요가 있다. 또한 경기부양책이 원활히 진행되기 위해 현재 추진 중인 기업구조조정이 차질없이 신속히 마무리되어야 할 것이다.

Summary

| 2009년 국내 경제지표 전망 |

(전년동기 대비)

구분	단위	2008년					2009년		
		1/4	2/4	3/4	4/4	연간	상반기	하반기	연간
경제성장률 (전기 대비)	%	5.5 (1.1)	4.3 (0.4)	3.1 (0.2)	-3.4 (-5.1)	2.2	-3.9 (-2.0)	-1.0 (0.8)	-2.4
민간소비		4.0	2.3	1.4	-3.7	0.9	-4.2	-1.7	-3.0
고정투자		-0.5	-0.6	1.8	-7.3	-1.7	-5.5	1.5	-1.9
설비	%	1.5	1.1	4.3	-14.0	-2.0	-12.7	-3.2	-8.1
건설		-1.9	-0.3	0.2	-5.6	-2.1	-0.3	4.7	2.4
총 수출		11.1	10.9	8.5	-11.6	4.1	-12.8	-1.4	-7.2
총 수입		11.8	10.0	10.6	-11.6	4.6	-12.9	-1.0	-7.1
소비자물가	%	3.8	4.8	5.5	4.5	4.7	2.7	1.7	2.2
실업률	%	3.4	3.1	3.1	3.1	3.2	4.1	3.8	4.0
경상수지	억 달러	-52	-1	-86	75	-64	64	71	134
무역수지	억 달러	-66	-3	-79	15	-133	22	49	71
수출 (증가율)	억 달러 (%)	994 (17.4)	1,145 (23.1)	1,150 (27.0)	931 (-9.9)	4,220 (13.6)	1,622 (-24.2)	1,954 (-6.1)	3,576 (-15.2)
수입 (증가율)	억 달러 (%)	1,061 (28.9)	1,148 (30.5)	1,229 (42.8)	915 (-9.0)	4,353 (22.0)	1,600 (-27.5)	1,904 (-11.2)	3,504 (-19.4)
원/달러	원	957	1,018	1,066	1,364	1,102	1,308	1,124	1,216
회사채수익률	%	6.4	6.3	7.2	8.3	7.0	6.7	5.7	6.2
두바이유가	달러/배럴	91.4	116.7	113.7	52.9	94.3	50.3	62.4	56.4

Ⅰ 최근 국내경제 흐름

2008년 4/4분기 중 경기 급락

◉ 한국경제는 2008년 4/4분기 들어 외환위기 직후인 1998년 이후 처음으로 마이너스 성장을 기록

○ 2008년 4/4분기 경제성장률은 전년동기 대비 -3.4%, 전기 대비로는 -5.1%를 기록
  • 제조업의 평균가동률은 외환위기 이후 처음으로 70% 이하로 하락하고, 재고율도 2008년 7월 107.3%에서 12월에는 129.2%로 상승

○ 세계경제의 침체로 인해 수출이 급감하고 내수도 수출만큼 위축
  • 2008년 4/4분기 내수용 출하증가율은 전년동기 대비 -12.4%로 수출용 출하증가율인 -9.2%를 상회

| 분기별 경제성장률 추이 |

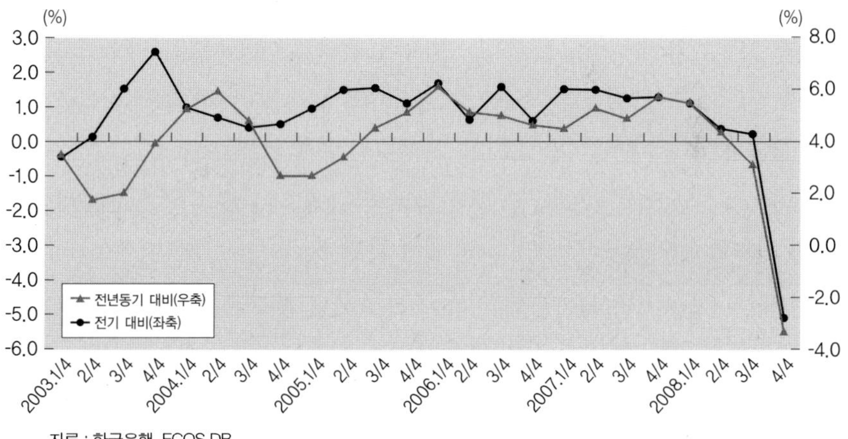

자료 : 한국은행, ECOS DB.

경상수지는 흑자 전환, 물가는 소폭 둔화

◉ 2008년 4/4분기에는 수출 급감에도 불구하고, 유가 등 원자재가격의 하락으로 경상수지가 75.2억 달러의 흑자를 기록

○ 2008년 4/4분기에는 세계경제 침체로 인한 수출 감소에도 불구하고 수
입도 감소하여 상품수지는 49.7억 달러의 흑자로 전환
  • 서비스수지는 동 기간 중 원화가치 하락, 내수 위축 등으로 적자폭이
    17.0억 달러로 축소

○ 자본수지는 2008년 4/4분기 중 외국인 주식매도 축소 등에 따라 외국인
증권투자수지는 흑자를 기록했으나, 금융기관의 해외차입금 상환으로
418억 달러의 적자를 기록

| 경상수지와 자본수지 추이 |

(단위: 억 달러)

구분	2007년				2008년			
	1/4	2/4	3/4	4/4	1/4	2/4	3/4	4/4
경상수지	-10.1	-13.0	43.4	38.5	-52.1	-1.3	-85.8	75.2
상품	57.2	58.1	88.8	77.5	-12.2	57.2	-34.8	49.7
서비스	-53.9	-44.2	-52.6	-47.0	-50.7	-42.7	-56.9	-17.0
자본수지	63.6	89.5	-43.2	-38.6	4.0	-46.7	-48.5	-418.1
외국인 증권투자	-122.3	-10.6	-114.6	-13.2	-99.9	60.0	-123.9	10.2
차입	155.5	106.3	62.0	95.9	146.7	1.0	106.0	-449.6

자료 : 한국은행, ECOS DB.

◉ 물가상승세는 2008년 3/4분기를 정점으로 소폭 하락

○ 물가 상승압력은 2008년 3/4분기까지는 국제유가 상승으로 확대되었으
나, 4/4분기 이후 유가 급락으로 점차 완화

○ 2008년 4/4분기 소비자물가는 유가 급락에도 불구하고, 원/달러 환율 상
승의 영향으로 4%대 중반의 상승세를 유지
  • 2009년 들어 1/4분기 소비자물가상승률은 전년동기 대비 3.9%로 하락

금융시장은 유동성 위기에서 벗어났으나 불안감 지속

◉ 정책당국의 유동성 지원 대책과 글로벌 금융시장 불안의 완화로 인해 국
내 금융시장은 위기상황에서 일단 탈피

○ 한국은행은 기준금리를 대폭 인하하고 리먼 사태 이후 유동성 지원을 통해 2009년 1월까지 총 22조 원을 시장에 공급

　• 정부도 국책은행 출자 확대, 채권시장 안정 지원 등을 통해 유동성 개선을 도모[1]

○ 은행의 원화유동성이 호전되면서 시장금리도 하락 추세

　• 2008년 4/4분기 중 은행예금은 크게 증가(30.4조 원)한 반면 대출증가세는 둔화(9.1조 원)됨에 따라 예대율이 하락하고 원화유동성이 개선[2]

○ 금융시장 불안이 완화되고 외국인 자금 이탈이 일단락되면서 주가지수도 상승세로 반전

| 주가지수 추이 |

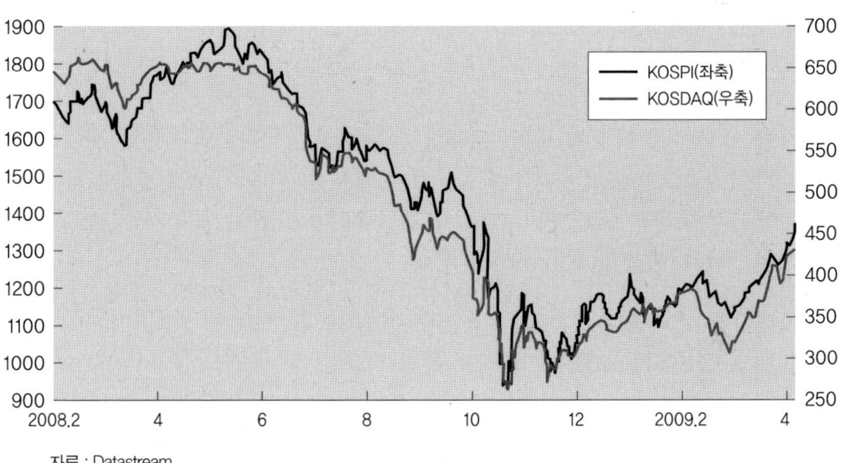

자료 : Datastream.

◉ 그러나 기업 자금사정은 여전히 경색되었고 원/달러 환율이 높은 수준을 유지하는 등 시장의 불안감은 지속

○ 은행의 기업대출은 2008년 하반기 이후 크게 둔화되었으며 12월에는 5.3조 원이나 감소하는 등 자금공급이 부진

1　5대 국책은행에 3.95조 원을 출자하고, 채권시장 활성화를 위해 조성된 채권시장안정펀드도 5조 원 규모로 출범

2　2009년 4월 현재 시장금리는 2008년 12월 고점(8.91%)에 비해 2.9%p 이상 하락

- 2008년 12월 기업대출의 83%를 차지하는 중소기업대출 역시 2.7조 원 감소

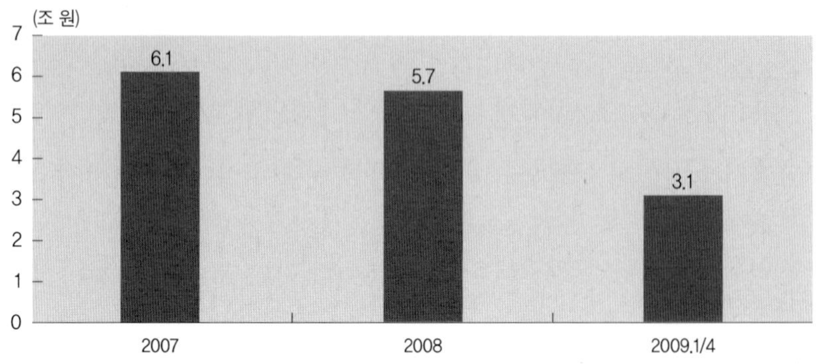

자료 : 한국은행, ECOS DB.

○ 기업 자금사정 악화로 대출 연체율이 높아지고 어음 부도율도 상승세
- 기업대출 연체율은 2007년 말 0.92%에서 2008년 말에는 1.46%로 상승
- 어음부도율은 2007년 0.02%(연평균)에서 2008년 말 0.04%로 상승하여 2009년 3월 현재 0.05%로 상승

○ 외화유동성 상황을 나타내는 CDS 프리미엄은 2009년 1월 중순 이후 상승세로 반전되어 2008년 12월 수준을 기록

| CDS 프리미엄 추이(외화채권에 대한 5년 만기 기준) |

(단위: bp)

2008.10.27.	2008.12.31.	2009.1.7.	2009.1.30.	2009.3.3.	2009.4.6.
699	316	267	331	465	298

자료 : 국제금융센터, DB.

○ 원화는 글로벌 금융불안 재개와 이에 따른 외화유동성 부족 우려로 인해 달러 대비 약세를 시현
- 주식시장에서 외국인이 주식 순매수로 전환했고 2009년 경상수지도 흑자를 기록할 것으로 예상됨에도 불구하고 원화는 약세를 지속

Ⅱ 2009년 세계경제 향방

1. 2009년 세계경제

2008년 하반기부터 침체 국면으로 진입

◉ 2008년 하반기 이후 세계적으로 실물경기 위축이 본격화

　○ 2008년 3/4분기 이후 세계 소비증가율이 급격히 둔화
　　• 세계 소비증가율(전기 대비 연율)이 2008년 1/4분기 2.7%에서 2/4분기 와 3/4분기 각각 0.7%, 0.0%로 감속하고, 4/4분기에는 -2.9%로 하락

　○ 세계 고정투자증가율(전기 대비 연율)도 2008년 2/4분기 2.6%에서 3/4 분기 -1.3%, 4/4분기 -10.2%로 급락하는 등 투자조정이 빠르게 진행

　○ 세계 경제성장률(전년동기 대비)은 2008년 1/4분기와 2/4분기 각각 3.8%, 3.3%에서 3/4분기 2.2%, 4/4분기에는 -0.2%로 급락

◉ 선진국에서 시작된 실물경제의 위축이 신흥·개도국으로 파급

　○ 선진경제권인 OECD 국가의 고정투자는 이미 2008년 1/4분기부터, 소비 는 2008년 2/4분기부터 마이너스 성장(전기 대비)으로 전환

　○ 신흥·개도국의 성장률도 빠른 속도로 감소되는 양상
　　• 두 자릿수 증가세를 보이던 고정투자증가율이 2008년 3/4분기부터 한 자릿수로 줄고, 수출증가율은 4/4분기에는 마이너스(전기 대비)로 전환

2009년 세계경제는 플러스 성장이 어려울 전망

◉ 2009년 중반 저점 통과 후 완만한 회복세를 보이는 'U자' 형 회복이 예상

　○ 금융불안 완화와 경기부양에 대한 국제공조 강화에 힘입어 금융 및 경 제 시스템이 점차 안정세를 회복
　　• 금융기관의 디레버리징(de-leveraging) 현상은 상반기에 어느 정도 일 단락

- 각국의 경기부양책도 상반기부터 본격적으로 집행

○ 이러한 정책효과에 힘입어 미국을 중심으로 한 선진국경제가 2009년 2/4분기 전후를 저점으로 하여 완만한 회복세를 시현할 전망

● 하반기 실물경제가 회복세로 전환하더라도 2009년 세계경제는 마이너스 성장에 그칠 것으로 예상

○ 국제공조를 통한 세계 각국의 대대적인 경기부양책 발표에도 불구하고 단기간 내에 경기를 회복시키기에는 역부족
  - 주가 및 부동산 가격의 추가 하락 가능성에 대한 시장의 우려는 상존
  - 추가 부실 가능성으로 인해 금융기관의 위험회피적 여신관행은 지속

○ 부실처리 및 구조조정의 여파가 가계로 파급되면서 소비회복이 지연

● 세계경기 침체와 보호무역주의의 확산으로 인해 동아시아 등과 같은 수출의존형 경제에 심각한 충격이 우려

○ 2009년 세계 수입수요가 감소(전년 대비 -12.2%)하는 데다 각국의 보호무역주의 강화로 인해 수출환경은 크게 악화

○ ANIE's(Asia's Newly Industrialized Economies), ASEAN, 러시아, 중국 등 수출이 GDP에서 차지하는 비중이 높고, 수입보다 수출 비중이 높은 국가일수록 타격이 클 것으로 예상

세계 각국이 上低下高형 성장 패턴 시현

● 미국경제는 2009년 2/4분기에 저점을 통과할 것으로 예상

○ 상반기 중에는 신용경색 국면의 지속 및 경기부양책의 시행 지연, 소비 및 투자 심리의 위축 등으로 인해 침체 국면이 지속
  - FRB 등의 유동성 공급에도 불구하고 단기간 내에 금융경색 해소가 어렵고, 경기부양법안 발효에서 실질적인 재정지출까지 상당한 시차가 존재
  - 주택가격 및 주가 하락에 따른 역자산효과와 고용사정 악화 등으로 인해 가계가 소비보다는 저축을 중시

○ 하반기부터는 경기부양책의 효과가 나타나면서 경기의 하락폭이 둔화
- 미국 정부 및 FRB의 공격적인 구제금융 및 경기부양 정책 효과가 하반기부터 서서히 가시화

◉ 2009년 유럽경제도 마이너스 성장(-1.9%)이 불가피

○ 신용경색 장기화에 따른 디레버리징 등의 영향으로 설비투자와 소비가 둔화된 데다 수출도 부진

○ 금리 인하와 경기부양 효과가 나타나면서 2009년 3/4분기 이후 성장세로 전환
- 유럽중앙은행(ECB)은 2009년 중반에 정책금리를 1%까지 인하할 것으로 예상

○ 독일경제는 내수 부진에다 GDP의 40%를 차지하고 있는 수출 부진의 영향까지 가세하면서 -2.3% 성장 예상

○ 영국경제는 OECD 선진국 중 가장 낮은 -2.8% 성장 전망
- 건설, 제조업에서 생산활동이 부진한데다 주택가격 하락과 주택경기 침체로 부동산 관련 서비스산업은 물론 금융위기로 인해 금융산업도 타격
- 정부 재정적자는 우려할 만한 수준(GDP 대비 4.4%)으로 악화

◉ 일본경제는 엔고와 그에 따른 수출 부진이 아킬레스건으로 작용

○ 세계 금융불안의 영향으로 인해 그동안 세계 자금공급원 역할을 하던 엔화가 회수(엔 캐리 청산)되고 엔고가 빠르게 진행
- 이로 인해 자동차, 전자 등 내구재 수출에 강점을 가진 일본의 산업구조 자체가 오히려 구미보다 강한 역풍에 직면

○ 수출 감소가 지속되는 한 내수성장력이 취약한 일본경제로서는 마이너스 성장이 불가피해 선진국 가운데 회복 속도가 가장 더딜 것으로 예상

◉ 중국은 내수부양책에 힘입어 8%대 성장률을 유지할 전망

○ 세계경제의 급격한 악화로 인해 중국경제도 빠르게 감속
- 2003~2007년 5년간 두 자릿수의 성장을 해왔던 중국경제도 2008년 9.1%, 2009년 8.1%로 한 자릿수의 성장률을 기록할 것으로 전망

- 20~30%대를 유지하던 수출증가율은 2008년 11월 이후 2개월 연속 마이너스를 기록한 데 이어, 2009년에도 선진국 수입수요 감소로 인해 마이너스가 예상

○ 경기 감속 우려에도 불구하고 정부의 강력한 내수부양 정책에 힘입어 8%대의 성장률을 유지할 수 있을 것으로 판단
- 경기 감속을 우려한 중국 정부는 지금까지 추진해왔던 균형중시의 경제정책을 접고 경제운영방침을 '성장률 유지'를 우선시하는 정책으로 전환
- 4조 위안 규모의 재정투자에다 강력한 가전제품 소비촉진 정책까지 동원

○ 세계경제가 예상보다 더 악화될 경우, 추가적인 내수 확대 수단을 동원해서라도 2009년 GDP 성장률을 8%로 유지한다는 의지를 표출

| 2009년 세계 경제성장률 전망 |

(단위: 전년동기 대비, %)

구분	2008년		2009년						
	4/4	연간	1/4	2/4	3/4	4/4	상반기	하반기	연간
세계	-0.2	2.2	-0.7	-1.0	-0.5	1.0	-0.9	0.3	-0.3
(PPP 기준)	1.2	3.2	0.1	-0.2	0.4	1.7	-0.0	1.0	0.5
선진국	-1.7	0.7	-2.4	-2.7	-2.2	-0.3	-2.6	-1.2	-1.9
미국	-0.8	1.1	-1.2	-2.2	-2.0	-0.6	-1.7	-1.3	-1.5
유로지역	-1.6	0.8	-2.8	-2.7	-2.0	0.1	-2.8	-1.0	-1.9
영국	-2.0	0.7	-3.4	-3.6	-3.0	-1.4	-3.5	-2.2	-2.8
일본	-4.3	-0.6	-3.9	-3.3	-2.9	-0.6	-3.6	-1.8	-2.7
신흥개도국	2.8	5.6	2.9	2.8	3.3	3.9	2.8	3.6	3.2
중국	6.8	9.1	7.2	7.8	8.4	8.9	7.5	8.7	8.1
인도	5.3	7.3	4.2	4.4	4.9	6.5	4.3	5.7	5.0
러시아	1.3	5.6	-0.2	0.0	0.6	1.6	-0.1	1.1	0.5
브라질	1.3	5.1	0.5	1.7	2.2	2.8	1.1	2.5	1.8
ASEAN5	1.0	4.2	1.8	1.7	2.0	2.6	1.7	2.3	2.0

주 : ASEAN5는 인도네시아, 말레이시아, 필리핀, 싱가포르, 태국

2. 글로벌 금융시장

현재의 글로벌 금융불안은 2009년 하반기 이후에나 진정

◉ 미 금융당국의 공격적인 정책금리 인하 및 유동성 공급 조치로 단기금융
  시장 경색은 다소 완화되었으나, 글로벌 신용시장은 어려움이 지속

  ○ 한때 사상 최고 수준인 425bp까지 상승했던 위험회피성향 지표인 TED
    스프레드(=LIBOR 3M-TBill 3M)가 최근 들어서는 안정세를 회복

  ○ 반면, 중앙은행의 유동성 공급으로 단기자금시장이 다소 개선되었을 뿐,
    기업 부도위험 우려로 신용스프레드(=Baa 등급 회사채-T Bond)는 크
    게 확대

◉ 투자자들의 불안심리를 반영하는 미 VIX 지수[3]도 여전히 높은 상황

  ○ 씨티그룹(Citigroup) 및 GM 파산위험이 부각되며 사상 최고치를 기록
    (2008년 11월 20일)한 후 하락했으나, 리먼브러더스(Lehman Brothers) 사
    태 수준을 유지하며 불안감이 지속

| TED, 신용스프레드 및 VIX 추이 |

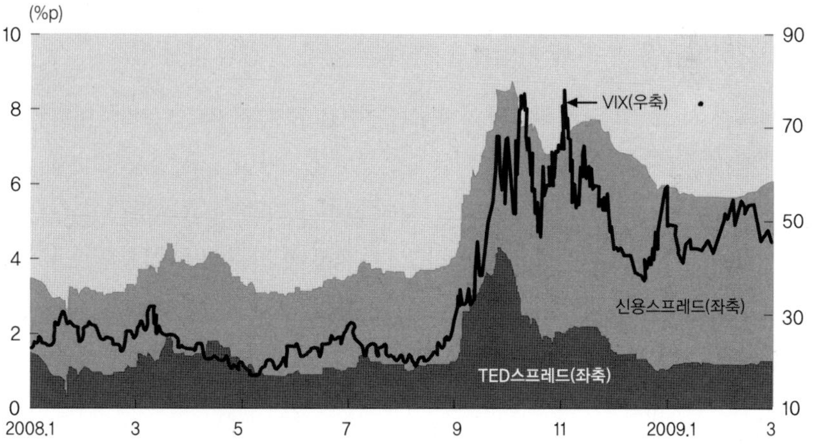

자료 : Thomson Reuters, Datastream. ; Federal Reserve Bank of St. Louis.

---

3 VIX(Volatility Index)란 시카고 옵션거래소(CBOE)에서 S&P100옵션의 내재변동성을 이용하여 만든
변동성지수로, VIX 값의 상승은 위험이 고조됨을 의미

◉ 글로벌 금융불안은 금융권의 부실 확대 우려로 상반기 중에는 지속되지만, 하반기 이후부터 점차 안정세를 회복

○ 미국의 주택가격 하락, 주요국의 금융기관 부실화 가능성은 글로벌 금융불안을 고조시키는 방향으로 작용

○ 이에 반해 정부의 적극적인 개입에 따른 미국 상업은행의 낮은 도산 가능성, 대규모 경기부양책 시행은 금융불안을 진정시키는 방향으로 작용

○ 하지만 2009년 하반기에도 금융불안이 해소된다기보다는 각국의 대규모 경기부양책과 유동성 공급 효과로 금융불안이 진정되는 데에 그칠 가능성

◉ 리먼브러더스 파산보호신청으로 인한 국제 금융시장의 패닉 상황을 경험했던 금융당국이 대형 상업은행의 파산을 방임할 가능성은 거의 없음

○ 현재까지는 금융사의 우선주(의결권이 없는 주식)를 매입하는 부분 국유화와 은행 간 대출에 대해 정부가 지급보증하는 '영국식 해법'이 대세

○ 또 다른 옵션인 민관합동펀드(PIPP : Public Private Investment Program)는 은행권이 보유한 부실자산의 매입/매각 가격 책정이 최대 관건

◉ 그러나 실업 증가, 주택가격 하락 및 신용경색이 지속될 경우 카드사업 등 소비자금융 부문과 기업대출 관련 부실이 진행될 가능성

○ 현재까지 드러난 금융기관의 손실은 주로 모기지 자산 부실이나 구조화 채권 투자 손실 등에 한정

○ 홈에쿼티(Home Equity) 축소로 인한 2차 모기지 융자 여력 감소와 신용시장 경색은 소비 위축을 견인하고, 가계부채 전반의 부실요인으로 작용

○ 경기하향 추세가 이어지면서 중소기업대출 및 신용등급이 낮은 기업이 발행한 투기등급채권(Junk Bond)의 부도 위험성도 고조

3. 국제유가

2009년 국제유가는 上低下高

● 2009년 들어서도 국제유가는 약세를 계속하고 있는 모습

  ○ WTI유 가격이 2009년 4월 21일 배럴당 46.79달러로 145.90달러까지 치솟았던 2008년 7월 14일의 3/4 미만 수준으로 하락

  ○ 두바이유 가격은 2009년 4월 21일 배럴당 48.58달러로 140.70달러까지 치솟아 사상 최고치를 기록했던 2008년 7월 4일에 비해 65.5% 떨어짐

● 글로벌 금융위기가 실물경제 위축으로 전이되어 석유수요가 감소한 것이 주원인

  ○ 세계 석유수요는 2009년 1/4분기 중 하루 평균 8,375.3만 배럴(b/d)로 전년동기 대비 3.7% 줄어들면서 2008년 3/4분기(-0.5%) 이후 3분기 연속 감소세를 시현

● 2009년에 두바이유의 평균 가격은 배럴당 56.39달러를 기록할 전망

  ○ 2008년(94.29달러)에 비해 40.2%(37.90달러) 내리면서 IT 버블이 붕괴되었던 2001년 이후 8년 만에 연평균 가격이 하락세로 전환
    • 세계경제 침체의 골이 깊어지면서 세계 석유수요가 8,496.8만 b/d로 전년 대비 2.8% 줄어들어 감소세가 2008년(-0.3%)의 9배 수준으로 확대

  ○ 다만, 하반기로 갈수록 세계적인 경기불황이 진정되고 2010년 이후 경기회복에 대한 기대감이 반영되면서 국제유가가 상승 추세로 전환될 전망
    • 두바이유 가격이 2009년 상반기에 배럴당 50.34달러를 기록한 후 하반기에는 62.44달러로 상승할 전망

Ⅲ 2009년 국내경제 전망

1. 경제성장

경기는 2009년 상반기 중 하락세 지속

◉ 2009년 상반기에는 수출 감소와 내수 부진의 골이 깊어지면서 경기하강 세가 지속될 것으로 예상

  ○ 한국경제는 2009년 1/4분기에 전년 4/4분기의 급락에 따른 반등으로 일 시적으로 상승할 것으로 예상

    • 민간소비가 2008년 4/4분기에 전년동기 대비 3.7% 감소하여 경제성 장률(4/4분기 -3.4%)을 하회하는 등 한국경제의 하강 정도가 지나친 측면이 있음[4]

    • 수출은 세계경제의 호황을 기반으로 2003년 이후 6년 연속 두 자릿수 증가세를 지속하였으나, 세계경제가 침체로 전환 시 급락할 가능성

  ○ 대외여건 악화로 수출은 2009년 3/4분기까지 마이너스 성장을 지속할 전망

    • 2009년 수출은 두 자릿수의 감소율을 기록하여 1998년, 2001년에 이 어 세 번째 마이너스 성장 예상

◉ 특히 소비는 경기 침체로 인한 일자리 창출력 저하로 부진이 심화될 전망

  ○ 2008년 소비 부진의 가장 큰 원인은 일자리 창출 부진

    • 물가 급등, 금융자산 감소, 일자리 창출 부진이 2008년 소비 부진의 주 요 원인[5]

---

4 세계경제 침체가 한국경제에 본격적으로 영향을 미쳐 수출의 급격한 감소는 불가피하나, 소비는 2003~2004년 중 감소하는 조정과정을 거쳤으며 이후에도 평균 증가율이 경제성장률을 하회하는 등 과잉소비가 발생하지 않았음

5 $C = -11.16 \times A + 2.19 \times NEWPL + 0.04 \times VKOSPI - 0.04 \times INFLA$

     (-7.32)***   (12.63)***   (2.11)**   (-2.79)***

C: 민간소비, NEWPL: 취업자 수, VKOSP: 코스피시장 시가총액, INFLA: 소비자물가지수

Adjusted R-squared 0.93, Durbin-Watson 1.46, F-statistic 351.27

주: 괄호 안은 t값. 모든 변수는 자연로그로 변환한 수치

추정기간: 1989년 1/4분기~2008년 3/4분기

○ 2009년 중 소비 부진과 일자리 창출 감소의 악순환이 예상

- 가계버블이 붕괴한 2003년 연평균 일자리 창출 수는 3.0만 명 감소하여 소비 침체의 주요 원인으로 작용
- 일자리 창출을 주도하던 사업, 개인, 공공서비스 및 기타 부문에서 2009년 중 일자리 창출 부진이 예상(2001~2008년 중 동 부문의 평균 일자리 창출 수는 33.8만 명)

| 산업별 취업자 수 증가 |

(단위: 만 명)

구분	2001년	2003년	2008년
계	41.6	-3.0	14.4
농업 및 임업	-9.7	-12.2	-3.7
광업	0.1	-0.1	0.6
제조업	-2.6	-3.6	-5.1
전기, 가스 및 수도 사업	-0.6	2.4	0.4
건설업	0.5	7.0	-3.7
도소매, 음식숙박업	12.2	-14.6	-4.7
사업, 개인, 공공서비스 및 기타	34.5	19.9	29.7
전기, 운수, 통신 및 금융	6.5	0.3	1.3

자료 : 통계청, KOSIS DB.

경제성장률 -2.4% : 하반기에는 'U자'형의 회복 예상

◉ 2008년 4/4분기 이후 누증된 재고를 소진하는 데 상당한 시간이 걸릴 전망

○ 경기 침체로 11월과 12월 중 재고율(재고/출하)은 각각 128.9%, 129.2%로 1999년 이후 최고 수준을 기록

- 재고율은 2008년 7월의 107.3%에 비해 23%p 정도 상승

○ 외환위기 이후 재고누적을 소진하는 데 6개월 소요

- 수출용 출하가 1998년 3월에서 9월까지 평균 20.6% 증가(내수용 출하 증가율은 동 기간 중 -28.4%)
- 외환위기 전후의 재고율 : 144.6%(1997년 8월) → 169.8%(1998년 3월) → 149.4%(1998년 9월)

○ 따라서 향후 재고조정이 6개월 이상 소요될 것으로 보여 수요가 확대되
더라도 이에 따른 생산 확대는 기대하기 어려운 상황
- 대외여건 악화로 인한 수출 부진으로 재고소진 기간이 장기화될 전망

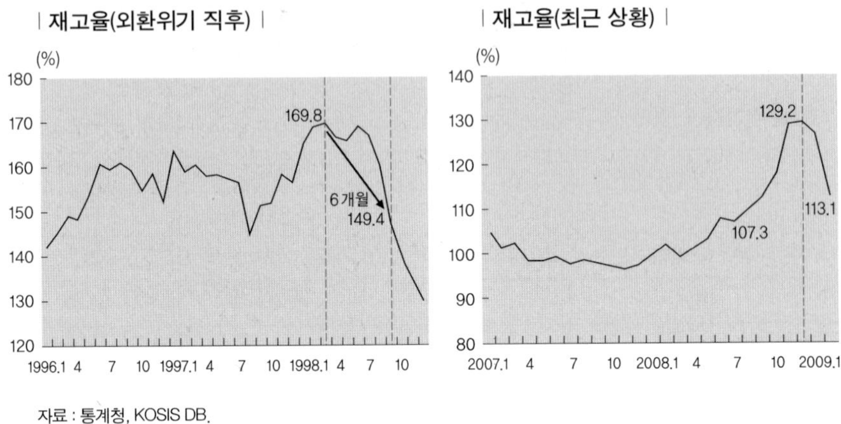

자료 : 통계청, KOSIS DB.

● 2009년 경기는 상반기 저점에 도달한 이후 하반기에는 매우 느린 회복이
예상되는 上低下高

○ 경제성장률(전년동기 대비)은 2009년 3/4분기까지 마이너스 성장이 예상
- 글로벌 금융불안이 진정되고, 정부의 경기부양 노력이 점차 가시화되
면서 4/4분기 중 경제성장률은 플러스로 전환될 전망

○ 2009년 하반기 중 경기가 상승 국면으로 진입하더라도 그 속도는 매우
더디게 진행될 전망
- 하반기 경제성장률은 전년동기 대비 -1.0%(전기 대비 0.8%)에 그칠
전망

○ 과거 수년간 성장을 주도한 수출이 세계경제 악화로 감소함에 따라
2009년에는 한국경제의 성장을 주도할 부문이 부재
- 수출의 성장기여도는 2009년 상반기에 마이너스(-8.4%p)로 전환
- 내수의 성장기여도는 2009년 상반기와 하반기 중 각각 -3.5%p, -0.7%p
에 그칠 전망

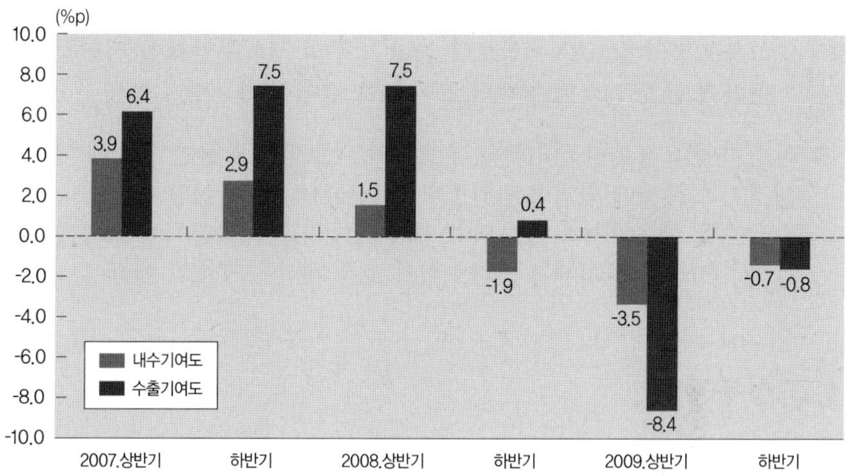

2. 민간소비

연간 -3.0% : -4.2%(상반기) → -1.7%(하반기)

◉ 2008년 중 급격히 위축된 민간소비는 2009년 중에도 회복을 기대하기 힘든 실정

○ 2008년 상반기 중 민간소비는 전년동기 대비 3.2% 증가에 머물렀으며, 하반기 중에는 -1.2%의 역성장을 기록(연간 0.9%)
  • 상반기에는 높은 물가상승세가 소비 둔화의 주된 요인으로 작용
  • 하반기, 특히 4/4분기[6]에는 금융불안과 그에 따른 실물부문의 위축이라는 복합적인 요인에 의해 민간소비 둔화폭이 대폭 확대

◉ 2009년 상반기와 하반기의 민간소비증감률은 각각 -4.2%와 -1.7%로 2009년 중 민간소비는 3.0% 감소할 전망

○ 상반기 중 소비여력의 회복이 불투명한 가운데, 기업활동 위축에 따른 고용조정이 집중될 가능성이 높아 민간소비 감소세 지속이 불가피

---

6 2008년 4/4분기 중 민간소비는 전년동기 대비 -3.7%, 전기 대비 -2.5%의 역성장을 기록

- 세계경기의 둔화도 상반기 중 지속될 전망으로 수출 및 설비투자의 부진이 지속되면서 소비 회복도 지연될 것으로 예상
- 고용조정의 강도가 예상보다 높고 정부의 경기부양책이 지연될 경우 상반기 중 민간소비 침체의 골이 더욱 깊어질 가능성

○ 하반기에는 정부의 경기부양책 효과와 글로벌 금융불안 진정에 따른 세계경기 회복세에 힘입어 민간소비 감소세가 둔화될 전망
- 글로벌 금융위기가 완화되고 세계 각국의 경기부양책이 효과를 보이기 시작할 하반기에는 민간소비가 소폭 개선될 것으로 예상

3. 고정투자

연간 -1.9% : -5.5%(상반기) → 1.5%(하반기)

◉ 글로벌 금융불안이 전 세계의 실물경기를 악화시키는 악순환이 지속되면서 2009년 상반기 중 설비투자는 12.7% 감소할 것으로 예상

○ 설비투자의 향방을 가늠케 하는 기업경기 관련 지표들이 설비투자의 부진이 지속될 것을 예고
- 한국은행의 기업경기실사지수(BSI) 결과에서도 기업의 가동률이 지속적으로 하락하고 있으나 본격적인 재고조정은 일어나지 않아 설비투자 압력이 점증
- 설비투자의 선행지표인 국내 기계수주도 2008년 11월과 12월에 각각 43.9%와 38.4% 감소
- 한국의 수출과 밀접한 연관이 있는 OECD 국가들의 경기선행지수가 지속적으로 하락하며 향후 세계경기 및 한국 수출의 둔화를 예고

◉ 2009년 하반기 설비투자증가율은 -3.2%로 감소세가 다소 둔화

○ 하반기로 갈수록 세계경기 및 국내경기의 둔화폭이 다소 축소되면서 설비투자에 긍정적인 요인으로 작용하나 본격적인 회복세는 기대하기 어려움
- 무역수지 개선 등으로 원화의 가치가 점차 회복되면서 자본재 수입비용에 대한 부담도 소폭 완화될 전망

◉ 2009년 상반기 중 건설투자는 미분양 적체로 인한 민간주택경기 부진이 지속되는 가운데 0.3% 감소할 전망

○ 주택경기는 2009년 상반기 중에도 민간 부문을 중심으로 한 미분양 물량의 부담으로 인해 회복이 지연
  • 특히 악성 미분양인 준공 후 미분양 물량이 2008년 12월 중 전년 말에 비해 167.2%나 증가하며 주택경기 회복에 장애요인으로 작용

| 미분양 추이 |

(단위: 기말 기준, 호)

구분	2005.12.	2006.12.	2007.12.	2008.12.	2007.12. 대비 증감률	2009.1.	2008.12. 대비 증감률
계	57,215	73,772	112,254	165,599	47.5%	162,693	-1.8%
민간 부문	51,415	71,818	110,715	164,293	48.4%	161,406	-1.8%
공공 부문	5,800	1,954	1,539	1,306	-15.1%	1,287	-15%
(준공 후)	10,983	13,654	17,395	46,476	167.2%	48,534	4.4%

자료 : 국토해양부.

◉ 하반기에는 공공 부문의 토목건설 사업 확대에 힘입어 건설투자가 4.7% 증가할 전망

○ 건설수주의 연간계획 발주물량이 연말에 집중되고 건설규제 완화 조치와 최근 정부의 공공사업 조기발주 등에 힘입어 건설기업 경기실사지수가 2009년 3월 72.3을 기록하는 등 4개월째 상승

○ 2009년 정부의 경기부양책 일환으로 실시될 대대적인 SOC투자가 민간 부문의 부진을 상쇄하면서 하반기 중 건설투자가 회복될 전망
  • 2009년 예산안 중 SOC 관련 정부지출액은 24.7조 원 예정

4. 대외거래

연간 수출증가율 -15.2% : -24.2%(상반기) → -6.1%(하반기)

◉ 2009년에는 선진국과 개도국 경기의 동반 침체 확산으로 수출증가율이 2001년 이후 처음으로 마이너스를 기록(-15.2%)할 전망

○ 2008년 12월 중 OECD 경기선행지수가 1970년대 오일쇼크 이래 최저치
를 기록하는 등 경기 상황이 최악의 수준

○ 수요 감퇴에 따른 글로벌 생산조정이 본격화되고 있어 향후 수출 급감
이 우려
  • 특히 그동안 수출호조를 이끌었던 신흥개도국도 2008년 4/4분기 이
    후 뚜렷한 경기하강세를 보이고 있으며, 글로벌 금융기관의 자금회수
    과정에서 경기 취약성이 확대될 우려가 있어 對개도국 수출도 크게
    위축

○ 품목별로는 선진국 경기 둔화의 충격을 크게 받는 IT 수출, 수출단가 하
  락의 영향이 큰 석유화학, 철강 등의 감소폭이 클 것으로 전망

○ 글로벌 경기 침체에 따른 각국의 보호무역주의 강화 경향도 수출 여건
  을 악화시키는 요인으로 작용[7]
  • 보호무역을 강화하고 있는 국가들의 대부분이 한국의 주력 수출 대상
    지역이며, 보호무역 대상 업종도 한국의 전략적 수출품목임을 감안할
    때 보호무역주의가 확산될 경우 수출이 크게 위축될 우려

◉ 2009년 수출은 경기 흐름과 유사하게 '上低下高'의 패턴을 보일 것으로
  전망되나, 4/4분기 이후에야 증가세로 돌아서는 등 회복 시점이 지연

○ 상반기까지는 글로벌 경기의 급격한 수요 위축으로 인한 생산조정과
  재고조정이 본격화되어 수출 급감이 불가피(상반기 수출증가율 -24.2%
  예상)

○ 하반기에는 경기부양책의 효과가 가시화되면서 수요가 회복되고 세
  계 각국의 재고조정도 진전되어 수출 감소세가 축소(하반기 수출증가율
  -6.1% 전망)

○ 각국의 실물경제 침체 정도를 고려할 때 적어도 2009년 3/4분기까지는
  수요 위축에 따른 수출 감소 현상이 진행될 것으로 전망

---

7 정철 외 (2009). "한국의 교역구조와 경상수지 변동요인 분석" (연구보고서 08-07). 대외경제정책연
구원.

◉ 2009년 중 경상수지는 수출 감소에도 불구하고 더 큰 폭의 수입 감소와 서비스수지 적자규모 축소에 힘입어 134억 달러의 흑자를 기록할 전망

  ○ 수출은 마이너스로 둔화되나, 경기 하강에 따른 수입수요 감소 및 유가의 하향 안정세 등으로 인해 71억 달러 규모의 무역수지 흑자 발생

  ○ 만성적인 적자를 보이고 있는 서비스수지의 경우 내수 둔화의 여파로 여행, 연수 수요가 크게 줄며 적자규모가 2008년에 비해 크게 줄어들 전망

5. 소비자물가

연간 2.2% : 2.7%(상반기) → 1.7%(하반기)

◉ 2009년 3월 소비자물가는 전년동월 대비 3.9% 상승해 2008년에 이어 높은 상승세를 지속

  ○ 2008년의 연평균 상승률 4.7%보다는 낮은 수준이나 한국은행의 중기 물가안정목표(2.5~3.5%)의 상한선을 초과
    • 2009년 3월 현재 농축수산물(전년동월 대비 10.1%), 공업제품(4.7%) 부문에서 여전히 높은 물가상승세를 기록 중이나, 서비스(2.7%) 부문은 3% 이하로 하락

  ○ 물가상승률이 둔화되어도 고물가 기조는 당분간 지속될 전망
    • 2008년의 고유가와 고환율 영향이 석유류 이외의 품목으로 확산됨에 따라 2009년 1/4분기 중에도 근원인플레이션이 4.5%를 기록

◉ 2009년 소비자물가는 경기 침체와 국제 원자재가격 하락 등의 영향으로 전년 대비 2.2% 상승에 그칠 전망

  ○ 내수와 수출 부진에 따른 마이너스 경제성장으로 물가상승세는 점차 둔화될 전망
    • 마이너스 경제성장의 영향으로 실제GDP가 잠재GDP를 하회, 즉 총 수요가 총 공급을 밑돌면서 물가 하락요인이 발생
    • 2009년 하반기의 경제성장률도 -1.0%에 불과해 2010년 상반기까지 물가 상승압력은 크게 나타나지 않을 전망[8]

○ 국제유가의 하락에 따른 물가 안정요인과 환율 상승에 의한 물가 상승
요인이 서로 상쇄되어 해외發 인플레이션 압력은 크지 않을 전망
  • 2009년 중 원/달러 환율은 전년 대비 10.2% 상승(1,103원 → 1,216원),
    수입물가는 전년 대비 25% 하락할 전망[9]

6. 고용

연간 실업률 4.0% : 4.1%(상반기) → 3.8%(하반기)

◉ 2009년 실업률은 실업자 확대로 4.0%에 이를 전망

○ 2009년 중 노동시장 불안이 지속되고, 상반기 중 구조조정이 가시화되
면 노동시장 불안은 더욱 심화될 전망

○ 최근까지 일자리 창출이 부진한 주된 이유는 신규채용 규모의 축소로
분석되어, 향후 구조조정이 본격화되면 고용불안이 심화될 전망
  • 실업자 및 비경제활동인구 상태에서 취업자로 변한 취업유입(전년 대
    비 만 명) : -1.5(2006년) → -6.8(2007년) → -14.0(2008년 1~11월)

| 최근 취업의 유입과 유출의 동태적인 이동규모 |

(단위: 전년 대비, 만 개(명))

구분	2005년	2006년	2007년	2008년
일자리 창출 수	29.9	29.5	28.2	14.4
취업유출	72.1 (-)	71.0 (-1.1)	65.5 (-5.6)	63.1 (-1.5)
취업유출 1 (취업→ 실업)	17.2 (-)	16.3 (-0.8)	15.2 (-1.1)	15.4 (-0.1)
취업유출 2 (취업→ 비경제활동인구)	54.9 (-)	54.7(-0.2)	50.2 (-4.5)	47.6 (-1.4)
취업유입 (실업 및 비경제활동인구 → 취업)	102.0 (-)	100.5 (-1.5)	93.7 (-6.8)	78.9 (-14.0)

주 : 괄호 안은 전년 대비 증감분, 2008년은 1~11월까지의 수치
자료 : 통계청. "경제활동인구조사". 원 자료 각 연도.; 허재준, 김복순, 정성미 (2009). "최근 노동시장 평가와 2009년 전망".
　　　『노동리뷰』, 1월호, 한국노동연구원. 7-21.

---

8 GDP갭률((실제GDP/잠재GDP-1)×100)로 측정한 수요압력은 2분기 시차를 두고 물가상승률에 본
격적으로 영향을 미치는 것으로 나타남
9 원/달러 환율 변동이 소비자물가 변동에 미치는 효과는 수입물가 변동 효과의 2.6배

○ 구직단념자의 확대 등으로 체감실업률은 지표실업률을 크게 상회
  • 향후 고용불안계층으로 분류할 수 있는 추가취업희망자, 취업애로층,
    실망실업자의 일종인 구직단념자 등의 확대 추세도 지속
  • 특히, 구직단념자의 확대폭이 클 것으로 예상

| 최근 구직단념자 추이 |

(단위: 만 명)

구분	2005년	2006년	2007년	2008년
구직단념자 (전년 대비 증감분)	12.5 (2.5)	12.2 (-0.3)	10.8 (-1.4)	11.9 (1.1)

주 : 구직단념자는 비경제활동인구 중 취업의사와 능력은 있으나 노동시장의 사유로 일자리를 구하지 않은 자 중에서 지난 1년
　　내 구직경험이 있었던 사람으로 정의(실망실업자의 제한적인 개념)
자료 : 통계청, KOSIS DB.

7. 금리

연간 6.2% : 6.7%(상반기) → 5.7%(하반기)

◉ 2009년 시장금리는 2008년보다 하락한 6.2%가 될 것으로 전망

○ 글로벌 경기 침체와 국내 경기 부진에 따라 경제주체의 자금수요가 크
  지 않을 것으로 예상
  • 경기 침체 지속에 따른 유가 및 원자재가격 안정으로 소비자물가상승
    률도 낮은 수준에 머물면서 금리 하향세에 일조할 것으로 기대

○ 주요국 기준금리는 제로금리 또는 인하가 예상되어 국내 금리의 하향
  안정요인으로 작용
  • 주요국 통화정책도 양적 완화 정책으로 전환될 가능성이 높은 상황

○ 반면, 글로벌 금융위기 지속에 따른 신용위험 우려로 시장금리 하락폭
  이 제한될 것으로 예상
  • 글로벌 유동성 위기로 확산되지는 않더라도 위험자산에 대한 투자는
    여전히 기피대상이 될 것으로 우려

○ 시장금리는 상반기까지는 신용위험을 반영하여 높은 수준을 유지하다
  가 하반기 들어 소폭 하락세를 나타낼 전망

◉ 신용에 따른 금리 차이가 지속됨에 따라 시중 자금사정도 양극화가 진행
될 전망

○ 대출금리 하락에도 불구하고 신용도가 낮은 가계인 경우 가산금리가 높
아져 대출금리 하락폭이 크지 않을 것으로 예상

○ 기업의 경우에도 신용도에 따른 금리 격차가 확대됨에 따라 자금사정
양극화가 심화될 것으로 예상
• 2009년 들어 우량 회사채는 하락세를 나타냈으나 비우량 회사채는 보
합세를 유지함에 따라 우량-비우량 회사채수익률 스프레드가 확대되
는 추세

8. 원/달러 환율

연간 1,216원 : 1,308원(상반기) → 1,124원(하반기)

◉ 글로벌 달러화는 상반기 중 강보합세, 하반기에는 약세로 반전될 전망

○ 상반기 중 미국 및 신흥시장 경제의 침체와 금융시장 불안 간의 악순환
연결고리로 안전자산 선호 현상이 본격적으로 해소되기는 힘들 전망

○ 하반기 중에는 각국의 금융부실 처리노력이 구체화되고, 또한 본격적으
로 집행되면서 금융안정화 노력의 효과가 가시화

◉ 원/달러 환율은 상반기 중 불안한 가운데 소폭 하락하고, 하반기에는 글
로벌 금융불안이 진정되며 상당폭 하락할 것으로 예상

○ 상반기에는 글로벌 금융불안 상황에서도 정부의 외환유동성 공급, 외국
인 주식투자 확대, 무역수지 개선 등이 환율을 안정시키는 요인으로 작용
• 2009년 1월 현재 정부가 발표한 외화유동성 지원 예정액(850억 달러)
중에서 아직 300억 달러 정도가 남아 있고, 정부의 시중은행 외채지급
보증(1,000억 달러)과 한-일, 한-중 통화스와프 각각 300억 달러는 아
직 집행되지 않은 상태

○ 하반기에는 글로벌 금융불안이 진정되면서 시중은행의 외화조달 여건
이 개선

| 환율결정의 주요 변수별 전망 |

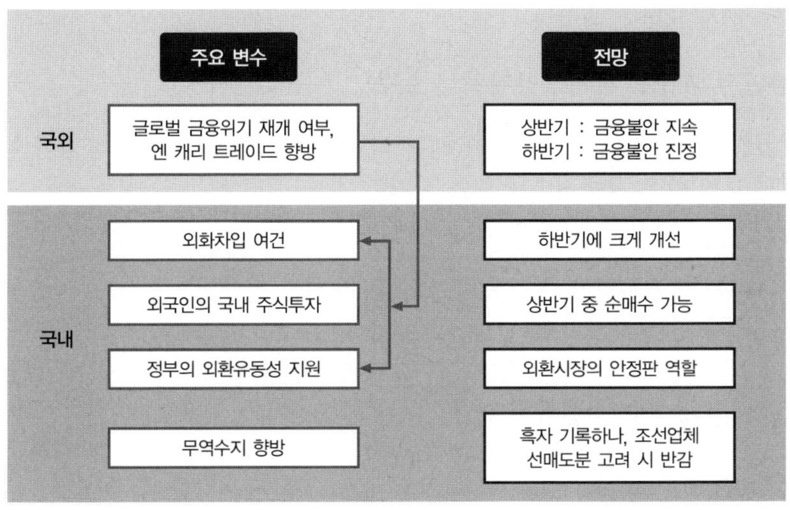

주요 변수
전망
국외
글로벌 금융위기 재개 여부, 엔 캐리 트레이드 향방
상반기 : 금융불안 지속
하반기 : 금융불안 진정
국내
외화차입 여건
하반기에 크게 개선
외국인의 국내 주식투자
상반기 중 순매수 가능
정부의 외환유동성 지원
외환시장의 안정판 역할
무역수지 향방
흑자 기록하나, 조선업체 선매도분 고려 시 반감

Ⅳ 종합판단 및 정책적 시사점

2009년은 대규모 경기부양정책이 요구

◉ 세계경제가 2010년 이후에야 회복 국면에 진입할 것으로 예상되어 향후 1년~1년 반은 경제적으로 힘든 시기

○ 2009년 한국경제는 1980년, 1998년에 이어 세 번째로 마이너스 성장 예상
- 특히 경기하강세가 가속되고, 고용 부진이 심화되는 2009년 상반기가 가장 힘든 시기가 될 전망
- 기업구조조정으로 인한 인력 감축과 신규취업자의 고용시장 진입으로 고용불안이 심화될 전망

| 과거 경제후퇴기와의 비교 |

구분	1980년	1998년	2009년
대외 여건	• 2차 오일쇼크 • 세계 경제성장률 : 2.4%	• 동남아 경제위기 • 세계 경제성장률 : 2.6%	• 글로벌 금융위기 • 세계 경제성장률 : 0.5%
국내 여건	• 농산물 흉작 - 농림어업생산 : -19.4% • 정치불안	• 외환위기 • 대규모 구조조정 - 실업자 수 : 149만 명	• 내수여력 취약 - 가계부채 : 676조 원 • 부동산시장 침체
경제성장률 민간소비 고정투자 수출(통관 기준)	-1.5% -0.2% -10.7% 16.3%	-6.9% -13.4% -22.9% -2.8%	-2.4% -3.0% -1.9% -15.2%

○ 재정지출 확대 등 정부의 적극적인 경기부양대책과 더불어 이러한 정책들의 효과를 극대화할 수 있는 세부조치 등이 요구
- 경제의 어려움이 클 것으로 예상되는 상반기 중 집행 예정된(예산의 70%) 조치가 차질없이 진행되도록 노력[10]
- 정부의 경기부양대책이 신속히, 차질없이 집행되고 투입된 자금이 금융권에 머물지 않도록 하는 세부적인 조치가 필요

---

[10] 기획재정부 (2008.12.16.). "2009년 상반기 중 예산의 70% 배정 및 11.7조 원 회계연도 개시 전 배정: 2009년도 예산배정계획 국무회의 의결." 보도자료.

재정 집행의 가속화, 추경예산 편성을 고려

◉ 재정 집행의 가속화를 위해서 예산집행계획을 차질없이 진행하고 지방자
치단체의 지출 부담을 중앙정부가 일시적으로 부담하는 것을 고려

○ '2009년 예산배정계획'을 수행하면서 재원 배분의 효율성을 유지할 수
있도록 인력 및 자원을 예산집행부서에 지원

○ 중앙정부가 지방채를 매입하여 지자체 부담을 우선 지출하고 경기회복
이후에 환급받는 방식을 고려
- 지방자치단체가 재정을 분담하는 사업(국고보조사업)의 경우 일부 재
정자립도가 취약한 지방자치단체의 재원 조달이 늦어져 집행 지연이
우려
- 대통령령으로 정한 지방채의 한도 이상 발행 가능 사유에 대한 규제[11]
를 경기 회복까지 한시적으로 완화하는 내용을 검토

◉ 민간의 기대가 호전될 수 있도록 재정지출을 일관되게 유지하기 위해서
추경예산 편성을 고려할 시점

○ 2009년 예산은 성장률을 3.8~4.2%로 가정하고 편성되어 경제성장률이
마이너스로 하락할 경우 경기부양을 위해 추가적인 재정지출이 필요
- 2009년 예산은 경기부양을 목적으로 24.3조 원 규모의 재정지출 및 감
세를 포함했으나, 통합재정수지는 8.7조 원 흑자로 전망

○ 재정지출이 경기 회복에 대한 민간의 기대가 정착될 때까지 지속되지
않으면 경기부양 효과가 제약받게 됨을 일본의 경험을 통해 알 수 있음
- 일본은 1997년 재정건전성 회복을 목적으로 GDP 2% 규모의 증세를
감행하여 1994~1995년 재정의 경기회복 효과가 상쇄됨[12]

---

[11] 지방자치단체의 지방채 발행 한도는 대통령령으로 정하고 있는데, 발행 한도 이상으로 발행이 가능
한 경우는 제한되어 있으며 행정안전부 장관의 사전 인가가 필요(행정안전부 (2008.5.) "2008년도
지방자치단체 예산개요.")

[12] Kuttner, Kenneth N. & Posen, Adam S. (2001). The Great Recession: Lessons for Macroeconomic
Policy from Japan. *Brookings Papers on Economic Activity*, (2), 93-156.

신용경색 완화에 주력

◉ 추가 금리 인하를 단행하고 신용경색 완화를 위한 기업구조조정이 신속히 이루어지도록 유도

○ 경기 침체는 가속되는 반면 물가는 빠르게 안정되고 있어 추가적인 금리 인하 필요성이 증대

○ 확대된 유동성이 기업 부문으로 흘러들어가기 위해서는 신용위험을 줄이기 위한 기업구조조정이 신속하게 이루어질 필요
  - 22조 원 규모의 유동성이 투입되고 기준금리는 인하했지만 기업 및 가계에 대한 자금경색은 지속[13]

◉ 은행의 자금중개 기능 회복을 위해 은행권의 자본 확충과 부실 정리를 신속히 추진

○ 자본확충펀드를 통해 은행의 하이브리드 채권, 상환우선주 등을 매입
  - 경영권 간섭에 대한 은행들의 반감을 완화시킬 필요

○ 자산관리공사, 주택금융공사 등 공적기관 등을 통해 은행권 부실자산 인수를 활성화
  - 외환위기 이후 구조조정 과정에서 자산관리공사는 38.5조 원의 공적 자금을 투입하여 42.1조 원의 자금을 회수

◉ 중소기업대출 비중이 상대적으로 높은 특수은행과 지방은행에 대한 자금 지원을 통해 중소기업 신용 공급을 강화

○ 특히 은행 의존도가 높은 중소기업[14]에 대한 신용 공급이 위축
  - 예금은행 기업대출 중 중소기업대출 비중은 2008년 1월 86.7%에서 2009년 1월에는 82.4%로 하락

---

13 2008년 7월 이후 예금은행 기업 및 가계 대출 금리와 3년 만기 국고채 금리 간 격차는 각각 1.74%p (기업대출), 1.88%p(가계대출) 확대
14 2004~2008년 평균 중소기업의 기업공개 및 유상증자 비중은 12.5%, 회사채 발행 비중은 1.1%에 불과

○ 특수은행 중 기업은행은 최근 5년간 중소기업대출 비중이 높아서 중소기업대출 위험 평가에 비교우위 존재

- 시중은행 대출 중 중소기업대출의 평균은 36.6%인 반면, 지방은행은 63.9%, 기업은행은 82.3%에 달함(2003~2007년 평균, 말잔 기준)

○ 특수은행 및 지방은행에 우선적으로 유동성 지원을 고려

- 정부는 2009년 1월 기업은행을 포함한 5개 공공금융기관에 이미 2조 3,000억 원을 출자[15]

---

15 기획재정부 (2009.1.30.). "5개 국책금융기관 현금출자 2.3조 원 집행 완료: 금융시장 안정 등 정부의 재정지원 효과를 조기 실현." 보도자료.

SERI
보고서로 읽는
**글로벌
경제위기**

제1부 글로벌 금융불안과 주요국 현황

최근 신흥국 금융위기의 평가 및 전망

01

SERI 경제 포커스

≫≫≫ 2009. 1. 13. (2009. 4. 24. 업데이트)

정호성

Ⅰ 신흥국 금융위기 추이

리먼브러더스의 파산을 계기로 신흥국 경기상황이 급반전

◉ 2006년 말 서브프라임 위기가 시작된 이후에도 신흥국 경제는 한동안 견조한 성장세를 유지

  ○ 선진국 경제권의 경기후퇴가 표면화된 반면 대부분의 신흥국은 2007년에도 고성장세를 유지

    • IMF가 이른바 '신흥국'으로 분류한 국가들의 GDP 성장률은 2007년 8.0%로 전년 대비 0.1%p 상승

  ○ 이로 인해 미국 등 선진국 경제가 후퇴하더라도 신흥국 경제는 호조세를 유지함으로써 글로벌 경제는 큰 영향을 받지 않을 것이라는 이른바 '디커플링론'이·대두

    • 과거 신흥국은 선진국의 구제금융 혜택에 의존해 경제위기를 극복하는 것이 일반적이었으나 이번에는 신흥국이 구제에 나설 차례라는 '신흥국의 선진국 구원론'까지 등장[1]

◉ 2008년 9월 리먼브러더스의 파산을 계기로 전 세계에 신용불안이 확산되면서 신흥국 경제상황이 급반전

  ○ 리먼브러더스의 파산으로 선진국 투자가들의 전 세계 리스크 자산 회수 움직임이 순식간에 확대

  ○ 금융위기로 자금난에 직면한 미국의 금융기관들이 해외에서 투자자금을 급격하게 회수하는 '디레버리지 현상'이 본격화

    • 2008년 6월부터 3개월 연속 200억~350억 달러씩 총 920억 달러에 이르는 투자자금을 회수[2]

---

1 America's vulnerable economy. (2007.11.17.). *The Economist*, 13.
2 1990년대 후반 아시아, 브라질, 러시아의 각국 통화위기 당시 누계 회수액은 약 640억 달러

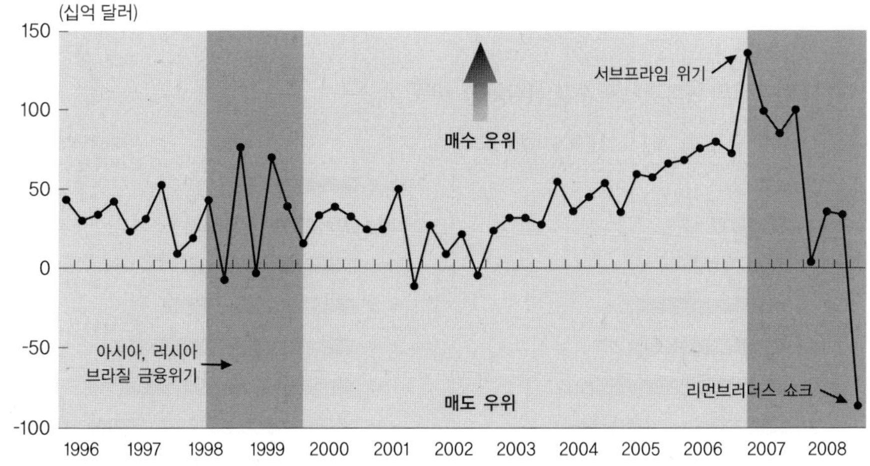

자료 : Bureau of Economic Analysis, U.S. International Transactions Accounts Data.

◉ 기록적인 대외증권투자의 역류 현상이 발생하면서 대부분의 신흥국 금융 시장이 대혼란을 경험

　○ 아시아, 중남미, 동유럽 등 대다수 신흥 경제권의 채권 및 주식 시장에서 급격한 자본 유출이 발생

| 신흥 경제권별 자본 유출 규모(2008년 7~9월) |

(단위: 백만 달러)

구분	아시아	중동 산유국	러시아	중남미
채권	2,367	1,347	294	4,909
주식	13,270	990	965	-4,546
합계	15,637	2,337	1,259	363

주 : 중남미의 경우 2008년 4~6월 기간 약 13.8억 달러의 자본이 이미 유출된 상태
자료 : Bureau of Economic Analysis, U.S. International Transactions Accounts Data.

○ 신흥국 10개국[3] 중 대부분의 국가에서 통화가치와 주가가 20~40%씩 하락하는 등 신흥국 금융시장은 일대 혼란에 직면

| 주요 신흥국의 통화가치와 주가 하락률(7~10월) |

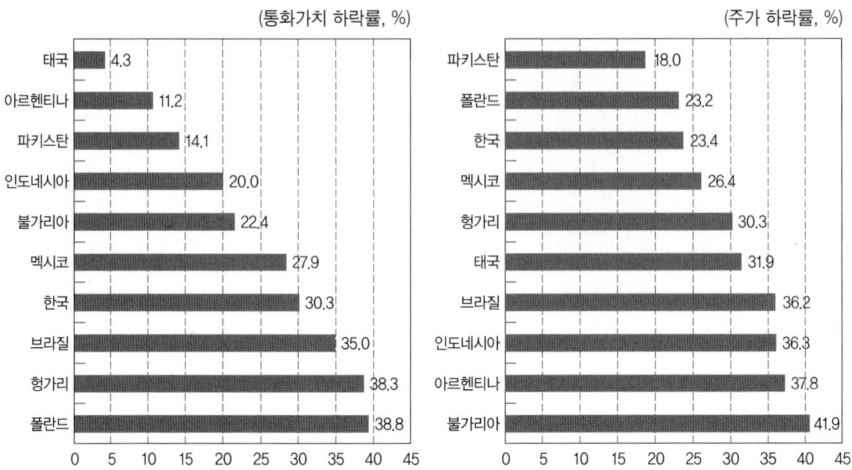

주 : 2008년 7월 평균과 10월 평균과의 등락률
자료 : Tomson Reuters, Datastreams.

IMF 구제금융 이후의 진행 상태를 점검할 시점

◉ 해외차입이 곤란해지거나 국내 금융시장의 불안에 직면하게 된 신흥국을 중심으로 IMF의 구제금융 지원이 진행

○ 외환보유고 대비 단기차입 비중이 높거나, 고인플레이션 및 큰 폭의 경상적자를 안고 있던 국가들[4]의 대외경제 취약성이 현저하게 노출
  • 아이슬란드의 비상사태 선포는 급격한 자금유출을 통한 통화가치 하락 및 주가 폭락의 형태로 연쇄 반응을 초래[5]

---

3 신흥국 10개국은 2008년 11월 IMF가 Global Financial Stability Report를 통해 금융위기를 경고한 국가 중에서 경제권별 주요국을 임의로 선정

4 IMF 구제금융 신청 직전 외환보유고 대비 단기차입 비율은 아이슬란드가 4,128%, 헝가리가 425%

5 2008년 11월 20일 헝가리, 아이슬란드, 우크라이나 등 7개국이 IMF에 긴급 자금 지원을 요청

○ 주요 경제권별 신흥국의 금융위기 진행 상황과 현재의 안정성 진단을 통해 신흥국 금융위기 리스크의 지속 여부에 대한 고찰이 필요
  • 신흥국의 금융위기는 IMF의 금융 지원 조치로 일시적인 소강상태에 접어들었으나 '유가 하락', '수출 둔화' 등 새로운 위기 요인들이 가시화

종합금융안정지수(CFSI: Composite Financial Stability Index)

■ IMF가 2008년 10월 Global Financial Stability Report를 통해 금융위기 가능성을 경고한 신흥국 중 과거 IMF 구제금융 신청 등에 준하는 금융위기를 경험한 9개국을 임의로 선정

  ▫ 아시아(인도네시아, 태국, 파키스탄), 중남미(브라질, 아르헨티나, 멕시코), 동유럽(헝가리, 불가리아, 폴란드) 등

  ▫ 외환 및 금융 시장의 건전성, 위험도와 관련이 깊은 금융 변수에 거시경제지표를 더해 표준지수작성법을 통한 종합지수를 산출

    • 9개국의 7개 후보 변수의 데이터베이스를 구축하고 이들에 대한 적합성 검증을 거쳐 5개 구성 지표를 최종 선정

  ▫ 동 지수는 '평균+2.5×표준편차(약 8.5)'를 임계치로 설정했으며, 이 수치를 넘으면 위험 상황에 진입

| 신흥국 종합금융안정지수에 사용된 5개 지표 |

구분	변수	사용 목적
통화가치	대달러 환율	통화가치의 하락 정도를 평가
거시 안정	경상수지/GDP	미래의 통화가치 하락 가능성을 평가
통화 방어 능력	M2/외환보유액	외국자본의 이탈이나 환투기 제어 능력을 평가
금융 건전성	주가 하락률	금융시장의 건전성과 자본 유출 정도를 평가
정책 자유도	인플레이션율	거시정책 실시에 대한 자유도를 평가

주 : 인플레이션은 전월 대비, 나머지 변수는 전년동기 대비 증감률

아시아 3개국은 대체로 안정권에 진입

◉ 과거 외환위기 당시 아시아 3개국의 CFSI는 대부분 11로 위기 임계치 (8.5)
를 넘어섰으며 2008년 9월에도 리먼브러더스의 파산을 계기로 재상승

○ 1997~1998년 사이에는 태국을 시작으로 한국, 인도네시아 등이 IMF에
구제금융을 신청하는 등 외환위기를 경험
- CFSI는 태국(1997년 7월), 인도네시아(1998년 1월) 등이 최고점[6]

○ 2008년 하반기에는 수년간 외국인 투자자금의 유입 등에 힘입어 고성장
을 구가해왔던 아시아 신흥국들이 심각한 자금 유출로 인해 금융불안이
최고조
- 파키스탄과 인도네시아 등 일부 아시아 국가의 통화가치가 폭락[7]

| 아시아 3개국의 CFSI 추이 |

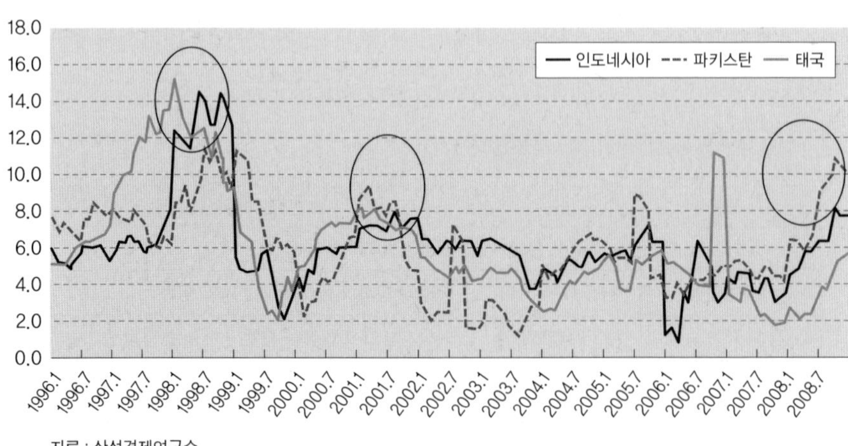

자료 : 삼성경제연구소.

---

6 2001년 하반기에도 전 세계 경기침체와 미국 9·11테러 등의 영향으로 각 국가별 위기지수가 8.5 이
상을 기록. 2006년 9월 태국에서는 군부에 의한 쿠데타 발생

7 통화가치는 2008년 7월 1일~10월 27일 4개월 간 파키스탄이 19.18%, 인도네시아가 17.13% 하락

○ 2008년 12월에는 최고점 대비 절반 수준으로 하락
- 파키스탄은 최고점 대비 89.5%로 불안감이 잔존[8]

| 아시아 3개국의 최근 CFSI 추이와 고점 대비 비율 |

(단위: 포인트, %)

구분	인도네시아	태국	파키스탄
2008년 10월	8.2	5.0	10.8
11월	7.8	5.2	10.2
12월	7.8	5.1	10.2
고점 대비	53.9	35.4	89.5

자료 : 삼성경제연구소.

◉ 파키스탄은 2008년 11월 24일 IMF로부터 약 76억 달러의 구제금융을 지원받았으나 지속되는 정정불안과 높은 인플레이션율로 금융위기 리스크가 잔존

○ 2008년 11월 22일 라호르(Lahor)에서 발생한 3건의 자살폭탄 테러 이후에도 이슬람 과격파에 의한 추가 테러 가능성이 존재

○ 2007년 7월 이후 인플레이션율이 지속적으로 상승하면서 2008년 11월 기준 전년동월 대비 24.68%까지 상승[9]

○ 파키스탄의 루피화는 2008년 12월 기준 달러당 78.93루피로 10개월 전보다 가치가 약 23% 하락한 상태에서 약세를 유지
- 정치 리스크, 고인플레이션, 저성장 기조를 반영
- 외환보유고는 2008년 10월까지 지속적으로 감소하다가 11월 91억 달러로 증가세로 전환되었으나 무역수지 적자 및 자본 유출 규모에 비해 턱없이 부족

중남미는 금융보다는 실물경제 리스크가 핵심

◉ 중남미 3국은 과거 수차례의 외환위기를 통해 CFSI가 급등락을 반복

---

8 태국은 각국의 통화가치가 급락한 2008년 3/4분기에도 하락률이 약 4%에 그쳐 비교적 안정

9 특히 식품가격은 2008년 10월 기준으로 전년동기 대비 31.7% 상승했으며, 향후 수개월 간 지속될 가능성

○ 브라질은 1998년 11월 IMF에 415억 달러의 긴급 금융 지원을 요청하며 외환위기의 여파가 1999년까지 지속

- 아르헨티나도 2001년 12월 1,320억 달러의 대외채무 상환에 대한 모라토리엄을 선언

○ 2008년 하반기에는 글로벌 금융위기의 여파가 중남미 경제에까지 미치면서 CFSI가 재상승

- 10월 기준 브라질과 멕시코의 위기지수는 각각 7.3과 9.7로 위험 수준에 각각 근접 및 진입

| 중남미 3개국의 CFSI 추이 |

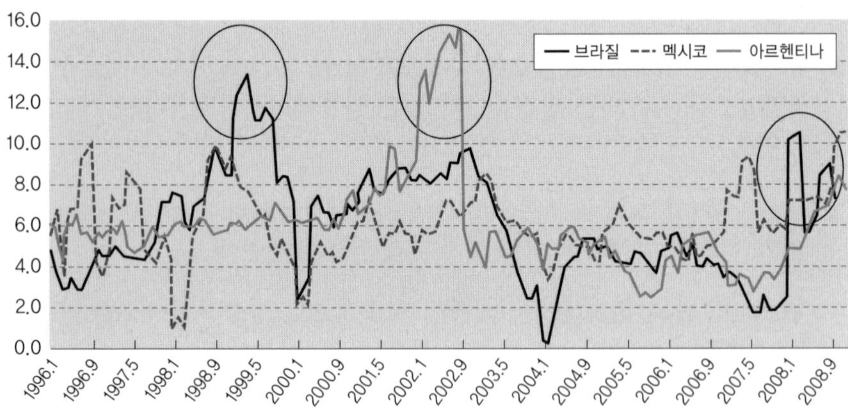

자료 : 삼성경제연구소.

◉ 2008년 12월에는 브라질과 아르헨티나가 안정세를 회복한 반면 멕시코는 미국 경기침체에 따른 여파로 불안감이 잔존

○ 브라질과 아르헨티나의 CFSI는 각각 1998년, 2002년 당시의 최고점 대비 약 절반 수준으로 하향 안정화

○ 멕시코의 CFSI는 1996년 페소화 위기 직후의 최고점인 10.1과 비슷한 수준으로 불안감이 불식되지 않고 있는 상황[10]

---

10 멕시코의 1995~1996년 페소화 위기는 브라질(1998년 12월)과 아르헨티나(2002년 1월)의 경우와 같은 IMF 구제금융이 없었으므로 최고점이 곧 임계치라는 가정이 성립되지 않음에 주의

| 중남미 3개국의 최근 CFSI 추이와 고점 대비 비율 |

(단위: 포인트, %)

구분	멕시코	브라질	아르헨티나
2008년 10월	9.7	7.3	7.8
11월	10.5	8.0	8.5
12월	10.5	7.9	7.7
고점 대비	104.3	58.8	49.9

자료 : 삼성경제연구소.

◉ 멕시코 경제는 자원 가격 하락, 미국 경기침체에 따른 수출 감소로 인해 당분간 리스크가 높은 수준을 유지[11]

ㅇ 원유를 비롯한 원자재 가격의 하락으로 산업 생산이 급격히 축소
- 멕시코의 산업 생산은 2008년 10월 기준으로 전년동월 대비 2.7% 하락했으며 원유와 관련된 생산과 수출 감소세도 당분간 지속될 전망[12]

ㅇ 멕시코의 대미 수출은 전체의 80% 이상을 차지해 미국의 경기침체로 인한 직접적인 영향이 불가피
- 2008년 11월 인플레이션율은 10월의 5.7%에서 0.5%p 상승한 6.2%를 기록했으며, 12월에는 6.5%까지 상승하여 거시정책 자유도도 매우 낮은 상황

동유럽은 전체적으로 불안감이 잔존

◉ 동유럽 신흥 3국의 CFSI는 1997년 동유럽 경제위기를 정점으로 하향 안정화 추세를 유지했으나 2008년 하반기에 급상승

ㅇ 1999년 불가리아의 화폐 액면 단위 급변경 등 간헐적인 금융불안이 존재했으나 2000년대 들어서부터는 전체적으로는 안정된 상황이 유지

---

11 멕시코 경제에 대한 불안감이 가시지 않자 신용평가회사 피치(Fitch)는 2008년 11월 멕시코의 신용 등급을 '안정'에서 '부정'으로 하향 조정
12 멕시코 최대 유전인 칸타렐(Cantarell) 유전에서 산유량이 급격히 감소(전년 대비 31% 감소)

○ 하지만 2008년 하반기에는 글로벌 금융위기의 여파로 점차 상승하면서
위험 수준에 재차 진입(8.5~11포인트)
  • 헝가리의 재정적자 심화와 외채 급증으로 인한 신용등급 강등, 폴란드
  의 주가 폭락 등은 동유럽권 금융시장 불안의 기폭제[13]

| 동유럽 3개국의 CFSI 추이 |

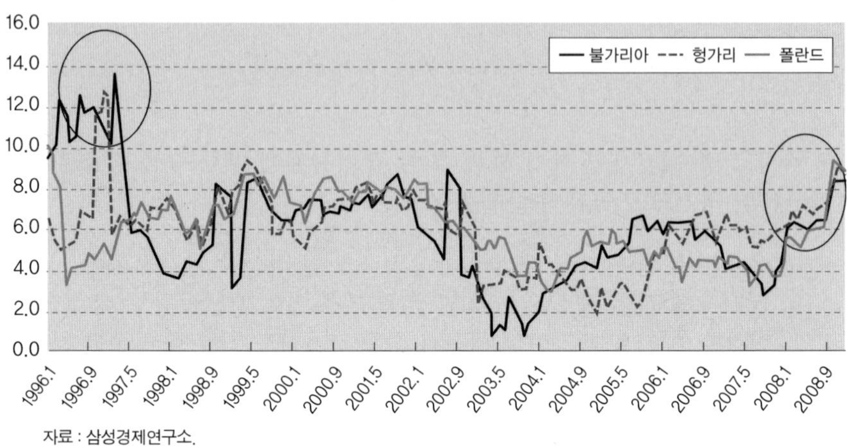

자료 : 삼성경제연구소.

◉ 2008년 12월에는 10~11월의 고점 대비 하향세로 접어들었으나 8.5 이상
을 유지해 불안감이 불식되지 않은 상황

○ 최고점 대비로도 폴란드는 88.9%, 헝가리는 68.6%에 달하는 등 전체적
으로 금융 리스크가 완전히 불식되었다고 보기 어려운 상황

| 동유럽 3개국의 최근 CFSI 추이와 고점 대비 비율 |

(단위: 포인트, %)

구분	폴란드	헝가리	불가리아
2008년 10월	9.4	8.4	8.3
11월	9.3	9.2	8.5
12월	8.9	8.9	8.5
고점 대비	88.9	68.6	62.0

자료 : 삼성경제연구소.

---

13 세계 3대 신용평가사들은 2008년 10~11월 신흥 유럽 국가들의 신용등급을 일제히 하향 조정. 루마
니아의 경우 투자부적격 등급으로 강등

◉ 폴란드는 디레버리징(차입이나 부채 규모를 줄이는 과정)에 의한 유동성 경색과 주가 및 환율 불안 등으로 금융불안이 현재에도 진행 중

○ 주가는 2008년 10월 급락한 이후 약세장이 지속되고 있으며, 실물경기가 악화되는 상황에서 소극적인 경기부양 정책은 시장의 불안을 가중
  • 정부 부채가 약 80억 달러에 육박하고 있는 상황에서 추가 경기부양을 실시하기도 어려운 상황

○ 환율도 디레버리징, 경상수지 적자 등으로 인해 급격히 약화
  • 2008년 7월 달러당 2.06즐로티 → 현재 2.99즐로티(2009년 1월 기준)
  • GDP 대비 경상수지 적자도 약 5%대로 2008년에 이어 불안한 상황이 지속

Ⅲ 평가 및 전망

유동성 패닉은 진정되었으나 새로운 위협요인이 등장

◉ 2008년 11월을 기점으로 전 세계적인 유동성 패닉은 일단 진정 국면에 진입

 ○ 미국은 개별 금융기관에 대한 공적자금 투입, FRB의 유동성 공급 프로그램 확대 등의 조치로 유동성을 둘러싼 최악의 사태가 종료
  • 미국의 LIBOR 3개월물은 2008년 10월 10일 정점인 4.81을 기록했으나 2009년 1월 8일 1.35로 정점 대비 72% 하락

 ○ 이에 따라 신흥국 경제의 근간을 위협하던 자본 유출 현상이 진정세를 보이면서 신흥국 금융시장이 안정을 회복
  • 국가의 신용정도를 나타내는 CDS 프리미엄도 동유럽을 제외한 대부분의 신흥국에서 하향 안정화

◉ 반면 수출 급감, 유가 하락 등이 새로운 위협요인으로 등장

 ○ 수출 둔화 및 감소로 국내 금융 시스템이 취약한 동유럽 신흥국을 중심으로 제2의 금융위기 가능성이 제고
  • 동유럽 수출의 절반 이상이 대EU 수출이란 점에서 서유럽 경기가 회복되기 전까지 동유럽의 수출 급감은 불가피[14]
  • 서유럽 은행들의 대출자금 회수가 본격화되면 동유럽 수출 기업들의 무역금융도 위축될 가능성[15]

 ○ 지속되는 유가 하락으로 자원 수출국을 중심으로 경상수지 적자 압력이 제고
  • 멕시코, 아르헨티나 등 자원 수출국이 많은 중남미 국가를 중심으로 무역 적자에 의한 경상수지 적자 전환 가능성이 있음

---

14 대미 수출의존도가 상대적으로 높은 아시아 신흥국과 멕시코의 경우에도 미국 경기침체에 따른 수출 감소는 피하기 어려울 전망

15 동유럽 신흥국 대부분 국가의 5년 만기 CDS 프리미엄이 연초 대비 2~8배 상승하면서 외화조달 비용이 급등

위협요인이 적은 신흥국이 제2의 투자처로 급부상

◉ 내수시장이 견조세를 유지하고 금융위기에 노출 정도가 낮은 신흥국들이 선진국들의 새로운 투자 대안으로 부상할 가능성

○ 해외 자본 유출 우려가 불식되고 외환보유고 확충 등으로 유동성이 확보된 신흥국들이 제2의 이머징 마켓으로 급부상할 가능성이 높음
  - 미국의 *Wall Street Journal*은 당분간 BRICs보다 'ICK' (인도, 중국, 한국)가 투자 유망 국가로 떠오를 것이라고 전망

○ 글로벌 경기 회복기에 가장 빠르게 재부상할 신흥국들을 예의 주시할 필요
  - 금융위기에 대한 내성이 제고되고 새로운 위협요인에 상대적으로 노출 정도가 적은 브라질, 인도네시아 등이 대상

동유럽 금융위기의 평가 및 전망

02

Issue Paper

≫≫≫ 2009. 2. 27. (2009. 4. 24. 업데이트)

이종규, 정호성

Summary

  해외자본에 크게 의존했던 동유럽 국가들은 자본이 이탈하고 해외차입이 어려워지면서 심각한 금융위기에 직면해 있다. 일부에서는 동유럽 금융위기가 '유럽판 서브프라임'에 해당할 정도의 큰 충격을 가져다 줄 것으로 내다보고 있다. 실제 동유럽의 주식·외환시장 불안은 아시아나 중남미 등 다른 신흥국들과 비교해서도 매우 심각한 수준이다. 동유럽 국가들의 CDS 프리미엄이 급등하고 국가 신용등급도 대폭 강등되는 등 금융불안이 국가부도 위기로 발전하는 양상이다. 이러한 동유럽의 금융위기로 인해 세계 금융시장도 다시 불안해지고 있다.

  본 연구에서는 종합금융안정지수(CFSI: Composite Financial Stability Index)를 통해 동유럽 10개국의 금융위기 가능성을 진단하였다. 분석 결과, 발틱 3국과 루마니아, 불가리아, 헝가리는 현재 위기가 진행 중이며 디폴트 가능성도 높은 것으로 판단된다. 이들 국가는 금융시장이 불안한 가운데 부실한 경제 펀더멘털이 금융시장의 불안을 심화시키는 악순환 고리가 형성되어 있다. 반면, 유로화를 사용하고 있는 슬로바키아와 슬로베니아는 상대적으로 여건이 양호하며, 체코와 폴란드는 금융시장 불안이 지속되고 있어 주의를 요하는 국가로 분류된다.

  동유럽 금융위기로 인해 서유럽 국가들이 받는 충격의 강도는 금융과 실물 부문의 연계 정도에 따라 국가마다 다를 것으로 예상된다. 금융 부문에서는 동유럽에 대한 대출 비중이 높고 경제 규모가 작은 오스트리아, 스웨덴, 벨기에 등이 동유럽 금융위기로 가장 큰 충격을 받을 것으로 보인다. 더군다나 이들 국가는 디폴트 가능성이 높은 국가에 대한 대출 비중이 높아 금융기관의 부실 급증이 우려된다. 실물 부문에서는 동유럽 지역에 대한 수출 규모와 비중이 큰 독일, 이탈리아, 그리스, 오스트리아 등이 타격을 받을 전망이다.

서유럽 국가들은 동유럽 금융위기가 확산되는 것을 차단하기 위해 국제 공조를 적극 모색할 전망이다. 서유럽과 국제기구의 공조가 제대로만 작동한다면 '동유럽 국가들의 연쇄부도'라는 최악의 사태는 막을 수 있을 것이다. 하지만 글로벌 금융불안이 여전하고 동유럽 국가들의 거시경제 펀더멘털이 취약하기 때문에 상황에 따라서는 언제든지 위기설이 다시 불거져나올 가능성이 높다.

동유럽 금융위기는 한국의 금융시장과 실물경제에 직·간접적 영향을 줄 것으로 예상된다. 하지만 미국발 서브프라임 위기와는 달리 부실 규모와 피해대상을 비교적 명확히 파악할 수 있기 때문에 과도한 불안감은 가질 필요가 없다. 정부와 기업은 위기 상황을 항시 점검할 수 있는 모니터링 체제를 가동하고, 현지 진출 기업의 경우 환·재고·채권 등 리스크 매니지먼트를 강화해야 한다.

Ⅰ 진행 상황

다수의 동유럽 국가들이 위기에 노출

◉ 해외자본에 크게 의존하고 있는 동유럽 국가들은 글로벌 금융위기로 인해 국가부도(디폴트) 위기에 직면

○ 자본이 이탈하고 해외차입이 어려워지면서 자본수지가 급격히 악화되고 금융 시스템은 충격을 받고 있는 상황
  • 경제 예측기관들은 이미 2008년부터 동유럽 국가들의 채무불이행 위험성에 대해 수차례 경고

○ 2009년 2월 들어 동유럽 국가들의 연쇄부도설이 퍼지자 동유럽은 물론 서유럽의 금융시장까지 요동쳐 2차 세계 금융위기에 대한 우려가 증폭
  • 동유럽의 위기가 서유럽 금융기관의 막대한 피해로 이어질 가능성

◉ 자국의 통화가치가 취약하고 위기 시 유럽중앙은행의 지원도 기대하기 어려운 비(非)유로존 및 비(非)EU 동유럽 국가들이 위험한 상황

○ 투기자본의 공격에 노출되어 있는 비유로존 국가들의 통화가치가 취약
  • 유로존에 비해 유럽중앙은행(ECB)의 지원도 기대하기 힘든 상황이기 때문에 투기자본의 공격대상이 되는 구조

○ 헝가리, 라트비아, 세르비아, 벨로루시, 우크라이나 등은 이미 2008년에 IMF에 구제금융을 신청한 상태

| IMF에 구제금융을 신청한 동유럽 국가와 지원 규모(2009년 3월 현재) |

(단위: 억 달러)

	EU 국가		비EU 국가		
	헝가리	라트비아	세르비아	벨로루시	우크라이나
규모	157	23	5	25	165

자료 : IMF (2009).

연쇄부도설로 인해 동유럽 금융시장의 불안이 심화

◉ 2008년 9월 미국발 금융위기로 혼란을 겪었던 동유럽 금융시장은 2009년 들어 연쇄부도설로 불안이 심화

○ 주가 : 아시아, 중남미 등 다른 신흥국의 주가는 2008년 연말에 비해 반등세를 보이고 있으나 동유럽 대부분의 국가에서는 주가가 지속적으로 급락

- 주가변화율 : 중남미 2.51% 〉 아시아 1.29% 〉 동유럽 -21.44% (2008년 12월 19일~2009년 2월 19일 기준)
- 글로벌 금융불안 이래 해외자본의 유출이 급증했던 불가리아, 라트비아, 루마니아의 주가 하락률이 특히 현저

○ 환율 : 경기침체 및 연쇄부도 우려에 따른 서유럽 금융기관들의 디레버리징(De-leveraging) 여파로 통화가치가 급락

- 고정환율제를 적용하고 있는 국가를 제외하면 폴란드의 즐로티화, 헝가리의 포린트화, 체코의 코루나화 순으로 달러 대비 환율이 상승

○ CDS 프리미엄 : 다수 국가들이 이미 500bp 이상을 기록

- 특히 경제적 어려움과 함께 대규모 반정부·폭력 시위 등 정치적 혼란까지 겪고 있는 라트비아의 CDS 프리미엄은 2월 20일 953.4bp까지 급등

| 금융위기 직전 대비 동유럽 금융시장 상황(2009년 2월 20일 기준) |

(단위: %, bp)

국가	통화	환율상승률 (달러 대비)	주가하락률	CDS 프리미엄
폴란드	즐로티	62.09	-43.58	90.2 → 414.6
슬로바키아	유로	12.84	-20.94	65.0 → 248.6
슬로베니아	유로	12.84	-41.43	38.5 → 225.8
체코	코루나	35.92	-47.32	70.0 → 342.4
헝가리	포린트	43.26	-41.90	205.0 → 578.5
루마니아	레우	34.15	-60.80	278.0 → 753.8
불가리아	레프	12.01	-71.15	248.0 → 663.7
에스토니아	크룬	12.94	-43.16	259.2 → 732.4
라트비아	라트	9.76	-61.60	350.0 → 953.4
리투아니아	리타스	8.58	-39.29	248.3 → 832.7

주 : 1) 리먼브러더스 사태 이전(2008년 9월 15일)과 비교한 현재의 상황(2009년 2월 20일)
　　 2) 국가의 배열은 2008년 한국의 수출 비중 순
자료 : Thomson Reuters, Datastream.

과다한 대외채무와 해외자본의 이탈 지속

◉ 동유럽 국가들은 지난 수년간 글로벌 금융시장에 유동성이 풍부할 때 외부에서 자본을 조달하는 방식으로 성장전략을 구사

○ 대부분 동유럽 국가들의 대외채무는 GDP 대비 40%를 상회
  • 1992~1993년 금융위기 당시 핀란드의 대외채무는 GDP 대비 50%였으며, 1994년 멕시코 외환위기 당시에는 20%, 1997년 태국의 외환위기 당시에는 49%

| 동유럽의 GDP 대비 대외채무 비중 |

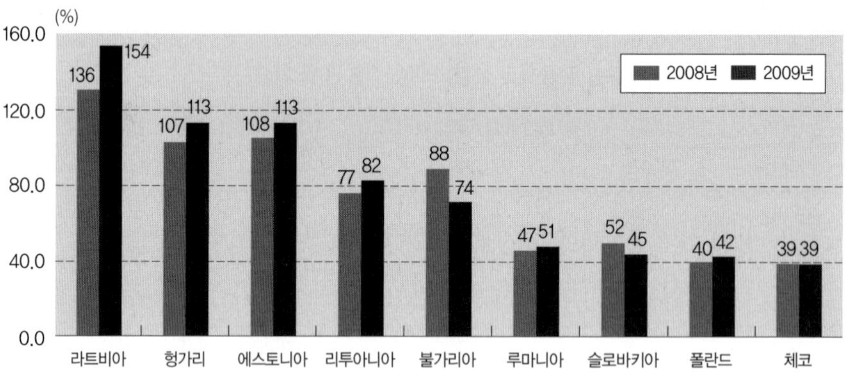

자료 : IMF, International Financial Statistics.; EIU, Country Report.

◉ 글로벌 금융위기로 해외자금 유입이 중단되고 자금 유출이 심화

○ 부실채권 증가로 자본 확충의 필요성이 증가함에 따라 서유럽 금융사들이 디레버리징을 시작하면서 다수의 동유럽 국가가 어려움에 직면

○ 특히 동유럽 지역으로의 자금 유입이 2009년 급감할 것으로 예상
  • 2008년 2,542억 달러 → 2009년 302억 달러(IIF 추정)

취약한 거시경제 펀더멘털

◉ 외환보유액 대비 대외채무, 경상수지, 재정수지 등 전반적인 거시지표들
이 더욱 악화될 것으로 예상

○ 부족한 외환보유액에 비해 과도한 대외채무 규모는 2009년에도 지속적
으로 동유럽 국가들의 거시 펀더멘털을 위협

○ 높은 대외채무 비중과 함께 갈수록 확대되는 경상수지 적자가 위협요인
 • 2009년 경상수지 적자 비중은 동유럽 모든 국가에서 3.0%를 넘을 것으
  로 예상되며, 특히 불가리아와 루마니아는 10%를 상회할 전망
 • 1994년 멕시코 외환위기와 1997년 아시아 외환위기 직전의 경상수지
  적자 비중은 3.0~8.5%

| 2009년 동유럽 국가들의 거시경제 지표 전망 |

(단위: %)

국가	경제성장률	대외채무 (외환보유액 대비)	경상수지 적자 (GDP 대비)	재정수지 적자 (GDP 대비)	인플레이션
폴란드	1.2	392.1	4.9	2.2	3.0
슬로바키아	2.2	324.6	4.8	2.8	1.7
체코	-0.8	289.9	3.0	2.4	2.5
헝가리	-3.1	674.6	3.7	2.7	2.9
루마니아	-0.4	419.3	10.6	1.8	5.3
불가리아	0.8	256.9	14.1	0.3	5.0
에스토니아	-5.6	731.6	4.2	3.4	3.3
라트비아	-9.1	1,146.4	5.0	6.0	3.0
리투아니아	-4.1	788.8	8.7	2.4	4.3

자료 : IMF, IFS.; 각국 중앙은행 및 통계청; EIU, Country Report.

◉ 경상수지 적자는 통화가치 및 주가의 하락, 해외자본의 이탈 등으로 이어
져 동유럽 금융시장 상황을 더욱 악화시킬 전망

○ 선진국 간 환율은 금리 차이에 큰 영향을 받는 데 반해, 동유럽을 비롯한
신흥국의 환율은 대체로 경상수지에 의해 영향을 받음
 • 주요 상장기업들이 수출기업인 신흥국 경제는 경상수지와 외국인 주
  식투자가 동행하는 경향이 강하기 때문

○ 국제 금융시장이 불안한 경우에는 안전자산을 선호하는 성향이 강해져 자본이탈이 심화
  • 이에 따라 동유럽 통화는 달러 및 엔화에 대해 당분간 약세를 지속할 수밖에 없는 상황
  • 외국인 투자자들의 동유럽 주식 및 채권시장 이탈로 금융시장의 불안은 지속될 것으로 전망

◉ 국가 신용등급의 추가 하락도 우려되는 상황

○ 금융위기 이후 신용평가기관들은 동유럽 대부분 국가의 신용등급을 강등했으며, 향후 추가로 하향 조정을 실시할 것으로 예상
  • 체코, 슬로바키아 등 몇몇을 제외한 모든 국가의 등급이 하향 조정

| 최근 동유럽 국가들의 신용등급 동향 |

국가	날짜	평가기관	동향	
			등급	전망
폴란드	2008.10.27	S&P	A-	Positive → Stable
슬로바키아	2008.11.27	S&P	A+	Positive → Stable
체코	2008.3.4	Fitch	A+	Stable
헝가리	2008.11.17	S&P	BBB+ → BBB	Negative
루마니아	2008.11.10	Fitch	BBB → BB+	Negative
불가리아	2008.11.10	Fitch	BBB → BBB-	Negative → Stable
에스토니아	2009.2.11	Moody's	A1 → A1-	Stable
라트비아	2009.1.3	Moody's	A3 → Baa1	Negative
리투아니아	2009.2.10	Moody's	A2→ A2-	Negative

자료 : 국제금융센터, 통계자료 DB.

◉ 종합적으로 동유럽의 자금흐름은 1997년 아시아 외환위기와 유사한 패턴을 보일 가능성도 우려

○ 외환위기 당시 아시아 국가들처럼 외환보유액 대비 단기외채 비율이 높은 가운데 경상수지 적자 확대와 해외자본의 이탈이 지속
  • 자국 통화가치의 하락과 자국 내 외환 부족으로 차입금에 대한 상환이 어려운 상황에 직면

Ⅲ 금융위기 가능성 평가

종합금융안정지수에 따라 3개 등급으로 분류

◉ 종합금융안정지수(CFSI : Composite Financial Stability Index)를 통해 동유럽 10개국의 금융위기 가능성을 진단

○ CFSI는 금융시장의 건전성 및 위험도와 관련이 깊은 금융변수에 거시경제 지표를 합성해 산출
  • 동유럽 10개국의 데이터베이스 가용성에 근거해 5개 지표를 최종 선정

종합금융안정지수에 사용된 5개 변수

1. 통화가치의 고평가 정도 : 경상 수지 악화 정도와 미래의 통화가치 하락 가능성을 평가 (對달러 환율, 경상수지적자/GDP)

2. 통화방어능력 정도 : 외국자본의 이탈이나 급격한 환투기를 제어할 수 있는 능력을 평가하는 지표(M2/외환보유액)

3. 금융시장 건전성을 평가하는 지표로 주가하락률을, 거시정책의 자유도를 평가하는 지표로 인플레이션율을 대리변수로 사용(주가, 인플레이션)

◉ 동유럽 10개국의 CFSI 지수는 리먼브러더스의 파산을 계기로 급상승했으나, 국가별로 상당한 차이

○ 금융위기 가능성 정도에 따라 3개 그룹으로 분류 가능
  • 헝가리, 루마니아, 불가리아, 발틱 3국이 상대적으로 금융위기 가능성에 많이 노출

| 금융위기 가능성 평가 |

낮음	중간 수준	높음
슬로바키아 슬로베니아	체코 폴란드	발틱 3국 루마니아, 불가리아 헝가리

주 : 발틱 3국은 에스토니아, 라트비아, 리투아니아를 지칭

슬로바키아와 슬로베니아는 상대적으로 양호

◉ 슬로바키아와 슬로베니아는 EMU(유럽경제통화동맹) 가입에 따른 환율 안정 등으로 기타 동유럽 국가에 비해 상대적으로 안정

○ 2008년 9월 리먼브러더스의 파산 이후 지속적으로 상승해오던 CFSI가 글로벌 금융위기가 정점에 달했던 10~11월을 지나면서 점차 하락
  • CFSI 지수도 2004년 1월~2009년 1월 기간 최고 정점의 약 80% 수준

| 슬로바키아와 슬로베니아의 CFSI 추이 |

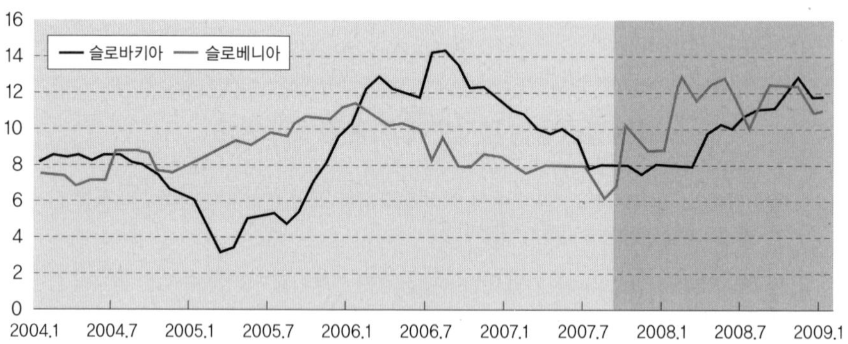

주 : 슬로베니아는 M2/외환보유고 테이터의 가용성 문제로 2004~2007년 기간을 0으로 처리
자료 : Thomson Reuters, Datastream.; IMF, IFS.; 각국 통계청 자료를 활용해 작성.

체코와 폴란드는 주의를 요하는 국가

◉ 체코와 폴란드는 정책당국의 적극적인 대처로 위기감이 증폭되는 것을 억제하고는 있으나 금융시장 불안감이 잔존

○ 체코는 지속적인 하락세를 보이고 있는 소비자물가 등으로 거시정책의 자유도가 상대적으로 높은 상황[1]
  • 폴란드 정부는 유럽중앙은행으로부터 130억 달러 규모의 펀드 인출권 을 승인받는 등 유동성 부족에 적극 대처

---

1 2009년 인플레이션율도 약 2%대 중반에 머무를 것으로 예상

○ 다만, 거시경제의 상대적 안정감에도 불구하고 통화가치 하락과 주가
하락이 심각해 불안이 지속
- 2008년 9월 15일~2009년 2월 17일 기준 통화가치와 주가가 모두 35%
이상 폭락
- CFSI 지수도 2008년 9월 이후 지속적으로 상승해 2009년 1월 최고 기록

| 체코와 폴란드의 CFSI 추이 |

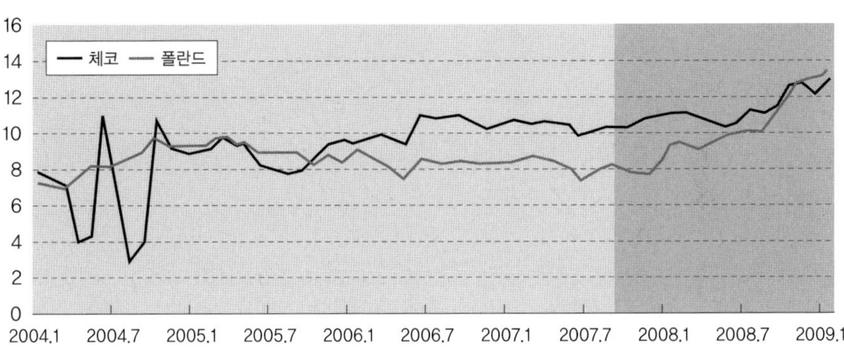

자료 : Thomson Reuters, Datastream.; IMF, IFS.; 각국 통계청 자료를 활용해 작성

발틱 3국, 헝가리, 루마니아, 불가리아는 이미 위기 진행형

◉ 발틱 3국은 높은 대외채무 비중에 따른 디폴트 가능성으로 인해 금융시
장 불안이 최고조 상태

○ 발틱 3국의 외환보유고 대비 대외채무 비중은 모두 7배 이상
- 2009년 대외채무/외환보유고는 에스토니아 731.6%, 라트비아
1,146.4%, 리투아니아가 788.8% 등에 달할 것으로 예상

○ 2009년 불가리아의 GDP 대비 경상수지 적자 전망치는 14.1%로 동유럽
10개국 중 최고이며 루마니아의 경우도 10.6%로 매우 높은 수준에 이를
전망
- 헝가리는 IMF 구제금융이 제공된 이후에도 높은 대외채무로 인해 불
안감이 가시지 않고 있는 상황[2]

---

2 2009년 헝가리의 외환보유고 대비 대외채무 비중전망치는 여전히 6.7배의 높은 수준

○ CFSI 지수도 글로벌 금융위기가 정점에 달했던 2008년 10월과 11월에 최고점을 기록한 후 일견 안정되는 듯 보였으나 2009년 들어 재상승
  • 루마니아를 제외한 모든 국가의 CFSI 지수가 2009년 들어 상승

| 발틱 3국, 헝가리, 불가리아, 루마니아의 CFSI 추이 |

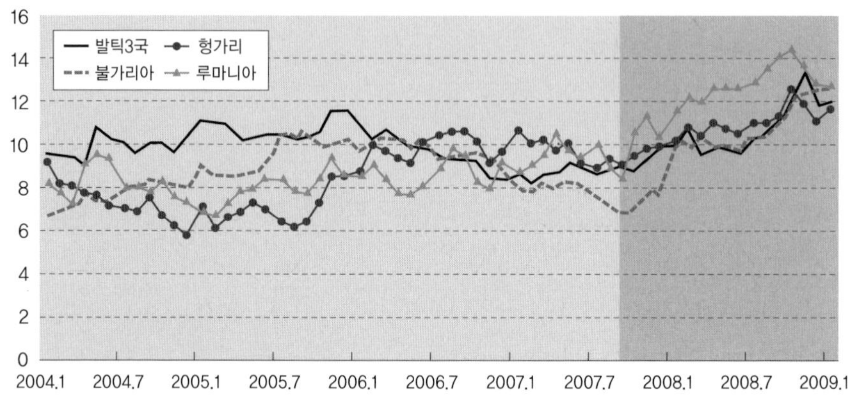

주 : 리투아니아, 라트비아의 경우 주가 데이터의 부재로 표준화 지수를 0으로 처리
자료 : Thomson Reuters, Datastream.; IMF, IFS.; 각국 통계청 자료를 활용해 작성.

◉ 발틱 3국을 포함한 6개국의 2009년 1월 CFSI 지수는 임계치에 근접하거나 벗어나면서 금융위기 가능성이 고조되었음을 시사

○ 에스토니아를 제외한 모든 국가의 지수가 각국의 임계치에 근접하거나 임계치를 상회
  • 다만 에스토니아의 경우 임계치까지는 다소 여력이 남아 있으나, 리투아니아, 라트비아의 금융불안에 의한 주변국 효과로 위험국에 포함

| 금융위기 재발 가능성(임계치 기준) |

	에스토니아	리투아니아	라트비아	헝가리	불가리아	루마니아
임계치	12.6	13.5	12.6	11.4	11.5	13.5
2009년 1월	10.5	12.8	12.7	10.8	11.9	12.7
차이	1.9	0.7	-0.1	0.6	-0.4	0.8

주 : 평균+(2 × 표준편차)를 위기지수의 임계치로 설정(MPI 지수의 경우와 동일)
   에스토니아는 임계치까지 약 1.9포인트의 여력이 존재

Ⅳ 예상 파급효과

동유럽의 연쇄부도는 서유럽 금융부실을 심화

◉ 금융불안을 초기에 차단하지 못할 경우, 동유럽 경제 전체가 금융위기에 처할 상황

○ 1997년 아시아 외환위기 때처럼 금융위기 취약국가로부터 주변국으로 위기가 전이될 가능성이 큼

◉ 서유럽 국가들은 동유럽의 최대 자금공급국

○ 동유럽 국가가 대출받은 자금 중 약 91%가 서유럽 자금
- 총 1조 7,000억 달러 중 서유럽으로부터의 차입금이 1조 5,000억 달러
- 오스트리아(20.5%), 이탈리아(14.5%), 독일(13.5%)의 순

○ 한편 폴란드, 체코, 헝가리, 루마니아, 우크라이나에 대출이 집중
- 폴란드(3,030억 달러) 〉 체코(1,920억 달러) 〉 헝가리(1,550억 달러) 〉 루마니아(1,240억 달러) 〉 우크라이나(570억 달러) 순

| 동유럽 10개국에 대한 서유럽 국가별 대출 비중 |

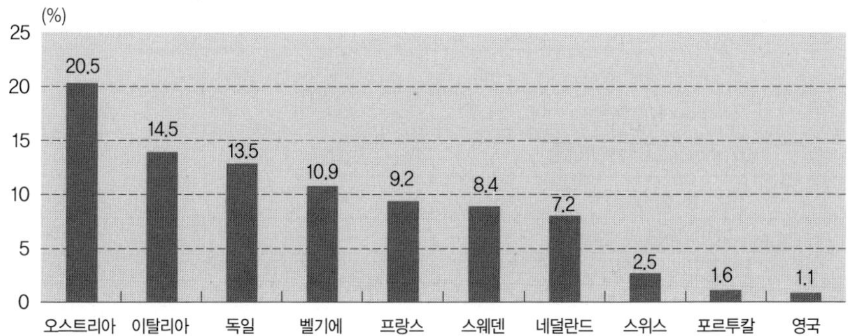

주 : 전체 동유럽 10개국의 대출 규모 = 100%
자료 : BIS.

● 동유럽의 연쇄부도는 서유럽 은행들의 위기로 전이될 가능성

○ 최근 수년간 동유럽 국가들의 EU 가입 과정에서 서유럽 은행들이 동유
럽 지역에 대거 진출
- 동유럽 자회사는 그동안 모회사의 수익을 크게 증가시키는 캐시카우
(Cash Cow) 역할
- 현재 동유럽 은행산업 내 서유럽 은행들의 시장점유율은 약 66%

○ 하지만 글로벌 금융위기와 함께 서유럽 은행들은 동유럽 국가들의 연쇄
부도를 우려하여 무차별적으로 자금을 회수하고 있는 상황

○ 연쇄부도가 현실화될 경우 서유럽 금융시장에 혼란을 가져올 수 있는
부메랑으로 작용할 가능성
- 최근 무디스는 동유럽에 진출한 자회사를 갖고 있는 서유럽의 모금융
그룹에도 파급효과가 미칠 것이라고 경고
- 라이파이젠, 에르스테, 바이에른LB, 스웨드 은행 등이 신용등급 하향
조정을 받을 가능성

| 서유럽 은행들의 위험도 |

(단위: %, bp)

은행명	동유럽 대출 비중 (총 자산 대비)	CDS 프리미엄 (2009년 2월 20일)
Raiffeisen Zentralbank (오스트리아)	78	403.3
Erste Bank (오스트리아)	64	-
Bayern LB (독일)	62	-
Swedbank (스웨덴)	34	260.7
UniCredit Group (이탈리아)	27	219.3
KBC Bank (벨기에)	25	269.1
Banco Comercial (포르투갈)	19	152.1
SEB (스웨덴)	18	166.0
Allied Irish Banks (아일랜드)	10	575.8
Societe Generale (프랑스)	10	150.9

자료 : BIS; Thomson Reuters, Datastream.

금융 부문에서는 오스트리아, 스웨덴, 벨기에 등이 타격

◉ 경제 규모 대비 동유럽 대출 비중이 큰 서유럽 국가나 위험 가능성이 있는 동유럽 국가에 대출한 비중이 높은 국가일수록 충격의 강도가 클 것으로 예상

○ 동유럽 10개국에 대한 GDP 대비 대출액 비중이 큰 국가는 오스트리아, 벨기에, 스웨덴, 네덜란드 순
  - 반면, 서유럽 주요국인 독일(4.1%), 프랑스(3.6%), 영국(0.4%) 등은 동유럽 10개국에 대한 대출 비중이 크지 않은 편

| 동유럽발 금융위기에 대한 서유럽 국가들의 충격 정도 |

(단위: %)

	오스트리아	벨기에	스웨덴	네덜란드	이탈리아	스위스
GDP 대비 대출 비중	56	24	19	9	7	6

주 : 동유럽에 10개국에 대한 대출 비중(GDP 대비)
자료 : BIS; IMF, IFS.

○ 동유럽 10개국 중 어떤 국가에 자본을 대출했느냐에 따라서도 충격의 강도가 다를 것으로 예상
  - 오스트리아, 벨기에, 스웨덴 등은 발틱 3국, 루마니아, 불가리아 등 위험한 것으로 알려진 국가에 대한 대출 비중이 높음
  - 반면, 독일이나 프랑스는 체코, 슬로바키아, 폴란드 등 상대적으로 양호한 국가에 대한 대출 비중이 높음

| 위험 대상국에 대한 서유럽 국가별 대출 비중 |

위험 대상국	서유럽 국가들의 대출 비중
라트비아	스웨덴이 절대적 비중을 차지(55.4%)
리투아니아	스웨덴이 절대적 비중을 차지(64.7%)
에스토니아	스웨덴이 절대적 비중을 차지(80.1%)
루마니아	오스트리아(35.3%) 〉 프랑스(13.4%) 〉 이탈리아(10.8%)
불가리아	이탈리아(18.2%) 〉 스위스(15.5%) 〉 오스트리아(12.9%)
헝가리	오스트리아(23.8%) 〉 독일(22.6%) 〉 이탈리아(17.4%)

자료 : BIS.

○ 서유럽의 국가별 대출 규모를 우크라이나, 벨로루시 등 비EU 동유럽 국
   가들까지 확대해서 살펴보면 서유럽 주요국들의 대출 규모가 큼
   • 독일 〉 오스트리아 〉 이탈리아 〉 프랑스 순(비EU에 대한 대출 규모)

| EU 및 비EU 동유럽에 대한 서유럽의 국가별 대출 규모 |

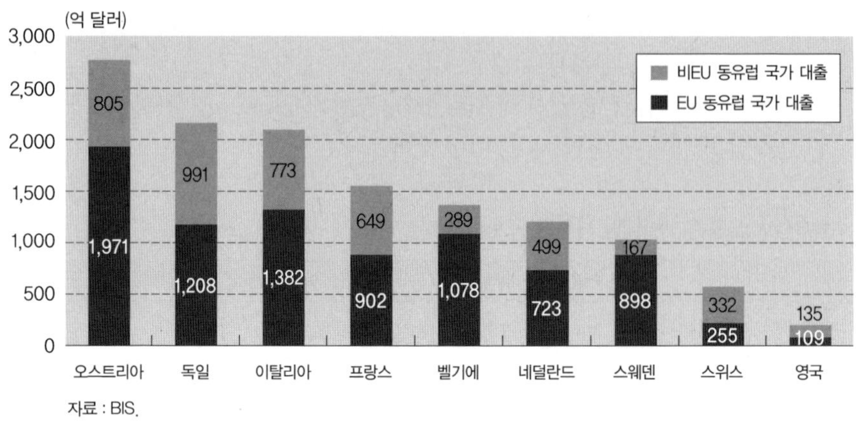

자료 : BIS.

실물 부문에서는 독일, 이탈리아, 그리스, 오스트리아 등이 타격

● 동유럽 지역 수출 규모가 컸던 국가들은 실물 부문에서 타격이 예상

○ 독일, 스웨덴, 이탈리아 등이 동유럽으로의 수출 규모가 컸던 편

| 위험 대상국으로의 수출 규모가 큰 국가 |

(단위: 억 달러)

위험 대상국	해당국으로의 수출 규모
라트비아	리투아니아(13.0) 〉 독일(11.3) 〉 러시아(8.4)
리투아니아	러시아(49.6) 〉 독일(19.2) 〉 폴란드(16.1)
에스토니아	핀란드(12.5) 〉 독일(11.4) 〉 스웨덴(9.0)
루마니아	독일(70.3) 〉 이탈리아(51.1) 〉 헝가리(28.0)
불가리아	러시아(26.8) 〉 독일(22.6) 〉 우크라이나(17.2)
헝가리	독일(151.0) 〉 러시아(50.4) 〉 중국(42.5)

주 : 2008년 1~6월
자료 : 한국무역협회, 무역통계 DB.

◉ 동유럽으로의 수출 비중이 높은 국가들 또한 수출 감소로 경기회복에 차질이 빚어질 전망

○ 동유럽 경제는 지난 2000~2007년에 연평균 5% 성장하였으나, 이번 금융위기로 인해 앞으로 수년간 3% 내외의 성장에 그칠 전망

○ 전체 수출에서 동유럽 10개국 수출 비중이 높은 오스트리아, 그리스, 독일, 이탈리아, 핀란드 등은 동유럽의 금융위기와 이로 인한 경제침체로 타격을 받을 것으로 예상
  • 특히 그리스는 불가리아와 루마니아에 대한 수출 비중이 11%

| 주요국의 전체 수출에서 동유럽 수출이 차지하는 비중(2007년 기준) |

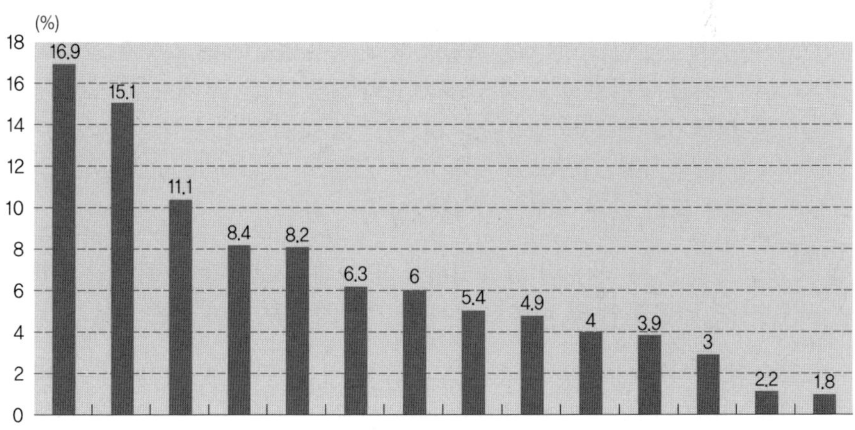

자료 : 유럽통계청(Eurostat).

◉ 종합적으로 동유럽 금융위기에 따른 직접적인 충격의 강도는 각 서유럽 국가별로 차등화

○ 경제 규모, 위험 대상국 내 대출 및 수출 비중 등을 고려할 필요
  • 금융 부문 : 오스트리아, 스웨덴, 벨기에 등이 타격
  • 실물 부문 : 독일, 이탈리아, 그리스, 오스트리아 등이 타격

서유럽 공조체제의 작동 여부가 관건

◉ 독일, 이탈리아, 오스트리아 등 EU 회원국들은 IMF, 세계은행 등 국제기구와 더불어 동유럽 금융위기를 차단하기 위한 국제공조에 나설 가능성

○ 서유럽 은행들은 당장 동유럽 내 자회사에 대한 자금 조달 중단이나 대규모 대출자금 회수 등의 조치를 취하지 못할 전망
- 이 지역 대출 비중이 가장 높은 오스트리아 라이파이젠 은행의 경우 정부로부터 17억 5,000만 유로의 자본을 조달받아 여력이 있는 상황

○ 서유럽 국가들은 동유럽 금융위기에 대해 수수방관만 할 수 없는 입장
- 특히 그동안 소극적인 행보를 보였던 독일 메르켈 총리는 IMF를 통해 동유럽 국가들을 지원할 용의가 있음을 피력

○ 2009년 3월 1일 긴급 EU 정상회담을 통해 동유럽 문제를 집중 논의할 계획
- 위기 해결 방법으로 국제 금융기구의 자금 지원, 부채 탕감, 채무만기 연장(단기외채를 장기외채로 전환) 등도 고려될 가능성
- 동유럽 위기에 직접적 충격을 받는 그룹과 그렇지 못한 그룹 등 이해관계가 얽혀 있는 국가들의 의견 조율이 관건

◉ 국제공조를 통해 서유럽 금융기관들의 연쇄부도와 같은 최악의 사태를 막더라도, 금융불안 및 디폴트에 대한 가능성은 여전히 상존

○ 금융위기 가능성이 높은 것으로 분류된 그룹 중 몇몇 국가들은 외부의 지원 없이는 디폴트를 면하기 어려운 상황
- 거시경제 기초에 비해 과다한 대외채무와 고정환율제하에서 환율상승 압력 등이 주요 위협 요인

○ 이해관계가 얽혀 있는 유럽의 공조가 성사된다고 하더라도 동유럽 거시경제의 근본적인 문제는 여전히 해결되지 못한 상태
- 리스크 요인이 상존하는 만큼 금융불안이 지속되고 연쇄부도에 대한 가능성과 위기설이 재차 발생할 전망

Ⅴ 시사점

동유럽 금융위기는 국내 경제에도 영향

◉ 국내 금융시장은 직접적인 피해보다 간접적인 영향이 더 클 것으로 전망

○ 국내 은행들의 동유럽 관련 대출채권 및 투자자산은 약 7억 달러에 불과해 직접적 피해는 크지 않을 것으로 예상되지만, 자금압박을 받는 서유럽 금융회사들이 국내 대출 일부를 회수할 가능성 고조
- BIS에 따르면 2008년 9월 말 기준 한국의 총 외채 규모는 3,662억 달러이며, 이 중 유럽계 자금은 2,093억 달러로 전체의 57%를 차지
- 국내 은행이 서유럽 금융회사로부터 빌린 차입금은 전체 850억 달러의 25%인 200억 달러, 이 중 100억 달러가 2009년 상반기에 도래[3]

○ 국내 증시에서는 유럽계 자금이 대거 이탈하고, 외환시장에서는 안전자산 선호현상이 심화되어 금융시장의 불안이 당분간 지속될 전망
- 2008년 말 국내 주식 매수에 나섰던 유럽계 자금이 이탈할 가능성
- 달러화·엔화 등 안전자산 선호현상이 심화되어 외환시장의 불안이 재현

◉ 동유럽의 내수 부진에 따른 내구재 수출 감소와 함께 서유럽 수출을 위한 부품·원자재 수출도 타격이 예상

○ 2008년에 이미 한국의 對동유럽 수출은 급감
- 對불가리아 -20.4%, 對헝가리 -20%, 對루마니아 -15.7%
- 향후 對동유럽 수출은 물론 對EU 수출까지 급감할 전망

○ 2008년 4/4분기 이후 2009년 2월까지 국내 3대 조선사의 신규 수주 물량이 1척
- 최근 국내 조선사 중 하나는 그리스의 해운선사로부터 각각 1억 달러어치 이상의 벌크선 2척에 대해 발주 취소 요청을 받음

---

3 "서유럽 달러 회수 도미노 우려" (2009.2.24.). 『서울신문』, 17면.

불확실성으로 인한 공포감을 제거하는 것이 관건

◉ 동유럽발 금융위기는 한국의 금융시장 및 실물경제에 악재로 작용하고는 있으나 피해 규모와 위험 대상국가 및 기관이 비교적 명확한 만큼 선제적인 대응이 가능

○ 동유럽의 연쇄부도 위기는 '유럽의 서브프라임'으로 비유
  • 이 지역에 대한 주요국들의 대출액은 약 1조 7,000억 달러에 이르며 미국의 서브프라임 1조 2,000억 달러보다도 큰 규모

○ 하지만 동유럽의 연쇄부도 위험은 2008년 미국발 금융위기와 비교해서 부실 규모와 양상이 상대적으로 정확하게 파악되는 상황
  • 미국발 서브프라임 사태는 투자가 여러 단계를 거치면서 부실 규모를 파악하기 쉽지 않았기 때문에 시장의 불확실성으로 인한 충격이 확대
  • 반면, 동유럽 금융위기는 예측이 가능한 상황이므로 향후 이 지역의 금융시장이 불안을 반복하더라도 시장 패닉으로 이어지지 않을 것

◉ 금융시장에서는 상시 모니터링 체제를 가동하여 위기 상황을 점검하고, 동유럽 진출 기업들은 리스크 관리를 강화할 필요

○ 동유럽은 한국기업의 EU시장 공략을 위한 생산기지로 인식되어 많은 국내 기업들이 진출
  • 현재 동유럽 10개국에만 332개사(한국 對유럽 진출의 19.3%)가 진출해 있고, 37.8억 달러(한국 對유럽 투자의 21%)가 투자

○ 현지 진출 기업들은 각종 금융지표와 경제 펀더멘털 등 리스크 요인을 상시 점검하고 상황 악화에 대비하여 리스크 관리에 만전을 기해야 함
  • 자금 및 환 관리는 물론 재고와 채권 관리를 소홀히 해서는 안 되며, 노사관리에도 신경 쓸 필요

영국경제의 불안요인과 향후 전망 03

Issue Paper

≫≫≫ 2009. 4. 17. (2009. 4. 24. 업데이트)

김득갑, 이종규

Summary

　세계 5위 경제대국인 영국은 금융서비스산업의 호조에 힘입어 지난 15년 간 호황을 구가해왔다. 하지만 글로벌 금융위기가 본격화된 2008년 중순 이후 금융 부실이 확대되고 경기침체가 본격화되면서 재정 악화와 파운드화 가치 하락 등으로 불안감이 커지고 있다. 야당과 일부 전문가들은 '제2의 아이슬란드(Iceland-on-Thames)'라는 표현으로 영국의 국가채무 불이행(디폴트) 가능성을 우려하고 있다.

　영국경제는 '금융기관의 부실 심화'와 '정부재정 악화'라는 두 가지 불안요인을 안고 있다. 2009년 1월 현재 영국 은행의 총 부채 규모는 7조 9,000억 파운드로 영국 GDP의 5.5배에 달하며, 외채는 4조 7,000억 파운드(총 부채의 약 60%)에 이를 정도로 은행의 재무구조가 취약하다. 이런 상황에서 주택버블 붕괴에 따른 '국내 부실자산의 증가'와 미국 서브프라임 모기지 관련 상품의 부실에 따른 '해외투자 손실'로 이중고(二重苦)를 겪고 있다. RBS, Lloyds Banking Group, Barclays 등 주요 은행의 예상 손실규모가 GDP의 6.4%(925억 파운드)에 달할 정도로 은행 부실이 심각하다. 또한 미국의 모기지대출상품에 대한 투자 손실로 1,226억 파운드의 자산평가 손실이 발생했으며, ABN Amro(RBS 인수), HBOS(Lloyds TSB와의 합병) 등 부실 금융기관의 무리한 인수도 경영난을 더욱 심화시켰다.

　한편, 금융불안과 실물경기 침체가 본격화되면서 부실 금융기관에 대한 대규모 구제금융 지원, 세수 감소 및 200억 파운드의 경기부양책 시행 등으로 정부재정이 빠르게 악화되고 있다. 재정적자는 2007년 GDP 대비 2.8%에서 2008년에 4.6%로 증가하였으며, 6,000억 파운드 이상의 자금이 은행 국유화 등 구제금융에 투입됨으로써 정부부채도 2009년 1월 현재 GDP 대비 47.8%로 급증하였다. 금융 부실 심화로 인해 구제금융 투입이 추가로 예상되고 있어 재정 적자는 GDP 대비 9% 이상으로, 정부부채는 5년 후에 GDP 대비 60~70%로 증가하는 등 재정 악화가 더욱 심화될 전망이다.

영국은 아이슬란드와 같이 단기간에 디폴트 위기에 처할 가능성은 낮다는 것이 중론(衆論)이다. 경제규모에 비해 외환보유고는 적지만, 미국과 무한대의 통화스와프 협정이 체결되어 있어 단기적인 채무 불이행 가능성은 낮다. 하지만 경기침체가 장기화되고 금융기관의 부실이 확대될 경우에는 은행 국유화와 배드뱅크(Bad Bank) 설립 등을 위해 추가 재정 투입이 불가피해 정부재정은 더욱 악화될 수밖에 없다. 이 때문에 영국 정부는 향후 5년간 당초보다 2배 규모인 6,300억 파운드의 국채(Gilts)를 발행할 전망이다. 문제는 2009년에 미국과 서유럽에서만 약 3조 달러의 국채 발행이 예상되고 있어 영국 정부의 국채 발행을 통한 자금조달이 용이하지 않다는 데 있다. 미국 재무부증권은 시장에서 제1순위로 소화되지만, 서유럽 국가들은 서로 경쟁관계에 있어 국채 발행이 쉽지 않을 것으로 보인다.

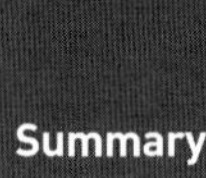

영국은 일본과 달리 발행 국채를 국내 금융기관이 모두 소화하기는 역부족으로 해외 투자자에게 1/3 이상 의존하고 있는 실정이다. 영란은행은 정책금리를 제로 수준(0.5%)으로 인하하는 한편 역사상 처음으로 국채 매입을 통한 양적 완화 정책(Quantitative Easing)을 시행하기에 이르렀다. 영국 정부는 이를 통해 국내 금융기관들의 국채 매입을 유도하는 한편 유동성 공급 확대를 통해 시중금리를 낮춰 소비 진작을 도모하고 있다. 하지만 양적 완화 정책은 물가 상승과 파운드화 가치 하락 등의 위험부담이 따르는 '최후의 카드'라 할 수 있기 때문에 '경기침체 장기화 → 금융부실 증가 → 재정 악화 → 자본 이탈 → 파운드화 하락 → 국채 발행 및 원리금 상환 차질'로 이어지는 최악의 상황도 배제할 수 없다. 또한 국제공조를 통해 최악의 위기를 모면한다 하더라도 영국경제는 재정 악화로 인해 상당 기간 예년의 성장세를 회복하기는 어려워 보인다. 만약 영국이 위기 상황에 처할 경우 영국 자본에 가장 많이 의존하고 있는 한국경제로서는 자본 이탈로 충격이 예상되며, 한국의 대영 수출도 상당 기간 부진을 면하기 힘들 전망이다.

한국은 거시경제 펀더멘털이 건실하고 수출 제조업 기반이 강해 영국보다 위기 극복에 유리한 상황이다. 다만 영미계 자본에 크게 의존하고 있는 금융 부문의 취약성이 실물 부문을 훼손하지 않도록 선제적인 정책 대응은 필요

하다. 영국경제의 위기 가능성에 대비한다는 차원에서 자본 조달처를 다변
화함으로써 영국 금융기관에 대한 과도한 차입 의존도를 낮출 필요가 있다.
또한 전 세계적으로 3조 달러 이상의 국채 발행이 예상되고 있어 보다 세밀
한 국채 발행 전략이 요구된다.

⚊ 불안한 영국경제

2007년까지는 장기 호황을 구가

◉ 영국경제는 1993년 이래 지난 15년 동안 전후(戰後) 최장기 호황을 구가

  ○ 1993~2007년에 영국은 G7에 속한 유럽 경제대국 중 가장 높은 연평균 3% 성장
   - 캐나다(3.3%), 미국(3.1%), 영국(3%), 프랑스(2%), 독일(1.5%), 이탈리아(1.4%), 일본(1.3%)의 순

  ○ 1993년 10.4%에 이르던 실업률도 지속적인 경제 호황에 힘입어 2005년에는 4.8%까지 하락

| 영국의 경제성장률과 실업률 추이 |

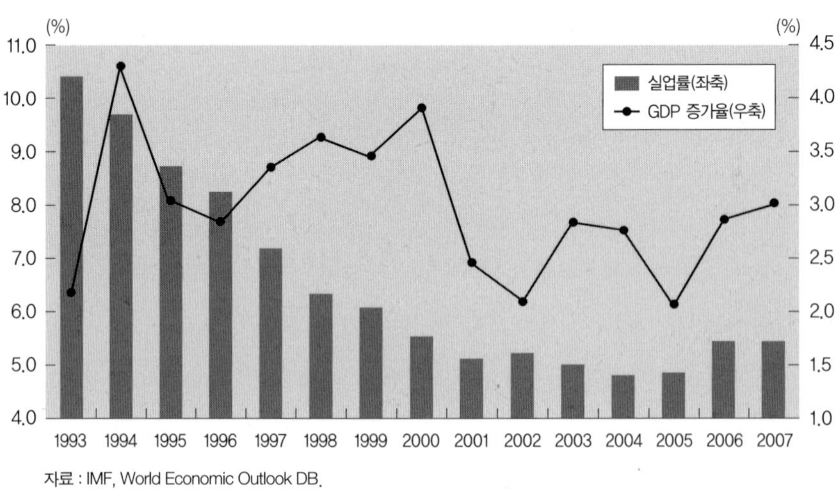

자료 : IMF, World Economic Outlook DB.

◉ 금융서비스산업에 힘입은 내수 호조가 경제 호황을 견인

  ○ 영국경제가 1987~2007년에 연평균 2.6% 성장하는 동안 금융서비스산업은 4.7% 성장

- 이 기간 중 금융서비스산업의 호조로 매년 0.2%p의 추가 성장 효과

○ 금융서비스산업과 연계한 주택금융의 확대로 주택경기가 호황을 지속
하면서 민간소비가 경제성장을 견인
- 2008년 3월 영국의 주택담보대출 규모는 총 5,594억 파운드로 2000년
초(3,159억 파운드) 대비 77% 증가

| 영국의 주택담보대출 잔액 추이(기말 기준) |

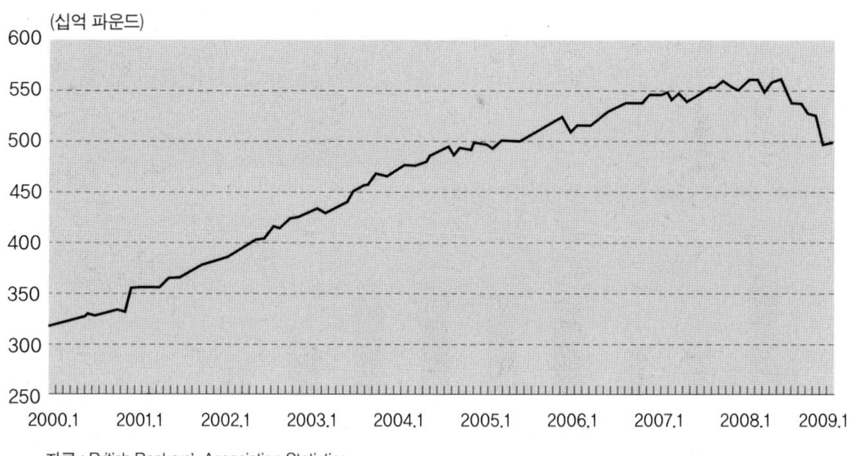

자료 : British Bankers' Association Statistics.

◉ 자본수지 흑자를 통해 만성적인 경상수지 적자를 보전

○ 영국은 상품수지 적자의 확대로 경상수지 적자가 매년 증가 추세이나,
이를 자본수지(Capital and Financial Account) 흑자로 커버
- 2007년 경상수지 적자는 395억 파운드(GDP의 2.8%)
- 해외자본 유입이 해외투자를 상회하기 때문에 자본수지는 흑자 기조
를 유지

2008년 중반부터 경기침체가 본격화

◉ 미국발 서브프라임 금융위기의 영향으로 영국경제의 침체가 본격화

○ 영국경제는 금융불안이 실물경제로 파급되면서 2008년 3/4분기에 전기 대비 -0.7% 성장한 데 이어 4/4분기에도 전기 대비 -1.6% 성장하는 등 2분기 연속 마이너스를 기록[1]
  • 2008년 5월부터 경기침체에 공식 진입한 것으로 판단(NIESR)

○ 순수출(수출 – 수입) 개선에도 불구하고 급격한 내수침체로 인해 2008년 성장률이 0.7%에 그침
  • 그동안 영국경제의 성장 엔진 역할을 해왔던 가계소비가 자산가격 하락에 따른 역자산효과와 실업 증가 등으로 급격히 위축
  • 건설 및 설비투자도 빠른 속도로 둔화
  • 반면, 수입이 수출보다 더 크게 감소하여 순수출이 유일하게 경제성장에 플러스(+) 기여

| 영국의 분기별 경제성장률 추이(전기 대비) |

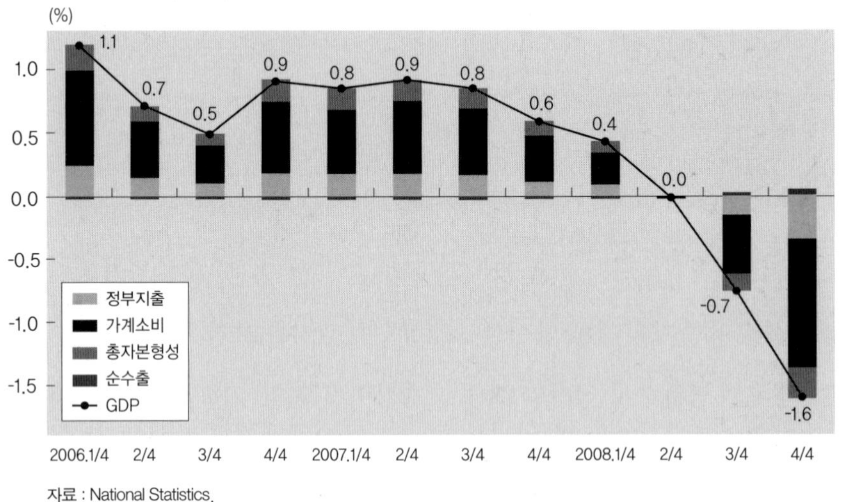

자료 : National Statistics.

○ 금융위기와 내수 침체의 영향으로 산업생산 활동이 크게 위축
  • 2008년 4/4분기 산업생산은 3/4분기(-1.4%)보다 더 악화된 전기 대비 -5.8%(전년동기 대비 -11.1%) 성장
  • 특히 제조업 경기는 최악으로 산업생산이 최근 3개월(2008년 11월~2009년 1월) 동안 전기 대비 -6.5%(전년동기 대비 -12.2%)를 기록

---

1 2009년 1/4분기에도 전기 대비 -1.5% 성장한 것으로 추정(NIESR)

○ 총 부가가치의 76%를 차지하는 서비스산업도 본격적으로 악화되기 시
  작(2008년 3/4분기에 전기 대비 -0.5%, 4/4분기에 -1.0%)
  • 유통, 호텔, 레스토랑 산업이 가장 부진하여 3/4분기에 -2.1% 성장한
    데 이어 4/4분기에 -2.4%를 기록
  • 비즈니스서비스와 금융 산업은 3/4분기 -0.6%에 이어 4/4분기에도
    -0.5% 감소

◉ 경기침체와 기업 구조조정이 본격화되면서 고용도 급속도로 악화

○ 2008년 11~2009년 1월 실업률이 6.5%를 기록하는 등 노동시장은 1997년
  4/4분기 이래 최악의 상황

○ 2009년 2월의 실업수당 청구자 수(계절조정)는 1998년 2월 이래 가장 많
  은 139만 명을 돌파
  • 전월 대비 13만 8,400명, 전년동월 대비 59만 5,600명 증가

| 영국의 고용 추이 |

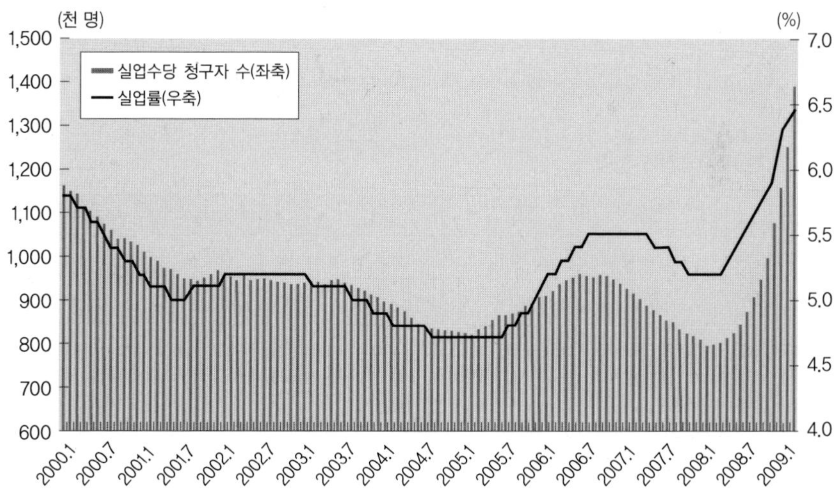

자료 : National Statistics.

● 2009년 영국경제는 전후 최저 수준의 성장률이 예상되며, 2010년에도 정체 상태를 거의 벗어나지 못할 전망

○ 주요 예측기관들은 2009년 영국경제성장률이 -3%대 후반에 그칠 것으로 예상
  • OECD -3.7%, Global Insight -3.8%, EIU(Economist Intelligence Unit) -3.7% 전망

○ 민간소비 위축 등으로 지속적인 내수 부진이 예상
  • 순수출(Net Export)은 수출보다 수입이 더 큰 폭으로 감소하여 경제성장에 기여하는 반면, 내수는 투자와 민간소비의 감소로 침체가 지속될 전망
  • 물가 하락에 힘입어 실질가처분소득이 소폭 증가할 전망이나, 자산 가격 하락과 신용경색, 실업 증가 등에 대한 불안감으로 가계저축이 크게 증가하여 민간소비 회복을 기대하기 힘든 상황
  (가계저축률 : 2008년 1.3% → 2009년 7.1%)

○ 2010년에도 영국경제는 정체 내지 마이너스 성장 전망
  • 적어도 2009년 3/4분기까지 경기침체가 지속되고, 이후에도 회복세는 매우 미미할 것으로 예상

| 주요 기관별 영국경제 전망 |

(단위: %)

	IMF	OECD	EIU	Oxford Economics	Global Insight
2009년	-2.8	-3.7	-3.7	-3.2	-3.8
2010년	0.2	-0.2	-1.2	0.4	-0.2

자료 : IMF (2009. 1.). World Economic Outlook-Update. ; OECD (2009. 3.). OECD Economic Outlook : Interim Report. ; EIU (2009. 3.). Global Outlook. ; Oxford Economics (2009. 4.). World Economic Prospects. ; Global Insight (2009. 4.). Global Executive Summary.

파운드화 약세 지속

● 파운드화는 주요 통화 대비 약세를 시현

○ 달러 대비 파운드화 환율은 1975년 변동환율제가 도입된 이래 두 번째로 낮은 수준을 기록

- 미국발 서브프라임 사태가 시작된 이래 파운드화 가치는 점진적으로 하락했으며, 2008년 8월 금융불안이 본격화되면서 하락세가 가속
- 2009년 4월 14일 현재 파운드화 환율은 최고점(2007년 11월 8일 = 2.10달러) 대비 29.3% 하락한 1.49달러를 기록

| 달러 대비 파운드화 환율 추이 |

자료 : Thomson Reuters, Datastream.

○ 한편 파운드화 환율은 2008년 12월 30일에 1유로당 0.98파운드까지 상승(평가절하)했으나, 이후 가치가 소폭 회복하여 2009년 4월 14일 현재 1유로당 0.89파운드까지 하락
- 하지만 장기 추세선으로 보면 여전히 큰 폭의 약세

◉ 선진국과의 금리 격차 축소와 경기침체가 파운드화 약세의 주된 이유

○ 영란은행(BoE)은 2008년 10월 이후 2009년 3월까지 여섯 차례의 금리 인하(-4.5%p)를 단행하여 미국, 유로 지역 등 선진국과의 금리 격차가 축소
- 2009년 3월 5일에 정책금리를 0.5%p 인하(1.0% → 0.5%)

○ 또한 BoE는 재무부의 승인을 받아 유동성 공급 확대를 위한 양적 완화 정책(Quantitative Easing)도 시행[2]

(단위: %)

	2007년 말	2008년				2009년		
		7월 말	10월 말	11월 말	12월 말	1월 말	3월 초	4월 초
영국(A)	5.50	5.00	4.50	3.00	2.00	1.50	0.50	0.50
미국(B)	4.25	2.00	1.00	1.00	0.00~0.25	0.00~0.25	0.00~0.25	0.00~0.25
유로 지역(C)	4.00	4.25	3.75	3.25	2.50	2.00	1.50	1.25
A–B(%p)	1.25	3.00	3.50	2.00	1.75~2.00	1.25~1.50	0.25~0.50	0.25~0.50
A–C(%p)	1.50	0.75	0.75	-0.25	-0.50	-0.50	-1.00	-0.75

자료 : Thomsons Reuters, Datastream.

◉ 상황에 따라 파운드화 약세가 다시 재개될 요인들이 상존

　○ 일부 전문가들은 영국의 경상수지 적자 개선 등에 힘입어 파운드화 환율이 현재보다 상승(절상)할 것으로 전망

　○ 반면 도이치뱅크, EIU, Oxford Economics 등은 경기침체 심화, 금융기관 부실 확대 등을 이유로 파운드화 약세가 지속될 것으로 예상

시장에서는 영국경제의 불안요인에 주목

◉ 금융 부실 심화와 재정 악화 등으로 파운드화 자산의 위험성이 증가

　○ 채무 불이행(디폴트) 가능성을 나타내는 영국 국채의 CDS 프리미엄은 글로벌 금융위기가 본격화된 2008년 10월 이후 지속적으로 상승
　　• 2009년 2월 들어 동유럽의 금융불안이 심화되면서 한때 영국의 CDS 프리미엄은 168bp까지 상승한 바 있음

　○ 2009년 4월 16일 현재 글로벌 금융시장의 전반적인 안정에 힘입어 영국의 5년물 국채 CDS 프리미엄[3]은 87bp까지 하락

2　머빈 킹(Mervyn King) 총재는 2월 인플레이션 보고서 발표(2009년 2월 11일) 이후 가진 기자회견에서 BoE가 경제성장률 회복과 인플레이션율 목표(2%) 달성을 위해 모든 정책 수단을 동원하겠다는 견해를 피력한 바 있음

3　1만 달러의 국채에 대해 5년 동안 부담해야 할 연간 보험료를 의미(영국의 경우 4월 16일 현재 CDS 프리미엄이 87bp이므로 1만 달러 국채 발행 시 5년 동안 약 87달러의 비용을 매년 부담해야 함)

- 하지만 일본(71.7bp), 미국(43.8bp), 독일(41.4bp)에 비해 여전히 높은 수준

○ 영국 국채의 높은 CDS 프리미엄은 부실은행의 국유화로 인한 것이므로 일시적인 현상이 아니라 상당 기간 지속될 전망
  - 은행 국유화로 인해 은행의 부도 가능성은 낮아진 반면 국가의 부도 가능성은 증가했음을 의미

| 영국, 미국, 독일, 일본의 CDS 프리미엄 추이(5년물 국채 기준) |

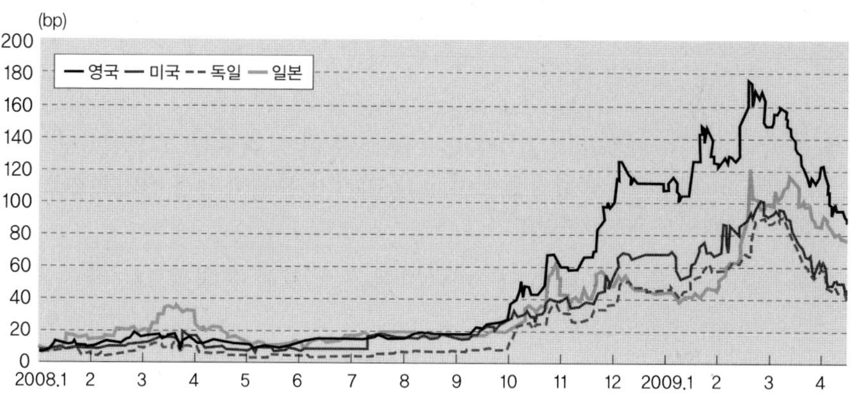

자료 : Thomsons Reuters, Datastream.

◉ 외국인의 대영 투자가 큰 폭으로 감소

○ 2007년에 1조 달러 이상의 순유입을 기록했던 외국인의 대영 투자는 2008년에 약 -4,200억 파운드의 순유출로 반전

○ 2008년 2/4분기 이후 은행 예금 및 대출금을 중심으로 외국인의 대영 투자가 대폭 감소한 데 기인
  - 은행 예금 및 대출금은 2008년 2/4분기에 4,600억 파운드 이상 유출된 데 이어 4/4분기에도 5,000억 파운드 유출을 기록
  - 외국인의 채권투자도 감소 추세

| 외국인의 대영 투자(純) 추이 |

(단위: 억 파운드)

구분	2007년					2008년				
	연간	1/4	2/4	3/4	4/4	연간	1/4	2/4	3/4	4/4
직접투자	982	137	239	134	472	524	265	140	-24	142
주식투자	176	-3	36	-100	243	453	66	241	7	139
채권투자	1,911	349	876	432	254	2,121	458	823	545	296
기타 투자	7,283	4,111	893	1,248	1,032	-7,285	2,177	-4,658	196	-5,000
합계	10,351	4,593	2,045	1,713	2,000	-4,186	2,966	-3,454	724	-4,423

주 : 기타 투자는 예금, 대출 등
자료 : UK National Statistics, BOP.

● 영국의 주가(FTSE 100)는 2009년 4월 15일 현재 최고점(2007년 6월 15일 = 6,732) 대비 41.1% 하락했으며, 금융위기가 본격화되기 전인 2008년 초와 비교해서도 38.5% 하락

  ○ 주가 하락폭은 독일(DAX), 미국(다우존스)보다 상대적으로 작은 편

| 영국, 미국, 독일의 주가 추이 비교 |

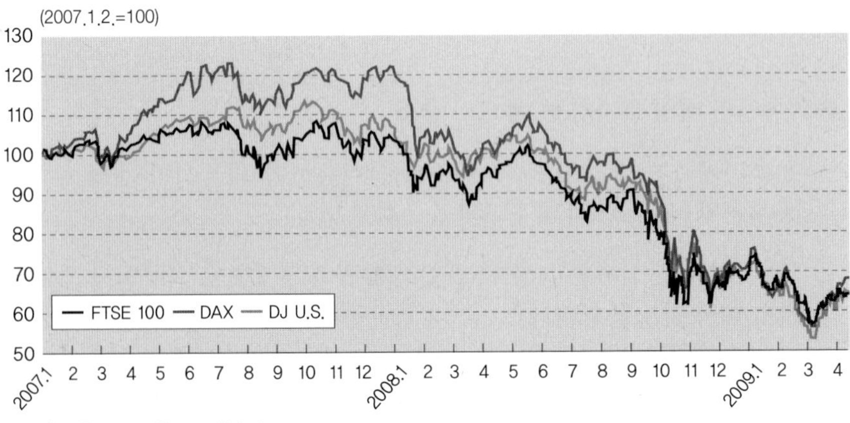

자료 : Thomsons Reuters, Datastream.

일각에서는 국가채무 불이행(디폴트)[4] 가능성을 제기

◉ 야당과 경제전문가 및 일부 언론에서는 'Iceland-on-Thames'라는 표현으로 영국의 채무 불이행(디폴트) 가능성을 제기

  ○ 카메론(David Cameron) 보수당 당수는 집권 여당의 재정정책 실패를 지적하면서 디폴트 위기를 면하기 위해서는 IMF에 구제금융을 신청할 수밖에 없을 것이라고 주장[5]
    • 1976년 말 외환보유고가 연초 대비 30% 이상 감소하여 41억 달러로 급감하자 1976년 12월 칼라한(James Callaghan) 노동당 내각은 IMF에 39억 달러의 구제금융을 신청

  ○ BoE의 수석 이코노미스트를 역임한 윌렘 뷰이터(Willem Buiter) LSE 정치경제학 교수는 영국이 '제2의 아이슬란드'가 될 가능성을 경고
    • 과도한 금융산업 비중, 취약한 국가 재정, 외환보유통화 미보유,[6] 작은 경제규모[7] 등을 이유로 영국경제가 글로벌 금융위기를 이겨내지 못하고 영국이 아이슬란드처럼 디폴트 위기에 직면해 IMF에 구제금융을 요청할 것으로 예상

  ○ 미국의 헤지펀드 투자자문회사인 Hennessee Group은 경제규모 대비 외채 비중이 높은 아일랜드와 영국, 스위스 등 서유럽 국가들이 경제위기에 취약한 것으로 평가[8]
    • GDP 대비 외채 비중 : 영국 456%, 스위스 433%, 아일랜드 900%, 네덜란드 328%

---

4 금융위기는 통상 은행위기 → 통화위기 → 국가채무 불이행 위기로 진행되는 경향. 은행위기(Banking Crisis)는 과도한 신용 확장에 따른 자산가격 버블의 붕괴로 발생하는데, 기업과 금융기관의 대규모 디폴트로 인해 극도의 상환 어려움에 처해 부실채권이 급증하고 은행 시스템의 자금중개 기능이 마비되는 경우 나타남. 통화위기(Currency Crisis)는 명목환율이 30% 이상 하락하고, 절하율이 전년대비 10% 이상 증가하는 경우에 발생함. 그리고 통화가치 하락으로 순외화부채와 원리금 상환 비용이 상승하여 전체 외채잔액의 일정 비율(원리금 15% 이상, 외채 이자 5% 이상)을 상회하는 원리금의 상환이 지연되거나 외채 리스케줄링이 이루어질 때 이를 국가채무 불이행(디폴트) 위기(Sovereign Debt Default Crisis)로 규정함.(Laeven, L. & Valencia, F. (2008). Systemic banking Crises: A New Database (WP/08/224). IMF.)

5 Telegraph (2009.1.23.). Britain may need IMF bail-out, warns David Cameron.

6 2007년 말 현재 외환보유통화로서 파운드화의 비중은 4.7%에 불과해 더 이상 주요 기축통화로 볼 수 없는 상황

7 2007년 영국은 PPP 기준으로 전 세계 GDP의 3.3% 차지(미국 21.3%, 유로지역 16.1%)

8 Hennessee Group (2009.2.11.). Is This the Tip of the Iceberg? Press Release.

아이슬란드의 디폴트 위기

- 글로벌 금융위기 전까지만 하더라도 아이슬란드는 1인당 국민소득이 세계 4위(2007년 6만 4,550달러)를 기록할 정도의 경제부국

  - 2000~2007년간 연평균 4.4% 성장

- 아이슬란드 정부는 2000년에 은행 민영화와 금융산업의 규제 완화를 단행

- 이후 3대 은행이 주도하는 금융산업이 급성장

  - 저리의 모기지대출 확대로 주택시장 호황을 견인

  - 한때 3대 은행의 시가총액이 아이슬란드 증시의 75%를 차지

  - 공격적인 해외투자 결과 해외자산 비중이 50~70%

- 은행의 재무구조가 매우 취약해 글로벌 금융위기에 대거 노출

  - 2007년 기준 3대 은행의 총 부채는 GDP의 10배(1,660억 달러)

  - 외화표시 부채가 전체 부채의 80%를 차지

  - 단기자금을 차입하여 장기자금으로 운용하는 조달과 운용의 미스매치(miss-match)가 심각

- 금융위기가 발생하기 전까지는 만기연장이 용이했으나, 글로벌 신용경색이 본격화되면서 은행들은 채무상환 압력에 직면

- 3대 은행 중 하나인 Glitnir를 국유화(지분 75% 인수)하면서 은행위기가 국가채무 불이행 위기(Sovereign Debt Crisis)로 발전(2008년 9월 29일)

- 국가부도 위기에 몰리게 되자 선진국 중에서는 처음으로 IMF에 21억 달러의 구제금융 지원을 요청(2008년 11월 19일)

- 경기침체, 실업자 급증, 두 자릿수의 인플레율 등으로 현재 경제적 고통과 정치·사회적 불안으로 고전 중

○ 헤지펀드의 대부인 짐 로저스(Jim Rogers)도 영국경제와 파운드화에 대해 비관적 전망을 피력
  - 부채 증가와 영국경제의 성장 동력 상실(북해유전 고갈 및 금융산업 약화)로 파운드화 가치가 하락해 수년 내 달러와 등가(1:1)를 이룰 것으로 예상하고, 투자자들에게 영국 투자를 자제할 것을 권고

○ 조지 소로스(George Soros)도 영국의 IMF 구제금융 신청 가능성을 언급[9]
  • 영국경제는 제조업 기반이 취약하고 부동산 버블 붕괴의 충격이 심하
    기 때문에 금융 시스템이 붕괴될 경우 영국은 1976년 이래 두 번째로
    IMF에 구제금융을 신청할 수밖에 없을 것으로 예상

---

9 George Soros: Britain may have to seek IMF rescue (2009.3.28.), *The Times*.

Ⅱ 영국경제의 2대 불안요인

1. 금융기관의 부실 심화

◉ 현재 영국의 금융기관은 '국내 부실자산 증가'와 '해외투자 손실'이라는 이중고로 고전

  ○ 2008년 10월 이후 금융위기 심화로 금융기관들이 상각 처리해야 할 부실자산이 급증
   • BoE는 2008년 10월 보고서에서 2011년까지 상각 처리해야 할 금액이 300억~700억 파운드에 달할 것으로 예상
   • 하지만 JP모건은 Lloyds Banking Group, RBS, Barclays 등 주요 은행들의 손실이 향후 925억 파운드(GDP의 6.4%)에 달할 것으로 추정

| 주요 영국계 은행의 부실자산 및 예상 손실 |

(단위: 억 파운드, %)

구분	Lloyds Banking Group	RBS	Barclays	계
총 자산	10,576	17,585	14,435	42,596
잠재 부실자산	907	1,022	625	2,554
예상 손실	348	365	212	925
GDP 대비 손실 비율	2.4	2.5	1.5	6.4

자료 : J.P. Morgan (2009.1.23.).

  ○ 실제로 2008년 주요 은행들은 대규모 손실을 기록
   • 영국 내 제2위 은행인 RBS(Royal Bank of Scotland)는 2008년 중 영국 역사상 최대 규모인 241억 파운드의 적자를 시현
   • Lloyds Banking Group의 모기지대출 자회사인 HBOS는 2008년 75억 파운드의 손실을 기록

◉ 3대 은행의 경영상황을 불안하게 보는 시장 내 시각이 우세

  ○ 4대 은행의 부도위기를 나타내는 5년물 채권의 CDS 프리미엄이 2008년 10월 이후 하락했으나, 이후 부실이 증가하면서 재상승

- HSBC를 제외한 3개 은행의 CDS 프리미엄이 200bp를 상회

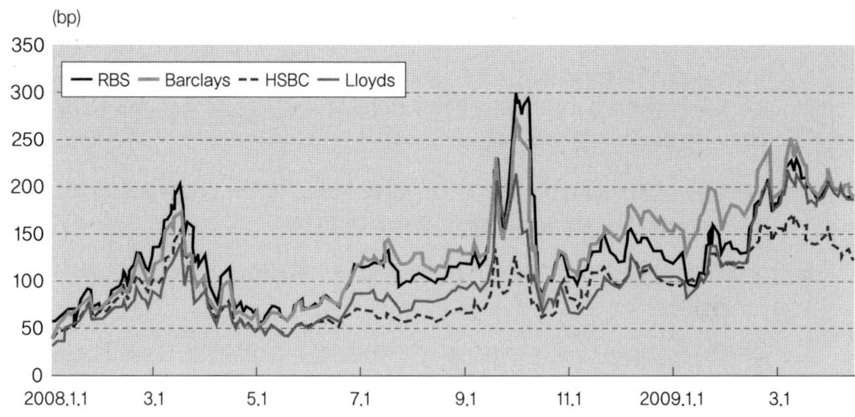

자료 : Thomson Reuters, Datastream.

○ 영국 은행의 CDS 프리미엄은 미국계 금융기관들보다 낮으나, 유럽 대륙
  의 금융기관들보다는 높은 수준

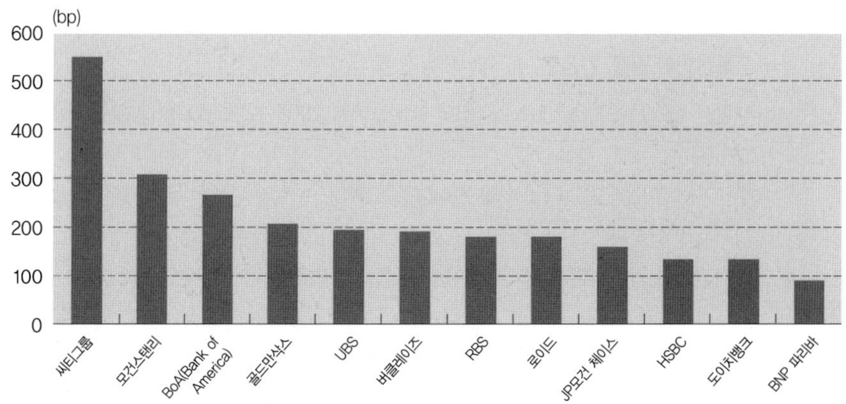

자료 : Thomson Reuters, Datastream.

영국의 금융서비스산업과 은행위기

- 1980년대 중반 이후 영국은 지속적인 경제개혁을 통해 금융산업 중심의 서비스경제(Service Economy)로 전환

  - 대처(Margaret Thatcher) 총리는 조선, 광업, 자동차 등 경쟁력을 잃은 전통 제조업을 해체 또는 민영화하고, 대신 미국을 벤치마킹하여 금융산업 육성을 위해 규제 완화를 추진(1986년에는 '금융 빅뱅'을 단행)

  - 1997년에 집권한 노동당의 블레어(Tony Blair) 총리도 대처의 신자유주의 개혁을 견지하여 금융기관 규제 완화와 자본소득세 감면을 단행

- 현재 영국은 헤지펀드와 사모펀드, 파생상품 분야 등 국제금융 분야에서 30% 이상을 차지하는 금융강국

  - 골드만삭스, 메릴린치, 모건스탠리 등 미국 투자은행과 도이치뱅크, Credit Suisse 등 유럽 대륙의 주요 금융기관들이 투자은행 사업본부를 영국에 설립

  - 런던(City of London)은 전 세계 사모펀드와 헤지펀드의 중심지

    - 외환거래 34.7%, 금리 파생상품 44%, 외환 파생상품 38.6%, 헤지펀드 관리 21%, 보험시장 11.2%

    - 영국의 사모펀드 및 벤처캐피털 규모는 EU 전체의 36.3% 차지

- 금융서비스산업이 영국경제의 장기 호황을 견인

  - GDP 비중이 8%에 이르는 최대 산업으로 전체 법인세의 1/4을 차지

  - 금융산업 종사자는 한때 호황기에는 440만~650만 명에 이를 정도

  - 금융산업이 법률, 컨설팅, 요식업, 부동산 등 내수 경기를 견인

  - 부동산 가격은 2000년 1조 2,020억 파운드에서 2007년 3조 800억 파운드로 2.6배 상승

  - 주택가격 상승에 힘입어 소비와 은행대출이 확대 → 가계 부채는 유럽 최대 규모인 1.5조 파운드

- 은행위기가 본격화되면서 금융산업에 대한 과도한 의존이 문제로 부각

  - 부동산 버블 붕괴가 주거용 부동산에서 산업용 부동산으로 확산되면서 개인대출(부동산 담보대출 및 무담보 대출)과 기업대출에서 부실자산이 급증 → 투자은행 부문이 사실상 붕괴(은행위기)

국내 부실자산의 증가

◉ 가계소비의 지속적인 증가로 가계대출이 급증

○ 1990년대 말 GDP 대비 60%대 수준이었던 은행의 가계대출은 2008년 10월 현재 90% 수준까지 급증

○ GDP 대비 가계저축률은 1999년 15.7%에서 2008년 13.4%로 감소
  • 반면, 가처분소득 대비 가계부채는 1997년 1/4분기 100% 이하에서 2007년 4/4분기 177%까지 상승[10]

◉ 주택 구입 붐이 본격화되면서 모기지대출이 지속 증가

○ 2008년 6월 모기지대출 잔액은 5,595억 파운드(2007년 GDP의 40%)로 2000년 1월(3,175억 파운드)에 비해 76.2% 증가

○ 모기지재융자(Remortgaging)도 비슷한 기간 중 6.9배 증가하여 2008년 1월에 110억 파운드를 기록

| 영국의 주택금융 추이 |

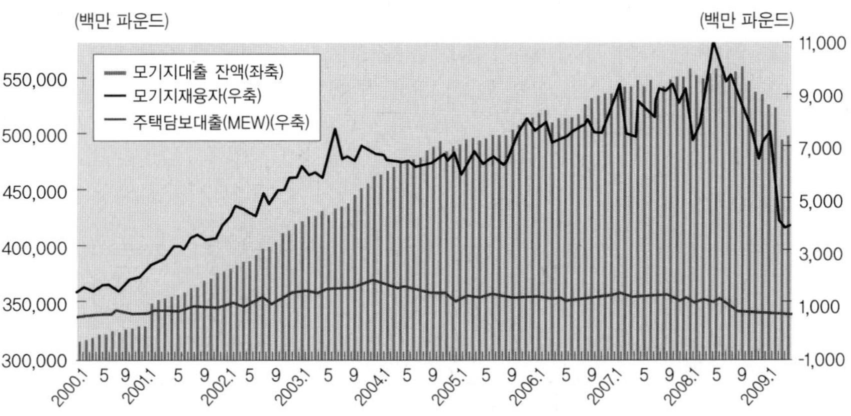

자료 : HM Treasury (2009.2.), Pocket Databank.

---

10 미국의 경우 2007년 가처분소득 대비 가계부채는 141%였음

○ 2008년 1/4분기에 유럽에서 발행된 주택모기지담보증권(RMBS)의 절반 가량을 영국 금융기관들이 보유
  • 2007년 4/4분기에 영국에서 발행된 증권화 자산의 92%가 모기지대출 채권이었으며, 77%가 RMBS

◉ 모기지대출이 많은 은행들은 주택경기 침체[11]로 부실채권이 증가

○ 영국의 주택가격은 2007년 8월까지 두 자릿수의 상승세를 지속했으나, 이후 금리 인상과 신용경색 등으로 주택거래 건수와 대출 건수가 급감하면서 상승세가 급격히 둔화
  • 2008년 3월 이후부터 주택가격이 하락세로 반전되었으며, 지난 1년간 (2008년 2월~2009년 2월)에는 무려 17.6%나 하락

○ 현재 모기지대출 사태를 일으킨 가계의 13%가 금리 하락에도 불구하고 실업 증가 등에 의한 가처분소득 감소로 대출상환에 어려움
  • 모기지대출 구조는 변동금리 53%, 고정금리 30%, 기타 17%로 구성

○ 2008년에 영국의 주택압류 건수는 전년 대비 54% 증가하여 4만 채를 기록하였으며, 2009년에는 약 7만 5,000채로 더욱 늘어날 전망(모기지대출 업자협회(Council of Mortgage Lenders))

○ 이로 인해 은행의 가계 및 기업 대출 부실이 지속적으로 증가
  • 2008년 10월까지 가계 및 기업 대출 부실로 인해 주요 은행들은 200억 파운드를 상각 처리

| 영국의 주택시장 추이 |

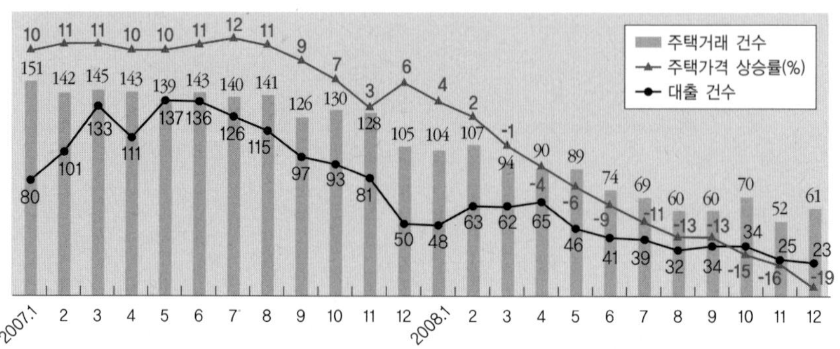

자료 : HM Treasury (2009.2.), Pocket Databank.

◉ 외화부채를 포함한 부채비율이 지나치게 높아 은행 재무구조가 취약

ㅇ 2008년 기준으로 4대 시중은행의 부채비율(부채/자기자본)은 평균 33.6배
  • Lloyds Banking Group(44배), Barclays(42.3배), RBS(28.8배), HSBC Bank(28배)

ㅇ 주요 은행들[12]의 부채 규모는 총 3조 7,450억 파운드(2008년 영국 GDP의 2.6배)[13]
  • 유로화 및 기타 외화표시 예금이 전체의 36.5%

| 영국 주요 은행들의 부채 현황(2009년 1월 말 현재) |

(단위: 백만 파운드, %)

구분	파운드화 예금	유로화 예금	기타 외화 예금	기타 부채	합계
금액	1,955,507	567,184	800,502	421,704	3,744,897
비중	52.2	15.1	21.4	11.3	100.0

자료 : British Bankers' Association Statistics.

ㅇ 한편 2009년 1월 말 현재 영국 내 모든 은행들의 부채 규모는 7조 9,200억 파운드로 GDP의 5.5배(BoE)[14]
  • 외화부채는 총 부채의 59.4%(4조 7,000억 파운드)

ㅇ 2008년 6월 현재 RBS의 총 부채는 1조 8,450억 파운드로 GDP의 1.3배
  • RBS의 총 부채에서 외화부채가 차지하는 비중은 35.9%

해외투자 손실

◉ 미국의 자산담보부증권(ABS)이 부실화되면서 미국의 모기지대출 시장에 투자한 영국 은행들이 큰 손실을 기록

---

11 주택가격은 2008년에 15% 하락한 데 이어 2009년 15%, 2010년 상반기에 5% 추가 하락할 것으로 전망
12 영국은행가협회(BBA)는 영국 내 9개 금융기관(Abbey Group, A&L, Barclays Group, B&B, HBOS Group, HSBC Bank Group, Lloyds TSB Group, Northern Rock, RBS Group)을 주요 은행(MBBG : Major British Banking Group)으로 명명
13 2008년 영국의 경상GDP는 1조 4,450억 파운드
14 Bank of England (2009.2.), Monetary and Financial Statistics(Bankstats).

○ 미국 서브프라임 부실로 인한 유럽 금융기관들의 전체 손실액은 2008년 9월 말 기준 2,500억 달러로 추정되며, 이 중 영국 금융기관이 최대 피해
  • 외국인 보유 미국 ABS 중 유럽 국가가 45.5%(6,700억 달러)를 차지하고 있으며, 이 중 영국 10.9%(1,600억 달러), 아일랜드 5.1%(750억 달러), 독일 3.4%(510억 달러), 스위스 2.8%(410억 달러)의 순

◉ 2007년 1월 이후 2008년 10월까지 영국 금융자산의 시장가치 손실(Mark-to-market losses)은 총 1,226억 파운드(전체 금액의 16.8%)[15]

○ 특히 2008년 4월 이후 6개월 사이에 손실이 599억 파운드 증가

| 영국 금융자산의 손실 현황(2007년 1월 이래) |

(단위: 십억 파운드)

구분	채권 규모	손실(2008.4)	손실(2008.10.20)
프라임 주택MBS	193	8.2	17.4
기타 주택MBS	39	2.2	7.7
상업용 MBS	33	3.1	4.4
투자등급 회사채	450	46.2	86.5
고수익 회사채	15	3.0	6.6
합계	730	62.7(8.6%)	122.6(16.8%)

자료 : Bank of England.

◉ M&A 등을 통한 무리한 사업 확장으로 부실자산이 증가

○ RBS는 ABN Amro 인수로 인해 162억 파운드의 손실 발생
  • RBS 컨소시엄[16]은 Barclays와의 치열한 인수경쟁 끝에 720억 유로를 지불하고 ABN Amro를 인수(2007년 10월)
  • RBS는 미국 사업을 강화하기 위해 ABN Amro의 자회사인 LaSalle의 미국 내 영업망을 인수
  • 최근 RBS의 전직 CEO는 시기적으로나 인수금액 면에서 ABN Amro 인수가 잘못되었음을 시인

---

15 2008년 10월 이후 연말까지 시가평가 손실액은 1,500억 파운드로 늘어난 것으로 추정
16 컨소시엄은 RBS, Fortis, Santander로 구성

○ Lloyds TBS는 2008년 10월에 영국 내 최대 모기지업체인 HBOS를 인수
  하여 Lloyds Banking Group으로 탄생
  • HBOS는 2008년에 75억 파운드의 손실을 기록

2. 정부재정의 악화

◉ 은행 구제금융 지원, 경기침체로 인한 세수 감소 및 경기부양책 시행 등
  으로 정부재정이 빠르게 악화

○ 영국의 재정 적자는 2007년에 GDP 대비 2.8%(390억 파운드)를 기록했
  으며, 2008년에는 GDP 대비 4.6%(610억 파운드)로 증가
  • 금융위기로 매년 500억 파운드의 재정 손실이 발생할 것으로 추정

○ 재정 적자의 확대로 정부부채가 빠른 속도로 증가
  • 영국의 순부채(PSND)는 2007년 말 GDP 대비 36.3%에서 2009년 1월
    에 1978년(GDP 대비 49.1%) 이래 최고 수준인 47.8%(7,034억 파운드)
    로 증가

| 영국의 재정수지 및 정부부채 추이 |

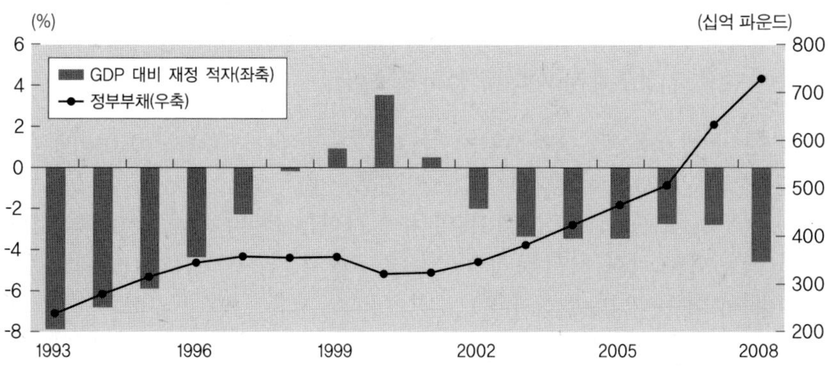

자료 : Thomson Reuters, Datastream.

○ 정부부채 증가는 주로 은행 구제금융에 기인
  • 현재 6,165억 파운드가 은행 구제금융을 위해 투입된 상태
  • 한편 영국 정부는 기존의 2,000억 파운드 이외에 RBS(3,250억 파운드)
    와 Lloyds Banking Group(2,500억 파운드)[17]이 보유하고 있는 총 5,750
    억 파운드의 부실자산에 대해서도 추가 보증할 방침

| 영국 정부의 은행 구제금융 투입 현황(2009.3.7 현재) |

(단위: 억 파운드)

구분	투입금액
부실자산 정부보증(SLS)	7,750
MBS 상각처리	1,000
신규대출 정부보증(CGS)	2,500
기업자산 매입	500
은행자본 확충(부분 국유화)[1]	675
2개 모기지업체 국유화	1,490
국채 및 회사채 매입	750
합계	14,665

주 : 1) RBS(정부 지분 95%, 505억 파운드 투입), Lloyds(지분 43%, 170억 파운드)
자료 : Evening Standard (2009.2.5.) 등 외신 종합.

◉ 은행의 부실자산 증가로 인해 자본 확충 등 구제금융 투입이 추가로 예상
  되어 앞으로 정부재정은 더욱 악화될 전망

○ 은행 구제금융 및 경기부양책 등으로 재정적자는 2009/2010년에 GDP
  대비 9.0~9.5%까지 증가할 것으로 예상
  • 정부가 보증하기로 한 RBS의 부실자산(3,250억 파운드)이 만기까지
    매년 10% 상각 처리될 경우 정부는 500억 파운드 이상의 손실을 감수
    해야 함(BNP Paribas 추정)
  • 경기부양책의 일환으로 시행되는 세금 감면으로 2008/2009년에 68억
    파운드의 세수 감소[18]

---

17 2,500억 파운드의 부실자산 보증과 더불어 정부 지분율을 43%에서 75%까지 인상하기로 합의
18 소득세(41억 파운드), VAT(11억 파운드), 인지세(6억 파운드), 자본소득세(10억 파운드)

○ 정부부채도 2007/2008년에 GDP 대비 36.3%에서 5년 후에는 예측기관
　에 따라 57.4~67.7%로 증가할 전망[19]
　　• 최악의 경우 정부부채가 GDP 대비 90%까지 증가 전망(모건스탠리)

| 주요 기관의 GDP 대비 영국 정부부채(PSND) 전망 |

(단위: %)

구분	2007/08	2008/09	2009/10	2010/11	2011/12	2012/13	2013/14
PBR	36.3	41.2	48.2	52.9	55.6	57.1	57.4
IFS	36.3	41.6	49.1	54.6	58.2	60.7	62.1
모건스탠리	36.3	41.4	49.2	54.5	59.0	63.9	67.7

주 : PBR = Pre-Budget Report, IFS = Institute for Financial Studies, 모건스탠리의 전망은 기준 시나리오에 근거
자료 : Morgan Stanley (2009.1.28.), Debt and Debt Financing.

---

19 EU집행위는 영국의 정부부채(GDP 대비)를 43.4%(2007/2008) → 53.7%(2008/2009) → 64.6%
(2009/2010) → 71.9%(2010/2011)로 전망

Ⅲ 향후 전망

단기간에 디폴트 위기에 처할 가능성은 낮음

● 영국경제의 위기를 논하기에는 아직 시기상조라는 것이 중론[20]

　○ 경제규모 대비 외환보유고는 적지만, 미국과 무한대의 달러 통화스와프 협정을 체결하고 있어 단기적으로 채무 불이행 위기에 처할 가능성은 낮음
- 2009년 3월 말 현재 영국의 순외환보유고는 282.3억 달러(총 외환보유고 492.9억 달러, 부채 210.6억 달러)로 전월 대비 4억 2,000만 달러 증가

　○ 브라운(Gordon Brown) 총리는 야당 등 일각에서 제기한 위기론을 일축하고 상대적으로 적은 정부부채,[21] 물가 안정, 임금 억제 등을 근거로 경제위기 극복에 자신감을 피력
- 영국 정부는 금리 인하(2008년 10월 이래 450bp), 200억 파운드 규모의 경기부양책, 파운드화 평가절하를 통한 수출경쟁력 회복 등으로 GDP 대비 5%의 경기부양 효과를 기대

　○ 무디스, S&P 등 신용평가기관들은 영국의 신용등급을 최고 수준(AAA)[22]으로 유지하면서도[23] 향후 악화 가능성을 경계
- 2009년 1월 22일 무디스는 영국 정부가 충분한 세금 삭감 및 지출 여력을 갖고 있으며, 경제가 회복되면 재정이 다시 건전해질 것으로 전망
- 하지만 2월 12일 무디스는 발표를 통해 'AAA' 등급 국가를 경제위기 극복 능력에 따라 3개 그룹으로 구분하고, 미국과 영국을 위기 가능성이 있는 중간 그룹으로 분류[24]

---

20 스트라우스-칸 IMF 총재와 짐 오닐 골드만삭스 경제연구팀장은 각각 BBC 인터뷰(2009년 4월 16일)와 외환세미나(2009년 2월 3일)에서 영국의 IMF 구제금융 신청 가능성은 낮은 것으로 전망

21 EU집행위는 2008년 영국의 정부부채를 GDP 대비 43.4%로 추정(독일 65.6%, 프랑스 67.1%)하고 있음. 그러나 2007년 현재 7,200억 파운드로 추정되는 300만 공공부문 노동자의 퇴직연금 지급의무와 공공서비스 제공 대가로 민간기업에 지불해야 할 금액(PFI) 등 두 가지 중요한 부외부채 항목이 정부부채에 포함되어 있지 않음

22 2009년 2월 5일 현재 무디스는 Aaa, S&P는 AAA, 피치는 AAA

23 신용평가기관들은 최근 아일랜드, 그리스, 스페인 등 일부 유로지역 국가들의 신용등급을 하향 수정한 바 있음

국채 발행을 통한 재정조달에 어려움 예상

◉ 금융위기가 지속되고 경제침체가 장기화될 경우 금융기관의 부실 증가로 정부재정이 더욱 악화될 전망

  ○ 금융 부실이 더 늘어날 경우 은행 국유화 확대 및 배드뱅크(Bad Bank) 설립 등이 불가피해 재정 부담이 현저히 증가
    - 모건스탠리는 경기침체가 장기화될 경우 5년 후 영국 정부의 순부채(PSND)는 정부 예상(GDP 대비 57.4%)과 달리 GDP의 90%에 육박할 것으로 예상(비관적 시나리오)

  ○ RBS, Lloyds Banking Group과는 달리 영국 정부의 공적자금 지원을 받지 않고 있는 HSBC, Barclays, Abbey 등 나머지 은행들까지 재무구조가 악화될 경우 대규모 재정 투입이 불가피
    - RBS, Lloyds Banking Group은 경기침체가 본격화되고 있는 미국과 서유럽 시장에 주력하고 있어 부실자산이 급증하고 있는 반면, Abbey(스페인의 Santander가 인수)는 중남미, Barclays는 아프리카와 아시아, HSBC는 아시아, 중동, 아프리카 등 신흥시장의 비중이 높아 지금까지는 금융 부실이 미미했으나, 금융위기가 신흥국으로 확산되고 있어 앞으로 부실이 빠르게 증가할 가능성을 배제할 수 없음

◉ 재정 적자의 확대로 영국 정부는 국채를 대규모 발행해야 할 상황

  ○ 영국 정부는 앞으로 5년간 당초 예상보다 3,000억 파운드가 많은 6,300억 파운드의 국채(Gilts)를 발행할 것으로 예상[25]
    - 영국 정부는 2009년에 1,464억 파운드, 2010년에는 1,479억 파운드의 국채를 발행할 계획
    - 국채 발행 증가로 매년 부담해야 할 이자 지급액만도 2013년까지 400억 파운드 증가 예상(모건스탠리)

---

24 독일, 프랑스, 캐나다, 북유럽 국가들은 최고 등급 국가로, 아일랜드와 스페인은 취약 국가로 분류
25 UK Debt Management Office.; IFS (2009.1.). The IFS Green Budget 2009.

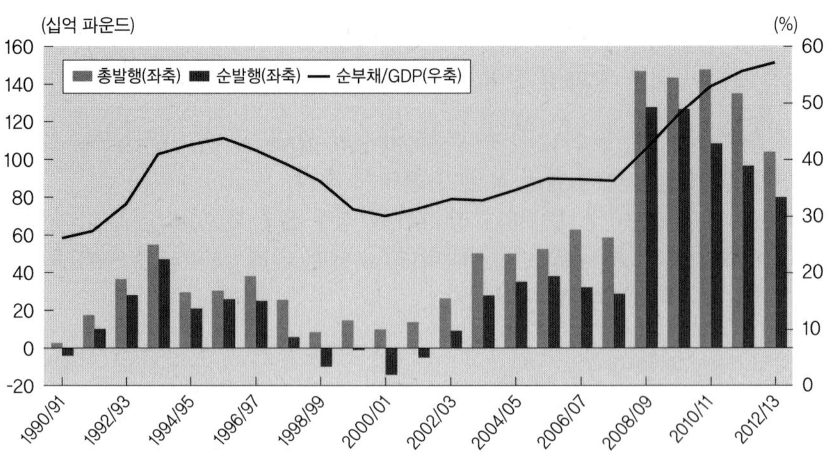

◉ 하지만 앞으로 국채 발행을 통한 자금조달이 용이하지 않다는 것이 문제

○ 미국 등 선진국들의 국채 발행 규모가 큰 폭으로 증가할 것으로 예상되어 국채시장의 소화 여력이 의문시

- 2009년에 미국(1조 7,500억 달러)[26]과 서유럽 국가(최대 1조 달러)[27] 등 구미 선진국의 국채 발행 규모는 총 3조 달러(2008년 대비 3배)에 이를 전망
- 세계 기축통화인 달러를 보유하고 있는 미국의 재무부증권은 시장에서 제1순위로 소화되는 반면, 서유럽 국가들은 서로 경쟁관계에 있어 국채 발행에 어려움을 겪을 가능성[28]

---

26 조사기관인 Wrightson ICAP는 미 재무부가 재정 적자, 모기지 매입 및 은행 구제금융 지원 등을 이유로 2008년에 1.5조 달러, 2009년에 1.8조 달러의 재무부증권을 발행할 것으로 예상

27 독일 정부는 2009년에 총 3,460억 유로(4,700억 달러)의 국채를 발행할 계획

28 최근 독일 정부는 당초 계획했던 두 건의 국채 경매에 실패한 이후 유로지역 국가 간에 국채 발행 스케줄을 조정하지 않을 경우 국채 발행에 차질이 생길 수 있음을 경고

○ 영국의 경우 새로 발행하는 국채를 국내 금융기관이 모두 소화하기에는 역부족으로 해외 투자자에게 상당 부분 의존해야 할 상황[29]

- 2008년 영국 국채 매입자는 보험회사 및 연기금(전체의 46%), 외국인 투자자(36%), 기타 금융기관(20%)으로 구성되어 있으며, 개인 투자자와 모기지대출업체, 은행은 전무[30]
- 보험회사와 연기금의 비중은 지속적으로 줄어드는 대신, 해외 투자자의 비중은 꾸준히 증가하는 추세

| 영국 국채의 외국인 매입 비중 추이 |

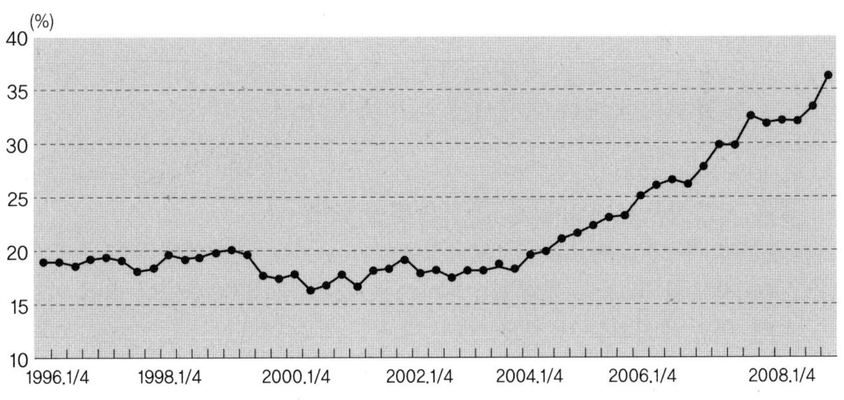

자료 : UK Debt Management Office.

○ 하지만 해외 투자자들은 영국 국채 매입을 꺼릴 가능성

- 경기침체가 지속되고 파운드화 가치가 하락할 경우 영국 국채의 투자 매력은 현저히 감소
- 2009년 3월 25일에 영국 재무부는 17.5억 파운드 규모의 40년물 국채를 경매에 부쳤으나 2002년 이래 7년 만에 처음으로 유찰[31]

---

29 일본의 경우, 2008년 정부부채가 GDP의 199%에 달하지만 2007년 기준으로 발행 국채의 90% 이상을 일본 국민이 보유하고 있으며, 해외 투자자와 일본 내 외국은행의 보유 비율은 8.1%에 불과(일본은행, 자금순환 통계 DB)

30 법 개정(FSA CP 08/22)으로 인해 앞으로 은행들도 국채 매입에 나설 것으로 보이나, 장기보다 단기 국채를 선호할 것으로 예상

31 응찰률(bid-to-cover ratio)은 역사상 최저 수준인 93%(16.3억 파운드/17.5억 파운드)을 기록

○ 이에 따라 영국 정부는 앞으로 자국 보험회사와 연기금, 은행, 개인 투자자 등이 주요 국채 매입자로 나서줄 것으로 기대

영란은행(BoE)은 국채 매입을 통한 양적 완화 정책을 시행

◉ BoE는 315년의 역사를 통해 처음으로 국채 매입에 착수[32]

○ 2009년 3월 11일 BoE는 유동성 공급 확대를 위한 양적 완화 정책(Quantitative Easing)의 일환으로 국채 매입에 나서기 시작[33]
- 앞으로 3개월 동안 750억 파운드를 투입하여 국채시장에서 역경매 방식으로 5~25년물 국채를 매입하고,[34] 향후 필요할 경우에는 750억 파운드 규모의 국채나 회사채를 추가 매입할 예정

○ BoE는 보유 국채를 매각하는 상업은행이나 보험회사 등 금융기관에 대금을 지불함으로써 유동성 공급 확대를 도모
- EU의 마스트리히트조약(Maastricht Treaty)에서는 회원국의 중앙은행이 정부의 국채를 직매입(인수)하는 것을 금지하고 있어 유통시장에서 단순 매입하는 방식을 선택

○ 이후 경기가 회복되면 BoE는 국채를 시장에 매각하여 자금을 회수
- 경기 회복 시 이자율 상승과 국채가격 하락(30% 정도로 예상)으로 BoE는 300억 파운드 정도의 손실이 발생할 것으로 예상

◉ 국채 매입을 통한 양적 완화 정책은 위험부담이 따르는 전략

○ 양적 완화 정책은 금리정책이 한계에 도달한 상황에서 쓸 수 있는 최후의 카드로, 유동성 공급 확대를 통해 신용완화를 도모하고 인플레이션 기대 심리를 자극해 소비를 촉진하는 효과를 가져다 줄 것으로 기대
- 또한 국채 매입을 통해 국채 수익률의 하락(가격 상승)을 유도해 무위험자산이나 기타 자산의 금리를 떨어뜨림으로써 경제 전반의 차입비용을 감소시키는 긍정적 효과도 겨냥

---

[32] 일본 은행은 2001~2006년에 디플레이션 차단을 위해 양적 완화 정책을 실시한 바 있음

[33] 이를 '정부부채의 화폐화(Monetization of public debt)'라고 함

[34] BoE는 2009년 3월 11일에 1차로 금융기관 및 개인 투자자로부터 최대 20억 파운드를 매입하였으며, 매주 두 차례씩 국채 매입을 위한 경매를 실시할 예정

○ 하지만 국채 매입 규모가 충분치 않을 경우 신용경색이 지속되어 위기
  가 더욱 심화되고, 반대로 지나치게 많을 경우에는 과잉 유동성을 초래
  해 파운드화 가치의 하락과 인플레이션을 유발
  • 장기적으로 과잉 유동성이 또 다른 자산가격 버블을 형성할 가능성이
    있으므로 감독 당국의 선제적인 대응이 중요

◉ BoE의 국채 매입이 신용경색 완화로 이어져 디플레이션을 차단하고 경
  기 활성화에 기여할지는 미지수

○ 국채를 매각한 금융기관이 매각대금을 민간 대출이나 주식 또는 부동산
  등 위험자산을 매입하는 데 사용할 경우 소기의 목적(신용완화와 소비
  진작) 달성이 가능

○ 반면, 금융기관이 위험을 회피해 매각대금을 은행에 예치하거나 보다
  안전한 달러 자산 등 해외 자산 매입에 사용할 경우 상황은 더욱 악화
  • 양적 완화 정책에도 불구하고 신용경색이 지속될 경우 '경기침체 →
    금융기관 부실 심화 → 재정 악화'의 악순환이 반복

| 국채 매입의 기대효과 시나리오 |

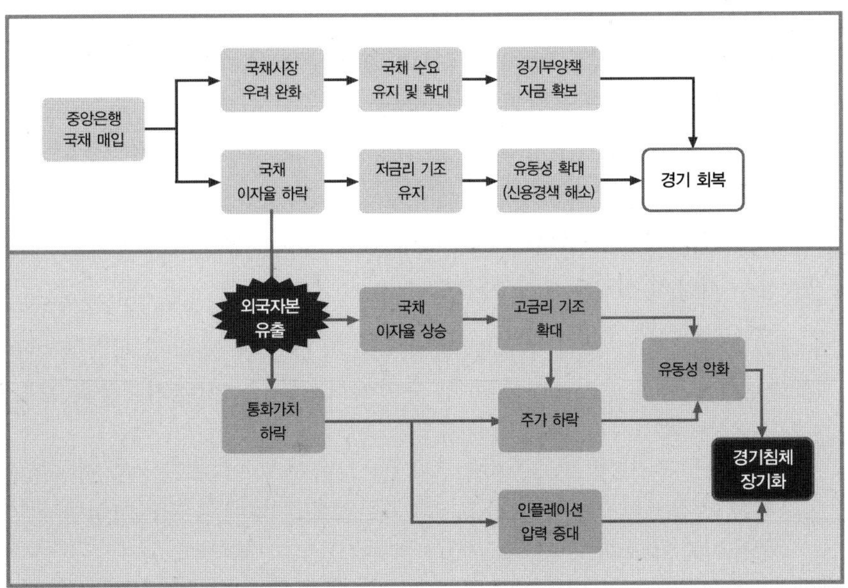

최악의 상황에 직면할 가능성도 배제할 수 없음

◉ 경기침체와 금융불안이 장기화될 경우 영국의 재정 건전성에 대한 시장 불신이 심화될 전망

　○ 영국 정부로서는 영국경제의 근간인 금융 시스템을 보호하기 위해 대규모 자본 투입을 통한 은행국유화 정책이 불가피

　○ 하지만 국유화 은행의 부실자산 매각을 통한 투입자금 회수에 차질이 생길 경우 정부재정은 더욱 악화
　　• 영국 정부는 5,250억 파운드 규모의 부실자산을 배드뱅크를 통해 5년 내에 매각할 계획

◉ CDS 프리미엄 상승과 파운드화 약세 시 국채 발행 차질과 원리금 상환 비용이 상승

　○ 정부재정이 악화될 경우 CDS 프리미엄이 상승하고 파운드화 가치가 하락해 영국 국채 수요가 감소
　　• Oxford Analytica 등은 미국과 독일 국채가 적자 증가에도 불구하고 안전자산 선호 인식 등으로 인해 매입 수요가 지속될 것으로 예상했으나, 영국 국채는 외국인 투자자의 매도 가능성이 높다고 평가

　○ 영국은 해외 투자자를 유치하는 과정에서 높은 금리를 지불하거나 여타 통화로의 지급 요구에 직면할 가능성
　　• 국채 수익률이 25bp 상승할 때마다 2012~2013년까지 매년 부담해야 할 이자상환액이 12억 파운드 증가

◉ 앞으로 국채 발행에 차질이 생기거나 원리금 상환에 심각한 문제가 발생할 경우 최악의 시나리오가 현실화

　○ 해외 투자자들이 영국의 재정 건전성을 믿고 영국 국채에 계속 투자하느냐가 관건이나, 외국자본 유치 측면에서 영국은 미국(기축통화 보유)이나 일본(국내자본력)에 비해 불리
　　• 투자자들은 세계 기축통화인 달러를 보유하고 있는 미국의 재무부증권을 안전자산으로 인식하고 있으며, 일본은 국채의 90% 이상을 국내 금융기관이 소화

○ 경기침체의 장기화로 금융기관의 부실이 증가할 경우 투자가들의 신뢰 상실로 자본 이탈이 본격화되어 최악의 위기상황으로 발전

　• IMF의 수석이코노미스트를 역임한 사이몬 존슨(Simon Johnson)은 외 국 투자자들이 영국 자산에 대한 투자를 줄일 경우 영국은 IMF에 구제 금융을 신청할 수밖에 없을 것으로 예상[35]

| 영국경제의 위기전개 시나리오 |

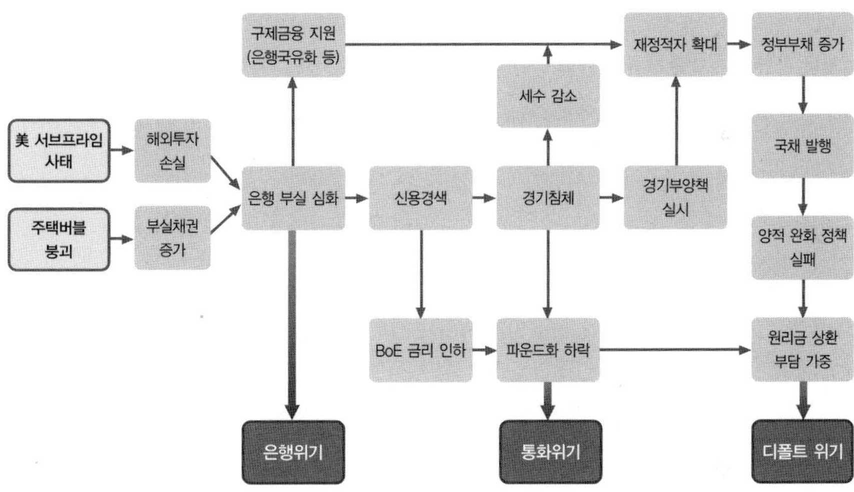

◉ **영국경제가 위기상황에 직면할 경우 국제 금융시장은 혼란에 빠질 가능성**

○ 제5위 경제대국인 영국이 디폴트 위기에 처할 경우 국제 금융시장은 물 론 세계경제에 큰 충격

　• 영국은 1976년 IMF 구제금융 신청 당시와는 비교할 수 없을 정도로 세 계경제와 국제 금융시장에서 차지하는 비중이 지대

○ 만약 영국 금융기관들이 자구책으로 유동성 확보를 위해 해외 보유자산 매각에 나설 경우 국제 금융시장이 요동칠 가능성

---

35 Harder-edged Warnings about Britain's Economy (2009.4.15.). *The New York Times.*

- 2008년 11월 현재 영국은 3,600억 달러(전체의 12%)의 미국 재무부증권을 보유하여 중국(6,819억 달러), 일본(5,771억 달러)에 이어 제3위 투자국

○ 글로벌 금융위기로 인해 이미 국제자본 흐름에 큰 변화
- 2007년에는 영국으로의 자본 유입과 해외로의 자본 유출이 활발히 이루어졌으나, 2008년 2/4분기부터 자본역류(해외에 투자된 영국자본의 환류와 영국 내 투자된 외국자본의 이탈)가 본격화

| 영국 관련 국제자본 흐름의 변화 |

(단위: 억 파운드)

구분	자본 흐름	2007년	2008년
주식투자	영국→해외	282.0	-596.9
	해외→영국	176.1	453.5
채권투자	영국→해외	638.2	-723.5
	해외→영국	1,911.0	2,121.5
은행 예금 및 대출	영국→해외	7,470.8	-3,470.8
	해외→영국	7,282.8	-7285.5
합계	영국→해외	9,954.2	-4,383.1
	해외→영국	10,351.4	-4,186.5

자료 : Office for National Statistics (2009.3). Balance of Payments.

영국경제는 저성장 국면에 진입

◉ 영국이 최악의 위기를 모면한다 하더라도 경제위기 극복 과정에서 악화된 국가재정이 경제성장에 악재로 작용할 가능성

○ 정부부채를 금융위기 이전 수준으로 줄이려면 향후 20년간 매년 200억 파운드 이상의 세금 인상이나 재정지출 억제 등 초긴축정책이 불가피 (IFS 추정)
- 영국 정부도 경기 회복이 가시화되면 곧바로 세금 인상 및 긴축재정에 나선다는 방침

○ 내수에 의존하는 영국경제는 민간소비 위축 등으로 1990년대 일본의 장기 불황과 비슷한 저성장을 경험할 가능성

- 영국경제 성장의 3분의 2 가량을 차지하는 민간소비의 회복이 세금인상으로 지연될 가능성[36]

○ 1970년 이래 디폴트 위기를 겪었던 국가들을 분석해본 결과 평균 10년 동안 GDP가 연간 5% 이상 감소한 것으로 나타남[37]

---

36 일본의 하시모토 정부는 1997년 4월 소비세를 3%에서 5%로 인상하고, 동년 11월에는 소득세 특별 감세 조치를 철폐하는 등 증세 조치를 취함으로써 소비 회복에 실패한 바 있음

37 De Paoli, B, Hoggarth, G, and Saporta, V. (2009). Output Costs of Sovereign Crises: Some Empirical Estimates (BoE Working Paper No. 362), BoE.

Ⅳ 한국경제에 미칠 영향

영국계 자본 이탈 시 국내 금융시장은 큰 충격

◉ 영국은 아이슬란드와 같이 단기간에 국가부도 위기에 처할 가능성은 낮을 것으로 예상되나, 전개 상황을 예의주시할 필요

○ 최근 글로벌 금융시장이 점차 안정을 찾아가는 가운데 영국도 일부 금융지표가 개선되는 조짐

○ 하지만 실물경기 침체가 심각하기 때문에 양적 완화정책이 성과를 거두지 못해 은행부실이 더욱 심화될 경우에는 위기가 고조될 가능성

◉ 전 세계 자금공급원 역할을 하는 영국경제가 위기에 처할 경우 세계경제는 엄청난 충격(Perfect Storm)에 직면할 전망

○ 영국이 위기상황에 처할 경우 영국에 투자된 자본이 대거 이탈하여 국제 금융시장은 일대 혼란에 빠질 가능성
  • 영국의 해외 차입액 중 독일, 프랑스 등 유럽 금융기관들이 67%를 차지

◉ 영국 은행들이 유동성 확보를 위해 해외 대출자금 회수에 나설 경우 영국 자본에 가장 많이 의존하고 있는 한국은 큰 타격

○ 2008년 9월 말 현재 한국(금융기관＋정부기관＋민간기업)은 영국 국적의 은행들에서 총 913억 1,500만 달러를 차입(BIS 자료)[38]
  • 영국 국적의 은행들은 한국의 총 해외차입에서 24.9%를 차지하는 최대 대출기관[39]

---

38 상기 913.2억 달러에는 국적 기준으로 영국으로 분류되는 한국 진출 영국계 4개 外銀지점(HSBC, 버클레이즈, 모건스탠리 인터내셔널, 골드만삭스 인터내셔널)이 보유한 원화자산(2008년 9월 말 현재 420억 달러)이 포함되어 있으므로 동 원화자산 전부를 우리나라가 갚아야 할 외화유동성 부담으로 보는 것은 무리가 있다는 견해(한국은행). 따라서 BIS 통계에 의한 영국계 은행의 우리나라에 대한 익스포저(913.2억 달러) 분석 시에는 상기 영국계 외은지점의 원화자산을 감안할 필요

39 글로벌 금융 허브로서 영국(런던)의 역할을 감안할 경우, 913.2억 달러에는 영국 국적으로 분류되어 있으나, 단순히 영국에 진출해 있는 외국 금융기관들의 대출도 상당 부분 포함되어 있을 것으로 추정

○ 영국 측에서 보면 한국은 제9위 차입국가로, 아시아·태평양 국가 중에서 영국 자본에 가장 크게 의존
  • 한국의 외화대출 중 1년 미만의 단기대출은 1,448억 달러로 전체의 63.4%를 차지

○ 영국이 최악의 위기상황에 처할 경우 동유럽 금융위기와는 비교할 수 없을 정도의 대규모 자본 유출이 발생할 가능성
  • 경제상황 악화로 자본공급국(Common Lender)의 금융기관은 자국뿐만 아니라 해외에서 대출과 유동성 공급을 축소

| 한국의 해외차입 국가별 현황(2008년 9월 말 현재) |

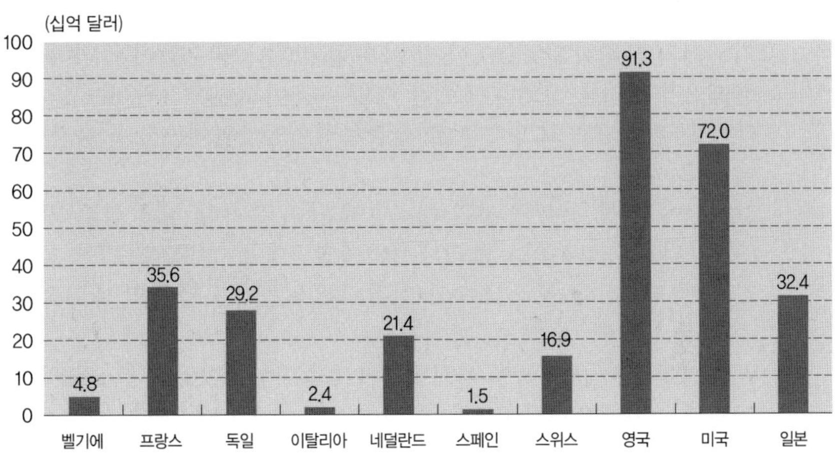

자료 : BIS, Detailed Tables on Provisional Locational and Consolidated Banking Statistics.

한국의 대영 수출은 2년간 약 6억 달러 감소 예상

◉ 영국경제는 금융산업 기반의 약화와 재정 악화 등으로 저성장이 지속될 전망

○ 영국경제의 근간인 금융서비스산업은 대규모 감원, 은행 국유화, 금융기관 및 금융상품에 대한 규제 강화 등으로 위축이 불가피

○ 현재 영국에는 금융서비스산업을 대체할 만한 뚜렷한 주력 산업을 찾기 힘든 실정
  - 제조업과 수출산업의 기반이 약해 파운드화 약세로 인한 환율효과를 제대로 살리지 못하는 상황
  - 영국 정부는 미래 성장 동력 차원에서 그린산업을 적극 육성한다는 전략이나 금융서비스산업을 대체하려면 상당 기간이 필요

○ 그 결과 영국경제의 조기 회복 가능성에 대한 회의론이 점증

  - 2012년 개최 예정인 런던올림픽이 경제 회복에 큰 도움이 되지 못할 것이라는 비관론마저 제기

● 민간소비 위축으로 당분간 대영 수출 회복은 기대하기 힘들 전망

○ 경기침체가 본격화된 2008년 8월 이후 한국의 대영 수출이 급격히 감소
  - 한때 8억 달러를 상회하던 월간 대영 수출이 2009년 1월에는 2억 달러(1995년 8월 이래 최저 수준)로 급감하였으며, 2월에는 소폭 증가한 3억 달러를 기록
  - 2월 들어 대영 수출이 전월 대비 1억 달러 증가한 것은 금은 및 백금(30만 달러 → 6,410만 달러), 선박해양구조물 및 부품(27만 달러 → 2,300만 달러) 등 영국 내수와 직결되지 않는 2개 품목의 예외적인 급증에 주로 기인
  - 2000년대 초에는 영국이 한국의 7위 수출대상국이었으나, 2008년에는 15위로 추락했으며, 2009년 1~2월에는 23위로 더욱 하락

○ 민간소비가 본격적으로 살아나기 힘들어 앞으로도 당분간 대영 수출의 회복을 기대하기는 어려울 것으로 보임
  - 한국의 대영 수출은 가계소비의 감소로 인해 앞으로 2년간 2008년 대비 약 6억 달러 감소할 것으로 추정[40]

---

[40] 영국의 가계소비와 한국의 대영 수출 간에는 일정한 상관관계가 있는 것으로 추정(Y=0.0139X−4,983.6). 각 변수는 2000~2008년 연간 데이터를 사용

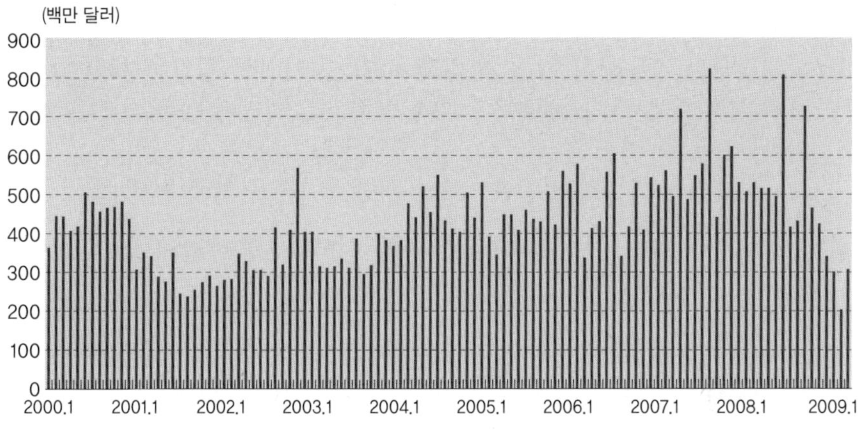

자료 : 한국무역협회, KOTIS DB.

위기 극복의 자신감을 갖되 금융 부문의 취약성은 보완할 필요

◉ 한국은 거시경제의 펀더멘털이 건실하고 제조업 기반이 강해 영국 등 선진국에 비해 위기 극복에 유리

○ 한국의 국가부도 가능성은 영국이나 미국에 비해 낮음
  • 스위스 투자은행인 Credit Suisse는 한국(19위)의 국가위험도가 영국(11위)이나 미국(13위)보다 양호한 것으로 평가[41]
  • 7개 항목을 기초로 국가 리스크를 평가한 UBS는 70개국 중 영국(10위), 미국(21위)보다 한국(27위)의 위험도를 낮게 평가[42]

○ 한국의 수출 제조업은 세계경제의 침체에도 불구하고 환율효과와 수출 시장 다변화 노력에 힘입어 경제성장의 버팀목 역할을 담당

---

41 Credit Suisse (2009.3.). Global Equity Strategy. 42개국을 대상으로 신용점수, 레버리지, 은행 시스템 안정성 등 총 10개 항목으로 평가하였으며, 순위가 높을수록 국가위험도가 높음

42 UBS Investment Research (2009.3.18.). Global Economic Perspectives.

◉ 다만 영미계 자본에 크게 의존하고 있는 금융 부문의 취약성이 실물 부문을 훼손하지 않도록 선제적인 정책 대응이 필요

  ○ 현재로서는 가능성이 그리 크지 않지만, 영국의 위기 가능성에도 대비하여 자본조달처를 다변화함으로써 영국 금융기관에 대한 과도한 차입 의존도를 낮출 필요
    • 자본조달처 다변화의 일환으로 중동 현지자본을 적극 유치

◉ 각국 정부가 대규모 국채 발행에 나서고 있어 국채 발행에 보다 치밀한 전략이 요구되는 시점

  ○ 전 세계적으로 국채 발행이 급증하면서 영국, 독일 등 선진국들이 발행한 국채마저도 채권시장에서 100% 소화되지 못하는 실정
    • 영국 등 선진국 정부는 은행 구제금융 지원 및 경기부양 자금을 마련하기 위해 대규모 국채 발행에 나서고 있으나, 채권시장이 이들 물량을 모두 소화하기에는 역부족

  ○ 이에 따라 국채 발행 국가들 간에 자본유치 경쟁(Beauty Contest)이 전개될 수밖에 없는 상황
    • 신흥국 국채 대비 안전자산으로 인식되는 미국 재무부증권 등 일부 선진국 국채로 자본 쏠림현상이 심화될 가능성

  ○ 국내 국채시장도 외국인 투자자의 비중이 감소 추세에 있으므로 국채 발행에 보다 세심한 전략이 필요
    • 국채 경매 실패 시 정부재정과 국가신인도에 악영향이 우려

| 참고문헌 |

- Bank of England (2009.2.). Monetary and Financial Statistics(Bankstats).
- British Bankers' Association Statistics.
- De paoli, B., Hoggarth, G., and Saporta, V. (2009). Output Costs of Sovereign Crises: Some Empirical Estimates (BoE Working Paper No. 362). BoE.
- EIU (2009.3.). Global Outlook.
- George Soros: Britain may have to seek IMF rescue. (2009.3.28.). *The Times*.
- Global Insight (2009.4.). Global Executive Summary.
- Harder-edged Warnings about Britain's Economy. (2009.4.15.). *The New York Times*.
- Hennessee Group (2009.2.11.). Is This the Tip of the Iceberg? Press Release. 〈http://www.hennesseegroup.com/releases/release20090211.html〉
- HM Treasury (2009.2.). Pocket Databank.
- IMF (2009.1.). World Economic Outlook DB.
- Laeven, L., & Valencia, F. (2008). Systemic banking Crises: A New Database (WP/08/224). IMF.
- Morgan Stanley (2009.1.). Debt and Debt Financing.
- NIESR (2009.4.). NIESR Monthly Estimates of GDP.
- OECD (2009.3.). OECD Economic Outlook: Interim Report.
- Oxford Economics (2009.4.). World Economic Prospects.
- Thomson Reuters, Datastream.
- UBS Investment Research (2009.3.). Global Economic Perspectives.
- UK Debt Management Office ; IFS(2009.1.). The IFS Green Budget 009.
- UK National Statistics, BoP.

미국 주택경기 바닥론 점검 | 04

SERI 경제 포커스

≫≫≫ 2009. 4. 14. (2009. 4. 24. 업데이트)

김화년

Ⅰ 미국 주택경기 바닥론 대두

최근 미국 주택경기가 바닥 탈출(Bottom Out)을 하고 있다는 기대감 형성

◉ 미국 주택경기 악화는 글로벌 금융위기의 시발점이기 때문에 최근 발표된 미국 주택과 관련된 긍정적인 지표가 주목받고 있는 상황

○ 주택경기가 저점을 형성하고 있다는 바닥론이 검증되었을 경우 향후 미국경제를 비롯한 세계경제 회복에 중요한 시그널이 될 가능성
  - 주택가격 상승은 소비 회복과 금융기관의 손실 확대를 막는 역할
  - 2009년 3월 17일 신규착공 건수가 증가했다는 발표 당일 미국 다우지수가 2.48%, 나스닥지수가 4.14% 상승한 것이 주택시장 회복에 대한 관심이 증폭되고 있다는 증거

○ 주택가격 급락에 의한 단기 반등일 가능성이 높다는 신중론도 제기
  - "바닥 징후가 보이고 있지만 아직 바닥에 다다르지는 않았다"(조지 소로스)[1]

| 미국 주택 신규 착공 및 허가 건수 추이 |

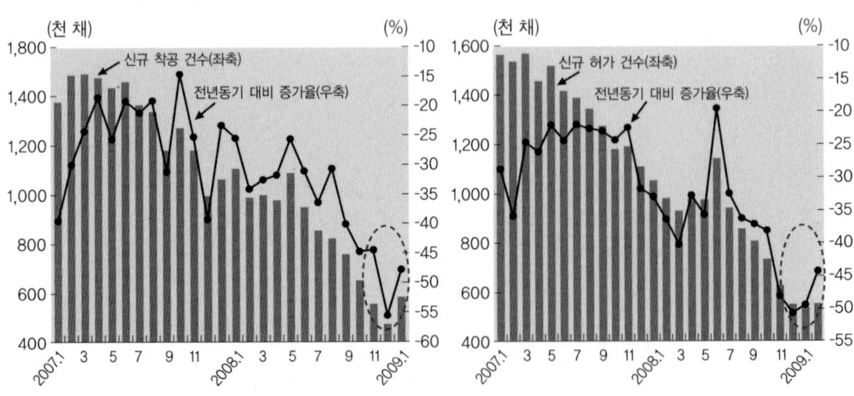

자료 : US Census Bureau.

---

1 Bloomberg (2009.4.9.). Soros Says Gain in U.S. Stocks Is 'Bear-Market Rally'.

◉ 서브프라임모기지 위기 발생 이후 주택경기 위축으로 크게 감소했던 주택 착공이 증가로 전환된 것이 가장 긍정적인 변화

○ 2009년 2월 신규주택 착공 건수가 시장의 전망을 크게 상회하며 전월 대비 22.2% 증가
  • 2008년 6월 이후 56.2%까지 감소한 후 처음으로 증가

○ 2009년 2월 건축 허가 건수도 전월 대비 3.0% 증가하여 3월 이후 착공도 증가세가 지속될 가능성

기타 주택 관련 주요 지표들도 회복세

◉ 2009년 2월 미국 주택 판매가 전월 대비 증가로 전환된 것도 주목

○ 미국 신규주택 판매량(연율)은 전월 대비 4.7%, 기존주택은 5.1% 증가하여 경기회복에 대한 기대를 높임
  • 매매계약만을 기준으로 하는 잠정 주택 판매량도 전월 대비 2.1% 증가

○ 기존주택 판매량의 경우 2008년 2월 이후 이미 전년동기 대비 증가율이 상승 추세로 전환
  • 전년동기 대비 증가율 : -26.0%(2008년 2월) → -4.6%(2009년 2월)

| 미국 주택 판매 추이 |

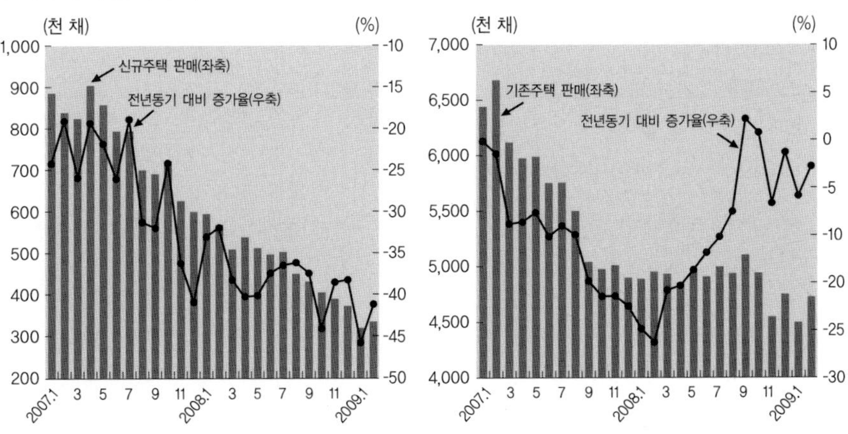

자료 : US Census Bureau,; National Association of Realtors.

● 주택가격도 상승으로 전환된 지표들이 발표되며 주택경기 바닥론에 힘이
   실리고 있는 상황

 ○ 2009년 2월 기존주택 평균(Average)가격[2]은 전월 대비 5.0%, 신규주택
    평균가격은 1.5% 상승
   • 2007년 1월 대비 2009년 1월 기존주택 가격은 24.0%, 신규주택 가격
     은 19.6% 하락하여 가격 조정에 대한 바닥론이 기대

 ○ 조사기관에 따라 2009년 1월 가격에 대한 방향성은 상충
   • 미국 연방주택금융지원국(FHFA[3])은 2009년 1월 주택가격이 전월 대
     비 1.7% 상승했다고 발표
   • 반면, 주택가격으로 가장 신뢰받는 S&P Case-Shiller 지수[4]는 2009년
     1월 현재 전월 대비 20대 도시에서 2.2%, 10대 도시에서 2.0% 하락

| 미국 주택가격 추이 |

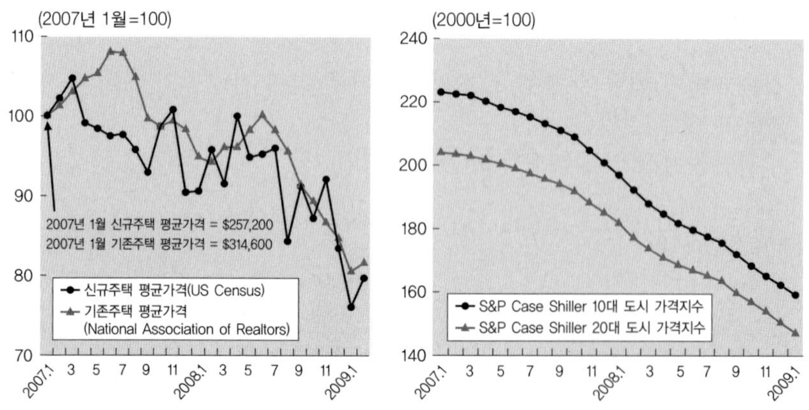

자료 : US Census Bureau.; National Association of Realtors.; S&P.

---

2 주택가격은 중앙값(median)도 발표되는데, 2009년 2월 기존주택 가격 중앙값은 전월 대비 0.4% 상
   승, 신규주택 가격의 경우 2.9% 하락
3 Federal Housing Finance Agency
4 S&P Case-Shiller 지수는 신용평가사 S&P와 경제학자인 Karl Case, Robert Shiller, Allan Weiss가 개
   발한 지수로 미국 20개 메트로폴리탄 지역의 주택가격을 1987년부터 지수화

Ⅱ 주택시장의 변수 점검

1. 주택 구매여력 : 주택 구입 비용 감소는 긍정적이나 실업 확대로 제한적

◉ 주택가격 하락 외에도 모기지 금리가 하락하여, 주택 구매를 위한 비용이
크게 줄어들어 모기지 신청 건수가 증가

○ 미국의 30년 만기 모기지 고정금리는 2009년 4월 첫째 주 4.78%까지 하락
- 2008년 9월 리먼브러더스 파산 신청 이후 10월 마지막 주 6.46%까지
상승했던 금리가 1.68%p 하락하여 주택 구입 시 부담이 크게 완화
- 연방준비은행(FRB)이 2009년 3월 국채와 모기지 증권의 매입을 통한
유동성 공급 조치를 발표한 것이 최근 모기지 금리 하락의 주요 원인

○ 금리 하락으로 모기지 신청이 2009년 3월 이후 지속적으로 증가
- 3월 셋째 주 모기지 신청지수[5]는 전주 대비 32.2% 급등하였으며, 리파
이낸싱(모기지 차환)을 위한 신청지수는 41.5% 상승

| 미국 30년 만기 모기지 고정금리 추이(주간) |

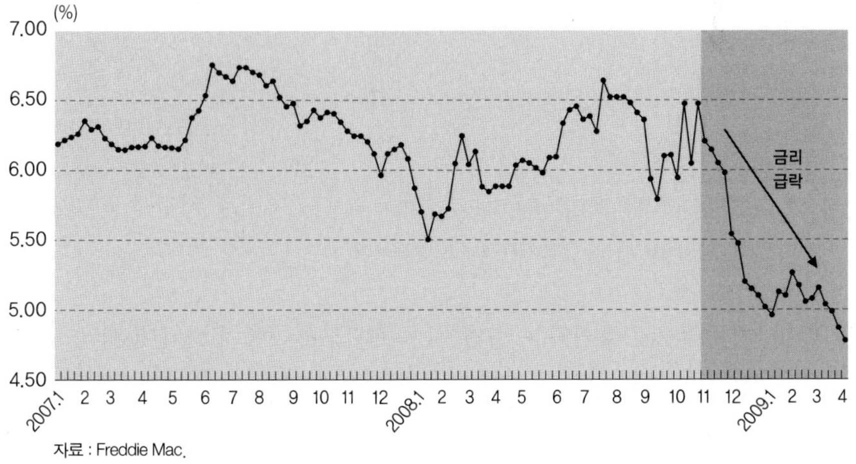

---

5 Mortgage Bankers Association은 모기지 신청 건수를 종합하여 지수 형태로 발표

◉ 주택가격 하락으로 인해 주택을 구입하는 것이 경제적으로 유리해짐

○ 미국은 월 단위로 집세를 내는 주거문화(렌트)가 보편화되어 있으나 주택가격 하락으로 인해 렌트를 하는 것보다 장기 모기지론을 이용하여 구매하는 것이 유리해짐
  • 주택가격/집세 비율[6]이 2006년 5월 60.4%의 고평가 상태에서 2009년 1월까지 37.2%가 조정되며 균형 비율에 근접

○ 주택구입능력지수(Housing Affordability Index)가 최고 수준으로 상승하여 향후 주택 수요를 증가시킬 가능성이 큰 상황
  • 2009년 2월 주택구입능력지수는 전월 대비 0.5%, 전년동기 대비 26.5% 상승
  • 생애 첫 주택 구입자에게 8,000달러의 세금혜택 인센티브를 제공한 것이 주택 구입 수요를 증가시키는 요인으로 작용

| 주택가격/집세 비율 및 주택구입능력지수 추이 |

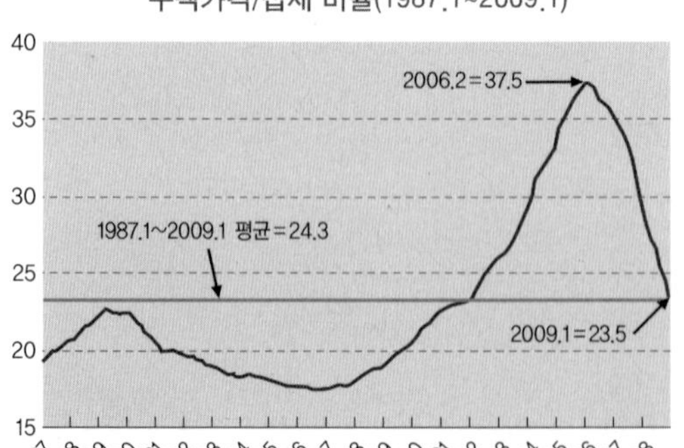

자료 : S&P.; US Department of Labor.; National Association of Realtors.

◉ 반면, 지속적으로 증가하는 실업자는 주택 구매여력의 증가에 제약

○ 미국의 2009년 3월 실업률이 8.5%까지 상승하고, 비농업 부문 고용이 66.3만 명 감소하는 등 미래 소득의 증가가 불확실

---

6 Price-rent ratio. Case-Shiller 10대 도시 주택가격지수와 미국 소비자물가상승률(CPI)의 렌트(rent)항목 지수를 이용하여 계산한 결과이며, 1987년부터 2009년 1월까지의 평균을 주택가격/집세 비율의 균형치로 사용

- 그러나 비농업 부문 고용 감소폭이 2008년 12월을 정점으로 2009년 들어 다소 둔화되는 것은 긍정적 요인

○ 미국의 신규 실업수당 신청자 수가 2009년 3월 마지막 주에 66.9만 명 증가하고 누적 수급자가 584만 명에 이를 정도로 고용불안이 지속
  - 2009년 3월 개인파산보호 신청자 수가 전월 대비 9% 증가한 13.8만 명으로 2005년 10월 이후 최고치를 기록[7]

| 미국 실업률과 비농업 부문 고용 증감분 추이 |

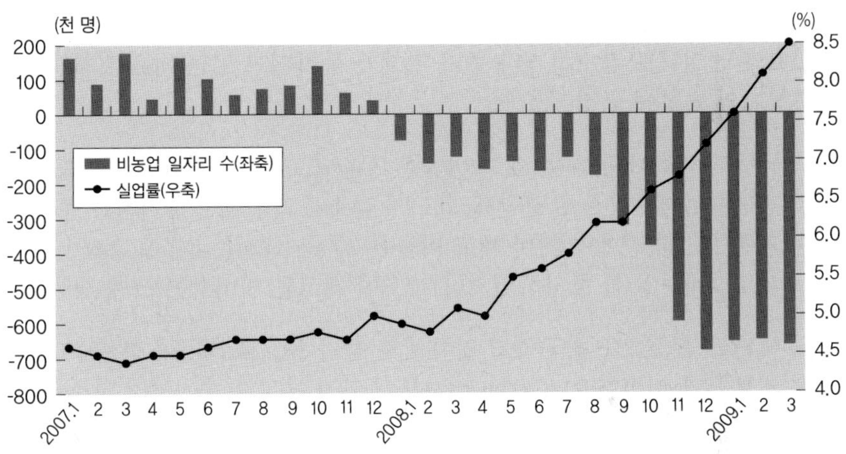

자료 : US Department of Labor.

◉ 개인소득이 감소하여 전반적인 구매력 자체가 약화

○ 실업 증가로 인한 직접적인 임금소득 하락과 경기침체로 인한 투자소득 감소로 인해 개인소득이 감소하며 전반적인 구매력이 약화
  - 2009년 1월 전월 대비 0.2% 증가하며 경기회복에 대한 기대를 높였던 미국 개인소득은 2월에 다시 0.2% 감소

○ 가처분소득도 세금 인하에도 불구하고 개선되지 않고 있는 상황
  - 2009년 1월 전월 대비 1.6% 증가한 후 2월에는 0.1% 감소하여 높아지고 있는 실업률을 반영

---

7 Downturn Pushes More Toward Bankruptcy (2009.4.3.). *New York Times.*

(단위: 전월 대비, %)

구분	2008년				2009년	
	9월	10월	11월	12월	1월	2월
개인소득	0.1	-0.1	-0.5	-0.3	0.2	-0.2
가처분소득	0.2	0.0	-0.4	-0.3	1.6	-0.1

자료 : BEA.

2. 공급 과잉 : 다소 해소 조짐이나 연체율의 상승은 위협적

◉ 재고와 공실률도 감소하거나 증가 추세가 둔화되고 있는 지표로 볼 때 주택경기의 회복에 긍정적 요인

○ 신규주택의 판매량 대비 재고 비율은 2009년 1월 12.9개월 판매량분에서 12.2개월 판매량분으로 하락해, 재고가 감소하고 판매는 증가하는 추세
 • 기존주택의 판매량 대비 재고 비율은 2008년 12월 급락 후 2009년 1월 과 2월에는 소폭 증가하였으나 2008년 재고율 대비로는 크게 개선

○ 주택건설 감소에도 불구하고 압류처분 증가 등으로 공실주택 수는 장기 추세를 크게 이탈했으나 2008년 1/4분기 고점 형성 후 증가세가 다소 진정

| 재고/판매 비율 및 공실주택 추이 |

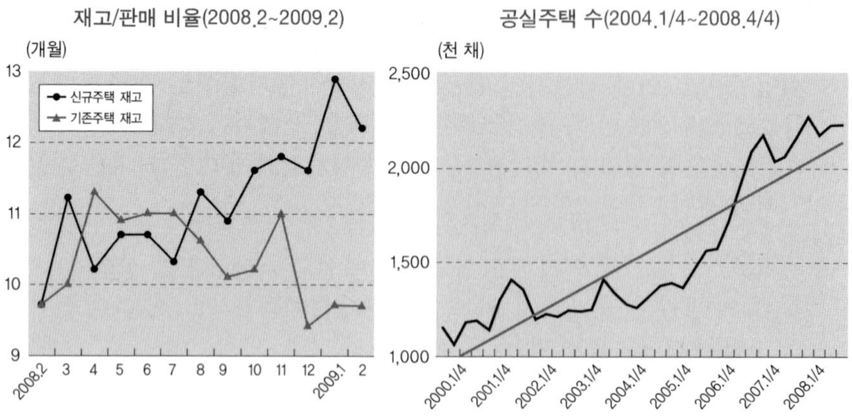

자료 : US Census Bureau.; National Association of Realtors.

◉ 서브프라임 모기지 관련 유질 처분이 감소 추세로 전환되었으나 연체율
은 아직 최고 수준

○ 서브프라임 모기지 관련 주택 유질처분(Foreclosure) 비율이 2008년 2/4
분기를 정점으로 하락[8]
  • 서브프라임 모기지 주택 유질처분 비율 : 4.26% (2008년 2/4분기) →
    3.96%(2008년 4/4분기)
  • 모기지 금리 인하에 따른 상환 비용 감소와 미국 정부의 주택차압에
    대한 보증조치[9]가 효과를 나타내고 있는 것으로 판단

○ 주택 모기지 연체율의 상승 추세가 지속될 경우 향후 주택시장에 가장
큰 불안요소가 될 전망
  • 2009년 2월 연방주택국(FHA)이 보증해주는 모기지 대출 중 90일 이상의
    상환일을 넘긴 연체 비율이 7.5%로 전년동기(6.2%) 대비 1.3%p 상승[10]
  • 연체율 상승 → 유질처분 증가 → 재고 및 공실주택 증가 → 주택경기
    위축의 악순환에 빠질 가능성

| 주택 유질처분(차압) 비율 및 연체율 추이 |

주택 유질처분(2005~2008년 분기별)

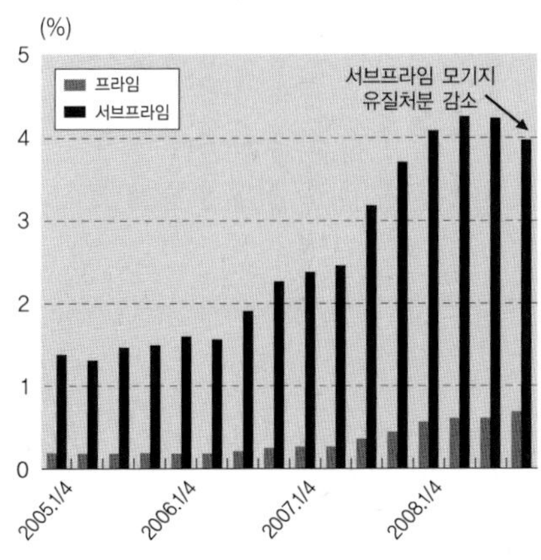

모기지 연체율(2005~2008년 분기별)

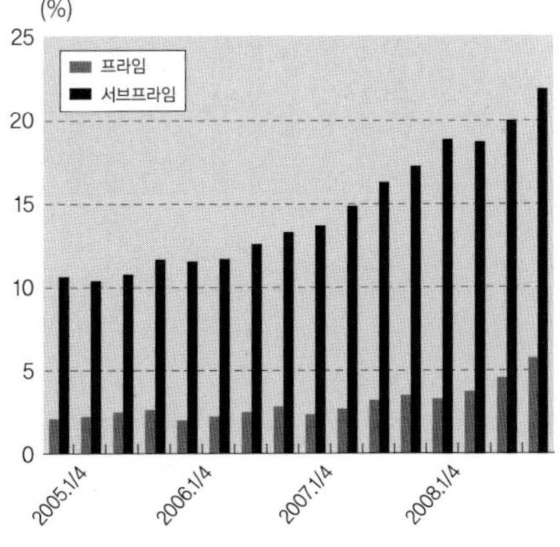

자료 : Thomson Reuters, Datastream.

---

8 그러나 프라임 모기지 관련 주택 유질처분 비율은 소폭 증가 지속
9 2009년 2월 미국 정부는 총 2,750억 달러를 투입하여 모기지 상환 부담을 줄여주고 압류당하지 않도
록 돕는 주택구제계획 방안을 발표
10 Defaults Rise on Home Mortgages Insured by FHA (2009.3.31.). *Wall Street Journal.*

3. 은행과 모기지회사들의 디레버리징 : 정부 정책으로 인해 완화 추세

◉ 금융위기로 인한 미국 은행들의 신용경색으로 주택대출에 대해 디레버리징[11] 현상이 심화되었으나 2008년 10월 이후 완화

  ○ 미국 은행들의 주택대출은 신용경색으로 인해 2008년 1/4분기 이후 감소하였으나 4/4분기 이후 본격적인 증가세로 전환
    • 주택대출 규모 : 1.94조 달러(2008년 8월) → 2.13조 달러(2009년 3월)

  ○ 주택 부문 외에도 상업용 부동산대출과 기타 소비자신용 부문의 대출에 대한 디레버리징도 2008년 4/4분기 이후 완화

| 미국 주택대출 추이 |

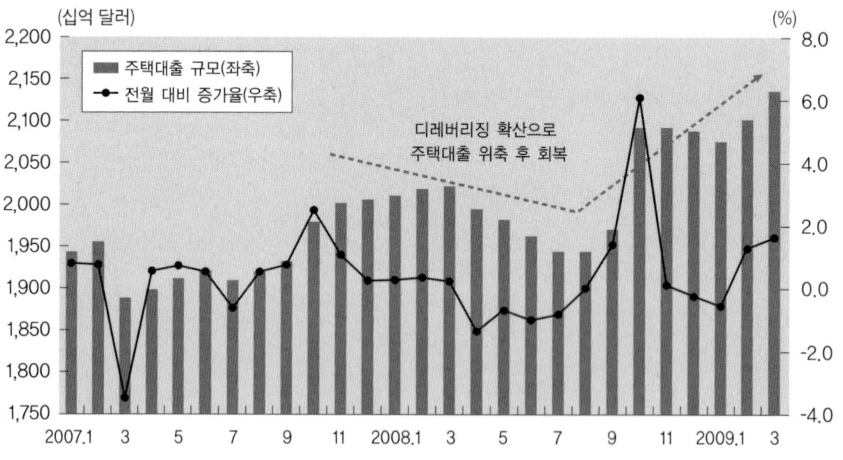

주 : 미국 은행들의 부동산대출 부문 자산 중 상업용 부동산대출을 제외한 수치이며 2009년 3월은 셋째주까지의 규모
자료 : FRB.

◉ 정부정책으로 신용경색과 자본 부족도 상당 부분 해결하여 미국 금융기관들은 추가 대출 여력을 확보

  ○ 2008년 9월 미국 정부는 양대 국책 모기지회사(GSEs[12])에 대한 국유화 방침을 발표하여 모기지 시장의 붕괴를 정상화

---

11 디레버리징(De-leveraging)은 부채 및 투자 축소를 의미하며, 금융기관의 부채 축소는 대출 여력 감소로 나타나 신규대출 및 대출연장에 제약을 가함

- 모기지 대출과 모기지담보증권(MBS) 등 투자자산 1.4조 달러와 함께 부외자산인 모기지 채무 보증에 3.6조 달러 규모를 지원
  - 그러나 두 회사의 부실이 확대됨에 따라 2009년 2월 주택시장안정계획(HASP[13])에서 양 기관에 대한 우선주 매입 한도를 총 4,000억 달러로 증액

○ 또한 우선주 매입 방식으로 금융권에 총 2,000억 달러 이상을 투입하여 자본을 확충하고, 씨티그룹에 대해서는 우선주를 보통주로 전환하는 국유화까지 시행
  - 부실자산구제프로그램(TARP[14])의 자금을 사용하여 2009년 3월 5일까지 2,770억 달러 규모의 금융기관 우선주를 매입

○ 은행 부실자산을 해소하기 위한 최대 1조 달러 규모의 민관합동투자펀드(PPIP[15])의 주된 매입 대상이 MBS이기 때문에 주택시장 회복에 도움이 될 것으로 기대

---

12 공적 금융기관(GSEs: Government Sponsored Enterprises). 미국의 모기지 관련 GSEs는 패니메이(Fannie Mae)와 프레디맥(Freddie Mac)을 지칭

13 Homeowners Affordability and Stability Plan

14 Troubled Asset Relief Program

15 Public-Private Investment Program

 종합전망 및 향후과제

상반기까지는 바닥을 다진 후 완만한 회복 전망

◉ 모든 주택 관련 지표가 악화되기만 하던 시기는 지났으며, 현재 바닥을 벗어났다고는 말할 수 없으나 저점에 가까이 있는 것은 확실

  ○ 아직까지 위축 국면에 있더라도 그 속도가 크게 둔화되고 있는 것은 확인
   • 2009년 2월의 긍정적 주택 관련 지표는 일시적인 현상일 가능성도 있으므로 국내 관련 기관들은 지속적으로 지표를 확인하는 것이 필요

  ○ 주택가격/집세 비율과 주택구입능력지수로 볼 때 가격 측면에서 2009년 상반기 저점을 형성 후 완만한 회복 추세로 전환될 전망
   • 가격과 대출 비용 하락으로 가격 메리트가 충분하여 주택가격이 저점에 가까운 것으로 판단
   • 미국 주택시장은 급격한 회복보다 상반기까지 바닥을 형성하며 하방 경직성을 테스트할 것으로 전망되므로 개별 지표보다는 큰 그림을 그리는 것이 중요

  ○ 주택 실수요 증가는 결국 전반적인 실물경기 회복에 달려 있으므로 소비, 투자, 고용 등 거시 지표들의 회복이 동반되는가가 관건

| 미국 주택시장 관련 주요 변수 점검 |

구분		현재 상황(2009년 4월)	2009년 하반기 전망
구매 여력 요인			
	가격	하락폭 둔화	소폭 상승
	판매량	감소폭 둔화	완연한 증가
	모기지금리	초저금리	초저금리 지속
	실업 및 소득	실업 급증	실업 증가가 지속되나 증가폭은 둔화
공급 과잉 요인			
	재고 조정	재고 조정 중	재고 조정이 지속되나 신규공급도 증가
	유질처분&연체	유질처분은 둔화, 연체는 지속 증가	연체 비율 증가폭 둔화
디레버리징 요인		점차 완화	신용 경색이 본격적으로 완화

실업이 본격적인 주택경기 회복의 중요 변수

◉ 2008년 6월 실업률이 6%대에 진입한 후 급격히 심각해진 실업 문제는 주택경기 회복에 가장 큰 걸림돌이 될 전망

  ○ 2008년 1월부터 2009년 3월까지 비농업 부문 고용 감소는 총 505만 명으로, 이는 총 실업자의 38.4[16]%가 최근 1년 3개월 사이에 직장을 잃었다는 의미

    • 실업자 중 약 41.6[17]%가 실업급여를 받는 것으로 추정되고, 이들이 현재까지는 모기지 대출을 유지할 여력이 있으나 궁극적으로 고용이 지연되면 대출금 상환에 문제가 발생할 가능성

  ○ 따라서 실업이 지속적으로 증가한다면 모기지 연체율 증가와 주택구매 여력 감소로 이어져 주택경기 회복에 악영향

    • 실업자가 1% 증가할 경우 주택판매는 0.05% 감소, 기존주택 가격은 0.3%, 신규주택 가격은 0.2% 하락하는 것으로 분석[18]

| 미국 주택시장 전망 |

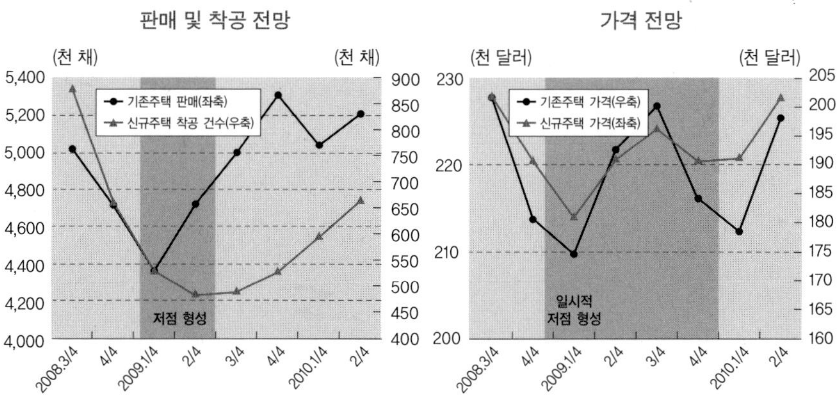

주 : Mortgage Bankers Association과 National Association of Realtors의 2009년 3월 전망 평균.

자료 : Mortgage Bankers Association.; National Association of Realtors.

---

16 2009년 3월 현재 미국 실업자 수는 1,316만 명

17 2009년 4월 현재 실업급여 연속 수급자 548만 명을 실업자 수 1,316만 명으로 나눈 비율

18 2000년 1월부터 2009년 2월까지의 월별 데이터로 각 주택변수를 종속변수로 하고 실업자 수와 소득 증가율을 설명변수로 하여 추정한 결과

◉ 미국 주택 관련 전망기관들도 하반기에 완만한 회복을 전망

○ 주요 전망기관들은 기존주택 판매가 2009년 1/4분기 저점 형성 후 회복
  추세로 전환되고, 신규주택 착공은 2/4분기 저점 형성 후 완만하게 증가
  할 것으로 전망
  • 주택가격은 1/4분기 저점 형성 후 저가매수세와 수급 상황의 개선으
    로 상승하나, 실업 증가로 인해 실질수요의 증가는 제한적일 가능성이
    크기 때문에 일시적인 조정을 거친 후 재상승하는 형태를 보일 전망

외환시장 3대 궁금점과 시사점 05

SERI 경제 포커스

≫≫≫ 2009. 2. 17. (2009. 4. 24. 업데이트)

정영식

Ⅰ 외환시장 3대 궁금점

◉ 글로벌 금융위기가 고조되었던 2008년 하반기~2009년 1월 기간 외환시장에서 전반적인 실물경제 및 금융상황 등 주요 환율결정요인 면에서 쉽게 이해할 수 없는 특이 현상이 발생

   ○ 국외: 1. 미국발 금융위기와 미 경기침체에도 달러화가 강세, 2. 엔화는 글로벌 달러화 강세 흐름과 일본의 경기침체에도 나 홀로 강세를 보임

   ○ 국내: 3. 국내 여건이 소폭 개선되었음에도 원화는 더 약세를 기록

1. 미국발 금융위기 속에서도 왜 달러화는 강세를 보이는가?

◉ 미국의 금융위기가 본격화된 2008년 7월 이후 달러화는 강세 기조를 지속

   ○ 미국의 명목실효환율지수(1973년=100)가 2008년 7월 15일 70.0에서 11월 21일 84.9로 급등한 후 2009년 2월에는 82선에서 등락[1]

| 미국 달러화지수와 VIX 추이 |

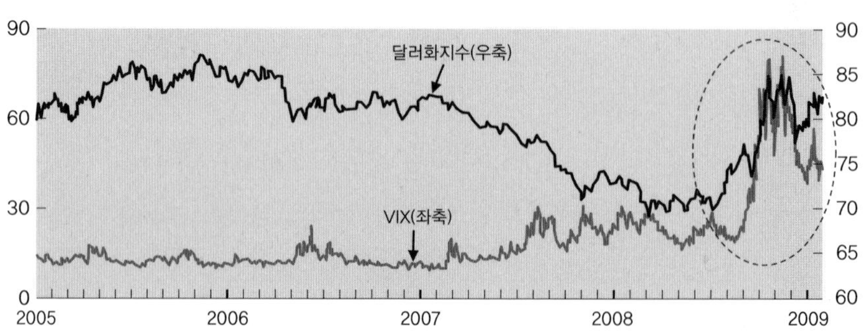

주 : 1) 달러화지수는 유로 지역 11개국, 캐나다, 일본, 영국 등 17개국 통화 대비 달러화 가치를 각국의 교역량 비중으로 가중 평균한 지수(큰 값이 달러화 강세를 의미)
2) VIX(Volatility Index)란 시카고 옵션거래소(CBOE)에서 S&P100옵션의 내재변동성을 이용하여 만든 변동성지수로 VIX 값의 상승은 위험이 고조됨을 의미
자료 : Moody's, economy.com; Thomson Reuters, Datastream.

---

1 미국 달러화지수의 상승은 달러화 가치 상승, 지수의 하락은 달러화 가치 하락을 의미

◉ 미국의 금융위기 고조, 제로금리 및 유동성 확대,[2] 쌍둥이 적자 지속, 경기 침체 등 미국 내 여건을 봐서는 달러화 강세를 이해하기 힘든 상황

　○ 미국 금융상황은 2008년 상반기에 불안심리를 보이기 시작하다가, 9월 리먼브러더스 파산보호 신청 이후 씨티은행, GM 파산 위험 등 미국 금융 시스템 붕괴 우려가 고조

　○ 미국의 정책금리는 0~0.25%로 ECB 정책금리 2.0%를 크게 하회
　　• 상대적 고금리 국가의 통화가 강세를 보이는 것이 일반적인 현상
　　• 실제 2001~2004년 미국 금리가 유로 지역 금리보다 하회했을 때 달러화는 약세를 기록

　○ 2008년 하반기부터 미국의 재정 및 경상수지 적자가 심화되고, 특히 경제성장률이 급격히 역신장(4/4분기 전기 대비 -3.8%)을 기록

| 주요국 정책금리와 미 달러화지수 추이 | 미국의 쌍둥이 적자 및 경제성장률 추이 |

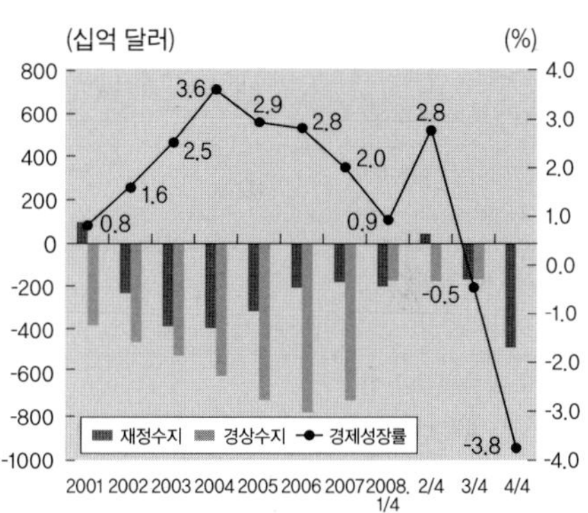

자료 : Moody's, economy.com;
　　　 Thomson Reuters, Datastream.

자료 : BEA.; Thomson Reuters, Datastream.

---

2 2005년 하반기 이후 0% 전후이던 미국의 M1 증가율(전년동월 대비)이 2008년 9월 이후 대폭 상승해 2008년 12월에 17%를 기록

기축통화의 위력, 미국 자금의 본국 환류 등에 기인

◉ 미국발 글로벌 금융불안에도 불구하고 달러화가 강세를 보이는 이유는 기축통화(Key Currency)[3]의 위력 때문

○ 국제 금융시장에서 미국 달러화의 비중은 유로화, 파운드, 엔화 등 여타 통화에 비해 매우 높은 상황
  - 미국 달러화는 전 세계 외환보유고의 64.6%, 국제은행의 해외대출잔액의 54.4%, 국제채권발행잔고의 47.4%를 차지

○ 국제 금융시장이 불안할 경우 국제 간 결제, 금융거래 및 대외준비자산 확보를 위해 기축통화 확보 현상이 심화
  - 최근 글로벌 금융시장이 불안해질수록 달러화가 강세를 보이는 것도 바로 이러한 이유 때문

| 주요 세계통화별 비중 |

(단위: %)

구분	미 달러화	유로화	파운드화	엔화	기타
외환보유고 (전 세계, 2008.9)	64.6	25.5	4.6	3.1	2.2
국제은행의 대출잔액 (2008.6)	54.4	23.3	6.7	3.6	12.0
국제채권발행잔고 (2008.9)	47.4	35.9	8.1	2.9	5.7
장외외환파생잔고 (2008.6)	41.4	20.6	6.7	10.8	20.5
단기금융상품거래 (2008.9)	32.3	46.0	10.7	3.7	7.3
세계무역거래 (2004)	45.0	20.0	7.0	11.0	17.0

자료 : BIS (2008.12.), Statistical annex, *BIS Quarterly Review*.; IMF, International Financial Statistics.

---

3 기축통화는 국제 간 결제나 금융거래의 기본이 되는 통화 또는 금과 함께 대외준비자산으로서의 역할을 하는 통화를 총칭

◉ 미국 내 금융위기로 인해 미국계 자금의 본국 환류가 활발하게 이루어진 점도 달러화 강세에 기여

ㅇ 미국의 해외 증권투자가 2008년 7월 이후 순유입세를 지속
  • 미국 투자자들은 2008년 7월부터 해외채권을, 10월 이후부터는 해외 주식을 본격적으로 회수한 것으로 알려짐

ㅇ 국제자본의 경우 기존의 장기성 자금을 단기 유동성 확보를 위해 단기 성 자금으로 전환

| 대미 증권자금 순유입 추이 |

(단위: 십억 달러)

구분	2007년	2008년	2008년			
			8월	9월	10월	11월
장기성 자금(A)	541.5	297.3	1.9	51.9	-15.2	-33.7
해외의 대미 증권투자	1,005.8	394.2	-5.5	30.0	-36.6	-56.0
미국의 해외 증권투자	-229.2	89.5	20.2	35.4	36.3	34.3
기타 장기자금	-235.1	-186.4	-12.9	-13.5	-14.8	-12.0
단기성 자금(B)	75.2	196.2	14.8	90.8	275.7	90.5
달러 표시 예금 변동	-122.9	-42.5	-7.4	77.8	183.8	39.4
단기자금 변동	198.0	238.7	22.2	13.0	92.0	51.1
대미자금 총계(A+B)	616.7	493.5	16.7	142.7	260.6	56.8
미국 무역수지	-700.3	-630.9	-58.9	-56.6	-56.7	-40.4

주 : (+)는 순유입, (-)는 순유출
자료 : US Treasury, BEA 자료를 국제금융센터 (2009.1.19.), " '08. 11월 미국 자금흐름, 단기자금 위주 유입 지속."
　　　Issue Analysis 자료에서 재인용.

◉ 제2의 국제통화 지역인 유로 지역의 경기침체가 미국보다 더욱 심각하다 는 점도 달러화 강세를 막지 못하는 요인

ㅇ 유로 지역 경제는 2008년 2/4분기 이후 3분기 연속 역신장을 기록

(단위: 전기 대비 연율, %)

구분	2008년				
	1/4	2/4	3/4	4/4	연간(전년 대비)
미국	0.9	2.8	-0.5	-3.8	1.1
유로지역	2.7	-0.7	-0.7	-6.5	0.8
일본	2.4	-3.7	-1.8	-12.7	-0.6

2. 글로벌 强달러 흐름에 엔화는 왜 나 홀로 강세를 보이는가?

◉ 엔화는 글로벌 달러화 강세와 일본의 심각한 경기침체에도 강세를 지속

○ 2008년 8월부터 엔화는 세계 주요 통화에 대해 강세를 기록하고 있는 중
 • 엔화는 달러화, 유로화, 원화에 대해 각각 20.9%, 36.7%, 60.5%의 강
  세를 기록(2008년 8월 15일 대비 2009년 2월 9일 현재 기준)

| 주요 통화 대비 엔화 환율 추이 |

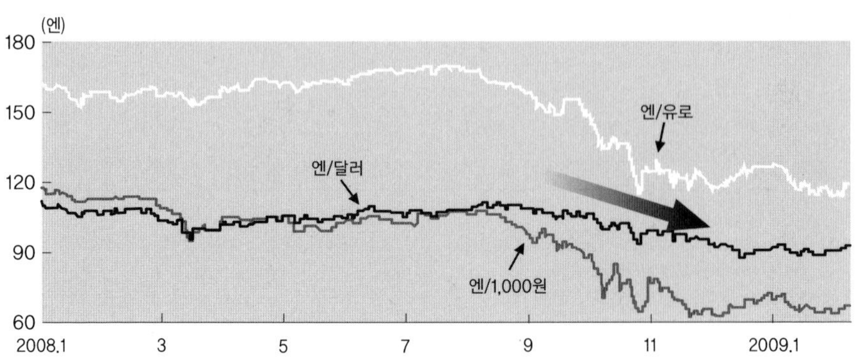

자료 : Thomson Reuters, Datastream.; 한국은행, ECOS DB.

○ 글로벌 달러화 강세 추세뿐만 아니라 일본의 경기침체, 무역수지 적자
 반전 등을 보면 엔화의 나 홀로 강세를 이해하기 힘듦
 • 일본의 2008년 4/4분기 성장률(전기 대비 연율)은 미국, 유로 지역보
  다 크게 낮은 -12.7%를 기록

- 일본의 무역수지도 장기간의 흑자 기조를 마감하고 2008년 8월부터 적자 기조로 반전[4]

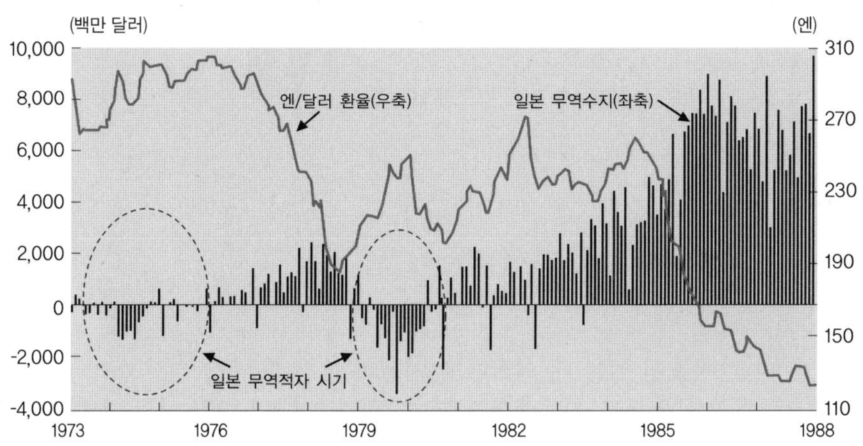

엔 캐리 트레이드 청산, 일본계 자금의 본국 환류 등에 기인

◉ 엔 캐리 트레이드[5]가 2007년 12월 이후 본격적으로 청산된 시점과 엔화 강세 시점이 일치

○ 엔 캐리 트레이드의 간접적인 지표 중 하나인 비상업적(non-commercial, 투기적) 엔화 선물거래에서 순매도가 2007년 12월 이후 순매수로 반전

---

4 일본에서 무역수지 적자가 장기간 지속된 시기는 1차, 2차 오일쇼크(1973~1975년, 1979~1980년)이고, 같은 시기에 엔화는 약세를 기록

5 협의의 엔 캐리 트레이드는 '금리가 낮은 엔화를 차입하여 고금리 국가의 자산(예금, 증권, 상품 등)에 투자하는 행위'를 지칭하며, 광의로는 일본 내 기관투자자나 개인이 환위험을 헤지하지 않은 채 해외 수익자산에 투자하거나 외화 선물거래를 하는 경우까지로 확대. 엔 캐리 트레이드가 급증했던 2007년 상반기 당시 그 규모는 각 기관별로 1,000억~1조 달러로 추정됨

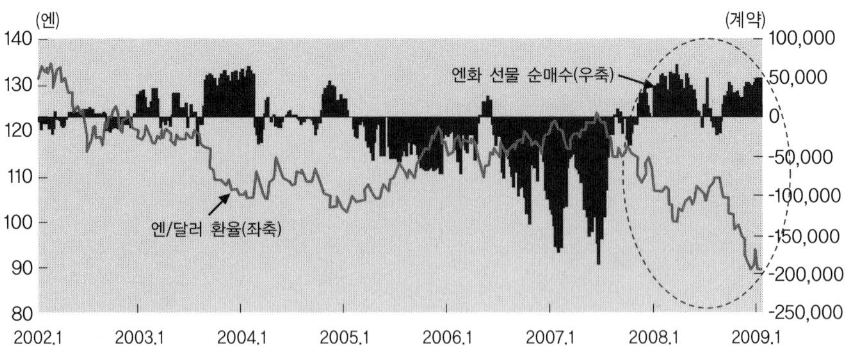

자료 : CFTC(Commercial Futures and Trading Commission).

○ 또 다른 지표인 일본 내 외국은행 지점과 본점 간 계상 자산잔고와 투자
  신탁의 해외운용잔고도 각각 2007년 2월과 2007년 10월 이후 크게 감소
  - 각 시점 대비 2008년 12월 기준으로 각각 13.2조 엔과 15.8조 엔 감소
  - 이는 일본 내 외은지점이 본점에 제공한 엔화 대출 등을 회수하고, 일
    본 투자자는 해외증권투자를 회수하였음을 의미

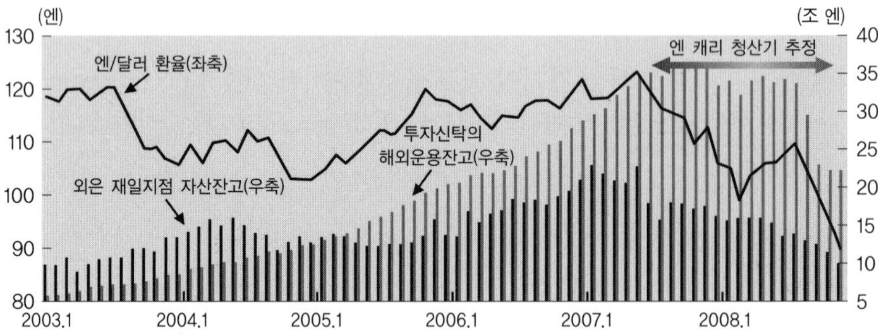

자료 : 일본은행.; 일본투자신탁협회.; 한국은행, ECOS DB.

● 주요국의 급격한 금리 인하, 일본 금융 시스템의 상대적 안정, 대규모 외
환보유고도 엔화 강세에 긍정적인 영향을 미침

○ 미국의 정책금리가 0~0.25%로 인하되어 일본 정책금리인 0.1%에 근접

○ 글로벌 금융위기 상황에서도 아직 일본 금융회사의 연쇄도산 가능성은
미국, 유럽 등에 비해 낮은 상황

○ 2008년 12월 현재 일본의 외환보유고는 1조 306억 달러로 중국(1조
9,460억 달러)에 이어 세계에서 두 번째로 높음

3. 국내 여건이 소폭 개선되었음에도 원화는 왜 더 약세를 보이는가?

● 국내 여건이 2008년 말에 비해서 소폭이나마 개선되었음에도 불구하고
원/달러 환율은 상승 기조를 보임

○ 원/달러 환율은 2008년 말 1,259.5원에서 2009년 2월 12일 이후 1,400원
을 상회해 달러당 140원 이상 상승
• 이에 반해 엔/달러 환율은 같은 기간 90.7엔에서 90엔 선으로 보합세

○ 2009년 들어 외국인의 주식순매수 지속, 국책 및 시중 은행의 자체 외화
조달 성공, 한-미 통화스와프의 만기 연장(2009년 10월 말) 등 국내 여건
은 2008년 말에 비해 다소나마 개선
• 2009년 들어 2월 13일까지 외국인 주식순매수는 1조 2,287억 원을 기록[6]
• 2009년 2월 6일 현재까지 국책 및 시중 은행이 올해 조달한 외화규모는
88.4억 달러로 2008년 4/4분기까지 거의 전무했던 상황에 비해 크게 개선[7]

---

6 2008년 12월에도 외국인은 8,547억 원어치의 주식을 순매수
7 2009년 들어 산업(36억 달러), 수출입(30억 달러), 기업(1.4억 달러), 농협(2.2억 달러), 신한(9.5억 달
러), 하나(3.5억 달러), 우리(2.8억 달러), 국민(2.0억 달러) 등 국책 및 시중 은행은 외자를 조달

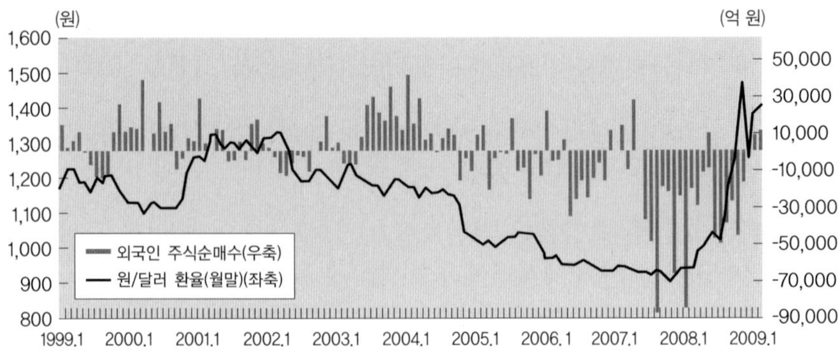

자료 : 한국은행, ECOS DB.

대규모 단기외채 상환 수요, 지표보다 나쁜 무역수지 등에 기인

● 국내 은행의 외화조달 성공에도 불구하고 글로벌 불안에 따른 외화조달 여건의 未개선으로 만기도래하는 외채 상환을 모두 충족시키기에는 역부족

  ○ 2008년 말 기준으로 1년 이하 단기외채는 1,510.6억 달러이고, 유동외채 (단기외채 + 장기외채 중 1년 이내 만기도래분)는 2,294.4억 달러[8]

    • 2009년 1월 말 기준으로 국내 은행의 2009년 만기도래 대내외 외화 차입금은 383억 달러이고, 정부지원분을 포함할 경우 640억 달러에 달함[9]

  ○ 기존의 외화조달도 국책 은행을 제외하고는 단기물이고, 조달 시 가산 금리도 2년 전(1%p)에 비해 6~7%p로 매우 높은 상황이어서 개선되었다고 단정하기 어려운 상황

● 조선업체의 선물환 매도분을 고려할 경우 수출을 통한 달러화 공급(외환 시장 측면)은 수출 및 무역수지 발표 수치보다 더 악화

---

8 한국은행 (2009.2.). "2008년 말 국제투자대조표."
9 기획재정부 (2009.2.27). "국내 은행 외화치입금 현황."

○ 2008년 10월, 12월 흑자를 기록하던 무역수지도 2009년 1월 다시 대규모 적자(33.6억 달러)를 기록

○ 한국 수출의 10% 이상을 차지하는 조선업의 경우 수출통계보다 적은 규모의 달러화가 실제로 외환시장에 공급될 것으로 추정
  • 배를 건조한 후 선주에 인도 시 조선업 수출통계에 잡히나, 이들 건조 대금은 2~3년 전에 이미 선물환매도를 통해 외환시장에 공급했기 때문
  • 이를 고려해 계산할 경우 2009년 실제 외환시장에 공급될 달러화는 수출 전망치인 544억 달러[10]보다 157억 달러 적은 387억 달러로 추정[11]

| 한국 조선의 수주, 건조, 수주잔량, 수출 추이 및 전망 |

(단위: 억 달러)

구분	2004년	2005년	2006년	2007년	2008년	2009년
수주[1]	302	284	486	973	595	320
건조[1]	119	145	184	253	357	-
수주잔량[1]	611	677	977	1,815	2,064	-
조선수출[2]	156	177	221	277	431	544

주 : 1) 2004, 2005년 자료는 지식경제부, 2006~2008년은 한국조선협회 자료를 토대로 삼성경제연구소 추정, 2009년은 삼성경제연구소 자체 전망
  2) 지식경제부 (2009.1.2.). "2008년 수출입 동향 및 2009년 수출입 전망."

◉ 정부 당국이 공급한 외화유동성의 만기도래 등도 환율 불안요인

○ 정부 당국은 3개월, 6개월물 등의 단기물 위주로 외화유동성을 공급하였으므로 2009년 2월 이후 만기도래가 집중
  • 2008년 10월 이후 2009년 1월까지 정부, 한국은행의 외화유동성 집행규모는 지원 예정액 전체(550억 달러)의 70%인 385억 달러, 한-미 통화스와프의 경우 전체(300억 달러)의 55%인 163.5억 달러를 집행

---

10 지식경제부 (2009.1.2.). "2008년 수출입 동향 및 2009년 수출입 전망."
11 2009년 외환시장에 실제 공급될 규모(387억 달러) = 수출액(544억 달러) × (1−0.7(과거 수주 당시 선물환매도 비율)) + 신규 수주 전망액(320억 달러)× 0.7(2009년 선물환매도 비율)

| 정부 당국의 외화유동성 지원 예정 및 집행 규모 |

(단위: 억 달러)

유형		발표 (2008년 하반기)	집행(2008년 10월 ~2009년 1월)	비고
정부 · 한국은행	외화유동성 지원	550	385.0	3, 6개월 내외의 단기 지원
	시중은행 외채지급보증	1,000	0	현재 은행의 신청 無
외국과의 통화스와프	한-미	300	163.5	만료 : 2009년 10월 30일
	한-중	300[1]	0	만료 : 2011년 12월 12일
	한-일	300[2]	0	만료 : 2009년 4월 30일

주 : 1) 위기 시 40억 달러의 위안화, 평상시 260억 달러 상당의 위안화
　　 2) 위기 시 100억 달러, 평상시 200억 달러 상당의 엔화
자료 : 금감원, 기획재정부의 보도자료 등을 참고해 삼성경제연구소가 재작성.

○ 2008년 연말 정부 당국의 과감한 시장 개입으로 원/달러 환율이 대폭 떨어진 점도 환율의 상승요인
- 원/달러 환율이 2008년 12월 23일 1,338원에서 5거래일 만에 1,259.5원으로 급락(달러당 79원 하락)

최근 외환시장 3대 현상의 중장기 지속 가능성은 낮음

◉ 글로벌 달러화 강세, 엔화의 나 홀로 강세, 원화 불안 등 외환시장 3대 현상은 하반기에 중단될 가능성이 높음

ㅇ 이들 3대 현상은 공통적으로 글로벌 금융불안 고조에 기인[12]
- 글로벌 금융불안으로 인한 기축통화 선호(달러화 매수), 위험자산의 축소 과정에서 엔 캐리 트레이드의 급격한 청산(엔화 매수)
- 원화 불안도 글로벌 금융불안에 따른 국내 해외자금의 유출과 외화조달 여건의 악화 등에 주로 기인

| 최근 외환시장 3대 현상의 발생 배경 |

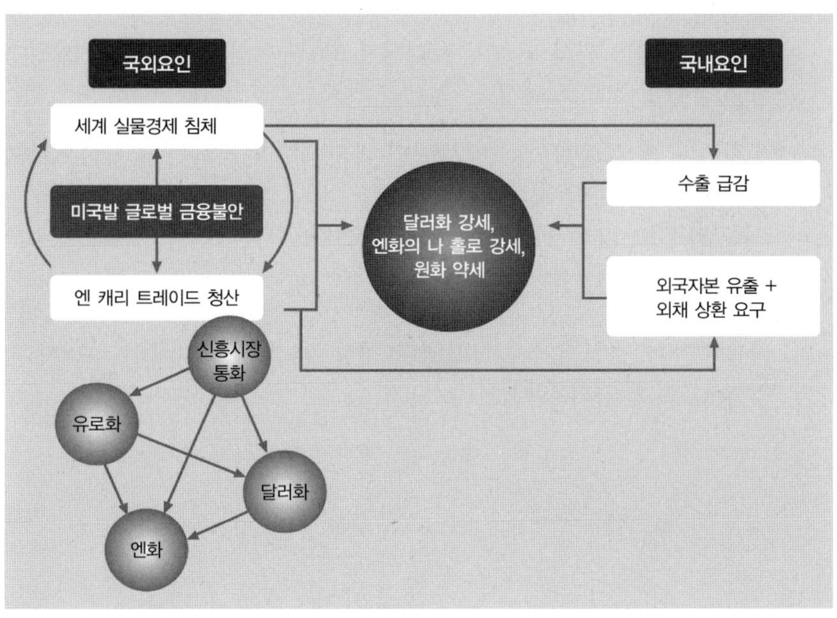

---

12 2005~2007년의 글로벌 과잉유동성 시기에는 위험자산 선호 과정에서 엔 캐리 트레이드의 확대 등 최근과 완전히 상반된 양상(글로벌 달러화 약세, 엔화의 나 홀로 약세, 원화 강세)이 전개

○ 상반기까지는 글로벌 금융불안이 반복될 가능성이 높아 기존 달러화 강세, 엔화의 나 홀로 강세, 원화 불안 현상이 계속될 것으로 예상

- 3월, 4월 외국인 투자자의 해외송금 수요까지 가세해 원/달러 환율이 상승하더라도 2008년 11월과 같이 1,500원대를 상회할 가능성은 낮음[13]

● 하반기 중에 글로벌 달러화 약세, 엔화 약세, 원화 강세 등 최근과 다른 양상이 전개될 가능성이 높음

○ 하반기 들어 각국과 국제사회의 금융시장 안정화 조치, 대규모 경기부양 조치의 효과가 가시화되면서 글로벌 금융불안이 진정

- 달러화는 미국의 펀더멘털(쌍둥이 적자, 초저금리 등)이 반영되면서 전반적으로 약세로 반전
- 엔화도 엔 캐리 트레이드의 청산 중단 또는 재개로 약세를 기록

○ 원화는 외화조달 여건이 개선되며, 기존의 지나친 약세에서 반전될 것으로 전망

- 하반기 중에는 원화 환율이 달러당 1,200원 이하, 100엔당 1,300원 이하로 하락할 것으로 예상

○ 미국발 글로벌 금융불안이 발생했던 과거에도 달러화는 일시적으로 강세를 보인 후 다시 약세로 반전[14]

- 1980년대 말~1990년대 초의 미국 저축대부조합(S&L) 도산, 2000~2001년 미국발 IT버블 붕괴가 대표적인 사례
- 글로벌 금융불안으로 일정 기간 안전자산 선호가 강화되나, 그 이후 금융불안이 진정되거나 펀더멘털(경상·재정수지, 각국의 금리차, 성장률 등)이 반영되기 때문

---

13 북한의 무력도발이 현재화될 경우 원/달러 환율의 추가 상승이 예상되나, 일시에 그칠 가능성이 큼

14 미국 달러화지수와 금융위험지표인 VIX 지표 간의 상관관계계수(2005년 1월~2009년 1월, 일별자료)가 -0.24로 역의 관계를 보였는데, 이 결과는 글로벌 금융불안에도 미 달러화가 장기적으로 강세를 지속하기 어렵거나 도리어 약세로 반전될 수 있음을 시사

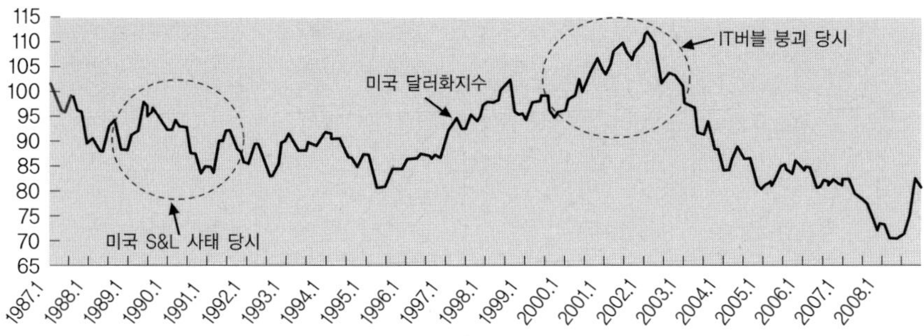

주 : 두 시기 이외인 1995~1998년의 달러화 강세기는 미국경제의 호조세를 바탕으로 '사실상의 역플라자 합의(1995년)',
　　'아시아발 외환위기(1997, 1998년)' 등에 기인

자료 : Moody's, economy.com

최근 상황과 과거 사례(S&L 사태, IT버블 시기) 비교

- 각 시기 모두 미국발 경제 및 금융불안에 따른 안전자산 선호 현상이 나타나며 달러화가 강세를 보임
    - 하지만 과거 두 시기 모두 달러화 강세가 일정 기간 나타난 후 장기적으로는 약세로 반전
- 최근 상황이 과거 두 시기에 비해 미국경제의 펀더멘털이 더 취약해 달러화 강세 기간이 과거 두 시기보다 더 짧아질 가능성이 높음
    - IT버블 시기: 미국의 대폭적인 재정수지 흑자, 유로 지역보다 높은 미국의 금리
    - S&L 사태: 미국의 경상수지 균형
    - 최근 시기: 미국의 대규모 쌍둥이 적자, 초저금리

| 유사점 |

구분	최근 상황 (2008년~현재)	IT버블 시기 (2000~2001년)	S&L 사태 (1989~1991년)
달러화 흐름	달러화 강세 기조	달러화 강세 기조	달러화 강세 후 약세
불안 발생 계기 및 확산	미국 서브프라임 사태 →글로벌 금융불안	IT버블 붕괴 →세계 주가 동반 급락	미국 S&L 도산 →주요국의 금융위기
세계 및 미국 경제	급격한 침체	저성장	세계: 저성장 미국: 침체(1991년)

| 차이점 |

구분	최근 상황 (2008년~현재)	IT버블 시기 (2000~2001년)	S&L 사태 (1989~1991년)
미 쌍둥이 적자	재정: 적자 대폭 확대 경상: 적자 지속	재정 : 흑자 확대 경상 : 적자 확대	재정 : 적자 확대 경상 : 균형
국가 간 금리차	유로 〉 미국	유로 〈 미국 → 유로 〉 미국 (2001년 하반기 이후)	독일 〉 미국
미 달러화 정책	强달러 표명하나, 사실상 弱달러	2001년(부시 행정부) 사실상 弱달러	弱달러(사실상 플라자 합의 기간)

○ 향후 미국 내 금융위기가 장기화되더라도 달러화는 약세를 보일 가능성이 더 높음
  - 금융위기의 장기화는 미국 금융회사의 연쇄도산, 재정적자의 급증 등을 의미하고, 이는 달러화가 더 이상 안전통화로 인식되기 어렵게 함
  - 이로 인해 시장에 의한 '닉슨 쇼크'가 발생할 가능성도 배제할 수 없음[15]

닉슨 쇼크

■ 1971년 8월 미국 닉슨 대통령은 금 부족 사태를 맞아 달러화의 금태환 정지를 선언

  □ 당시 미국의 금 보유고는 110억 달러 수준이었으나 금태환 의무를 지는 대외공적 채무는 300억 달러를 초과해 대외채무를 감당하기 어려운 상황

  - 당시 교환 비율은 금 1온스당 35달러

  □ 이를 알아차린 대규모 투기자본은 달러화의 금태환을 요구하거나 미국을 이탈하여 독일로 옮겨 미국의 금태환 부담을 가중

  □ 닉슨 쇼크는 IMF체제의 핵심인 금본위제도가 정지됨으로써 기존 국제 통화체제의 붕괴가 시작되었음을 알리는 사건

단기적으로는 환율불안에 대비

◉ 정부 당국은 기존 외환유동성 확보 방안을 보완·강화하고, 외평채 추가 발행, 해외교포 자금의 유치 등도 병행

○ 기존 외국 중앙은행과의 통화스와프 규모를 확대하거나 만기를 연장하고, 외환시장 안정을 위해 외평채의 추가 발행을 추진
  • 당장 2009년 4월 30일 만기도래하는 한-일 통화스와프 기한을 연장[16]

○ 은행권의 해외차입 확대를 지원하거나 유도
  • 정부의 외채지급보증 시 경영권 불간섭 등을 표명하는 것도 고려
  • 한은 스와프거래와 한-미 통화스와프 자금의 대출에서 담보 비율(대출금의 110%) 인하 등 해외차입 실적이 많은 금융기관에 인센티브를 제공

○ 정부 투자기관 또는 국내 금융사의 불요불급한 해외자산 매각을 유도
  • 이는 외환유동성 확보와 함께 각 기관의 자구노력 차원에서도 필요

○ 국내 송금, 투자 절차 간소화 등을 통해 세계 680만 명의 해외교포 자금을 국내 유치할 수 있도록 적극적으로 유도
  • 정부가 고려하고 있는 '해외교포 전용 펀드'를 조기에 가시화

◉ 금융보호주의 폐해를 알리는 등 국제사회의 공조체제를 구축

○ 미국 등 주요국이 각국의 금융사에 공적자금 투입 시 각국 정부는 해당 금융사의 대출을 자국에 제한하는 가이드라인을 제시하고 있는 상황
  → 이로 인해 글로벌 유동성이 축소되고, 글로벌 금융위기가 더 악화

○ 유럽, 신흥 시장 등 금융보호주의로 인해 피해를 입는 국가 간의 공조를 강화하고 G-20 등의 국제회의에 개선 방안을 제안
  • IMF 등 국제기구 외에 각 지역의 금융안정을 위해 지역별 금융안정기금을 창설하거나 확대

---

15 당시 달러화는 단기적(1971년 7월~1973년 7월)으로 엔화 대비 26.3%, 마르크화 대비 32.0% 가치가 하락하였고, 장기적(1971년 7월~1978년 10월)으로는 각각 50.7%, 49.7% 가치 하락

16 이 보고서가 발표된 후인 2009년 3월 31일, 한국과 일본은 한-일 통화스와프 계약만료일을 2009년 4월 30일에서 2009년 10월 30일로 6개월 연장

중장기적으로는 달러화 약세, 세계경제 불균형 조정에 대비

◉ 强달러 기조에서 弱달러 기조로의 변화 과정에서 파생될 수 있는 국제 금융시장의 변화에 대해서도 대비

○ 달러화 약세로 국제 자본흐름의 재편 과정에서 국제 금융시장이 다시 혼란에 빠질 수 있음
  • 미국 국채의 매도로 인해 미국채 금리가 급등하고, 이어 글로벌 금리 동반 상승이 초래될 가능성이 존재

○ 엔 캐리 트레이드 재개에 따른 글로벌 유동성 공급 확대, 엔화의 나 홀로 약세가 재발할 가능성도 상존

◉ 향후 중장기적으로 세계경제의 불균형 조정은 불가피할 것으로 예상[17]

○ 미국발 금융불안 발생은 세계경제의 불균형이 장기적으로 지속될 수 없음을 시사
  • 서브프라임 사태 이후 미국의 과도한 소비가 조정 국면에 진입한 것으로 판단

○ 이 과정에서 수출 주도형 국가가 타격을 받을 것으로 예상되고, 국가 간의 환율 갈등 가능성도 높아질 전망
  • 1985년 플라자 합의 이후 미국은 중국, 대만, 한국을 환율 조작국으로 지정해 해당국 통화의 강세와 시장 개방을 유도한 사례가 있음

---

17 과거 세계경제의 불균형은 두 가지 방향으로 조정이 전개되었는데, 하나는 1971년의 '닉슨 쇼크'로 시장에 의한 달러화 가치 급락이고, 다른 하나는 1985년 '플라자 합의'임. 플라자 합의의 골자는 국제사회의 공조를 통해 弱달러를 유도하고, 미국 이외의 국가는 내수경기 부양을 통해 미국의 내수 부진을 대체한다는 것임

주요국의 금융기관 국유화 동향과 전망

06

Issue Paper

≫≫≫ 2009. 3. 20. (2009. 4. 24. 업데이트)

박현수, 이종규, 김화년

Summary

금융위기와 경기침체의 영향으로 미국, 유럽 등 주요국의 대형 은행들이 대규모 손실을 기록하면서 금융위기 재발 우려가 커지고 있다. 대형 금융기관의 파산위험 증가에 대응하여 영국 등 유럽 국가에서는 RBS, 로이드, 코메르츠 등의 대형 은행이 이미 국유화되었고, 미국도 패니메이, 프레디맥에 이어 씨티은행의 부분 국유화를 단행했다. 금융 정상화를 위해 부실 금융기관 대책이 필요하지만, 시스템리스크 우려와 금융권의 건전성 악화로 파산이나 제3자 인수는 선택하기 어렵기 때문이다.

국유화는 부실 금융기관 대책의 마지막 수단으로서 국유화에 대한 반감이 적은 유럽에 비해 시장주의 전통이 강한 미국에서는 찬반논란이 계속되고 있다. 찬성론자는 금융 시스템 안정을 위해 일시적 국유화가 불가피하다는 점을 강조한다. 반면, 반대론자는 정부가 금융기관을 경영할 능력이 부족하다는 점을 주된 논거로 들고 있다. 하지만 이런 논란에도 불구하고 2009년 2/4~3/4분기 중에 일부 대형 금융기관에 대한 국유화가 추가로 이루어질 가능성이 높다. 미국의 대형 상업은행들 가운데 유형보통주자본(TCE) 비율이 3%에 미달하는 경우가 다수 있고, 주택시장 침체 등으로 향후 금융권의 손실이 더 확대될 것으로 보이기 때문이다. 특히 대형 상업은행의 자본확충 필요성을 판단하기 위해 진행하고 있는 스트레스 테스트(Stress Test)가 완료될 시점인 5월 초 이후에 국유화가 본격화될 가능성이 높다. 하지만 미국의 국유화에 대한 정서와 정부의 태도를 감안하면 완전 국유화보다는 부분 국유화에 그칠 것으로 보인다. 대신에 은행에 대한 규제와 감독은 더욱 강화될 것이다.

　대형 금융기관 국유화는 금융시장의 시스템리스크 완화에는 기여할 것이다. 지금은 금융기관 부실 증가에 대한 우려로 금융시장의 불안이 고조되고 있는 상황인데, 국유화로 파산위험이 제거된다면 금융시장 붕괴에 대한 불안은 현저히 낮아질 것이기 때문이다. 또한 국유화는 금융기관의 디레버리징 압력을 완화하여 금융 부실 증가와 실물경제 침체의 악순환 고리를 차단하는 계기가 될 수도 있다. 하지만 신용경색 해소에 대한 효과는 미지수이다. 시스템리스크 제거는 신용경색 해소를 위한 필요조건에 불과하고, 기업 및 가계의 신용위험 하락이 금융기관의 대출태도에 보다 직접적인 영향을 미칠 것이기 때문이다. 단기적으로는 국유화 압력을 회피하기 위해 금융기관이 건전성 제고에 노력을 기울이는 동안 신용경색이 심화될 가능성도 배제할 수 없다. 따라서 국유화 정책이 성공하려면 주택시장 안정대책 및 경기부양책 등 실물경제 정책과의 효과적 연계가 긴요하다.

⬛I 주요국의 금융기관 국유화 동향

경기침체 심화로 금융불안이 재연되는 조짐

◉ 미국, 유럽 등 주요 경제권의 경기가 예상보다 빠르게 급락하면서 2008년 4/4분기에는 큰 폭의 마이너스 성장률을 기록

  ○ 미국의 경제성장률은 2008년 3/4분기 -0.5%에 이어 4/4분기에는 -6.3%로 급락(전기 대비 연율 기준)
    • 1982년 1/4분기(-6.4%) 이후 가장 낮은 성장률

  ○ 유로 지역도 2008년 2/4분기 이후 3분기 연속 마이너스 성장을 지속하여 4/4분기에는 -6.3%로 성장률이 하락
    • 영국의 성장률은 2008년 2/4분기 -0.1% → 3/4분기 -2.8% → 4/4분기 -6.1%로 하락폭이 계속 확대

  ○ 금융위기의 영향에서 비교적 안전한 것으로 여겨졌던 일본은 2008년 4/4분기에 -12.1%의 성장률을 기록하여 선진 경제권 가운데 가장 저조

| 주요 경제권의 경제성장률 추이 |

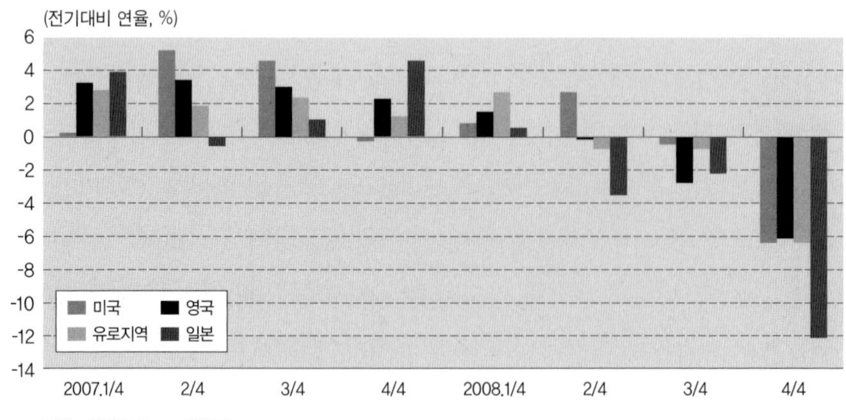

자료 : OECD, SourceOECD.

◉ 금융위기의 진앙지인 주택시장은 침체를 지속하고 있으며, 앞으로도 주택가격의 추가 하락이 예상되는 상황

  ○ 2008년 12월 현재 미국의 10대 도시 주택가격은 2006년 6월의 최고점 대비 28.3% 하락(S&P/케이스 실러 지수 기준)

  ○ 주택의 수급 불균형으로 2009년 중에도 주택가격 하락세가 지속될 전망
    • 주택건설 감소에도 불구하고 압류처분 증가 등으로 공실주택 수는 장기 추세를 크게 이탈하여 증가한 반면, 가계의 소득 감소와 부채조정, 주택가격 추가하락 기대 등으로 구매수요는 극히 저조

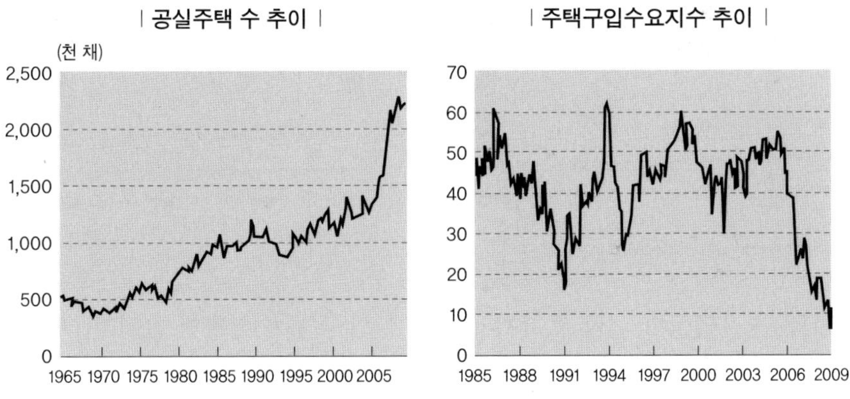

자료 : Bureau of Census, National Association of Home Builders.

  ○ 영국 주택가격도 2007년 4/4분기부터 하락하기 시작하여 하락폭이 확대되고 있는 상황

| 영국의 분기별 주택가격 상승률 추이 |

(단위: 전기 대비, %)

2007년				2008년			
1/4	2/4	3/4	4/4	1/4	2/4	3/4	4/4
2.9	2.5	1.1	-1.2	-1.4	-5.1	-5.6	-5.2

자료 : HBOS, Halifax House Price Index.

◉ 모기지 관련 자산의 부실과 경기침체로 미국 대형 상업은행 등 금융기관의 손실이 급증하면서 금융위기 재연에 대한 우려가 고조

○ 씨티그룹이 2007년 4/4분기부터 2008년 4/4분기까지 5분기 연속 적자를 기록하고 BoA(Bank of America)도 2008년 4/4분기 실적이 적자로 반전[1]
   • 흑자를 유지하고 있는 JP모건체이스도 이익규모가 크게 감소

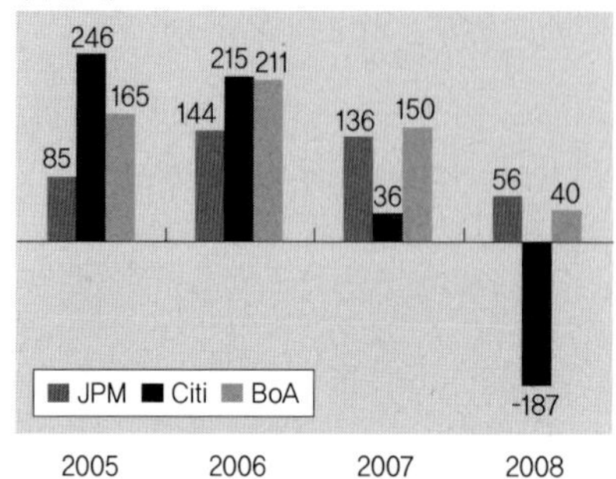

| 대형 상업은행 연간 순이익 추이 |

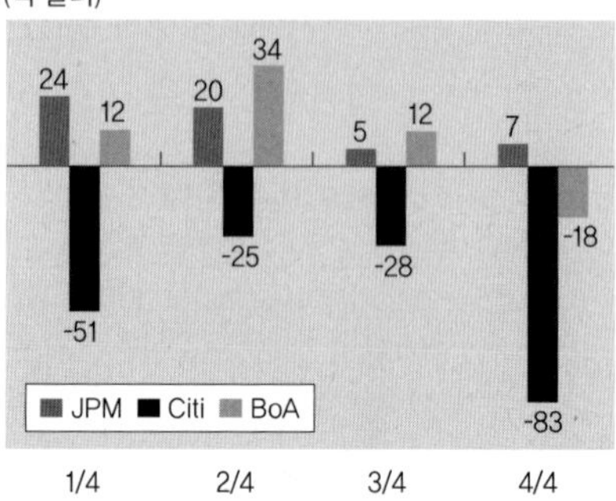

| 2008년 중 대형 상업은행 순이익 추이 |

자료 : National Information Center.; 각사 자료.

○ 유럽 은행들도 미국 모기지 관련 채권의 투자 손실뿐만 아니라, 자국의 경기침체 등에 따른 손실이 증가하면서 대규모 적자를 기록
   • 영국의 RBS(Royal Bank of Scotland)와 로이드(Lloyds)는 2008년 각각 280억 파운드 및 750억 파운드의 손실을 기록했으며, 양 은행의 부채규모는 각각 1조 2,000억 파운드(GDP의 82.9%), 3,131억 파운드(GDP의 21.7%)에 달할 정도로 경영이 악화
   • S&P는 RBS와 로이드의 장기신용등급을 AA-에서 A+로 강등(2009년 3월 7일)

◉ 실적이 악화된 대형 상업은행의 주가가 급락하고 부도위험도 크게 상승

○ 2009년 3월 4일 현재 주가는 씨티그룹 1.13달러, BoA 3.59달러로 2007년 초의 3.8%, 8.7%에 불과

---

1 2009년 1/4분기에 호전된 실적을 발표했으나, 회계기준 변경 등의 영향으로 인한 것이며 잠재부실에 대한 우려는 여전

- CDS 프리미엄은 2008년 9~11월 금융위기 수준을 상회

| 미국 대형 상업은행 주가 |

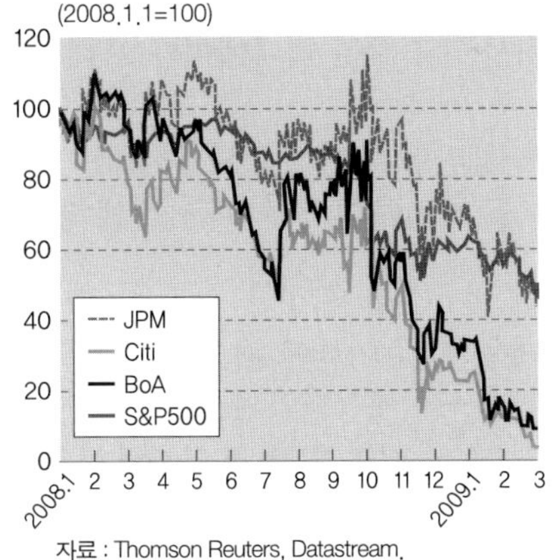

| 미국 대형 상업은행 CDS 프리미엄 |

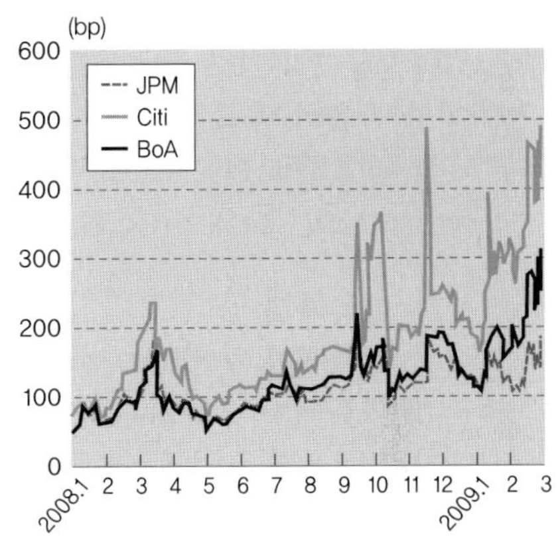

자료 : Thomson Reuters, Datastream.

○ 대규모 손실을 기록하고 있는 유럽 은행들도 주가가 폭락하고 CDS 프리
   미엄이 상승하는 등 미국 대형 상업은행과 유사
   - RBS, 로이드, 코메르츠(Commerzbank)의 주가는 2008년 초에 비해 각
     각 94.4%, 89.2%, 90.2% 하락

| 유럽 대형 상업은행 주가 |

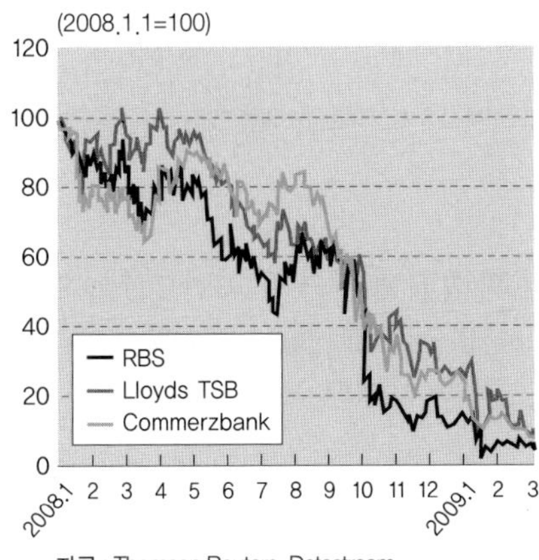

| 유럽 대형 상업은행 CDS 프리미엄 |

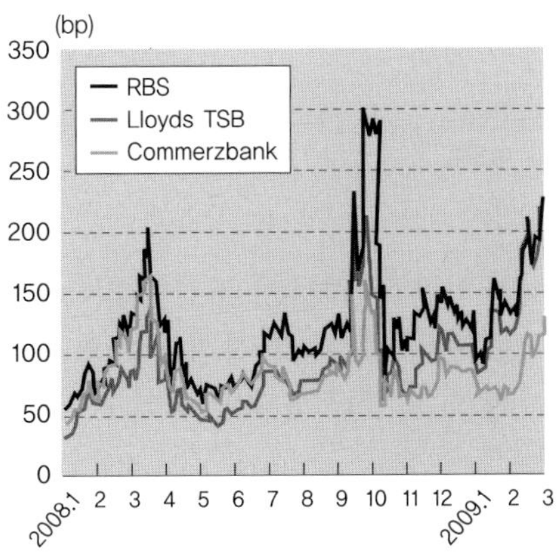

자료 : Thomson Reuters, Datastream.

미국은 사실상 주요 금융기관의 국유화 단계에 진입

◉ 미국 정부는 2008년 9월에 이미 패니메이(Fannie Mae)와 프레디맥(Freddie Mac)에 대한 국유화 조치를 단행한 바 있음

○ 2008년 9월 7일 양대 국책 모기지 회사(GSEs[2])인 패니메이와 프레디맥에 대한 국유화 방침을 발표
  • 사상 최대 규모인 2,000억 달러의 구제금융과 함께 연방주택금융지원국(FHFA)이 '관재인(Conservator)'을 파견하여 두 회사를 직접 경영

○ 정부가 신속하게 양대 모기지 회사의 국유화를 결정한 것은 두 회사가 모기지 시장에서 차지하는 비중이 매우 커서 이들이 파산할 경우 모기지 시장의 붕괴와 금융기관의 연쇄적 파산이 예상되었기 때문
  • 모기지 대출과 MBS 등 투자자산 1.4조 달러와 함께 부외자산인 모기지 채무 보증이 3.6조 달러에 달함
  • GSEs의 모기지대출채권 보유 비중이 2006년 37.4%에서 2007년 4/4분기에는 75.6%로 크게 상승

| 패니메이와 프레디맥의 보증 및 보유 채권(2008년 3월 현재) |

(단위: 백만 달러)

	패니메이	프레디맥	합계
모기지 대출	410,935	86,461	497,396
투자자산(MBS 등)	339,801	601,123	939,924
MBS 보증(부외자산)	2,206,243	1,437,227	3,643,470
합계	2,955,979	2,124,811	5,080,790

자료 : Goldman Sachs (김종만, 이인우 (2008.7.16.). "패니메이, 프레디맥 부실 파급 대응책과 영향 점검." 국제금융센터에서 재인용).

○ 하지만 두 회사의 부실이 지속적으로 확대됨에 따라 2009년 2월 18일 발표된 주택시장안정계획(Homeowner Affordability and Stability Plan)에서는 양 기관에 대한 우선주 매입한도를 총 4,000억 달러로 증액

---

2 Government Sponsored Enterprises(공적 금융기관). 일반적으로 GSEs라고 하면 GSEs 총 자산의 약 62%를 차지하는 패니메이와 프레디맥을 지칭

◉ 한편, 우선주 매입 방식으로 금융권에 총 3,000억 달러 이상을 투입

○ 7,000억 달러의 구제금융자금을 사용하여 2008년 10월 28일 8개 대형은
행의 우선주 1,150억 달러를 매입한 것을 시작으로 2009년 3월 5일까지
총 2,770억 달러 규모의 금융기관 우선주를 매입
  • 씨티그룹, BoA 등에 대해서는 1차 구제금융 이후 추가로 우선주를 매
    입하여 자본을 확충

○ 그 밖에도 7,000억 달러 구제금융자금을 사용하여 AIG, 자동차 업체 등
에 자금을 지원

| 미국의 주요 금융기관에 대한 구제금융 내역 |

금융기관	시기	내용	금액	비고
패니메이 프레디맥	2008년 9월	우선주 매입	2,000억 달러	국유화
	2009년 2월	우선주 매입 한도 증액	4,000억 달러	한도 증액
씨티은행	2008년 10월	우선주 매입	250억 달러	자본확충 총 450억 달러
	2008년 11월	우선주 매입 지급보증	200억 달러 3,060억 달러	
BoA	2008년 10월	우선주 매입 우선주 매입(메릴린치)	150억 달러 100억 달러	자본확충 총 450억 달러
	2009년 1월	우선주 매입 지급보증	200억 달러 1,180억 달러	
AIG	2008년 9월	구제금융자금 제공	600억 달러	총 1,825억 달러
	2008년 11월	우선주 매입 MBS 및 CDO 매입	400억 달러 525억 달러	
	2009년 3월	우선주 매입	300억 달러	

자료 : FRB.; U.S. Department of the Treasury.

◉ 2009년 2월 27일 씨티그룹에 대한 정부 보유 우선주를 보통주로 전환하
기로 하여 사실상 국유화에 합의

○ 부실자산구제프로그램(TARP)의 자금으로 공급받은 450억 달러 중 250억
달러 규모의 우선주를 보통주로 전환하여 정부 지분이 36%로 확대

- 우선주의 보통주 전환으로 유형보통주자본(TCE)[3] 비율이 2.8%로 상승
- 나머지 200억 달러 우선주는 연 8%의 현금배당이 지급되는 선순위 우선주(Senior Preferred Stock)로 전환

○ 우선주의 보통주 전환은 정부 주도의 구조조정을 촉진하고 은행은 현금을 확보할 수 있다는 것이 이점
- 정부가 보유한 지분이 보통주로 전환되면 정부의 주주권 행사가 가능
- 은행은 우선주에 대해 배당을 지급하지 않아도 되므로 유동성 유출이 감소하고 정부로부터의 추가 자금 확보에도 유리

● 씨티그룹의 부분 국유화 이후 구제금융을 받은 은행과 대표 보험사인 AIG에 대한 국유화 가능성이 커진 상황

○ BoA를 포함해 구제금융을 받은 대형 은행의 일부가 국유화될 가능성

○ 미국 정부는 AIG가 발행할 우선주를 추가 인수하기로 했으며, 향후 씨티그룹과 마찬가지로 국유화의 수순을 밟을 가능성이 높음
- AIG는 대규모 자산상각 등으로 2008년 4/4분기에만 617억 달러에 이르는 기록적 손실을 입은 것으로 발표했으며, 추가로 300억 달러 규모의 우선주를 정부가 인수[4]

● 스트레스 테스트[5]가 대형 은행들에 대한 정책방향 전환의 계기가 될 전망

○ 금융안정계획에 따라 자산규모 1,000억 달러 이상의 대형 은행에 대한 스트레스 테스트 결과를 2009년 5월 4일 발표할 계획

○ 향후 2년간의 경제환경 시나리오를 바탕으로 발생할 수 있는 잠재적 손실을 추산하고, 손실을 흡수할 수 있는 자본력을 평가
- 대출, 증권투자는 물론 부외거래에 의한 우발적 채무손실까지 포함

---

3 Tangible Common Equity. 청산 시 잔여재산에 대한 최하위 청구권자인 보통주주가 받을 수 있는 가치로써 자기자본에서 무형자산과 우선주 자본을 차감한 금액. 유형보통주자본 = 자기자본 – 우선주 – 무형자산. 유형보통주자본비율 = 유형보통주자본 ÷ 유형자산(= 총 자산 – 무형자산)

4 버냉키 미 FRB 의장은 이러한 실적 악화에 대해 비판하였으며(AIG's Fourth Rescue May Not Put End to Taxpayer Help. (2009.3.4.). Bloomberg.), 상품투자의 귀재인 짐 로저스는 AIG를 파산시키는 것이 낫다고 언급(Jim Rogers: Let AIG Go Bankrupt, Not America. (2009.3.3.). CNBC.com)

5 스트레스 테스트(Stress Test)는 경제여건이 악화될 경우 은행의 생존 가능성을 평가

| 스트레스 테스트 시나리오 |

(단위: %)

	기본 시나리오		악화 시나리오	
	2009년	2010년	2009년	2010년
실질GDP성장률	-2.0	2.1	-3.3	0.5
실업률	8.4	8.8	8.9	10.3
주택가격 상승률	-14	-4	-22	-7

자료 : FDIC (2009.2.25.), FAQs - Supervisory Capital Assessment Program.

○ 스트레스 테스트 결과 자본확충이 필요하다고 판단되는 은행은 우선 자본지원프로그램(Capital Assistance Program)에 따라 정부와 우선주 발행 약정을 맺고, 최대 6개월 이내에 민간자본을 조달
  • 민간자본 조달에 성공할 경우 우선주 발행 약정은 취소 가능
  • 우선주는 필요할 경우 보통주로 전환 가능

○ 스트레스 테스트 결과에 따라 대형 은행의 국유화가 본격화될 가능성
  • 현재의 경제상황을 고려할 때 미국 금융사들이 충분한 규모의 민간자본 유치에 성공할 가능성은 낮기 때문에 공적자금의 추가 투입 및 국유화되는 금융기관이 증가할 전망

유럽 주요국에서도 금융기관 국유화가 이미 진행 중

◉ 유럽 각국 정부는 금융위기를 극복하기 위해 은행 국유화를 적극 활용

○ 유럽은 미국과 달리 전통적으로 정부의 역할을 강조하는 사회주의 시장경제가 보편화되어 있어 국유화에 대한 거부감이 크지 않은 편
  • 금융기관을 정상화한 후 경쟁 입찰 등을 통해 다시 민영화하는 방안에 대한 폭넓은 공감대가 형성

○ 각국 정부는 글로벌 금융위기와 함께 이미 2008년부터 부분 국유화를 추진해왔으며, 최근 일부 은행에 대해서는 완전 국유화까지 단행
  • 현재 영국과 독일이 가장 적극적으로 국유화를 추진

◉ 주요 은행들이 부실화되자 영국 정부는 가장 신속하게 부분 국유화를 추진했으며, 현재까지 4개의 금융기관을 사실상 국유화

○ 글로벌 금융불안이 본격화되기 전부터 서브프라임 모기지 여파와 부동산 가격 하락으로 부실화된 금융기관들에 대해 영국 정부는 유동성 지원과 함께 국유화를 단행
- 2008년 2월 노던록에 550억 파운드의 공적자금을 투입한 데 이어 9월에는 모기지업체인 B&B의 모기지 금융과 대출자산을 정부가 인수

○ 2008년 10월 영국 정부는 3개 은행에 대해 부분 국유화를 추진했으나 실적이 악화됨에 따라 국유화를 더욱 강화할 계획
- 총 370억 파운드의 구제금융을 투입 : RBS 200억 파운드, HBOS 115억 파운드, 로이드 TSB 55억 파운드
- 그럼에도 불구하고 2008년 RBS는 280억 파운드, 로이드는 750억 파운드의 손실을 기록했으며, 부채 규모는 RBS 1조 2,000억 파운드(GDP의 82.9%), 로이드 3,131억 파운드(GDP의 21.7%)
- 정부는 RBS에 3,255억 파운드 규모의 자산지급보증을 합의하면서 정부지분율을 70%에서 90%까지 확대했고, 로이드에 대한 출자도 확대하여 지분율이 43%에서 75%로 상승

◉ 독일도 2차 대전 이후 최초로 민간은행 국유화를 위한 법안을 승인하는 등 금융위기 진화를 위해 국유화에 적극적으로 나설 방침

○ 2009년 1월 코메르츠은행을 사실상 부분 국유화
- 독일 정부가 코메르츠은행의 주식 25%에 1주를 더한 지분을 인수
- 최근 메르켈 총리는 "특별한 위기는 특별한 해결책을 요구한다"면서 보다 적극적인 국유화 조치를 취하겠다고 천명

○ 프랑스를 비롯한 다른 유럽 국가들도 금융기관에 대한 국유화 조치를 강화하거나 확대할 계획
- 2008년 말, 사르코지 정부는 3,600억 유로 규모의 대대적인 구제금융안을 공개
- 2009년 2월 방크포퓔레르와 케스데파르뉴 은행은 공식 합병을 선언했으며, 프랑스 정부는 50억 유로를 투입해 합병은행의 우선주 지분 20%를 인수

| 유럽의 은행 국유화 현황 |

국가	은행명	국유화 시기	부실 내용	국유화 내용
영국	노던록	2008년 2월	• 서브프라임 모기지 부실 여파	• 550억 파운드 공적자금 투입
	B&B (모기지업체)	2008년 9월	• 부동산가격 하락으로 유동성 부족에 직면	• 500억 파운드 모기지금융과 대출자산 정부 인수 • 일부 자산(6억 파운드)을 스페인 방코 산탄데르에 매각
	HBOS	2009년 1월	• 리먼브러더스에 투자	• 정부 주도하에 로이드에 합병 (정부 지분은 43%)
	RBS	2009년 2월	• ABN Amro 인수, 서브프라임 투자 손실 • 2008년 280억 파운드 손실기록	• 정부 지분을 70%에서 90%까지 확대, 3,250억 파운드 자산보증
	로이드	2009년 3월	• HBOS 인수로 부실 증가 • 2008년 750억 파운드 손실기록	• 정부 지분을 43%에서 75%까지 확대, 자산보호제도를 통해 위험자산 2,500억 파운드를 보증
독일	코메르츠 은행	2009년 1월	• 2008년 4/4분기 8억 900만 유로 손실	• 정부 100억 유로 투입, 지분 25%+1주 확보(부분 국유화)
	HRE	국유화 예정	• 서브프라임 모기지 부실 여파	• 정부 지분을 90% 이상 인수, • 2009년 2월까지 총 1,020억 유로 투입
프랑스	케스데파르뉴-방크포퓔레르	2009년 2월	• 미 서브프라임모기지 여파 손실 기록으로 합병 결정	• 구제금융 50억 유로 투입, 합병은행 우선주 20% 인수
스웨덴[6]	카네기 은행	2008년 11월	• 2008년 3/4분기 3억 6,200만 스웨덴코로나 손실	• 투자은행업 허가 취소, 국유화 단행
오스트리아	코뮤날 크레디트	2008년 11월	• 동유럽 대출 부실화	• 대출자산 등을 인수, 지분 99.78%를 1유로에 매입
벨기에-네덜란드 합작	포르티스	2008년 9월	• 2007년 ABN Amro 240억 유로에 인수	• 2008년 9월 벨기에, 네덜란드, 룩셈부르크 164억 유로 투입 • 2009년 10월 네덜란드 사업부문 국유화 • 2009년 2월[7] 계획에 차질
덴마크	로스킬데	2008년 7월	• 부동산 대출 부실화	• 구제금융 1억 5,700만 달러 투입
아일랜드	Anglo Irish Bank	2009년 1월	• 8,700만 유로 불법대출 스캔들 등, 은행자금 악화	

자료 : 각종 보도자료 종합.

---

6 2009년 연말까지 6개 자국 은행에 105억 유로 투입 예정

7 포르티스 주주들이 BNP파리바 매각 제안을 거절, 네덜란드와 벨기에 내 사업 부문을 각 정부에 매각하는 안건도 부결

Ⅱ 국유화의 필요성과 향후 전망

1. 부실 금융기관 대책의 필요성

금융시장 안정대책의 효과가 아직 미흡

◉ 금융위기 이후 주요국은 금융시장 안정을 위해 가용한 거의 모든 수단을 동원하여 적극적으로 대처

- 미국의 정책금리는 이미 제로금리로 진입했고, 유럽중앙은행과 영란은행(BoE)도 2009년 3월 5일 각각 정책금리를 0.5%p씩 인하한 데 이어 유럽중앙은행은 4월 2일 0.25%p를 추가로 인하
  - 이로써 양 기관의 정책금리는 사상 최저 수준인 1.25%와 0.5%로 하락

- BoE는 최대 1,500억 파운드 규모의 국채와 회사채 매입 방침을 밝혀 유럽 중앙은행 가운데 처음으로 양적 완화 정책을 시행

◉ 적극적인 금융시장 안정대책에도 불구하고 은행의 신용공급 경색현상이 지속되면서 실물경제를 압박

- 미국 상업은행의 총 자산은 FRB의 적극적인 유동성 공급 정책에 힘입어 2009년 1월 12.2조 달러로 2008년 1월에 비해 11.4% 증가

- 하지만 총 자산 가운데 상업은행의 신용공급 결과인 대출 및 리스 자산은 같은 기간에 3.1% 증가하는 데 그침
  - 이는 은행의 신용위험 기피 현상에 따른 것으로, 금융위기 이후 은행은 지속적으로 대출기준을 강화

- 반면, 현금자산은 2008년 1월 3,006억 달러에서 2009년 1월에는 9,762억 달러로 무려 224.8%가 증가

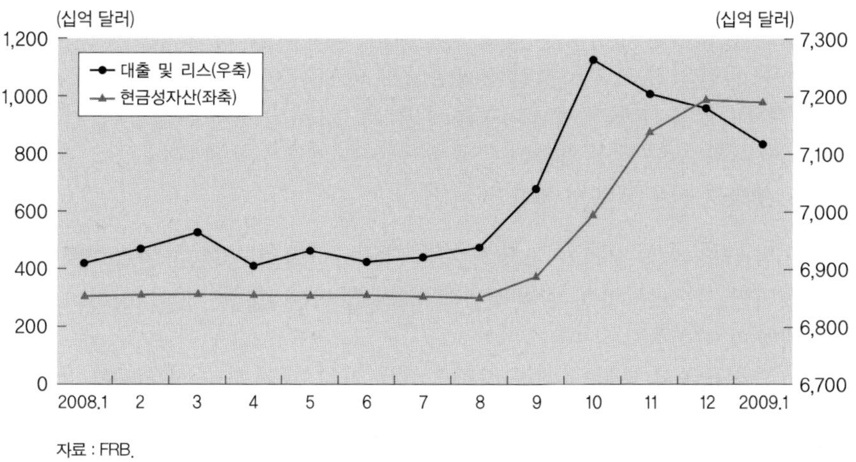

부실 금융기관 정리는 금융시장 안정을 위한 선결요건

◉ 부실 금융기관이 정리되지 않는 상황에서는 금융 시스템 전체가 붕괴될
   수 있는 시스템리스크가 고조

 ○ 부실 금융기관은 '신뢰의 위기'를 조장하는 악순환 고리를 형성
  • 파산위험이 높은 부실 금융기관은 자산손실과 수신자금 이탈 등으로
    자금중개 기능을 마비시키고 이는 신용경색 현상을 심화시켜 금융위
    기를 실물 부문으로 확산시키는 역할

 ○ 특히 금융 시스템의 근간이라고 할 수 있는 대형 상업은행의 부실화는
   금융 시스템의 붕괴와 공황을 초래할 우려
  • 대형 상업은행의 건전성 우려가 확산되어 '뱅크런(Bankrun)'이 발생
    할 경우 불신이 금융 시스템 전반으로 확산되며 금융시장이 마비
  • 1930년대 대공황 시기에도 정부의 미숙한 대응으로 예금인출사태와
    대규모 은행파산 등 은행위기가 반복적으로 발생하여 불황이 장기화

◉ 부실 금융기관 정리는 신용시장 정상화를 위한 필요조건

○ 부실 금융기관이 유동성 확보 등을 위해 대출금을 회수하는 상황에서는 우량 금융기관도 적극적인 신용공급에 나서기 어려움
  • 부실 금융기관의 자금회수는 기업 및 가계의 신용위험을 높일 뿐만 아니라 우량 금융기관이 공급한 신용을 재흡수함에 따라 금융 시스템 전체의 신용경색을 심화

○ 부실 금융기관 정리가 자동적으로 신용시장의 정상화로 연결되지는 않겠지만, 최소한 부실 금융기관의 정리 없이는 신용시장의 정상화를 기대하기 어려움
  • 신용공급 정상화를 위한 충분조건은 기업 및 가계의 신용위험 완화

| 주요 기관의 미국 금융 부문 손실규모 추정치[8] |

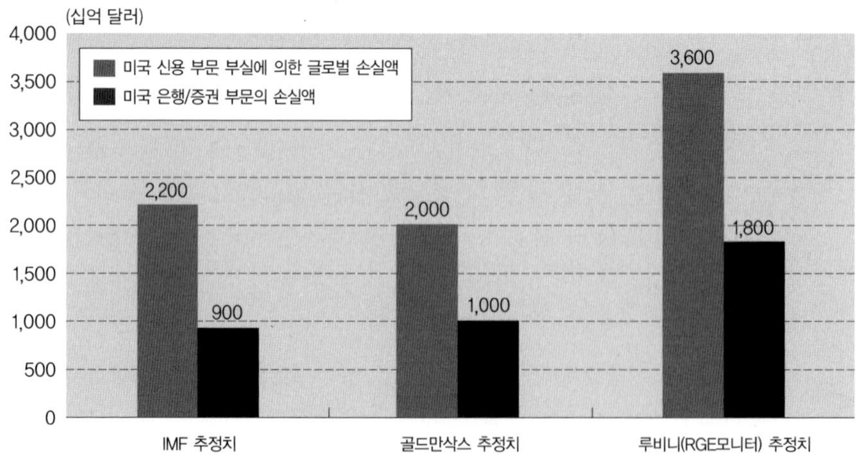

자료 : Elliott, Douglas J. (2009. 2. 26.). Bank Nationalization: What is it? Should we do it? (Initiative on Business and Public Policy). Brookings Institution.

---

8 IMF는 최근 2007~2010년 중 전 세계 금융권의 상각규모가 4.1조 달러에 달하고 이 중 미국 금융권의 손실은 2.7조 달러, 미국 은행의 손실은 1.6조 달러에 이를 것으로 전망치를 수정(IMF (2009.4.). Global Financial Stability Report.)

2. 부실 금융기관 대책의 대안과 장단점

◉ 부실 금융기관 대책은 시장에 미치는 충격과 지원을 통한 부실 금융기관의 회생 가능성을 복합적으로 고려하여 선택

○ 부실 금융기관의 규모가 상대적으로 작아서 시장에 미치는 충격이 심각하지 않다고 판단되는 경우 정부의 지원은 제한적
  • 자체적인 배드뱅크(Bad Bank) 설립을 통해 부실자산을 정리하거나 시장에서의 M&A 등을 시도
  • 자구노력 실패로 청산될 경우 예금보험기구를 통해 부보예금을 지급

○ 부실 금융기관의 파산이 시스템리스크를 야기할 위험이 높은 경우에는 정부가 적극적으로 개입하여 파산을 방지
  • 부실자산 매입, 자기자본 확충 또는 국유화 등의 방법을 사용
  • 특히 현재의 금융위기와 같은 상황에서 부실자산 매매나 M&A 시장이 정상적으로 작동하지 않을 경우 정부 개입이 불가피

○ 부실 금융기관 대책에는 크게 ① 부실자산 매각, ② 청산, ③ 제3자 인수, ④ 국유화 등의 정부지원 등이 있음

◉ 민간은행의 경영권을 정부가 갖는 국유화는 부실 금융기관 구제금융의 최종 수단

○ 대형 은행이 부실화되었어도 국유화는 즉시 선택하기 어려운 대안
  • 민간기업의 경영실패를 정부가 책임질 필요가 없고, 정부가 신용공급 기능을 효율적으로 수행할 수 없다는 것이 일반적인 인식

○ 하지만 시스템리스크를 야기할 수 있는 대형 금융기관의 부실이 심각하여 자구노력이나 정부의 부실자산 매입 등에도 불구하고 파산위험이 높을 때 마지막 수단으로 국유화가 가능
  • 금융 시스템 붕괴로 발생하는 비용이 국유화 비용보다 크다고 판단
  • 민간은행의 파산위험을 정부의 파산위험으로 대체

부실 금융기관 대책의 종류

① 부실자산 매각

- 부실자산을 매각하여 자산건전성을 회복하는 방법
  - 금융기관 자체적으로 또는 정부지원으로 별도의 배드뱅크를 설립하기도 함
  - 부실자산 매각에 따른 손실로 인해 자본확충이 병행되는 경우가 많음
- 장점 : 부실자산 손실로 인한 불확실성을 차단할 수 있음
- 단점 : 부실자산 가격 산정이 어려워 부실정리가 지연될 수 있음

② 청산

- 부실 금융기관을 폐쇄하고 부보예금은 예금보험기구가 지급하거나 다른 금융기관으로 이전하는 방식
- 장점 : 인위적인 구제 없이 시장 기능에 따라 정리되므로 가장 시장 친화적인 방법으로 금융산업 구조조정이 가능
- 단점 : 시장심리 악화 시 리스크가 금융 시스템 전반의 불안으로 확산될 우려
  - 따라서 회생이 불가능할 정도로 부실이 심각하여 회생비용이 너무 크거나, 청산에 따른 시장 충격이 상대적으로 적을 것으로 판단될 때 적용 가능

③ 제3자 인수

- 비교적 건전하거나 자본력이 있는 금융기관이 부실 금융기관 자산 및 부채의 전부 또는 일부를 인수하거나, 새로운 가교은행을 설립하여 부실 금융기관의 처리가 이루어질 때까지 일시적으로 자산과 부채를 인수하게 하는 방법
  - 이 과정에서 인수 금융기관에 정부의 지원이 제공될 수 있음
- 장점 : 금융기관 파산에 따른 부작용을 줄이면서 정리비용도 절감할 수 있는 가장 일반적인 부실 금융기관 정리방식
- 단점 : 부실 금융기관의 부실이 인수 금융기관으로 전이될 위험
  - 특히 금융산업 전반이 부실화된 경우에는 인수 금융기관을 찾기 어렵고, 부실이 전이될 위험도 높음

④ 국유화 등 비폐쇄형 자금지원

- 정부, 중앙은행 또는 예금보험기구의 출연, 출자, 대출 및 지급보증 등을 통해 경영 정상화를 도모하는 방법
  - 국유화는 전면적인 정부지원을 통한 금융기관 정상화 방법
- 장점 : 금융기관 폐쇄에 따라 발생할 수 있는 막대한 경제적 비용을 절감하고 금융 시스템에 미치는 충격을 최소화
- 단점 : 공적자금 투입에 따른 세금 낭비와 정부지원 의존으로 인한 경영진의 도덕적 해이 발생, 부실정리 지연으로 인한 부실 장기화 등

자료 : 예금보험공사 (2001.1.). 『금융구조조정의 방법과 사례』를 참조하여 정리.

3. 금융기관 국유화 논란[9]

◉ 일부 금융기관이 이미 국유화되었음에도 불구하고 미국 내에서는 국유화에 대한 찬반논쟁이 가열

○ 미국에서도 금융기관에 대한 국유화는 이미 시작된 상태
  • 정부기관에서 민영화되었다가 재국유화된 패니메이, 프레디맥 외에도 대형 민간 상업은행인 씨티그룹이 실질적으로 국유화

○ 하지만 스트레스 테스트가 대형 금융기관의 국유화 준비단계로 인식되면서 국유화의 효과에 대한 찬반논쟁이 확산

찬성론 : 금융 시스템 안정을 위해 일시적 국유화는 불가피

◉ 금융 시스템 안정을 위해서는 일시적 국유화가 불가피하다는 것이 요지

○ 구제금융 등 정부지원에도 불구하고 지속적으로 불안정성을 보이는 금융 시스템을 정상화하기 위해서는 국유화가 불가피하다고 주장
  • 현재 은행 등 금융기관들은 부실로 인해 정상적인 영업 및 투자 활동을 할 수 없는 상태이므로 추가적인 부실이 생기는 악순환 발생
  • 은행이 경제가 필요로 하는 대출 등의 기본 기능을 제대로 수행하지 못하고 있는 것을 해결할 수 있는 방안

○ 뱅크런을 막아 추가적인 경영악화를 최소화
  • 2008년 영국 정부의 노던록 국유화 조치 지연으로 대규모 인출사태 발생

◉ 금융기관의 회생 가능성을 높여 궁극적으로 납세자 부담을 경감

○ 손실규모가 급증하여 사실상 지급불능 상태인 금융기관에 지속적으로 자금을 투입하는 것은 '밑 빠진 독에 물 붓기'라는 주장
  • 뉴욕 대학의 루비니 교수는 미국 금융 부문의 손실 규모 추정치를 2조 달러에서 3조 6,000억 달러로 상향 조정할 정도[10]

---

[9] 국유화 논란은 유럽보다 시장주의의 전통이 강한 미국에서 주로 진행되고 있어, 미국에서의 쟁점을 중심으로 정리

○ 금융기관이 보유한 부실자산의 가치하락을 완화시켜 회생 가능성을 제고
  • 부실자산은 유동성이 낮기 때문에 시장가격 형성이 곤란하며, 이를 시장에 매각할 경우 부실자산 가격이 더욱 낮아져 금융기관의 손실이 확대
  • 정부는 수요가 취약한 부실자산을 굳이 처분할 필요가 없으므로 정부가 부실자산을 보유할 경우 부실자산 가치평가 문제 해결이 가능

반대론 : 정부는 금융기관을 경영할 능력이 부족하여 역효과

◉ 정부가 금융기관을 효율적으로 경영할 능력이 있는지 의문

  ○ 국유화된 금융기관들은 리스크 있는 사업보다는 안정성을 추구하여 수익을 내기 어려울 것이라는 우려
    • 위험자산 투자를 통해 수익을 얻는 것이 금융업의 본질이나, 국유화 시에는 의사결정 절차 및 구조가 복잡해져 수익성이 악화될 가능성

  ○ 이미 영국에서 노던록, RBS 등에 대해 부분 국유화를 실시하였으나 영국 금융시장의 불안이 지속되고 있는 것도 반대론의 근거
    • RBS와 로이드는 국유화 이후 일시적으로 주가와 CDS 프리미엄이 진정되는 듯했으나, 이후 다시 주가가 하락하고 CDS 프리미엄도 재상승

◉ 기존 주주의 손실로 인한 주가 하락과 여타 은행의 동반 부실화 가능성

  ○ 기존 주주의 지분가치 감소로 인한 기업가치 하락 우려
    • 국유화가 필요할 정도로 은행이 취약하다는 것을 알리는 부정적 시그널링 효과도 발생 가능
    • 씨티그룹의 보통주 전환 가격은 주당 3.25달러(총 250억 달러)로 현재 시장가치 1달러를 기준으로 할 경우 이미 173억 달러의 투자 손실 발생

  ○ 반면, 금융위기가 진정되지 않고 있는 상황에서 국유화된 은행으로의 역 뱅크런이 발생해 국유화되지 않은 은행의 경영악화를 유발할 우려

---

10 Roubini, N. & Parisi-Capone, E. (2009.1.). Total $3.6 Trillion Projected Loan and Securities Losses in the U.S., $1.8 Trillion of Which Borne by U.S. Banks/Brokers: Specter of Technical Insolvency for the Banking System Calls for Comprehensive Solution. RGEmonitor.

- 국유화되지 않는 은행에 예치된 지급보증 상한 이상의 고액예금의 경우 국유화된 은행으로 이동할 가능성

◉ 공화당은 물론 오바마 행정부도 아직은 공식적으로는 국유화에 대해 반대입장을 유지

○ 공화당은 시장경제를 중시하는 경제철학에 근거하여 국유화에 반대
  - 공화당의 리처드 셸비 의원은 일본이 1990년대 부실 대형 은행을 파산시키지 않은 것이 경기침체 장기화의 원인이라고 평가
  - 매케인 상원의원도 오바마 행정부가 부실 은행을 망하도록 놔두는 어려운 결정을 내리지 못했다고 비난

○ 오바마 행정부는 은행 국유화 계획이 없다는 공식적인 입장을 아직 유지
  - 재무부 등 5개 감독기관은 2009년 2월 23일 합동성명을 통해 금융 시스템 안정을 위해 더 많은 자금을 투입할 뜻을 밝히면서도 국유화 가능성을 부인
  - 버냉키 FRB 의장도 2월 24일 상원 금융위원회에서 대형 은행의 국유화가 금융위기 해결에 도움이 되지 않는다고 언급[11]

주요 경제학자들의 국유화에 대한 찬반 논란

■ 찬성측
  □ 신용공급 기능을 수행하지 못하는 '좀비은행'의 일시적인 국유화가 필요(프린스턴대 폴 크루그먼 교수)
  □ 미국 금융 시스템을 회복시키기 위해선 지급불능 상태인 은행들을 국유화하는 것이 가장 좋은 방법(뉴욕대 누리엘 루비니 교수)

■ 반대측
  □ 국유화는 단지 은행의 추가 파산을 지연시킬 뿐이며 최종 해결책이 될 수 없음(MIT 경영대학원 사이먼 존슨 교수)
  □ 국유화 논의가 투자자들을 은행투자에서 멀어지게 만들고 있으며, 정부는 은행이 위험한 도박에 빠지지 않도록 규제를 강화하는 데 그쳐야 할 것(미 은행협회(ABA) 에드워드 잉링 회장)

---

11 하지만 2009년 3월 10일에는 자본 확충을 위해 필요한 모든 조치를 취하겠다는 입장을 표명

부실이 심각한 대형 금융기관을 국유화하는 것이 현실적인 대안

◉ 청산이나 제3자 인수는 현재의 금융위기 상황에서 대안으로 고려하기 어려운 상황

  ○ 리먼브러더스 파산보호 신청 이후의 금융시장 혼란을 감안하면 대형 금융기관 파산은 금융 시스템의 붕괴를 초래할 가능성이 높기 때문에 정책당국이 선택할 수 없는 방법

  ○ 제3자 인수는 정부의 지원 없이 시장기능을 통해 부실 금융기관을 정리할 수 있다는 장점에도 불구하고, 대부분의 금융기관이 경영난을 겪고 있어 대형 금융기관의 인수자를 찾는 것은 불가능한 상황

◉ 부실자산 처리를 위한 배드뱅크 설립, 악성자산 지급보증, 국유화 등이 대안으로 부상[12]

  ○ 배드뱅크 설립은 금융기관으로부터 부실자산을 분리하여 불확실성을 제거함으로써 자체적인 자본 확충 등을 통해 회생을 도모하는 방법[13]
- 배드뱅크로 이전된 부실자산에 대해 부담하는 손실을 확정함으로써 굿뱅크(Good Bank)에 대한 불확실성을 제거하여 투자를 유도하는 방법으로, 1988년 Mellon Bank가 배드뱅크를 통해 회생한 이후 확산
- 하지만 부실자산의 가격 산정이 어려운 문제

  ○ 악성자산에 대한 지급보증은 부실자산을 금융기관에 그대로 남겨둔 채 정부가 손실의 일부를 보전하는 방식
- 미국 정부는 씨티그룹과 BoA, 영국 정부는 RBS와 로이드에 지급보증을 제공
- 최초 일정액 손실은 해당 금융기관이 부담하되 추가로 발생하는 손실의 90%는 정부가 부담한다는 내용으로, 그 대가로 정부에 우선주를 지급

---

12 Elliott, Douglas J. (2009.1.), "Bad Bank", "Nationalization", "Guaranteeing Toxic Assets": Choosing among the options (Initiative on Business and Public Policy), Brookings Institution.

13 미국 정부는 2009년 3월 23일 민관합동펀드를 조성하여 최대 1조 달러의 부실자산을 매입한다는 계획을 발표(PPIP : Public-Private Investment Program)

○ 국유화는 정부가 보유한 우선주의 보통주 전환 또는 추가 자본확충 등을 통해 금융기관의 소유권 또는 경영권을 민간 주주에게서 정부로 이전하는 것을 의미
  • 정부의 지분소유 비율에 따라 완전 국유화와 부분 국유화로 구분
  • 대개 소규모 은행에 적용되지만 1984년 콘티넨털 일리노이 은행과 2008년의 인디맥 은행처럼 대형 은행에 적용된 사례도 있음

◉ 부실자산 정리만으로는 충분한 부실 금융기관 대책이 될 수 없는 상황이므로 부분적인 국유화를 병행하는 것이 바람직

○ 금융기관이 부실자산을 매각하면 그 손실로 인해 자본이 감소하므로 부실자산 매각과 함께 자본확충이 이루어져야 금융기관 정상화가 가능
  • 부실자산을 장부가격 이하로 매각할 수밖에 없기 때문에 매각가격이 금융기관의 손실규모를 결정
  • 부실자산의 매각가격을 높이면 금융기관의 손실이 감소하는 대신 납세자의 부담이 증가하며, 매각가격을 낮추면 금융기관의 손실이 증가하여 건전성이 악화

○ 부실자산에 대한 지급보증은 간접적인 자본확충의 효과가 있지만 지금까지 발생한 손실로 인한 자본감소를 보충하지 못함
  • 부실자산 지급보증은 손실을 분담함으로써 향후 자본감소를 미연에 방지하는 효과
  • 하지만 대형 금융기관들의 자본건전성이 이미 취약해진 상황을 개선하는 수단으로서의 효과는 미흡

○ 따라서 부실자산 대책과 함께 자본확충을 통한 부분 국유화를 병행하는 것이 가장 현실적인 대안
  • 건전성 기준으로 중요도가 높아진 유형보통주자본 비율 제고를 위해서는 우선주가 아니라 보통주를 통한 자본확충이 필요
  • 우선배당률 지급 등의 조건으로 인해 부채의 성격이 강한 우선주를 보통주로 전환하는 것은 금융기관의 현금 유출을 억제함으로써 유동성 확보에도 도움

4. 평가 및 향후 전망

일부 금융기관의 건전성이 악화

◉ 은행산업 전체로는 아직 건전성에 큰 문제가 없는 것으로 보임

  ○ 미국 금융권(은행, 중개금융기관, 투자금융기관 등)의 총 손실에 대한 추정치는 편차가 큼
- IMF는 총 9,000억 달러의 손실이 발생할 것으로 예상하는 반면, 골드만삭스는 1조 달러로 전망하고 있으며, 루비니 교수는 가장 비관적인 1조 8,000억 달러의 손실 전망치를 제시

  ○ 극단적인 비관적 전망을 제외할 경우 2010년까지 확보 가능한 자기자본은 잠재적인 손실규모를 상회
- 신용자산으로부터 발생하는 손실을 감안하더라도 2010년까지 금융권의 자기자본은 IMF 전망치 기준 2,900억 달러, 골드만삭스 전망치 기준 1,900억 달러가 증가[14]
- 다만, 가장 비관적인 루비니 교수의 전망치를 기준으로 할 경우에는 6,100억 달러의 자기자본이 감소

| 미국 금융기관의 추정 손실과 자기자본 변화 |

(단위: 십억 달러)

	IMF	골드만삭스	루비니 교수	평균
미국 신용자산 총 손실	-2,200	-2,000	-3,600	-2,600
미국 금융기관 추정 손실	**-900**	**-1,000**	**-1,800**	**-1,233**
자기자본 조달금액	510	510	510	510
정부 지급보증에 따른 필요자기자본 감소액	20	20	20	20
구제금융자금 유입예상금액	200	200	200	200
2008~2010년 중 은행이익	500	500	500	500
2008~2010년 중 배당지급	-90	-90	-90	-90
손실에 대한 세금혜택	50	50	50	50
자기자본 변화	**290**	**190**	**-610**	**-43**

자료 : Elliott, Douglas J. (2009.2.26.). Bank Nationalization: What is it? Should we do it? (Initiative on Business and Public Policy). Brookings Institution.

◉ 하지만 개별 금융기관의 상태를 보면 건전성은 천차만별

○ 자산규모 1,000억 달러 이상의 대형 상업은행의 유형보통주자본 비율은
   2008년 말 현재 1.07%에서 7.5%까지 다양
   • 유형보통주자본 비율은 파산 시 보통주주가 받을 수 있는 청산가치를
     기준으로 산정하는 비율로서 일반적으로 3% 이상이면 안전하다고 판
     단하며, 건전성을 판단하는 기준으로 최근 널리 사용

○ 4대 대형 상업은행 가운데 JP모건체이스를 제외한 3개 은행의 유형보통
   주자본 비율이 3%에 미달
   • 그 밖에도 U.S. Bancorp, State Street Corporation, PNC Financial
     Service Group, Bank of New York Mellon 등의 유형보통주자본 비율
     이 3%에 미달하여 자본확충이 필요한 상태

| 미국 대형 상업은행의 유형자산 및 TCE 비율 현황(2008년 말) |

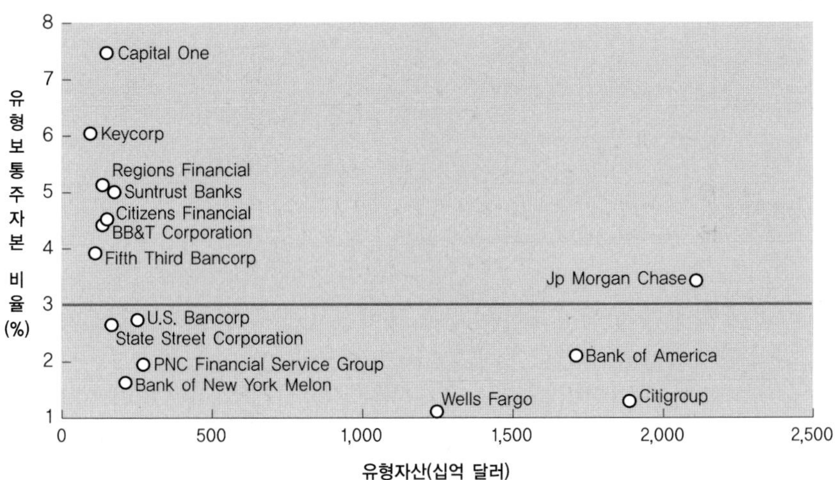

주 : 2008년 말 현재 총 자산 1,000억 달러 이상인 미국 은행 대상
자료 : National Information Center 자료에 의거하여 계산. 〈http://www.ffiec.gov/nicpubweb/nicweb/Top50Form.aspx〉

---

14 IMF는 2009년 4월 금융권의 손실 전망치를 상향 조정

일부 대형 금융기관은 국유화될 가능성이 높음

◉ 주택시장 침체 등으로 대형 금융기관의 손실이 더욱 확대될 가능성

○ 미국 상업은행 보유자산 중 모기지 관련 자산이 가장 큰 비중을 차지
  - 2009년 2월 25일 현재 미국 국내 은행이 보유한 총 신용자산 8.6조 달러 가운데 부동산 관련 신용자산이 43.5%를 차지
  - 기업대출은 13.9%, 소비자신용은 10.5%로 비교적 비중이 낮음

| 미국 국내 상업은행의 자산구성(2009년 2월 25일 현재) |

(단위: 십억 달러, %)

		구분	금액	비중
총 자산 10,589.7	은행신용 8,649.2	증권	2,199.1	25.4
		대출/리스	6,450.0	74.6
		기업대출	1,260.1	13.9
		부동산대출	3,764.4	43.5
		소비자신용	907.2	10.5
		기타	572.3	6.6
	현금성 자산(현금, 중앙은행 예치금 등) 638.2			
	기타 자산 1,042.2			

주 : 비중은 은행신용 중에서 차지하는 비중
자료 : FRB, 〈http://www.federalreserve.gov/releases/h8/Current/〉

○ 따라서 당분간 주택가격이 약세를 보이면서 연체가 증가할 것으로 전망되어 상업은행의 손실도 확대될 가능성이 높음
  - 경기침체로 기업대출과 소비자신용 손실이 증가하겠지만 자산에서 차지하는 비중이 낮기 때문에 건전성에 미치는 영향은 제한적일 전망

◉ 손실규모에 대한 전망이 불투명한 상황이므로 일부 부실 금융기관의 경우 손실이 자산규모를 상회할 가능성

○ 부실자산으로 인한 손실이 자기자본규모를 초과할 우려가 있는 상황에서 파산을 막기 위해서는 자기자본 확충이 반드시 필요
  - 손실이 자기자본규모에 미달하더라도 유형보통주자본 비율이 낮은 금융기관에 대해서는 시장의 불안을 잠재우기 위해 자본확충이 필요

○ 국유화 논란 자체가 미국의 주요 금융기관이 이미 실질적인 파산상태에 있음을 방증
- 씨티그룹, AIG 등 대형 금융기관의 대규모 손실로 인한 자본감소와 향후 손실 전망, 시장에서의 자본확충 가능성 등을 종합적으로 고려할 때 자체적인 생존을 확신하기 어려운 상황
- 부실자산으로부터의 손실을 확정하기 어려워 금융불안이 증폭되고 있으므로 부실자산 매각 등 자산 측면의 대응책만으로는 충분하고 선제적인 대응이 어려움

◉ 2009년 2/4~3/4분기 중 일부 대형 상업은행 등 금융기관의 국유화가 진행될 전망

○ 미국 정부는 2009년 4월 말까지 대형 상업은행에 대해 스트레스 테스트를 실시하여 자본확충 필요성을 판단하고 추후 6개월간 자체적인 자본확충 노력을 거쳐 공적자금 투입 여부를 결정한다는 계획
- 스트레스 테스트의 결과는 5월 4일 발표할 예정

○ 하지만 현재의 경제상황과 금융기관의 건전성 상태 등을 고려할 때 정부의 계획보다 빨리 국유화가 진행될 가능성이 높음
- 경기침체로 은행의 손실이 빠른 속도로 확대될 경우 미국 정부가 계획한 일정보다 빨리 건전성이 위험수준으로 악화될 우려

◉ 다만, 은행 국유화에 대한 미국 정부의 부정적인 태도로 볼 때 필요한 최소규모의 보통주 자본을 확충하는 부분 국유화에 그칠 전망

○ 버냉키 FRB 의장 등 미국 금융감독 당국은 금융기관 국유화에 대해 부정적인 입장을 피력해왔으나 최근 정책 변화를 시사
- 대형은행을 국유화하기보다는 은행에 대한 규제와 감독권한을 적극 행사하겠다는 입장
- 재무부와 다른 감독기관은 은행이 심각한 경기침체 상황에서도 기능을 원활히 수행할 수 있는 자본을 확보할 수 있도록 필요한 모든 조치를 취할 것이라고 언급[15]

---

15 Bernanke, B. (2009.3.10.). Financial Reforms to Address Systemic Risk. Address at the Council on Foreign Relations, Washington, D.C.

○ 우선주 위주로 자본을 확충하되, 유형보통주 비율을 적정 수준으로 제고하기 위한 보통주 매입을 병행할 가능성이 높음
  • 따라서 완전 국유화보다는 부분 국유화에 그칠 전망

○ 하지만 명시적인 국유화 여부에 관계없이 정부의 은행경영 개입은 확대될 수밖에 없는 상황
  • 정부의 자본확충이나 지급보증규모가 확대됨에 따라 공적자금 회수를 위한 경영개입이 불가피

◉ 국유화는 금융위기 상황에서의 불가피한 선택이지만 가능한 한 단기 조치로 그칠 전망

○ 국유화를 찬성하는 측에서도 일시적인 국유화를 주장
  • 국유화를 지지하는 크루그먼, 그린스펀 등도 부실자산 처리와 경영 정상화 문제를 해결할 기간 동안의 일시적 국유화를 주장
  • 그럼에도 불구하고 현재 금융기관의 실정과 경제상황으로 볼 때 조속한 금융기관 및 금융시장 정상화를 기대하기 어렵기 때문에 국유화가 수년간 지속될 가능성이 높음

스웨덴 은행의 국유화 사례

- 1990년대 초반, 금융자율화 이후 거품경제의 소멸이 부동산가격 폭락으로 이어지면서 금융기관의 대출 부실이 심화

- 1992년 Nord은행에 이어 Gota은행까지 파산하자 즉각적인 조치 시행
  □ 즉시 전 은행에 대한 채무보증을 선언
  □ 은행지원청(Bank Support Authority)이 설립되어 재무상태 점검, 정부대출 및 지급보증 업무를 수행(단일창구를 통한 은행위기 관리)

- 부실 정도가 심한 경우, 부실자산처리기구를 통해 효율적인 자산 매각
  □ Nord은행 : 정부는 모든 주식을 매수 → 부실채권정리기관(Securum)을 설립하여 75%의 부실채권을 이관 → Securum 국유화
  □ Gota은행 : 정부의 주식 매수 → 부실채권정리기관(Retriva)을 설립하여 41%의 부실채권을 이관 → Retriva 국유화

- 정치권의 신속한 합의와 부실자산에 대한 정확한 가치평가가 성공요인

Ⅲ 기대효과와 향후 과제

금융시장의 시스템리스크 완화에 기여

◉ 부실한 대형 금융기관을 국유화할 경우 금융시장의 시스템리스크 완화에 기여

○ 지금은 금융기관의 부실 확대 우려로 금융시장의 불안이 다시 높아지고 있는 상황
  - 씨티, BoA 등 대형 상업은행과 AIG 등 대형 금융기관의 적자가 결국 파산으로 이어질 수도 있다는 불안감이 고조
  - 이들 대형 금융기관 파산은 규모나 금융거래 네트워크 범위 등의 측면에서 2008년 9월 리먼브러더스의 파산보호신청보다 금융시장에 훨씬 큰 충격으로 작용할 전망

○ 대형 금융기관에 대한 국유화 조치는 해당 금융기관의 파산위험 및 금융시장의 시스템리스크 해소에 기여
  - 국유화는 금융기관에 대한 채권자에게 정부가 명시적인 지급보증을 제공하는 것 이상의 효과

◉ 금융시장과 실물경제의 악순환 고리 차단의 계기를 마련

○ 금융기관의 부실 확대와 건전성 악화로 인한 디레버리징이 자산가격 하락 → 부실 및 금융기관 손실 확대 → 신용공급 축소로 이어지는 악순환을 차단하는 것이 중요

○ 국유화는 디레버리징을 완화함으로써 악순환 고리를 차단하는 계기를 제공할 수 있음
  - 부실 금융기관이 파산위험에서 벗어남에 따라 자산축소의 필요성이 경감
  - 경영에 개입할 수 있는 권한을 갖게 된 정부가 경기침체를 억제하기 위해 금융기관의 적극적인 디레버리징에 제동을 걸 가능성이 높음

신용경색 해소에 대한 효과는 미지수

◉ 국유화는 신용경색 해소를 위한 필요조건이지만, 국유화만으로 신용공급
 을 활성화하기는 어려움

 ○ 대형 금융기관 국유화에 의한 시스템리스크 제거는 신용시장의 정상화
 를 위한 필요조건에 불과
 • 신용시장 정상화를 위해서는 시스템리스크 제거와 함께 신용위험 완
 화가 함께 이루어져야 함

 ○ 따라서 국유화를 통해 대형 금융기관의 파산위험 및 시스템리스크를 제
 거하더라도 기업 및 가계의 신용위험이 완화되지 않으면 금융기관의 신
 용공급이 본격적으로 확대되기는 어려움
 • 2008년 10월에 9개 대형 은행에 대해 미국 정부가 우선주를 매입하여
 자본을 확충한 이후 시스템리스크가 어느 정도 해소되면서 TED 스프
 레드 등 위험프리미엄은 현저히 하락
 • 하지만 금융기관의 신용위험 기피로 인한 신용경색 현상은 오히려 심
 화되면서 상업은행의 현금성자산이 큰 폭으로 증가

| 미국 상업은행 현금자산 및 TED 스프레드 추이 |

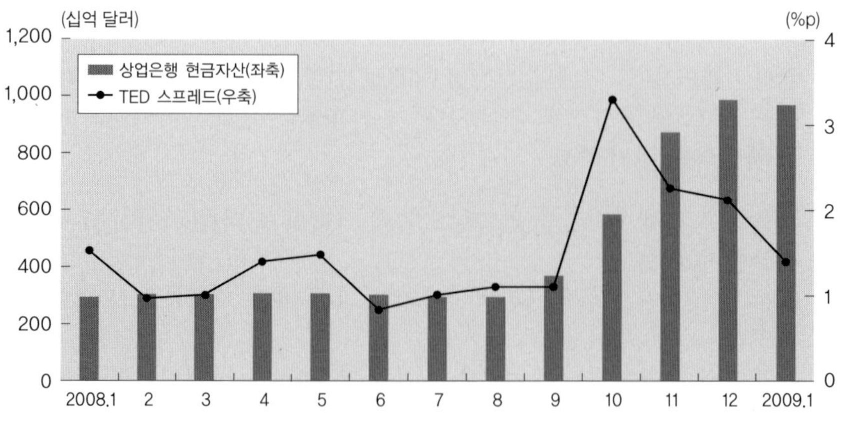

자료 : FRB.; Thomson Reuters, Datastream.

◉ 단기적으로는 오히려 신용경색 현상이 심화될 가능성도 있음

  ○ 상업은행 등 금융기관의 경영진은 국유화를 회피하기 위해 건전성을 제고하는 과정에서 디레버리징의 강도를 높일 가능성도 있음
    • 금융기관의 주주는 주주가치 희석에 따른 주가 하락을 우려하여 국유화에 소극적인 입장
    • 건전성을 제고하려면 자본확충 또는 위험자산 축소가 필요한데, 민간으로부터의 자본확충이 어려운 상황이므로 대출축소와 자산매각에 나설 가능성을 배제할 수 없음

  ○ 특히 2009년 4월 말까지로 예정된 미국 정부의 스트레스 테스트 기간 중에는 신용경색이 더욱 심화될 수 있음

  ○ 금융기관 자산 가운데 모기지 관련 자산이 가장 높은 비중을 차지하는 만큼 주택가격 하락세가 진정되어야 신용공급 흐름에 반전의 계기가 마련될 수 있을 전망

국유화 이후의 과제 검토가 필요

◉ 국유화 기간 중에 은행경영과 신용공급 등에 대한 정부의 개입 방향 및 수준에 대한 검토가 필요

  ○ 리스크를 부담하면서 수익을 창출하는 금융기관의 자금중개 기능을 국유화된 금융기관이 효율적으로 수행하기는 어렵다는 것이 일반적인 견해
    • 금융기관의 자금중개 활성화라는 공적인 목표와 영리기업의 효율성 추구라는 사적인 목표 사이에서 균형을 잡는 것은 어려운 과제

  ○ 신용경색 해소를 위해 과도하게 대출기준을 완화하는 등 적극적인 신용공급에 나설 경우 추가적인 부실 증가의 원인으로 작용할 우려
    • 한국에서도 신용카드사태 이후 감독기준을 완화하면서 저축은행의 소액신용대출을 적극 장려했으나, 이후 저축은행 부실의 원인으로 작용

◉ 국유화 등 금융 부문 정책과 함께 주택시장 안정대책이나 경기부양정책 등 실물 부문 정책이 연계되어야 정책효과가 증폭

　○ 국유화된 은행의 정상화에 실패할 경우 경제위기가 가중
　　• 금융시장 안정을 위한 마지막 카드가 실패하면 경제주체의 불안심리가 증폭되면서 경제 시스템 전체가 붕괴로 치달을 위험
　　• 정부도 막대한 공적자금의 회수가 어려워지면서 재정위기에 봉착

　○ 국유화가 신용경색 해소 및 금융시장 정상화로 이어지기 위해서는 주택가격 하락 진정, 가계소득 보전, 기업투자 회복 등 실물 부문의 회생을 위한 정책지원을 병행하는 것이 긴요
　　• 금융시장과 실물시장 안정대책을 동시에 추진해야 함

2차 G20 정상회의의 타결 내용과 시사점

07

Issue Paper

≫≫≫ 2009. 4. 3. (2009. 4. 24. 업데이트)

정무섭, 곽수종, 엄정명, 박현수

Summary

　2009년 4월 2일 런던에서 개최된 G20 정상회의는 기대 이상의 성과를 거둔 것으로 평가된다. 이번 정상회의의 가장 큰 성과는 글로벌 금융위기 극복을 위한 전기(轉機)를 마련했다는 것이다. 구체적으로 합의된 내용 중에서 경기회복에 가장 큰 도움이 될 것으로 예상되는 것은 천문학적 규모의 유동성 확대 정책이다. IMF 재원으로 7,500억 달러, 무역금융을 위해 2,500억 달러, 빈곤국 지원을 위해 1,000억 달러를 확충해 총 1조 1,000억 달러의 유동성을 확보하기로 한 것이다. 이러한 결정은 신용경색에 따른 글로벌 유동성 부족으로 초래된 문제를 해결하는 중요한 전기가 될 것이다. 특히 세계경제의 85%를 차지하는 국가들이 동시에 확장적 유동성 정책을 추진하기로 합의한 것은 세계경제에 명확한 시그널을 주는 심리적 효과를 발휘할 것으로 보인다. 실제로 회담 결과에 대한 기대감으로 당일 전 세계 주가는 큰 폭으로 상승했다. 미국 2.6%, 일본 4.4%, 홍콩 7%, 영국, 독일, 프랑스 각각 3% 이상 주가가 상승한 것이다.

　이번 2차 G20 정상회의의 두 번째 큰 성과는 신흥국이 참여하는 글로벌 경제거버넌스 체제를 구축했다는 것이다. 이는 현 위기의 경우 위기의 진원지가 선진국인 까닭에 선진국만으로는 위기 극복이 불가능한 상황이 전개됨으로써 선진국의 입장에서 신흥국의 참여가 절실했기 때문에 가능했던 것으로 평가된다. 실제로 세계경제를 주도하던 G7의 경제 비중이 점차 낮아져 비중이 높아진 중국, 인도 등 신흥국의 참여 없이는 영향력 있는 의사결정을 하기가 힘들어진 것도 그 근저에 깔린 환경변화라 할 수 있다. 따라서 G20을 중심으로 한 공동대응을 통해 이번 글로벌 경제위기가 극복된다면 향후 G20 체제가 정착될 가능성이 높다. 현재의 글로벌 경제구조하에서 세계 경기회복을 위해서는 신흥국과 선진국 간의 협조체제가 매우 긴요한데, 이번 G20 정상회의는 이러한 측면에서 매우 긍정적인 결과를 보여준 것이 사실이다.

세 번째로 주목할 만한 결과는 글로벌 위기에 대응할 수 있는 글로벌 감독 및 관리 체제를 구축했다는 것이다. 기존의 IMF는 주로 거시경제와 외환관리 측면만을 다루었기 때문에, 국제적 금융거래 부문 등에 대한 효과적 감독 및 관리를 할 수 있는 시스템이 부족했다. 이러한 문제를 인식해 이번 G20 정상회의에서는 신흥국을 포함하는 보다 통합되고 강화된 관리 시스템을 구축하는 성과를 거두었다. 즉, 사전 예방적 기능을 수행할 수 있도록 IMF 등 기존 국제기구의 감시 및 지원 기능을 강화하고 의결권 구조 또한 신흥국에 대폭 개방함으로써 신흥국의 참여를 이루어냈다. 그리고 금융안정포럼 (FSF)의 기능을 강화해 이를 금융안정위원회(FSB, Financial Stability Board)로 승격하고 각종 감독권한을 부여했다. 또한 G20에 소속된 모든 나라들을 이 금융안정위원회에 가입시킴으로써 그 위상과 영향력을 높였다.

Summary

  마지막으로 경기회복과 관련해 주목할 만한 회의 결과는 보호주의의 확산을 방지하는 구체적인 조치를 취하기로 합의했다는 것이다. 대표적인 것이 무역장벽을 새롭게 도입하는 국가의 명단을 공개하는 정책(Name and Shame)의 시행이다.

  결론적으로 이번 G20 정상회의는 향후 세계경제 회복에 도움이 되는 중요한 계기를 마련한 것임에 틀림이 없다. 앞으로 남은 과제는 이러한 합의가 충실하게 이행되게 하는 것이다. 구체적 합의이행 과정에서도 한국을 포함한 각국은 적극적인 노력을 전개해 나가야 할 것이다.

I 2차 G20 정상회의의 의의

글로벌 금융위기 극복을 위한 전기 마련

◉ 2009년 4월 2일 제2차 G20 정상회의가 영국 런던에서 개최되었음

　○ 정상회의가 개최되기 바로 전 세계은행은 글로벌 금융위기의 여파로 세계경제가 2009년 -2.7% 성장할 것으로 전망

　○ 글로벌 공조체제 구축에 보다 진전된 성과를 기대

◉ 2008년 11월 1차 G20 회의에서 제기되었던 이슈들에 대해 가시적인 합의를 도출함으로써 글로벌 금융위기를 극복할 수 있는 전기를 마련했다는 평가

　○ IMF 재원 확충, 무역금융 및 빈곤국 지원을 위해 총 1조 1,000억 달러의 유동성을 확보함으로써, 글로벌 금융위기를 극복할 수 있는 토대 마련

　○ 금융위기 재발 방지를 위한 금융 규제 및 감독체제 개선에 합의

　○ 정상회의 성과에 대한 기대감으로 전 세계 주가는 큰 폭으로 상승
　　• 회담 당일 미국 2.6%, 일본 4.4%, 홍콩 7%, 영국, 독일, 프랑스 3% 이상 상승

글로벌 경제거버넌스 체제의 변화

◉ 새로운 국제협력 시대의 도래

　○ 금융위기의 진원지가 선진국인 상황에서 선진국만으로는 위기 극복이 불가능한 상황이 전개됨으로써 신흥국의 참여가 절실

　○ 글로벌 경제위기 극복과 함께 G20 체제가 정착될 가능성이 증가
　　• 이번 금융위기로 선진국 7개국 G7 체제의 대표성이 낮아지기 시작
　　• 중국, 인도 등 신흥국 경제의 빠른 부상으로 G7 체제에서 G20 체제로 전환

◉ 글로벌 금융위기에 효과적으로 대응할 수 있는 글로벌 금융감독 체제를 구축

○ 2000년대 이후 글로벌화의 진전으로 범세계적인 관리체제의 필요성이 커졌음에도 불구하고, 기존의 국제기구는 문제해결에 있어 한계에 직면
  • 기존의 IMF, 세계은행 등의 국제기구로는 글로벌화된 금융 및 경제 시스템을 감당하기에 취약
  • 기존 IMF의 기능도 사후적, 소극적 기능에 국한

○ 이번 G20 회의에서 신흥국을 포함하는 세계경제를 관리할 수 있는 보다 통합되고 강화된 관리 시스템을 구축
  • IMF 등 기존 국제기구와 금융안정포럼(FSF)[1]의 기능을 강화

---

1 Financial Stability Forum: G7 + 5개국(호주, 싱가포르, 홍콩, 스위스, 네덜란드) 금융당국으로 구성된 국제 금융시장 모니터링 기구였으며, 지난 1999년 G7이 아시아 외환위기 원인 규명과 재발 방지를 위해 결성, 2009년 3월 G20 재무장관 및 중앙은행 총재 회의에서 G20 국가들이 모두 가입

Ⅱ 주요 타결 내용

1. 분야별 협상결과

(1) 금융 규제 및 감독 체제 개선

◉ 글로벌 금융 시스템 안정을 위한 가시적 성과를 도출

○ 글로벌 금융 규제 및 감독 체제, 시장구조 개선 등에 협력하기로 합의
- 금융안정포럼의 확대 개편을 통한 감독 시스템 구축, 헤지펀드와 신용평가기관 규제 강화, 조세피난처 규제, BIS 규제 강화 등

○ 신흥경제국 및 개도국에 대한 금융거래 지원 및 유동성 확대에 합의
- 동유럽 금융위기 등 돌발적 금융위기의 발생 가능성을 사전에 점검 및 차단하고, 위기가 발생한 경우, 효과적으로 대응책을 마련할 수 있는 시스템을 마련

◉ 금융안정이사회(FSB : Financial Stability Board) 출범에 합의

○ IMF와 FSB의 협력을 통해 향후 금융 규제 및 감독 체제 개선과 글로벌 금융시장에서 핵심적인 역할을 담당할 예정
- G20 정상회의를 통해 G20 회원국 전체가 금융안정포럼에 가입하게 되었고, 명칭 또한 금융안정포럼(FSF)에서 금융안정이사회(FSB)로 변경

○ 금융상품 및 금융기관에 대한 규제 강화에 합의
- 모든 헤지펀드는 자국 금융당국에 등록을 의무화
- 미국은 헤지펀드, 사모펀드, 파생상품시장을 연방감독기구를 통해 감독할 방침
- 은행 임직원의 보수체계를 엄격하게 관리

◉ 조세피난처(Tax Havens)에 대한 규제를 강화하기로 합의

○ 조세피난처를 통한 파생상품 거래가 글로벌 금융위기의 단초라는 지적
- 조세피난처에 페이퍼 컴퍼니를 설립한 후 부외계정(Off Balance Sheet Conduit)을 통해 회계규정을 교묘히 피하면서 장외거래 파생상품에 투자

- 미국 금리 인상, 주택시장 버블 붕괴로 모기지 관련 유동화 증권의 파생상품 가격 폭락, 금융기관들의 파산과 글로벌 금융위기가 촉발

○ 조세피난처의 리스트 선정 및 세부규정 제정은 IMF와 FSF의 감독하에 OECD가 담당
  - OECD 산하 자금세탁방지 국제기구(FATF : Financial Action Task Force on Money Laundering)가 담당할 전망
  - 스위스 등 조세피난처로 지목되는 일부 국가에서는 이미 관련 규정을 개정 중

○ OECD는 조세피난처를 3개 그룹으로 나누어 발표
  - 돈세탁 및 세금 회피를 막기 위해 OECD 규정의 서명을 거부하는 조세피난처를 제재할 방침

OECD 발표 조세피난처

■ 제1그룹 : 세금정보공유협정을 이미 체결한 지역(Jersey 및 기타 영국령)

■ 제2그룹 : 정보공유를 약속했으나, 아직 모든 협정에 동의하지 않는 국가(스위스, 벨기에, 룩셈부르크, 오스트리아)

■ 제3그룹 : 정보공유 협정을 약속하지 않은 국가(향후 명단 공개 예정)

◉ 독일과 프랑스가 강력하게 주장

○ 중국은 금융센터인 홍콩과 마카오에 대한 영향을 우려해 조세피난처에 대한 규제 강화에 반대
  - 프랑스와 독일 등 유럽 국가들의 압력으로 결국 중국도 반대 입장을 철회

◉ BIS 기준 자기자본비율은 현재 수준을 유지

○ 일각에서는 경기침체기에는 유동성 부족을 우려하여 자기자본비율을 완화해야 한다고 주장하고 있으나, 금융기관의 건전성을 악화시킬 수 있다는 점에서 현재로서는 완화하지 않기로 함

○ 다만 향후 경기호황기에 완충자본을 축적하거나, 레버리지를 제한하는
방법으로 유동성의 지나친 확대를 막아 경기의 진폭을 줄이기로 합의

| 금융 규제 관련 세부 이슈별 합의사항 |

이슈	합의 사항	추가 논의 사항
감독 시스템 구축	• G20 국가들의 FSF 가입 완료 • IMF와 FSB의 권한 강화 • 공동감시단 설립 • IMF와 FSB의 조기경보 체제 구축	• 지배구조와 감독체계에 대한 합의
헤지펀드, 신용평가사 규제	• 헤지펀드 위험정보 공개 • 헤지펀드와 매니저 등록 의무화 • 신용평가기관에 대한 등록 의무화 • 신용파생상품 시장의 표준화, 건전한 보상체계 마련	• 구체적 규정 수립
조세 회피 규제	• 규제 강화하는 방향으로 합의 • 조세피난처의 지정	• 조세피난처에 대한 규제방안
BIS 규제	• BIS 규제는 현 수준 유지 • 경기확장기에 규제 강화	• 확장기 규제 강화의 구체적 방안

◉ 금융 규제 및 감독 체제에 대한 이슈는 독일과 프랑스의 주장이 대폭 반영

○ 미국과 독일, 프랑스의 입장이 상충
  • 프랑스, 독일 등 유럽 국가들은 이번 금융위기가 미국식 금융 시스템
    의 폐해에서 비롯된 것으로 인식
  • 미국은 규제에 반대하는 월가의 입장을 고려해 시스템 자체 부정보다
    는 규제 합리화에 중점

○ 프랑스와 독일은 구체적인 제재 규정과 관련된 명시적 결과를 도출하지
  못할 경우에 대비하여 참가국을 압박
  • 프랑스의 사르코지 대통령은 이번 회의에서 가시적인 규제 강화가 이
    루어지지 않을 경우 협상에 참여하기 힘들다고 경고

금융 규제 관련 프랑스와 독일의 양보할 수 없는 목표(Red Line)

- 조세피난처에 대한 감독

- 헤지펀드에 대한 등록과 감시
  - 헤지펀드가 판매하는 금융상품의 은행 보유내역 감시

- 신용평가기관에 대한 엄격한 규제
  - 은행이 신용평가기관에 지불하는 대금 규제 포함

(2) 경기부양을 위한 재정지출 및 IMF 재원 확대

◉ 위기상황에 직면한 신흥국들에 대한 자금 지원과 무역금융 확대, 빈곤국 지원 등을 위해 총 1조 1,000억 달러를 공급하기로 합의

- 미국과 영국의 주도로 국가부도 위기에 몰린 신흥국 지원 등을 위해 IMF에 7,500억 달러 규모의 자금을 공급하기로 합의
  - 대출가능 재원을 5,000억 달러 확충하되, 미국, 일본, EU가 각각 1,000억 달러, 노르웨이 45.6억 달러, 캐나다 100억 캐나다달러 등에 합의
  - 중국은 IMF의 SDR[2] 표시 발행 채권을 매입하는 방식으로 IMF를 지원하기로 합의
  - IMF의 SDR을 2,500억 달러 확충하여 공급

- 신용경색에 따른 무역금융의 고갈로 세계무역이 급격히 위축되는 것을 막기 위해 2,500억 달러를 출연하기로 합의
  - 각국의 수출보험공사, 세계은행, 지역개발은행(MDB)에 지원될 예정
  - OECD에 따르면, 2009년 세계무역은 13.2% 감소할 전망

- ODA 자금 등 빈곤국에 대한 지원 자금으로 1,000억 달러 공급

---

2 SDR(Special Drawing Rights; IMF 특별인출권)은 1969년 IMF가 만든 일종의 국제통화

◉ 경기부양을 위한 추가적 재정지출 규모에 대한 합의 도출은 실패하였으나, 세계경제의 성장 회복을 위한 적극적 노력에는 합의

○ 미국, 영국, 일본 등과 독일, 프랑스의 이해가 상충
  • 미국은 현재의 경제위기 극복을 위해 보다 과감하고 신속하며, 국제적으로 공조된 재정지출의 확대가 필요하다고 주장
  • IMF도 각국이 재정지출을 GDP의 2%까지 확대할 것을 제안

○ 재정지출의 규모와 시기는 각국 정부에 일임하기로 결정
  • 현재 글로벌 경기침체를 막기 위해 이미 전 세계적으로 2조 달러의 재정이 투입될 예정
  • 독일과 프랑스는 정부재정 악화, 경기자동안정장치의 가동 및 경기회복 시 물가불안 등을 우려해 추가적인 재정지출 확대에 반대

(3) 보호주의 확산 방지

◉ 무역장벽을 새롭게 도입하는 국가의 명단을 공개하는 정책을 시행하기로 합의

○ 1차 G20 정상회의에서 보호주의정책 시행을 동결(Stand-still)하기로 선언했으나, 각국의 보호주의 조치로 인해 보호무역 기조가 확산
  • G20 국가들 중 17개 국가가 1차 정상회의 이후 47개의 보호무역 조치를 실행
  • 2009년 2월 미국 의회가 자국산 철강제품의 사용을 의무화하는 '바이 아메리칸' 조항을 통과

○ 2차 회의에서는 한국 정부가 제안한 보다 구체적인 조치 중의 하나인 명단 공개(Name and Shame) 정책을 WTO 주관하에 시행하기로 합의
  • 1차 회의 이후 도입된 모든 무역장벽 조치를 폐기한다는 원상복귀(Roll Back) 정책은 '즉각 시정'한다는 합의문 조항에 일부 반영하는 선에서 마무리

(4) 국제기구의 개혁

◉ IMF, 세계은행 등 국제기구의 지배구조를 개혁해 나가기로 합의

○ 중국 등 신흥경제국들의 IMF 지분 확대가 예상
- 중국은 IMF의 지배구조 개편을 강력히 요구하였으나, IMF의 임무와 체제 개혁 및 신흥국과 개도국의 지분 확대 필요성을 언급하는 선에서 합의
- 중국 등 신흥국의 강해진 경제력을 인정하여 향후 국제기구에서의 참여폭을 점차 확대할 필요

○ 아직은 미국과 유럽 등 선진국과 중국을 비롯한 신흥국 간에 이해가 상충
- 중국은 전 세계 GDP에서 차지하는 비중이 6.8%임에도 불구하고 IMF 지분율이 3.7%에 불과해 의결권 확대를 요구
- 이에 대해 선진국은 지분 확대 이전에 국제 금융시장에서의 자금 제공, 금융시장 개방 등 국제사회 일원으로서 신흥국의 의무 이행을 철저히 해줄 것을 요구

| IMF에서의 주요국 지분율 현황 |

(단위: %)

구분	미국	일본	독일	영국	이탈리아	프랑스	캐나다	러시아	중국	한국
지분율	17.09	6.13	5.99	4.94	3.25	4.94	2.93	2.74	3.72	1.35
GDP 비중	23.1	7.8	6.1	4.5	3.9	4.8	2.5	2.9	6.8	1.5

주: GDP 비중은 전 세계 GDP에서 차지하는 각국의 비중을 의미하며, 2008년 기준.
자료 : IMF.; World Bank (2009년 3월 기준).

◉ IMF와 세계은행의 구조 개혁도 착수

○ 2011년까지 IMF 의결권을 조정하기로 합의
- 2009년에 IMF 연차 총회에서 쿼터 개혁 논의를 시작하여, 2011년 1월까지 완료하기로 합의
- 당초 2013년까지로 예정된 의결권 조정 작업을 2년 앞당겨 완료할 방침

○ IMF의 의결권 조정이 이루어질 경우 미국의 지분은 점차 줄어들 전망인 반면, 중국을 비롯한 신흥경제국의 지분은 점증할 것으로 예상

○ 세계은행도 2010년 4월까지 개혁을 완료하기로 합의
  - 지분, 의결권, 발언권, 내부 지배구조 등에 대한 조정을 2010년 춘계회의까지 완료

◉ IMF 총재와 세계은행 총재 선출 방식도 전환

○ 앞으로는 공개적 절차를 통해 선출하기로 합의
  - 지금까지 IMF 총재는 유럽, 세계은행 총재는 미국이 각각 지명하는 식으로 독식
  - 유엔 사무총장 선출 방식과 비슷한 절차가 채택될 가능성

(5) 기축통화 논의

◉ 중국이 주장했던 미국 달러를 대체할 새로운 국제통화 체제에 대한 논의는 예상 밖에 주요 이슈로 논의되지 않았음

○ 중국은 세계 기축통화로 달러 대신 SDR을 사용할 것을 주장[3]
  - 국제통화질서의 급격한 변화를 원치 않는 유럽 국가들이 동조하지 않음으로써 의제에서 배제
  - 러시아는 이에 대한 논의가 이루어지지 않은 데 대해 실망감을 표시

○ 현실적으로도 미국 달러화를 대체할 만한 글로벌 통화가 부재
  - 도미니크 스트로스 칸 IMF 총재는 새 기축통화 논의의 필요성을 인정하면서도 달러화 기축통화 시대가 끝난 것은 아니라는 견해를 표명

○ 당분간 달러화의 국제기축통화 지위에는 큰 변동이 없을 전망
  - 기축통화 체제의 변경은 국제 경제질서의 근본적 변화를 수반해야 하지만 이는 선진국은 물론 중국 등 신흥국도 쉽게 수용하기 어려운 상황
  - 일본, 유럽, 중국 등은 대미 무역흑자를 중요한 성장 동력으로 삼아왔으나, 달러화가 기축통화 지위를 잃을 경우 이러한 구조에 근본적인 변화가 초래될 가능성 → 세계경제의 또 다른 혼란을 초래할 가능성

---

3 周小川(人民銀行 行長) (2009.3.23). "關干改革國際貨幣系的思考." Homepage of Peple's Bank of China.

2. 국가별 이해득실

(1) 미국

◉ 미국의 경제적 리더십이 도전받는 상황

  ○ 추가적 경기부양과 IMF 등 국제금융기구의 구조 개혁에 미국의 입지가
    위축되는 상황
    • 미국은 경기침체를 극복하기 위해 G20 국가들의 참여를 요구했으나,
      가장 협력이 필요했던 유럽 국가들로부터 거절당함
    • 중국 등 신흥경제국으로부터 달러 기축 지위에 대한 비판이 표출되더
      라도 단기간 내 달러화 지위가 급격히 약화되지는 않겠지만, 장기적으
      로는 가치가 하락할 가능성

  ○ 금융 규제 강화는 미국식 금융 시스템에 대한 제재 조치로 해석이 가능
    • 금융위기 이전까지 미국은 자본이동 및 투자, M&A 등에 대한 규제 완
      화, 시장 지향형 금융 시스템으로의 개혁을 주도
    • 금융 규제 완화를 세계적으로 확산시킴으로써 자본력을 바탕으로 글
      로벌 금융지배를 강화해온 미국의 전략에 일대 전환이 불가피

(2) 중국

◉ 이번 정상회의에서 중국은 절반의 성공을 달성

  ○ IMF의 지분율 조정 시점을 앞당기는 등 국제기구에서의 영향력을 조기
    에 확보할 수 있는 계기를 마련

  ○ 기축통화 변경 주장이 미국, 유럽 등 선진국의 반대로 공식의제로 채택
    되지 않음으로써 달러 체제를 바꾸려는 중국의 첫 시도는 무산

◉ 위안화의 기축통화 지위 구축을 위한 시도는 이제부터 시작

  ○ 중국도 현재로서는 위안화의 기축통화 지위 확보가 역부족이라는 점을
    잘 알고 있음

  ○ 하지만 브라질, 인도, 러시아 등과 함께 새로운 글로벌 경제 파워그룹으
    로 부상하였음을 확인

(3) 영국

◉ 개최국으로서 국제사회에서 정치적 리더십이 건재함을 과시

　○ 영국 내에서 약화된 브라운 총리의 정치적 입지를 만회하는 데 기여

　○ 그러나 금융산업 규제 강화는 영국경제에 부담
　　• 헤지펀드 및 사모펀드의 중심지인 영국의 금융산업에 대한 자금 유입
　　　이 감소할 전망으로, 이는 자칫 영국의 경제회복과 성장을 제약할 가
　　　능성

(4) 독일, 프랑스

◉ 미국과 신흥국의 대결구도에서 독자적 주장을 관철하여 견제세력으로서
　의 입지를 구축

　○ 금융 규제 강화에 대한 일관된 주장이 관철됨으로써 영미식 금융자본주
　　의를 견제하는 데 성공

　○ 글로벌 경제위기 극복을 위한 보호무역주의 철폐 및 무역금융 확대로
　　수출 대국인 독일은 수혜국이 될 가능성

(5) 한국

◉ G20 의장단 국가로서 역할이 점차 확대될 전망

　○ 21세기 후기산업사회로의 세계 경제질서 전환기에 새로운 국제협력 시
　　대를 주도함으로써, 국가 이미지 및 기회 점유율 제고에 기여
　　• 선진국과 신흥경제국, 개도국 간 이해가 상충된 주요 쟁점에 대해 중
　　　재역할을 성공적으로 수행
　　• 추가 경기부양을 위한 재정지출 확대, 보호무역주의 배척 등에 주도적
　　　역할과 의견을 개진

Ⅲ 전망 및 대응방안

1. G20 회의 이후 세계경제 전망

경제적 패권을 둘러싼 경쟁이 본격화

◉ IMF 지분율 조정 등 국제기구 지배구조 개혁 작업이 구체화됨에 따라 기득권을 쥔 선진국과 중국 등 신흥국 간에 대결양상이 본격화될 전망

  ○ 이번 런던 정상회의에서 국제기구의 지배구조 조정 일정이 확정됨으로써, 영향력 확대를 위한 세 대결이 시작
  - IMF는 2009년부터 2010년 말까지 쿼터 조정 논의를 완료
  - 세계은행은 2010년 봄까지 지배구조 개혁을 완료

  ○ 금융감독 권한이 강화된 FSB 내에서 기득권을 쥔 선진국과 새로 참여하게 된 신흥국 간에 경쟁이 치열해질 전망

◉ G20 후 글로벌 경제패권의 변화

  ○ G20는 '위기 이후' 글로벌 경제패권이 기존의 미국과 유럽 중심에서 미국, 유럽, 아시아 중심의 삼극 체제로 변화하는 과도기 체제
  - 국제전략연구소(CSIS : Center for Strategic & International Studies)와 Peterson IIE 같은 미국 워싱턴의 주요 싱크탱크들은 21세기 글로벌 경제패권을 미국과 중국 중심의 G2 체제로 인정
  - 한국, 일본, 호주 등 미국의 전통 동맹국들의 이해를 당부

금융 규제 시대의 도래

◉ 이번 G20 회의에서는 지나친 규제 완화와 신자유주의 정책에 대한 비판이 현실화되는 차원에서 금융 규제를 강화하는 조치들이 도입

  ○ 향후 금융시장의 투명성과 책임성을 강화하고 금융기관 및 상품에 대한 위험을 최소화하는 방향으로 규제가 강화될 전망

◉ 금융기관에 대한 감독 및 규제 강화로 인해 영미계 금융산업의 위축은 불가피

○ 앞으로 투자은행, 헤지펀드, 파생금융상품 등에 대한 규제가 강화되고, 신용평가기관에 대한 감독도 강화될 것으로 예상

○ 투자은행의 강점을 지닌 영미계 금융산업의 입지가 위축되면서 중국, 일본 등 여타 국가의 금융업계가 약진을 시도할 전망
  • 자본력을 지닌 일본계 및 중국계 금융기관들이 영미계 투자은행에 대한 M&A를 시도할 가능성

| 신흥국 시장으로의 민간자금 흐름 |

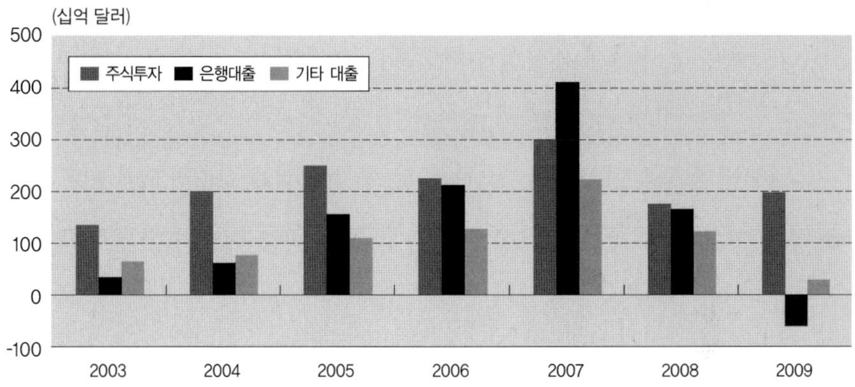

주 : 2008년은 추정치, 2009년은 전망치
자료 : Institute of International Finance.

◉ 조세피난처 및 헤지펀드에 대한 규제 강화로 국제자본 흐름의 변화가 일어날 전망

○ 금융 규제 및 감독 강화는 자본의 투기적 성향을 억제
  • 헤지펀드에 대한 규제 강화는 자본이동을 억제하는 요인으로 작용

○ 금융기관 임직원에 대한 보상체계 규제와 부외회사[4]에 대한 투명성 제고 등은 고위험 투자 유인을 억제
  • 금융기관 임직원에 대한 비대칭적 보상체계[5]는 금융기관의 고위험 투자를 부추기는 요인으로 지적

○ 특히 신흥국 자본시장으로의 글로벌 자금 유입이 둔화될 가능성
  • 금융기관의 고위험·고수익 투자가 억제됨에 따라 신흥시장에 대한 투자가 위축될 우려
  • 특히 상업은행 대출과 포트폴리오 투자가 크게 영향을 받을 전망

자국 이기주의 극복 여부가 경기회복의 관건

◉ 재정지출에 대한 국제공조 합의 실패로 세계경제는 지역별로 회복 속도가 차별화될 전망

○ 유동성 공급과 재정지출 확대에 적극적인 국가가 상대적으로 신속한 경제회복에 성공할 전망

○ 미국과 중국에 비해 유럽의 경제회복은 상대적으로 더디게 진행
  • 2009년 하반기 이후 경기부양자금의 집행이 본격화될 것으로 예상되는 미국과 적극적인 경기부양에 나서고 있는 중국이 경기회복을 선도
  • 반면, 유럽은 경기부양정책에 대한 의지나 실제 집행규모가 미흡

◉ 명단 공개 정책 등 구체적인 제재 조치들의 성공 여부가 보호주의 확산 방지에 관건이 될 전망

○ 경기침체로 인한 내수 위축, 실업 증가 등에 따라 수입을 억제하거나 국내 제품 사용을 촉진하기 위한 보호주의 정책에 대한 유혹은 상존
  • 2008년 11월 워싱턴 G20 회의에서 보호무역 조치 동결에 합의한 이후에도 주요국들은 보호무역 조치를 새로이 도입

○ 이번 정상회의에서 채택된 명단 공개 정책이 제대로 작동할 경우 보호주의 유혹을 차단할 수 있음

---

4 Off-Balance Conduit. 금융기관이 자산유동화를 위해 설립하는 자회사(Special Purpose Vehicle)로서 평소에는 금융기관의 대차대조표에 나타나지 않지만, 유사시 금융기관의 유동성 공급 약정 등에 의해 우발손실이 발생할 가능성이 있음. 이번 금융위기에서도 대형 금융기관이 설립한 부외회사로 인해 손실이 발생

5 고수익에 대해서는 높은 보상을 지급하되 손실에 대해서는 벌칙이 없는 보상구조하에서는, 위험이 높더라도 고수익을 얻을 수 있는 방향으로 투자 의사결정이 이루어질 가능성이 높음

2. 한국의 대응방안

G20 합의의 성공적 이행을 위해 노력

● G20 정상회의를 향후 세계 경제협력을 위한 정례 협의체로 정착시키는 것이 바람직

○ G20 회의는 한국이 국제무대에서 영향력을 확대할 수 있는 기회
  - 그동안 IMF 등 주요 국제기구에서 경제규모에 비해 상대적으로 발언권이 약했던 점을 만회할 수 있는 기회

○ 회의에서 합의된 내용이 성공적으로 이행될 수 있도록 정책적 노력을 경주할 필요
  - 향후 구체적 실행계획의 수립에서도 당위성과 실행 가능성을 바탕으로 실천 가능한 방안 제시에 주력

● 향후 지속될 G20 체제에서 한국은 선진국과 신흥국의 중재자로서 국제적 공감대를 얻을 수 있는 대안을 제시

○ 이해가 상충하는 미합의 이슈들에 대해 양측이 수용 가능한 합리적 대안 마련에 주력
  - 자국 이해에 과도하게 집착할 경우 국제적 지지를 확보하기 어렵다는 것을 인식

○ 차기 의장국으로서 차기 회의의 일정과 장소 선정에 적극적인 입장을 표명할 필요
  - 이번 합의에서는 아직 차기 일정과 장소가 미정인 상태이므로, 한국이 적임자임을 주장할 필요

○ 개발도상국에 대한 지원을 확대하는 등 국제사회에서의 지위에 상응하는 책임을 수행

금융시장에 대한 탄력적 규제 및 감독 체제 수립

● 자본시장통합법 시행에 따른 금융시장의 변화에 탄력적으로 대응

○ 금융위기로 글로벌 금융시장이 크게 위축되어 있으나, 향후 경기회복 단계에서는 새로운 변화가 발생할 가능성
- 일시적으로 부동산 등 특정 시장에 자금이 집중될 경우 자산가격 버블이 재발할 우려

○ 미국 등의 선례를 참고하여 자본시장의 변화를 지속적으로 점검하면서 잠재적 부작용에 대한 대응방안을 검토
- 국내 자본시장은 아직 성장 초기 단계이므로 과도한 규제를 미리 도입하는 것은 바람직하지 않지만, 향후 발생 가능한 상황에 대한 시나리오를 바탕으로 적용 가능한 규제와 감독을 사전에 준비

◉ FSB 및 해외 금융감독기구와의 협력체제를 강화

○ 선진국의 감독 경험 및 정보를 공유함으로써 규제 및 감독 체제를 효율화
- 글로벌 자금흐름에 효과적으로 대응함으로써 시장교란 요인을 차단하는 것도 중요한 목적

수출환경 변화를 적극 활용

◉ 무역금융 및 빈곤국 개발원조 확대로 수출 및 해외투자 여건이 개선될 전망이므로 이를 사업기회로 활용

○ 이번 G20 정상회의에서 총 3,500억 달러에 이르는 금액이 무역 활성화 및 빈곤국 지원에 투입될 전망
- 무역금융 확대금액 2,500억 달러, 빈곤국 지원금 1,000억 달러

○ 구체적 시행계획을 면밀히 분석해서 사업기회를 적극적으로 발굴할 필요
- 정부와 민간기업의 유기적인 협조체제 구축 노력

◉ 국가별로 추진되는 경기부양의 규모와 내용에 대한 분석을 통해 사업기회로 활용 가능

○ G20 국가들의 재정지출 총액은 2010년까지 5조 달러에 이를 전망
- SOC 투자, 사회안전망 확충, 장기 성장 동력 산업 육성 등에 투입 예정

○ 특히 각국 정부는 녹색경제(Green Economy)로의 전환을 본격화할 전망
  이므로 새로운 사업기회가 창출
  • 정부와 기업은 각국의 재정투입 분야와 시기를 철저히 분석해서 사업
    기회로 활용

제2부

한국경제 진단과 대책

국내 위기설로 본 금융불안 진단과 대응 | 08

Issue Paper

≫≫≫ 2009. 3. 13. (2009. 4. 24. 업데이트)

정영식, 전효찬, 박현수, 유정석, 이종규, 김상수

Summary

2008년 하반기 이후 국내에서 위기설이 반복되고 있다. 외국자본이 대거 이탈해 한국이 외채지급불능 상태에 빠지고 금융기관이 연쇄 도산하는 위기에 봉착한다는 것이다. 이렇게 위기설이 반복되는 이유는 기본적으로 단기외채 비중과 국내 증시에서 외국인 비중이 높아 자본의 대외의존도가 심하다는 취약성 때문이다. 여기에다 일정 시점에 집중된 외국인 자금의 만기도래, 외화유동성 문제에 민감하게 반응하는 외환위기의 상흔(Trauma)도 위기설을 만드는 데 일조하고 있다.

글로벌 금융불안이 반복되고 있는 상황을 감안하면 지금 당장은 위기설이 가라앉더라도 앞으로 다시 제기될 가능성이 있다. 높은 자본의 대외의존도를 단기간에 낮추는 데는 한계가 있기 때문이다. 하지만 위기설이 위기로 현실화될 가능성은 극히 낮을 것이다. 국내 금융불안이 고조되더라도 외환보유액 및 통화스와프 자금으로 단기외채 상환수요를 감당할 수 있고, 정부 지급보증을 통해 단기외채를 장기외채로 전환하는 것이 가능하기 때문이다. 여기에 경상수지 흑자 기조가 버팀목으로 작용할 것이다.

하지만 위기설이 금융불안을 증폭시키는 부작용이 큰 만큼, 위기설의 재발을 최대한 억제하고 금융불안을 진정시키기 위한 노력이 강화될 필요가 있다. 이를 위해 우선, 높은 단기외채 비중을 낮추는 데 더 적극적일 필요가 있다. 은행 스스로의 노력이 선행되어야 하지만 이것만으로는 역부족이므로 통화스와프 자금과 외환보유액의 일부를 활용해 고금리 악성단기외채를 상환해 나가야 한다. 또한 글로벌 금융불안의 충격이 국내로 파급되는 것을 최소화하기 위한 노력도 필요하다. 글로벌 금융시장에 대한 모니터링 강화를 통해 외부충격에 대한 선제적인 대응능력을 높이는 한편, 외화유동성 상황을 외신 등에 정확히 알려 불필요한 오해를 사전에 차단해야 한다. G20 등 국제회의에서 글로벌 유동성을 위축시키는 금융보호주의의 폐해를 알리고, 아시아 지역의 금융협력을 모색하는 등 유동성 확보를 위한 국제공조 노력을 강화해야 한다.

외부 충격에 취약한 경제 및 금융구조를 개선하기 위한 중장기적인 대응책도 병행해야 한다. 외환시장의 쏠림현상을 막기 위해 시장조성자(Market Maker)를 육성하고, 자본유출입의 변동성을 줄이기 위해 외국인 투자에서 차지하는 직접투자 비중을 높이는 노력이 꾸준히 이루어져야 한다. 한편, 원화 약세 상황을 최대한 활용해 외화유동성 문제의 근본적인 해결책인 경상수지 흑자 확대를 도모해야 할 것이다.

Ⅰ 두 차례 위기설의 실체와 진행 경과

2008년 : 채권시장발 '9월 위기설'이 제기

◉ 2008년 7월 전후 외국자금의 국내 이탈, 경상수지 적자 반전, 외채 증가와 외환보유액 감소 등으로 외화유동성에 대한 우려가 점증한 시기에 제기

   ○ 국내 실물경제는 상대적으로 양호했음에도 불구하고 국내 자본시장에서 외국인 자금이 대거 이탈
   • 2008년 7월 외국인의 채권투자 패턴이 순매수 지속에서 순매도(2.6조 원)로 급격히 전환
   • 설상가상 격으로 국내 주식시장에서도 외국인 투자자는 33거래일 연속(2008년 6월 9일~2008년 7월 23일)으로 순매도세(8.9조 원)를 지속[1]

| '2008년 9월·2009년 3월 위기설' 전후 한국물 CDS 프리미엄 추이 |

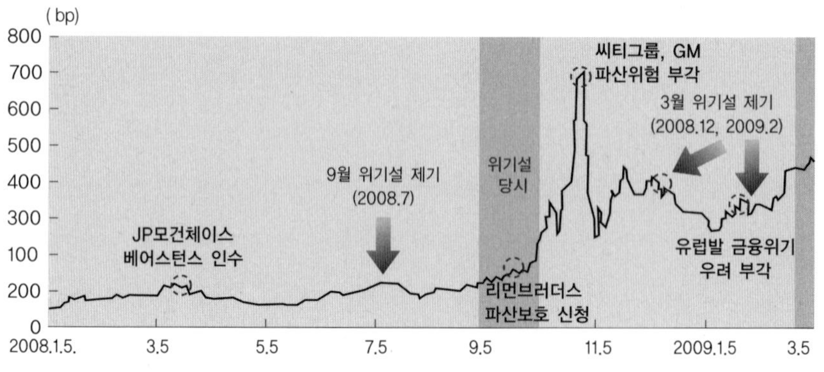

주 : 한국정부가 발행한 외화채권(5년 만기)에 대한 CDS(Credit Default Swap) 프리미엄.
자료 : 국제금융센터, 통계자료 DB.

   ○ 경상수지와 대외채무, 외환보유액도 악화되어 은행권의 외화유동성 부족 우려가 꾸준히 제기

---

[1] 연속 순매도 기간으로 종전 최장 기록(2005년 9월 22일~10월 26일, 24거래일)을 경신

- 수출 호조에도 불구하고 고유가로 인해 상품수지 흑자가 감소했으며, 화물연대 파업과 해외여행 증가로 서비스수지 적자가 확대[2]

○ 당시 글로벌 금융불안은 3월 JP모건체이스가 베어스턴스를 인수한 이후 큰 이슈가 없어 다소 소강 상태

◉ '9월 위기설'의 실체는 주식시장뿐 아니라 채권시장에서도 2008년 9월 외국인 자금의 대규모 이탈로 한국경제가 위기에 봉착한다는 것

○ 외국인이 보유하고 있는 채권의 만기가 대부분 2008년 9월에 집중
  • 9월 만기도래분은 8.6조 원(71.3억 달러)[3]

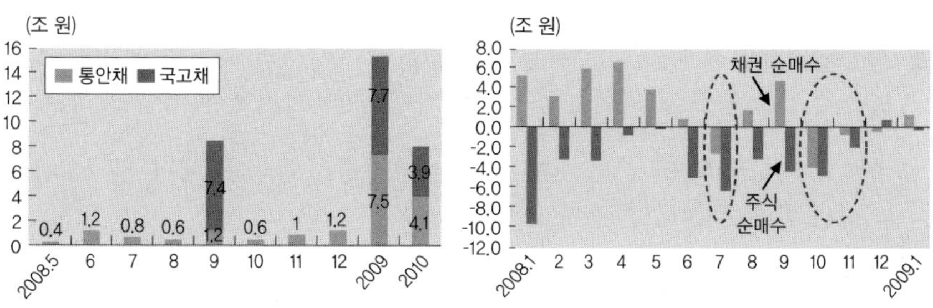

주 : 점선의 동그라미는 외국인의 주식 및 채권 순매도가 동시에 발생한 시기
자료 : 금융감독원.

○ 외국자금의 대거 이탈로 국내 환율 및 금리 폭등 → 기업 도산, 금융기관의 부실 급증으로 금융·외환 시장이 극도로 불안

◉ 결과적으로 위기설이 주장했던 외국인 채권자금 이탈로 인한 2008년 9월 금융·외환위기 발생은 '기우에 불과'했던 것으로 판명[4]

---

2 한국 경상수지(억 달러) : 18.2(2008년 6월), -24.5(7월), -50.0(8월), -13.5(9월)

3 2008년 9월 말 원/달러 환율 1,207원 기준

4 다만, 2008년 9월 중 외국인 주식 순매도(4.5조 원 규모), 9월 말 외환보유액 184억 달러 감소(2,397억 달러 ← 6월 말 2,581억 달러), 단기외채 135억 달러 증가(1,896억 달러 ← 6월 말 1,761억 달러), 금리와 환율의 동반 급등 등은 위기설이 제기한 방향으로 전개

○ 위기설과 달리 2008년 9월 중 외국인은 4.5조 원의 채권을 순매수
  • 높은 수준의 금리재정거래 차익 기회가 지속되어 외국인의 재투자유
    인이 컸기 때문[5]

○ 다만, 2008년 9월 중순 이후 글로벌 금융패닉이 발발[6]하면서 '9월 위기
  설'이 10월에 '제2 외환위기설'로 바뀌고 국내도 혼란에 빠짐
  • 국제 금융불안에 국내 위기설까지 가세해 원/달러 환율이 급등하는
    등 국내 금융불안이 주요국에 비해 과도하게 전개
  • 또한 미분양주택 급증, 중견건설사 부도 등으로 인한 '부동산 PF발 금
    융위기설'도 제기되는 등 금융시장 내 불안감이 팽배

2009년 : 외국자금 이탈발 '3월 위기설'이 제기

◉ 2008년 12월 전후 글로벌 금융불안에다 국내에서의 외국자금 이탈, 외환
  보유액 감소 등으로 외화유동성 문제가 점증한 시기에 위기설이 제기

○ 9월 위기설과 달리 당시 대외 상황은 세계경기 동반 침체와 씨티그룹 및
  GM의 파산 우려로 혼란이 고조된 시기

○ 국내 실물경제도 침체로 반전된 가운데 국내 자본시장에서 외국자금의
  이탈과 외화유동성 부족이 우려된 시기
  • 외국인은 주식(11월)과 채권(10~12월) 시장에서 순매도 지속
  • 국내 민간에 대한 외화유동성 공급과 외환시장 개입으로 외환보유액
    이 2,000억 달러 선으로 크게 감소[7]

---

5 외국인의 국내 채권투자는 무위험 재정거래(환위험을 헤지한 후의 수익 〉 자금조달비용) 방식의 투
  자로 통화스와프(CRS) 시장을 통해 환위험을 헤지한 후 단기국채 및 통안채를 매입하는 재정거래 성
  격의 투자에 치중
6 리먼브러더스의 파산보호신청(2008년 9월 15일), 구제금융법 하원 부결(9월 30일)을 계기로 글로벌
  금융시장이 패닉상태에 접어듦
7 경상수지는 9월 위기설 제기 당시와 달리 2008년 11월(19.1억 달러), 12월(8.6억 달러) 흑자를 기록

● 위기설의 실체는 2009년 3월에 한국이 달러화 부족으로 다시 외환위기에 봉착한다는 것[8]

　○ 시기적으로 3월을 전후로 일본 회계연도 결산기, 외국인 배당송금 시기, 은행 외채와 외국인 보유 국내채권의 대규모 만기도래 시기 등이 겹쳐 달러화 수요가 집중[9]
　　• 2009년 3월 일본 회계연도 결산기를 앞두고 국내에 유입된 엔 캐리 트레이드 자금이 대거 이탈할 것이라는 설

| 2009년 국내 시중은행의 장단기 외채 만기도래 추이 |

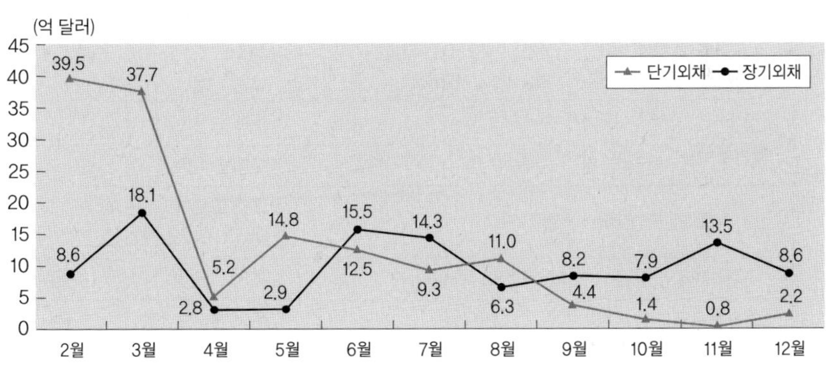

자료 : 한국은행.

　○ 외국자금의 대거 이탈로 국내 환율 및 금리 폭등 → 금융기관의 연쇄부실과 기업 도산 → 외환위기 발발
　　• 여기에다 실물경기 침체로 건설, 조선 등 기업들의 도산, 대졸 실업자 양산으로 사회 불안이 심화되고 경제 위기까지 발생할 것이라고 주장

8　2008년 말에 제기된 후 2009년 들어 1월까지 잠잠하다가 유럽발 금융불안 심화 등으로 2월부터 3월 위기설이 재부상

9　시중은행의 단기외채(엔화 차입금 20억 달러 포함) 상환자금 104억 달러, 외국인 보유 국내채권의 만기도래 20억 달러, 외국인 투자자의 배당금 송금 수요 등

◉ 3월 위기설도 2008년 9월 위기설과 마찬가지로 기우에 불과했던 것으로 판명

○ 2009년 3월 초순 이후 글로벌 금융불안이 진정되는 가운데 국내에서도 외국인 자금의 대거 유입, 저금리 기조 지속, 기업과 금융기관의 도산사태 미발생[10] 등 국내 상황은 3월 위기설 주장과 다른 양상으로 전개
  • 특히, 민간의 장기외화자금 조달 성공, 무역수지 대규모 흑자, 외환보유액 증가 등 우려했던 국내 외화유동성이 크게 개선

| 시기별 원/달러 환율 급등락 주요 요인 |

구분			환율 급등기(2009년 2월~3월 3일)	환율 급락기(3월 4일~3월 31일)
대내요인	3월 위기설 (한국물 CDS 프리미엄)		고조 (3월 3일 : 482bp)	해소 (3월 31일 : 328bp)
	외국인 증권투자	주식(조 원)	순매도(1.5)	순매수(1.9)
		채권(조 원)	순매수(2.0)	순매수(1.6)
	장기외화조달(억 달러)		無	포스코 7.0(5년 만기) SKT 3.3(5년 만기)
	무역수지(억 달러)		적자 : 33.6(1월)	흑자 : 29.3(2월), 46.1(3월)
	외환보유액(억 달러)		감소 : 2.0(2월)	증가 : 48.0(3월)
대외요인	글로벌 금융위기		동유럽발 위기	진정 (FRB의 미국채 매입 발표 계기)

○ 다만, 2009년 2월부터 3월 초순까지는 3월 위기설에다 글로벌 금융불안이 다시 고조[11]되면서 국내 금융시장은 다른 나라에 비해 과도하게 불안해지는 양상을 보임[12]
  • 외신들의 부정적인 보도[13]까지 가세하면서 원화 환율이 폭등

---

10 통화당국의 기준금리 인하 및 유동성 공급 확대로 인해 시장금리는 하향 안정세(2009년 1월 말 7.3% → 3월 5일 6.3%)

11 2009년 2월 10일 이후 영국, 아일랜드의 금융위기, 러시아 등 동유럽의 국가부도사태 우려에다 미국 금융사의 국유화 등으로 국제 금융시장이 다시 혼란

12 2008년 9월 위기설과 달리 2009년 3월 위기설은 글로벌 금융불안이 위기설 시점 이전에 발생해 위기설과 글로벌 금융불안이 혼재해 발생

13 *Economist*(2009.2.26.), *Financial Times*(2009. 3.1.), *Wall Street Journal*(2009.3.4.) 등 해외 유력 언론들이 신흥시장 가운데 한국이 외부충격에 가장 취약하고, 외채 문제가 심각하다고 보도

| 주요국 통화의 달러화 대비 절상률 및 변동성 추이 |

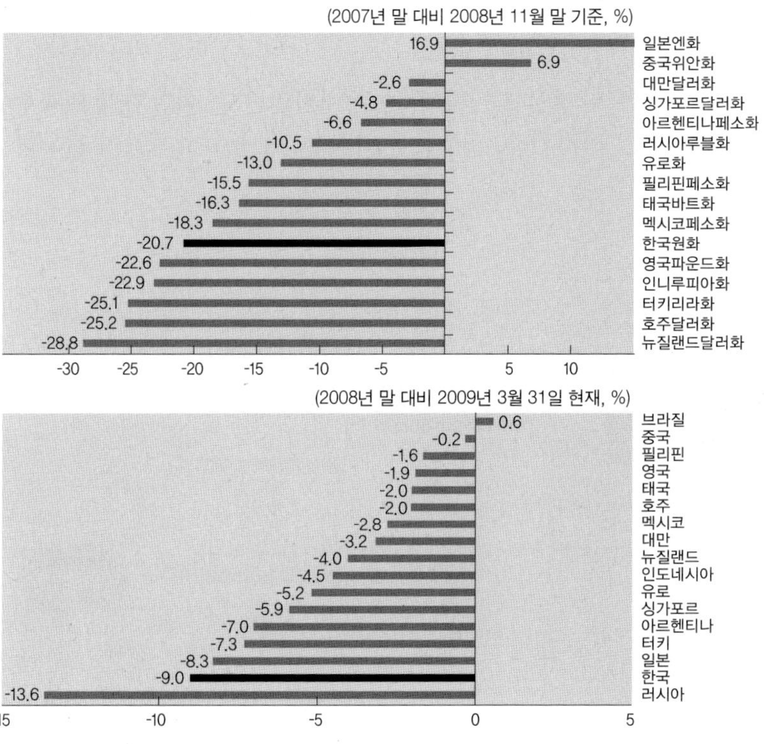

자료 : Thomson Reuters, Datastream. ; 한국은행, ECOS DB.

| 2008년 '9월 위기설' 과 2009년 '3월 위기설' 비교 |

구분		2008년 9월 위기설	2009년 3월 위기설
제기 시점		2008년 7월경	2008년 12월경
실체		외국인 채권자금의 대거 이탈로 한국경제가 위기에 봉착	엔 캐리 트레이드 자금의 이탈과 달러화 수요집중으로 위기 발생
유사점	위기설 제기 당시 외화유동성	• 외국인 주식·채권 순매도(단, 2008년 12월에 외국인 주식 순매수) • 대외채무 증가와 외환보유액 감소(단, 2008년 12월 대외채무 감소)	
	진행 경과	• 위기설에 기반한 위기는 미발생 • 글로벌 금융불안으로 국내 금융불안이 매우 증폭	
차이점	경상수지	적자 반전	흑자 반전
	국내 경제	둔화되나 양호	경기침체 심화
	국내외 유동성	유동성 부족	단기 유동성 풍부

Ⅱ 위기설 반복의 원인

◉ 대내적으로 높은 단기외채 비중과 높은 대외의존도, 외환위기 트라우마
  등으로 위기설이 제기되고, 외부환경 악화 시 국내 금융불안이 과도하게
  증폭

| 국내 위기설 반복의 원인 |

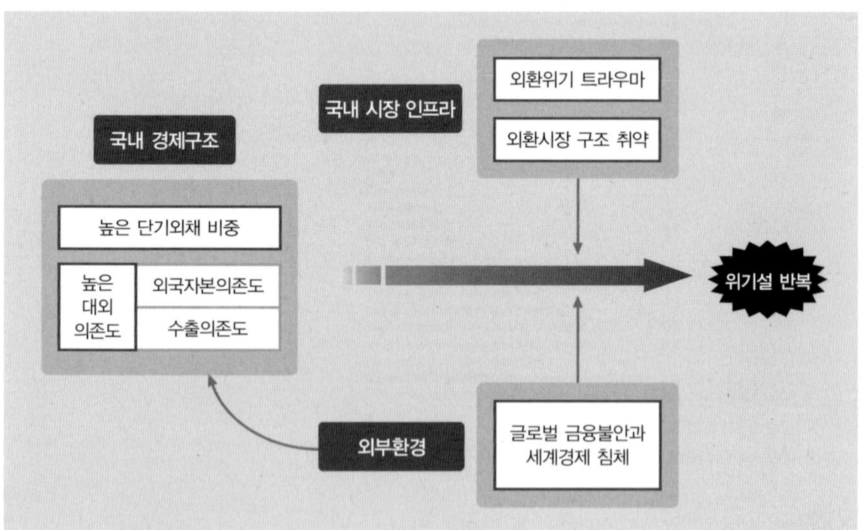

1. 대내요인

높은 단기외채 비중과 외화유동성 악화

◉ 대외채무가 대외채권에 비해 많은 데다가, 단기외채가 높은 수준을 유지
  하고 있는 점이 주된 불안요인

○ 2008년 말 단기외채와 유동외채[14]는 각각 1,510억 달러와 1,940억 달러로 대외채무에서 차지하는 비중은 40%와 51%

- 외환보유액 대비 유동외채 비율이 2007년 말 77.8%에서 96.4%로 우려되는 수준으로 상승

| 대외채무 내역과 외환보유액 |

(단위: 억 달러, %)

구분		2006년 말	2007년 말	2008년 말
대외채무 총액		2,600.6	3,831.5	3,804.9
부문별	일반정부	102.8	317.5	211.3
	통화당국	96.1	218.7	300.5
	은행부문	1,365.3	1,928.8	1,717.2
	기타부문	1,036.4	1,366.5	1,576.0
기간별	단기외채	1,137.5	1,602.5	1,510.6
	(대외채무 대비 비중)	43.7	41.8	39.7
	장기외채	1,463.1	2,229.0	2,294.4
	유동외채	1,340.6	2,039.9	1,939.6
	(대외채무 대비 비중)	51.6	53.2	51.0
	(외환보유액 대비 비율)	56.1	77.8	96.4

자료 : 한국은행 (2009.2.). "2008년 말 국제투자대조표(잠정)."

◉ 외환보유액의 감소뿐만 아니라 외환보유액의 가용성에 대한 불신도 국내 위기설 제기에 가세

○ 외환보유액이 2007년 말 2,622억 달러에서 2008년 말에 2,012억 달러로 610억 달러 감소한 후 현재까지 2,000억 달러 선을 유지

○ 하지만 일각에서는 한국투자공사의 손실, 미국 회사채 및 자산유동화증권 투자 손실 등으로 가용외환보유액은 많지 않을 것이라는 주장이 제기[15]

---

14 유동외채 = 단기외채 + 장기외채 중 1년 이내 만기도래 외채
15 *Financial Times*(2009.3.1.)는 한국의 가용외환보유고는 회사채를 제외하고 ABS를 포함하더라도 약 1,700억 달러에 그칠 것이라고 언급

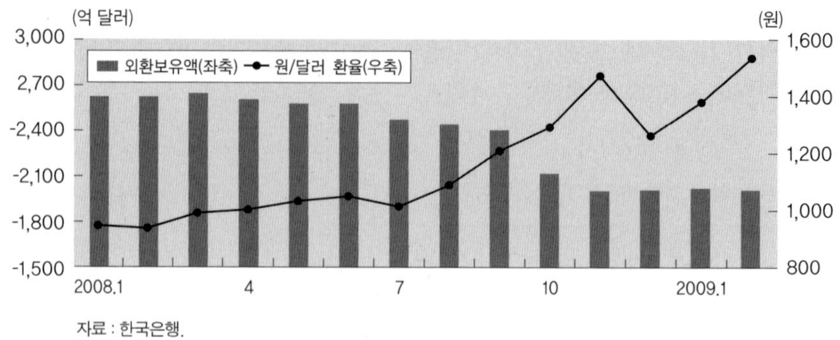

자본시장, 수출에서 높은 대외의존도

◉ 국내 증권시장은 외국자본 의존도가 높아 외부환경에 취약[16]

○ 국내 외국인 투자는 해외 여건에 따라 유출입 변동성이 큰 주식투자에 편중
  • 2007년 말 현재 전체 외국인 투자 중 주식투자 비중은 39.0%로 OECD 30개국 중 3위

○ 최근 외국인의 주식 순매도가 지속됨에도 불구하고 외국인 주식투자 비중은 2009년 2월 말 28.5%로 주요 신흥시장에 비해 여전히 높은 수준[17]
  • 2006년 말 기준 한국의 외국인 주식투자 비중은 37.3%로 헝가리 (77.7%), 리투아니아(2004년 기준 51.7%), 멕시코(45.1%) 다음으로 높은 수준[18]

◉ 한국은 수출의존도가 높아 글로벌 경기침체에 민감한 경제구조

○ 한국의 수출의존도[19]는 38.3%(2007년 기준)로 말레이시아나 대만 등 동아시아 주요국을 제외하면 세계적으로 높은 수준

---

16 2009년 1월 말 현재 외국인 채권보유 비중은 4.21%로 미국 27.0%(2007년 말), 호주 58.8%(2007년 말), 일본 7.0%(2007년 말) 및 영국 32.3%(2007년 9월 말) 등 주요 선진국보다는 낮은 수준

17 주식시장에서 외국인 투자의 시가총액은 2009년 2월 13일 기준 177조 원으로 2007년 말 기준 325조 원에서 급격히 감소하였고, 비중도 2001년 이후 가장 낮은 수준

18 공교롭게도 외국인 주식투자 비중이 가장 높은 헝가리는 2008년에 IMF 구제금융을 신청하였고, 리투아니아는 최근 국가부도사태 위험이 높은 국가로 거론

19 수출의존도 = 수출(관세통관기준, 명목기준)/경상GDP

| 외국인 투자 대비 주식투자 비중 비교 |

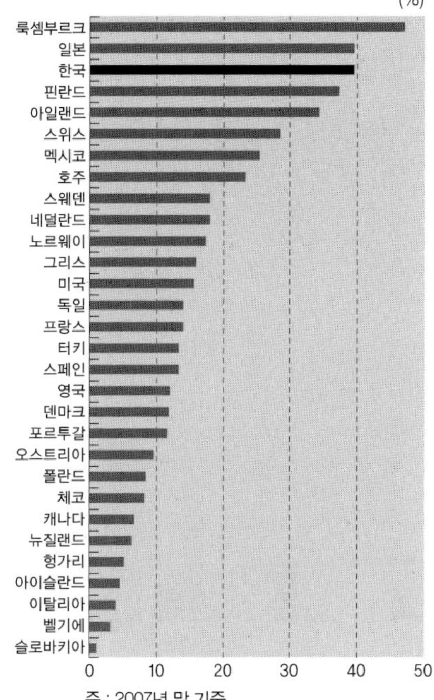

주 : 2007년 말 기준
자료 : IMF, BOP. ; OECD, SourceOECD.

| 주요 신흥국가의 외국인 주식투자 비중 |

(단위: %)

국가		2004년	2006년
아시아	한국	42.0	37.3
	대만	23.2	34.6
	인도네시아	22.1	21.2
	태국	31.0	35.0
	필리핀	10.1	10.9
	인도	16.4	13.5
미주	멕시코	43.5	45.1
	브라질	7.9	11.7
동유럽	터키	16.5	21.4
	헝가리	78.0	77.7
	폴란드	13.5	12.8
	체코	21.4	14.9
	리투아니아	51.7	-

자료 : 국제금융센터 (2007.3.2.). "국가별 외국인 주식보유 비중 점검."

| 주요국 수출의 GDP 대비 비중(2007년) |

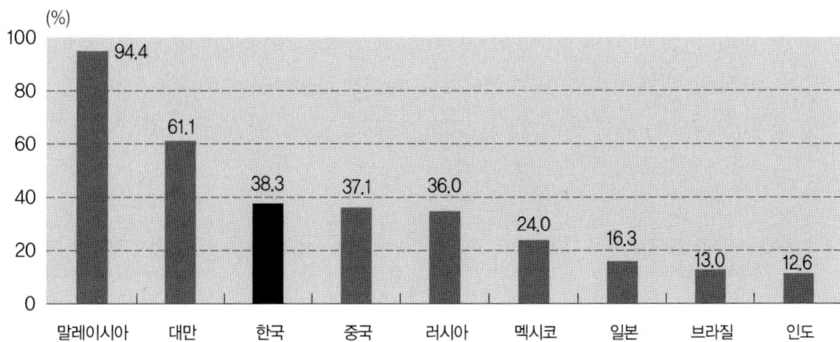

자료 : IMF, DOT.; Thomson Reuters, Datastream.

취약한 외환시장 구조와 외환위기 충격 경험

◉ 외환시장 규모가 작은 데다가 외국인 거래 비중이 높아 외환시장에서 외국인의 영향력이 막대하고 쏠림현상도 빈번히 발생

○ 외환시장 거래규모가 꾸준히 크게 확대되었음에도 불구하고 경제규모(경상GDP, 무역규모)에 비해서는 여전히 미흡

| 주요국의 경제규모 대비 총 외환거래량[20] 비교 |

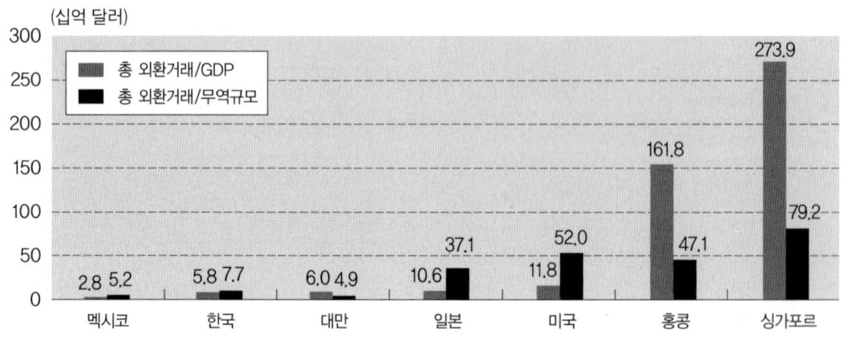

자료 : BIS (2007.12.), Foreign exchange and derivatives market activity in 2007.; Thomson Reuters, Datastream.; IMF, IFS.; 대만 통계청.

○ 외국인의 높은 거래 비중, 차액결제선물환(NDF : Non-Deliverable Forward)의 영향력 확대 등으로 글로벌 금융불안이 그대로 국내 외환시장에 충격을 주고 쏠림현상을 야기[21]
- 국내 외환거래에서 외은 지점이 차지하는 비중이 전체의 47.9%, 특히 외환파생거래에서의 비중은 54.4%를 기록
- 원/달러 선물환거래에서 NDF 거래규모는 일평균 75억 달러로 전체(98억 달러)의 76.5%를 차지

---

20 전통적 외환거래(현물환, 선물환, 외환스와프)와 외환파생거래를 합한 규모
21 비거주자의 NDF 매입 확대와 원/달러 환율 간에는 유의적인 정(正)의 관계

◉ 외화유동성이 다소 악화될 경우 국내 경제활동 참여자들이 더욱 민감하게 반응하는 외환위기의 상흔이 있다는 점도 불안 반복의 한 원인

○ '9월 위기설'이 제기된 2008년 7월과 '3월 위기설'이 제기된 2008년 12월 당시 상황이 일부 면에서 1997년 외환위기 상황과 유사
  • 특히, 높은 단기외채 비중, 외국자금 이탈, 경상수지 적자, 외환보유액 감소가 다소 유사

| 1997년 외환위기와 2008년 9월 위기설 비교 |

구분		외환위기 당시	2008년 9월 위기설 당시
유사점	대외여건	동남아국가들의 외환위기 발생 및 전파	미국발 글로벌 금융위기
	단기외채/총 외채 총 외채/경상GDP	45.4%(1997년 9월) 33.9%(1997년)	44.6%(2008년 9월) 39.3%(2007년)
	환율 급등	1997년 1월 3일 : 843.4원 1997년 12월 31일 : 1,695원	2008년 1월 2일 : 936.9원 2008년 9월 30일 : 1,207원
	경상수지 적자	82.9억 달러(1997년)	138억 달러(2008년 1~9월)
차이점	외환보유액 단기외채/외환보유액	244억 달러(1997년 11월) 241%(1997년 9월)	2,396억 달러(2008년 9월) 79.0%(2008년 9월)
	기업 및 금융 경쟁력	한보, 기아 등 대기업 연쇄도산, 금융 부실	기업 및 금융 건전성 양호
	기업부채 비율	424.6%(1997년 말)	104.3%(2008년 9월)
	은행 BIS 비율	7%(1997년 말)	10.9%(2008년 9월)

2. 대외요인 : 반복되는 글로벌 금융불안

2008년(미국발 글로벌 유동성위기) vs. 2009년(실물경기 침체발 2차 위기)

◉ 2008년 9월 이후에는 미국발 금융불안이 글로벌 금융시장으로 전파되면서 유동성위기가 전면에 부각

○ 대형 투자은행의 연쇄 도산으로 촉발된 금융위기가 '유동성위기' → '신용위기' → '신뢰위기'로 확산

- 모기지 대출회사와 헤지펀드의 연쇄 파산에 따른 신용경색이 금융부실로 이어지면서 미국 4대 투자은행인 리먼브러더스가 파산[22]

○ 2008년 10월에는 위험회피성향 지표인 TED 스프레드(LIBOR 3M − T Bill 3M)[23] 사상 최고 수준(425bp)까지 상승

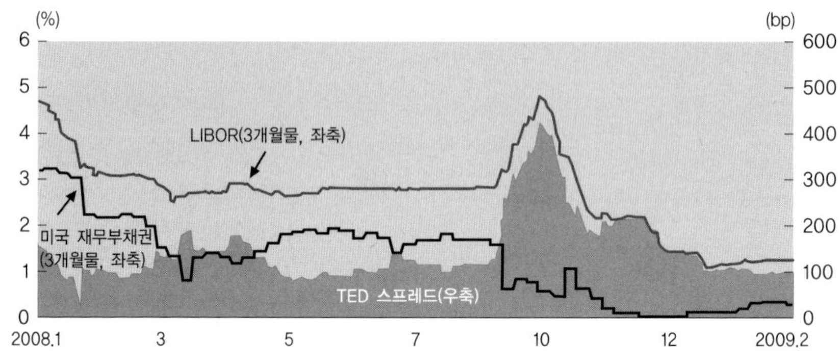

자료 : Thomson Reuters, Datastream.

◉ 한편, 2009년 2월 이후 글로벌 경기침체에 따라 미국과 동유럽발 금융위기가 동시다발적으로 확산

○ 실물경제 부진이 다시 금융산업으로 전이되어 상업은행 부실이 급증하면서 '부실처리가 가능한지'에 대한 시장 우려가 증폭
- 최대 상업은행인 씨티그룹의 부실 처리를 위해 정부가 보유한 우선주를 보통주로 전환하는 사실상 국유화 조치를 결정

○ 한편 세계경제 침체로 대외의존도가 높은 동유럽 주요국은 경상수지 적자 확대와 해외자본 이탈로 국가부도 가능성에 직면
- 동유럽에 대출된 자금의 약 91%가 서유럽 자금인 만큼 동유럽 금융위기가 서유럽 국가로 확산될 가능성도 고조

---

22 또한 3대 투자은행인 메릴린치는 BoA가 인수했고, 대형 보험사인 AIG에는 대규모 구제금융이 투입
23 TED Spread : 3개월물 미국 달러표시 LIBOR와 단기 미국 재무부채권(T-Bill)의 수익률 간 차이로 은행의 신용위험이 커질수록 스프레드가 확대

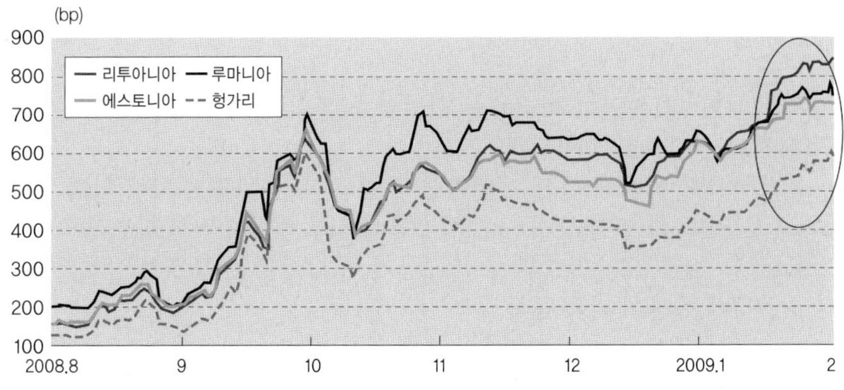

자료 : Thomson Reuters, Datastream.

| 2008년 9월 및 최근 금융위기 비교 |

구분		2008년 9월	최근(2009년 2월~현재)
특징		미국발 금융불안이 전 세계로 확산	미국, 동유럽 동시다발적 위기
유사점	금융부실	일부 금융사 도산, 부실 확대 • 대형 투자은행 연쇄도산(2008년), 대형 상업은행 도산위기(2009년)	
	금융시장	주요국 주가 폭락, 달러화 강세 • 단, 엔화 나홀로 강세(2008년) → 엔화 약세(현재)	
	정책당국 대책	정책금리 인하, 중앙은행 유동성 공급, 부실 금융기관 국유화(2008년 : 유럽, 2009년 : 미국)	
차이점	원인	거래상대방 신용위험 만연	경기침체가 2차 금융부실을 야기 동유럽 등 신흥시장 국가부도위기
	단기유동성	유동성 경색, 시장금리 급등	유동성 풍부, 금리 하향 안정세
	실물 부문	선진국의 경기침체 국면 진입	세계경기의 동반 침체

글로벌 금융불안 반복의 실체 : 다양한 악순환 고리 형성에 기인

◉ 현재 세계적으로 3가지 유형의 사이클이 동시에 진행되고, 이들이 상호
작용하며 금융불안을 반복해서 야기

① 실물경제 내에서 경기 악순환 고리가 형성

- 자산가격 하락 → 소비위축 → 기업수익성 악화 → 고용축소 → 소비위축

② 위험부담 및 손실이 먹이사슬 형태로 진행되며 최종적으로 국가가 부담하는 상황으로까지 전개

- 자산가격 하락에 따른 개인파산 급증 → 투자은행 수익성 악화/도산 → 상업은행 부실 확대 → 위험부담이 정부 및 중앙은행으로 귀착
- 금융– 실물 간의 악순환 고리로 상기 두 사이클 간 부정적 상호작용이 발생해 불안이 더욱 증폭

| 글로벌 금융불안 반복의 배경 |

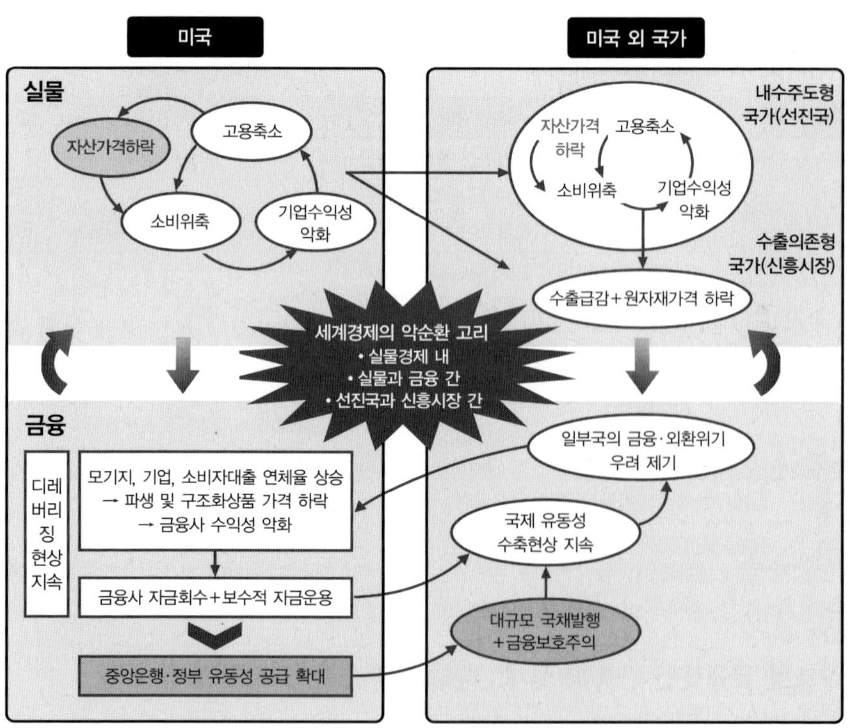

③ 마지막으로 지역 간 사이클이 형성되어 미국, 유럽에서 신흥시장으로 전이되고, 이는 다시 미국, 유럽 등 선진국에 영향
  - 미국 → 서유럽(아일랜드, 영국) → 동유럽 등 신흥시장 → 선진국
  - 전이 메커니즘은 신흥시장의 수출급감에 따른 경상수지 적자, 신흥시장 내 旣유입 외국자본의 이탈 과정을 통해 전이

◉ 이 과정에서 글로벌 자금흐름은 신흥시장에서 미국 및 유럽으로, 장기에서 단기로 바뀜

○ 국제 금융시장의 안전자산 선호 현상과 미국, 유럽 내 금융사 및 기업 부실문제로 국제자본이 선진국으로 이동
  - 미국, 유럽은 자국 부실문제 처리를 위해 대규모 국채발행을 통해 재원을 조달 → 국제 금융시장에서 달러화 퇴장 현상이 발생

Ⅲ 향후 위기설 재발 가능성

◉ 글로벌 금융불안이 크게 개선되지 않는다면 높은 단기외채 비중 등 자본의 높은 대외의존도로 위기설이 다시 제기될 가능성이 상존

　○ 국내 외화유동성은 높은 단기외채 비중, 높은 외국인 주식투자 비중 등으로 대외 금융불안에 취약한 상태

◉ 하지만 위기설이 실제 위기나 파국으로 연결될 가능성은 낮음[24]

　○ 최악의 경우에도 외환보유액과 외국과의 통화스와프 미사용 자금으로 단기외채 상환수요를 감당할 수 있기 때문

　○ 여기에다 금융불안이 고조될 경우 외국과의 통화스와프 규모 확대, 정부보증을 통한 은행 단기외채의 장기외채 전환 등이 가시화될 수 있기 때문
　　• 경상수지 흑자가 예상된다는 점도 위기발생 가능성을 낮추는 요인

| 향후 국내외 주요 안정·불안요인 비교 |

	안정요인	불안요인
대내	• 무역수지 흑자 기조 유지 • 정부 당국의 외환시장 안정 노력	• 높은 단기외채 비중과 대외의존도 • 가계 및 기업대출 부실화 우려 점증
대외	• 미국 주택가격 하락세는 지속되나, 하락폭은 둔화 • 각국의 금융시장 안정화, 경기부양 조치의 본격 집행	• 부실 : 주택대출 → 기업, 소비자 금융으로 확산 우려 • 국가위기 : 동유럽 → CIS(독립국가연합) 등 여타 신흥시장 • 정부 당국의 재원조달, 신속한 구조개혁 난항

---

24 '위기'는 외국자본의 대거 이탈, 외화 부족으로 한국이 외화지급불능사태에 빠지고, 국내 금융·기관이 대거 도산하는 것을 의미

1. 대내요인

외화유동성 문제는 단기에 개선되기 힘들 전망

◉ 국내 외채의 만기가 2009년에 집중되어 있어 글로벌 금융불안의 대폭 개선 없이는 외화유동성 문제가 조기에 개선되기는 어려운 상황

  ○ 2009년 1월 말 현재 국내 은행의 2009년 만기도래 대내외 차입금은 383억 달러이고, 정부 지원분을 포함할 경우 640억 달러에 달함

  ○ 단기외채/총 외채 비율은 하락세를 보이고 있으나, 단기외채/외환보유액, 총 외채/경상GDP 비율은 과거에 비해 상대적으로 높음

| 국내 은행권의 대내외 외화차입금 현황 |

(단위: 억 달러, 2009년 1월 말 기준 잠정치)

구분		잔액	2009년 만기도래
국내은행	정부지원 제외	926	383
	정부지원 포함	1,183	640
외은지점	외은지점	640	626

자료 : 기획재정부 (2009.2.27.). "국내 은행 외화차입금 현황."

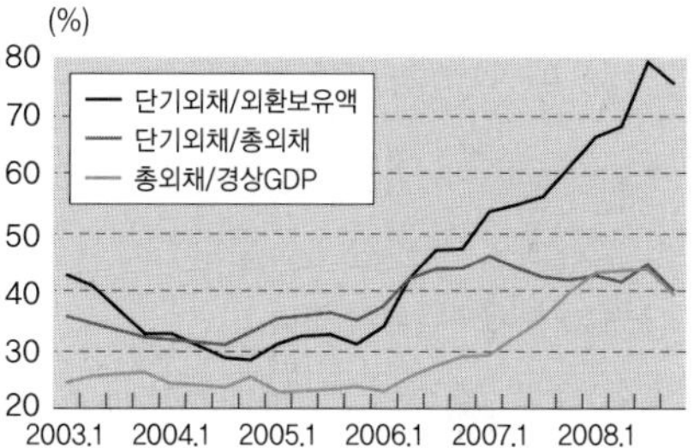

  ○ 외국인 보유 국내채권의 만기가 일반적으로 3월, 9월에 집중되어 있고, 시중은행 단기외채는 단기로 차환되고 있어 높은 단기외채 비중은 계속 유지
    • 분기 말 결산기에 시행될 외국인의 포트폴리오 재조정(Window Dressing) 등으로 인해 분기 말에 외국자금 이탈에 대한 우려가 고조될 여지가 높음

무역수지 흑자는 지속되나, 국내금융의 부실화 우려는 신규 불안요인

◉ 2009년 들어 수출부진이 지속되고 있으나 수입이 더욱 큰 폭으로 감소하는 추세여서 향후 무역수지와 경상수지는 개선될 전망

○ 2009년 무역수지는 71억 달러 흑자, 경상수지는 134억 달러 흑자를 기록할 것으로 예상[25]

◉ 경기침체 장기화로 인한 기업실적 악화 및 가계대출 부실화 우려는 또 다른 불안요인으로 작용

○ 최근 들어 기업대출 연체율은 경제 여건 악화 등의 영향으로 상승세를 나타내고 있으나 아직 카드대란 당시보다는 낮은 수준[26]
  • 기업 연체율: 0.92%(2007년 말) → 1.46%(2008년 말) → 2.04%(2009년 3월)
  • 그러나 중소기업대출의 경우 연체율이 빠른 속도로 상승 중: 1.00%(2007년 말) → 1.70%(2008년 말) → 2.32%(2009년 3월)

○ 가계대출 연체율은 완만한 상승세를 나타내고 있으나, 가계의 부채부담능력은 2008년 이후 저하되고 있는 것으로 분석
  • 가계 연체율: 0.55%(2007년 말) → 0.60%(2008년 말) → 0.73%(2009년 3월)
  • 금융자산 대비 금융부채 비율[27]은 2008년 들어 악화되었으며, 처분가능소득 대비 금융부채 비율[28]은 소득감소로 인해 상승세를 기록

| 가계의 부채부담능력 추이 |

(단위: %, 배)

구분	2002년	2003년	2004년	2005년	2006년	2007년	2008년
금융부채/금융자산	46.48	45.02	43.99	42.99	44.11	43.49	48.01
금융부채/처분가능소득	1.21	1.18	1.13	1.20	1.29	1.36	1.40

주: 금융부채/처분가능소득의 2008년 수치는 삼성경제연구소 추정치
자료: 한국은행, ECOS DB.

○ 2009년 들어 가계대출금리가 큰 폭으로 하락하면서 가계 부담이 완화될 것으로 보이나 경기 하락에 따른 소득 감소를 감안할 때 가계 부담이 크게 개선되기는 힘들 전망
  • 가계대출금리: 6.9%(2008년 6월) → 7.8%(10월) → 5.7%(2009년 2월)

---

25 황인성 외 (2009.2.11.). "2009년 세계경제 및 국내경제 전망." 삼성경제연구소.
26 카드대란 당시 기업대출 연체율: 2.6%(2003년 9월), 2.7%(2004년 2월)
27 실물의 처분 없이 금융부채를 상환할 수 있는 능력을 보여주는 지표
28 가계소득으로 금융부채를 상환할 수 있는 능력을 보여주는 지표

2. 대외요인 : 글로벌 금융불안의 향방

금융불안이 축소 재생산되는 양상이 전개될 전망

◉ 향후 글로벌 금융불안이 반복적으로 나타나지만, 그 진폭은 다소 축소될 것으로 예상

○ 미국 금융기관의 추가 부실, 유럽 국가의 금융위기 우려, 일부 신흥시장의 국가부도 가능성 등은 대표적인 불안요인

| 글로벌 주요 변수와 전망 및 영향 |

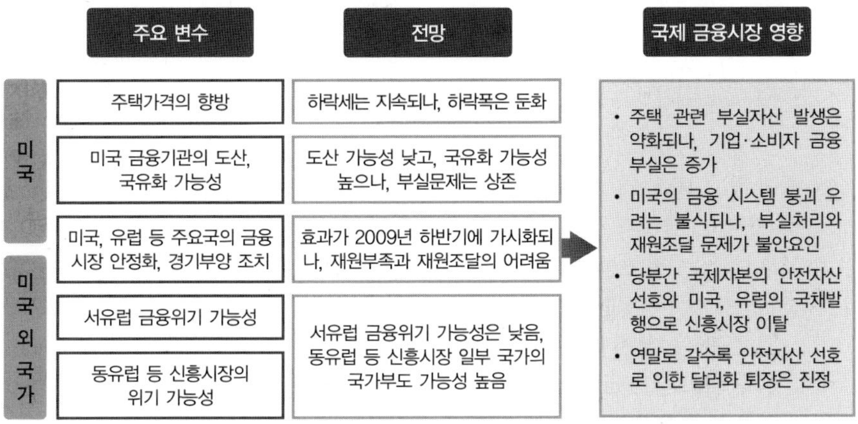

○ 하반기에 본격적으로 집행되는 세계 각국의 금융시장 안정화 및 경기부양 조치는 글로벌 금융불안을 진정시키는 요인
   • 미국 금융기관의 국유화는 금융 시스템 붕괴 우려를 불식시킨다는 점에서는 안정요인

금융기관의 추가 부실, 신흥시장의 국가부도 가능성은 불안요인

◉ 미국의 주택 관련 부실자산 발생은 다소 줄어드나, 기업·소비자 금융의 부실화가 확대될 가능성

○ 2009년 중에도 미국 주택가격의 하락세가 지속되나, 하락폭은 둔화될 전망이어서 주택 관련 추가 부실은 다소 줄어들 것으로 예상
- 그동안 주택가격의 하락으로 2008년 말 주택가격이 과거(1987~2001년) 주택가격/임대료 평균수준, 장기 추세선으로 접근

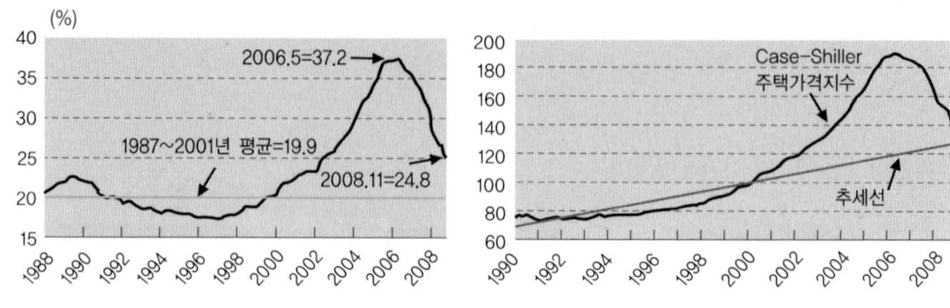

자료 : Thomson Reuters, Datastream.; S&P/Case-Shiller 전국주택가격지수.

○ 미국경기 침체와 실업증가로 기업대출과 소비자 금융의 부실화가 확대될 것으로 예상
- 무디스는 정크본드 등 투기등급 회사채의 부도율이 2008년 말 4.1%에서 2009년 말에는 16.4%까지 급등해, 1933년 대공황 당시 15%(사상 최고치)를 경신할 것으로 전망[29]
- 신용평가사 피치는 미국 신용카드 연체율이 2009년 1월 3.75%로 상승해, 이전 최고치 3.73%(1997년 2월)를 상회했다고 발표[30]

● 일부 신흥시장의 국가부도 가능성은 불안 증폭에 일조

○ 동유럽 일부 국가의 부도 가능성은 높으나, 이로 인해 서유럽 금융기관들이 연쇄 도산할 가능성은 낮음
- 대외채무 비중이 높고 경상·재정 수지 적자폭이 확대되는 국가, 그 중에서도 고정환율제를 유지하고 있는 국가의 부도발생이 우려[31]

---

29 Moody's Investors Services (2009.2.). Corporate Default and Recovery Rates, 1920-2008. Moody's Global Credit Policy.

30 Reuters (2009.2.4.). US Credit Card Delinquencies at Record Highs-Fitch.

31 폴란드, 체코, 헝가리 등을 제외한 대부분 동유럽 국가는 고정환율제를 채택하고 있는 상황

- 유럽 각국과 국제사회의 지원으로 동유럽 국가의 연쇄부도사태는 방지될 전망[32]

(단위: %)

국가	GDP 대비 대외채무	GDP 대비 경상수지 적자	GDP 대비 재정수지 적자
폴란드	42	4.9	2.2
슬로바키아	45	4.8	2.8
체코	39	3.0	2.4
헝가리	113	3.7	2.7
루마니아	51	10.6	1.8
불가리아	74	14.1	0.3
에스토니아	113	4.2	3.4
라트비아	154	5.0	6.0
리투아니아	82	8.7	2.4

자료 : IMF, IFS.; EIU, Country Report. ; 국제금융센터, 통계자료 DB.

○ 세계경제 침체와 국제자본의 신흥시장 이탈로 국가부도 위기가 CIS,[33] 중남미 국가 등으로 확산될 가능성도 상존

미국 금융회사의 국유화와 각국의 대규모 안정화 조치는 위기진정요인

◉ 미국 금융기관의 국유화 추진으로 향후 미국 금융 시스템의 혼란 우려는 불식될 가능성이 높음

○ 미국 정부는 2009년 4월 말까지 대형 상업은행에 대해 스트레스 테스트를 실시하여 자본확충 여부를 결정할 계획[34]이나, 이보다 빨리 진행될 것으로 예상[35]

---

32 서유럽은 동유럽 국가의 해외채무 중 90% 이상을 감당하고 있어, 서유럽 금융기관의 피해를 최소화하기 위해 어떤 형태로든지 지원에 나설 것으로 예상

33 CIS 중에서 우크라이나, 벨루로시가 이미 IMF로부터 구제금융을 받은 상태

- 자본확충이 필요하다고 판단되는 은행은 최대 6개월 동안 시장을 통한 자본확충, 실패할 경우 정부가 보통주 전환 우선주를 매입[36]
- 유형보통주자본(TCE)[37] 기준으로 볼 때 씨티그룹 외에도 많은 대형 상업은행의 건전성이 적정 수준인 3%에 미달인 상태

| 미국 4대 대형 상업은행의 건전성 현황(2008년 말 기준) |

(단위: 십억 달러, %)

은행	총 자산	유형자산	자기자본	우선주	TCE	TCE 비율	레버리지
JP모건체이스	2,175	2,112	167	32	72	3.4	29
씨티그룹	1,938	1,892	142	71	24	1.3	79
BoA	1,822	1,719	177	38	36	2.1	48
웰스파고	1,310	1,255	99	31	13	1.1	94

주 : BoA는 메릴린치 관련 자산을 제외한 수치

자료 : National Information Center 자료에 의거하여 계산. 〈http://www.ffiec.gov/nicpubweb/nicweb/Top50Form.aspx〉

○ 대형 금융기관에 대한 국유화 조치는 해당 금융기관의 파산위험 및 금융시장의 시스템리스크 해소에 기여하나, 신용경색 국면을 해소하기에는 역부족일 것으로 예상
- 국유화 압력이 은행의 자본비율 제고 노력을 촉발하여 단기적으로는 대출 축소 및 신용시장 경색을 초래할 우려가 있음

---

34 자산규모 1,000억 달러 이상의 대형은행에 대해 경제여건이 악화될 경우 은행의 생존가능성을 평가하되, 2009년 경제성장률 -2.0%, 실업률 8.4%, 주택가격 14% 하락을 기본 시나리오로, 경제성장률 -3.3%, 실업률 8.9%, 주택가격 22% 하락을 더욱 악화된 시나리오로 가정

35 2009년 2월 7일, 미국 정부는 씨티그룹 구제금융을 위해 매입한 우선주 250억 달러를 보통주로 전환한다고 발표(전환 후 정부 지분율 36%)하는 등 실질적인 대형 금융기관 국유화 단계에 진입

36 우선 자본지원프로그램(Capital Assistance Program)에 따라 정부와 우선주 발행 약정을 맺고, 6개월 이내에 민간자본 조달에 성공할 경우 우선주 발행 약정을 취소

37 Tangible Common Equity. 유형보통주자본은 청산 시 잔여재산에 대한 최하위 청구권자인 보통주 주가 받을 수 있는 가치로서 자기자본에서 무형자산과 우선주 자본을 차감. 유형보통주자본=자기자본－우선주－무형자산. 유형보통주자본 비율=유형보통주자본÷유형자산(= 총자산－무형자산).

◉ 세계 각국의 금융안정화 및 경기부양 조치는 2009년 하반기에 본격적으로 집행되면서 그 효과가 가시화될 전망

○ 2008년 이후 미국 정부와 FRB 등이 금융시장에 집행했거나 투입 예정(대출, 지급보증 등을 포함)인 자금의 총 합계는 약 7.8조 달러
  • 2008년 3월~2009년 2월 기간 집행된 자금은 약 1.6조 달러이고, 나머지(약 6.2조 달러)는 지급보증 형태이거나 추후 계획이 확정되어 집행될 예정

| 미국 금융안정화 조치 현황 |

(단위: 달러)

주무부처	집행규모(예정 포함)	실제 집행내역
FRB	3조 8,100억	베어스턴스(290억), AIG(1,733억), 금융회사 대출(7,829억)
FDIC	1조 2,200억	은행 파산으로 지급한 예금보증금(173억)
재무부	7,771억	은행 우선주 매입(2,354억), GSEs 구제(2,000억) 주택차압 방지(120억)
기타 비용 (경기부양책 포함)	1조 9,890억	경기부양책(旣 집행분 : 1,240억)
합계	7조 7,961억	1조 5,739억

주 : 실제 집행내역은 2008년 3월~2009년 2월 기준.

○ 현재 유럽 각국도 자본투입, 채권보증 등의 방법을 통해 금융안정화 조치를 추진할 뿐만 아니라 경기부양책 시행도 병행
  • 금융안정화 조치 규모 : 유로화 표시 총액 기준으로 독일(4,800억 유로), 아일랜드(4,000억 유로), 영국(3,850억 유로) 순

| 주요 유럽 국가의 경기부양책 현황 |

구분	EU 집행위원회	영국	독일	프랑스
규모	2,000억 유로	200억 파운드	230억 유로	260억 유로
GDP 대비 비중	1.5%(EU GDP 대비)	1.4%	0.9%	1.4%
시행기간	2009~2010년	2008~2010년	2009~2012년	2009~2010년

주 : 2008년 11월 이후 발표 기준.
자료 : 한국은행 (2008.12.17.). "최근 유럽의 경기부양대책과 향후 과제" (해외경제정보 제2008-69호).

국제 금융시장에서 달러화 퇴장 중단에는 시간이 소요

◉ 당분간 국제자본의 안전자산 선호로 신흥시장 이탈, 달러화의 퇴장 현상
  이 반복적으로 발생할 전망

  ○ 글로벌 금융불안의 반복으로 일반 투자자의 금융투자자산 환매 요청과
    금융회사와 기업들의 대내외 위험자산 축소 현상도 당분간 반복해서
    발생

  ○ 여기에다 미국, 유럽 정부가 금융보호주의를 선호하고, 금융시장 안정화
    와 경기부양을 위한 재원마련을 위해 대규모 국채를 발행할 것이라는
    점도 달러화 퇴장 현상을 가중

| 국제 금융시장에서 달러화 퇴장 배경 |

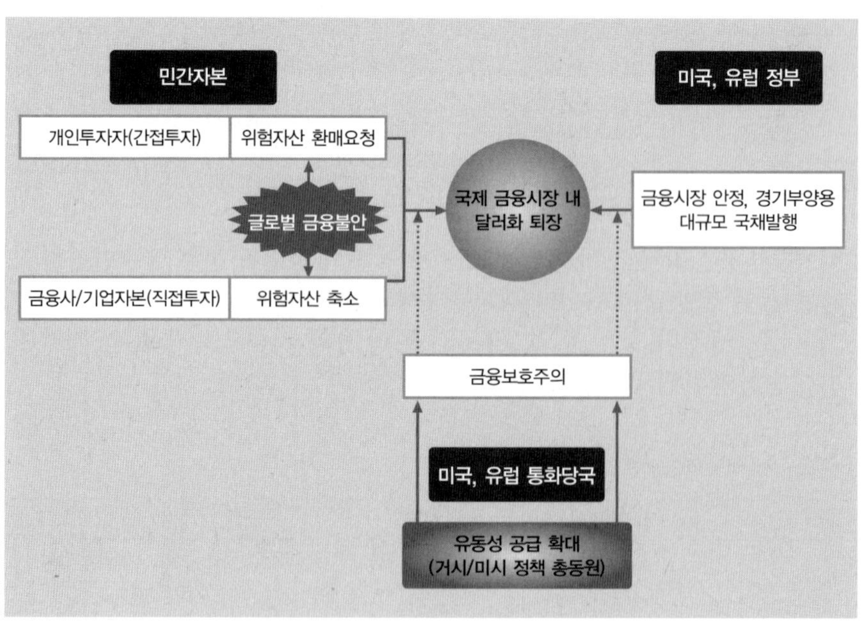

◉ 하지만 2009년 말로 갈수록 글로벌 금융위기로 인한 달러화 퇴장 현상은 진정될 전망

○ 글로벌 금융불안의 축소 재생산은 위험자산 기피현상이 다소 진정되는 것을 의미하므로 국제 금융시장에서 달러화의 유동성 공급에 긍정적으로 기여

○ 반면, 미국과 유럽 정부의 금융보호주의, 대규모 국채발행, 국유화 금융사에 대해 투자자금 회수를 위한 대내외 자산 매각 등은 국제 금융시장에서의 달러화 유동성 공급을 제한하는 요인
  • 미국과 EU, 영국, 일본 등의 2009년 국채발행 예상규모는 3조 8,220억 달러로 2008년(2조 8,410억 달러)에 비해 34.5% 증가

| 주요국의 국채 발행 규모 전망 |

(단위: 십억 달러)

구분	2006년			2007년			2008년			2009년		
	발행	상환	순증	발행	상환	순증	발행	상환	순증	발행	상환	순증
미국	683	482	201	579	478	101	886	548	338	1,605	543	1,063
유로 지역	727	589	138	761	684	77	950	787	163	985	728	257
영국	113	43	70	122	56	66	189	30	159	232	62	170
일본	773	577	196	726	707	19	816	790	26	1,000	936	64
합계	2,296	1,691	605	2,188	1,925	263	2,841	2,155	686	3,822	2,269	1,554

주 : 2008년과 2009년은 추정 또는 전망치
자료 : 한국은행 (2009. 2.18.). "선진국 재정적자 확대의 문제점과 향후 전망" (해외경제정보 제2009-14호).

Ⅳ 정책 대응

● 국내에 고조되고 있는 과도한 불안심리를 해소하고 위기설 재발 방지와 금융시장 안정을 위해 장단기 대책을 병행해 추진할 필요

  ○ 단기적으로는 국내 위기설의 불씨인 단기외채 비중 축소 등 외화유동성 개선하고, 글로벌 금융불안의 국내 파급효과를 최소화하며, 국내 외환위기 상흔 해소를 통해 과도한 불안심리를 진정시키는 것이 급선무

  ○ 중장기적으로는 글로벌 금융충격에도 견딜 수 있는 체질을 갖추기 위해 외환시장 구조 개선, 국제공조체제 강화, 높은 대외의존도 개선 및 활용 등 구조적 개선에 주력할 필요

| 장단기 정책 대응 방안 |

대응 방향			세부 방안
단기	단기외채 비중 축소 등 외화유동성 개선		• 외화건전성 지도비율 강화를 통한 은행권 자체 개선 유도 • 정부의 은행외채 지급보증 조기 성사 노력 • 외국과의 통화스와프 금액 및 체결 국가 확대 • 기존 외화유출 유도 중심의 외환거래제도 보완 • 개선 미미 시 기존 통화스와프와 외환보유액 일부를 활용해 고금리 단기외채 상환
	글로벌 금융불안의 국내 파급효과 최소화		• 국내외 금융시장 모니터링 강화 • 국내외 소재 외신 등과의 소통 강화 • 해외 소재 한국현지기업 지원 • 국내 금융사의 해외자산관리 강화
	외환위기 상흔 해소 노력		• 외화유동성 조기 개선 노력 • 정보공개 범위의 확대와 홍보활동 강화
중장기	외환시장 구조 개선		• 외환시장 시장조성자 육성 • 외환시장 참여자 확대 • 환투기 감시시스템 강화
	국제 공조체제 강화		• G-20 등에서 구체적 금융보호주의 차단 방안 제시 • 아시아 금융안정과 금융협력 세부 방안 제안
	높은 대외의존도 개선 및 활용	외국인 직접투자 비중 제고	• 인센티브와 고환율을 활용해 FDI 유치
		고환율을 수출경쟁력 제고의 기회로 활용	• 교육, 의료, 관광 등 서비스산업 선진화 조기 추진을 통한 서비스수지 적자 개선 • 부품소재산업 육성을 통한 대일 무역수지 적자 개선

1. 단기 대응 방안

단기외채 비중 축소 등 외화유동성 개선

◉ 은행권이 단기외채 비중을 자체적으로 개선할 수 있도록 유도하고, 정부 당국도 외국과의 통화스와프 확대 및 만기 연장, 단기외채의 장기외채 전환, 외평채 발행 등을 동시에 추진

  ○ 정부 당국과 은행 간의 공조, 은행권의 외화유동성 관리지표 개선을 통해 단기외채 비중 축소를 추진
    • 시중은행의 외화채무에 대한 정부의 지급보증 시 지급보증 수수료를 추가적으로 인하하고, 한시적으로 경영 불간여를 표명
    • 기존 외환건전성 지도비율[38] 외에 총 외채에서 단기외채 비율을 일정 수준 이하로 관리하는 지표를 추가하는 방안을 검토

  ○ 미국과의 통화스와프 금액을 기존 300억 달러의 2배 이상, 만기도 6개월에서 최소한 2년 이상 연장[39]하고, 한-EU 간에 신규로 통화스와프를 체결하는 것도 검토
    • 2009년 4월 30일 만기도래하는 한-일 통화스와프도 금액을 확대하고 기한도 연장[40]

  ○ 외평채도 국내 금융불안을 진정시키기 위해 조기에 발행하는 것을 추진
    • 높은 발행금리보다 위기설 제기로 인한 금융혼란, 자산가격 감소, 대외신인도 하락 등이 더욱 큰 비용

---

[38] 현재 단기 외화유동성 지도비율((잔존만기 3개월 이내 외화자산÷잔존만기 3개월 이내 외화부채)× 100)은 85% 이상, 중장기 외화대출 재원조달 지도비율(상환기간 1년 이상 외화조달÷상환기간 1년 이상 외화대출×100)은 80% 이상, 7일 Gap 및 1개월 Gap 비율((기간 내 외화자산−기간 내 외화부채)÷총 외화자산×100)은 각각 0% 이상, -10% 이상

[39] 외환보유액 내 미국 달러화 자산, 미국의 대외전략상 한반도 내 한국의 전략적 위치 등을 협상 지렛대로 활용하는 것을 고려

[40] 이 보고서가 발표된 후인 2009년 3월 31일, 한국과 일본은 한-일 통화스와프 계약만료일을 2009년 4월 30일에서 2009년 10월 30일로 6개월 연장

◉ 이러한 노력에도 은행권의 단기외채 비중이 개선되지 않으면, 기존 통화 스와프 자금, 외환보유액의 일부를 사용해 악성 단기외채를 상환하는 방안을 적극적으로 검토

○ 환헤지용 해외차입을 제외한 740억 달러 중 일부 고금리 단기외채를 상환해 국내외 불안심리를 불식
  • 2008년 말 은행 단기대외채무는 1,130억 달러이지만 환헤지용 해외차입 390억 달러를 제외하면 740억 달러

○ 감소한 외환보유액은 정부의 외평채 발행 자금, 경상수지 흑자액, 은행의 장기외채 조달로 다시 보충
  • 은행의 단기외채 문제가 개선되면 은행권의 장기외채 조달여건도 숨통이 트일 전망

◉ 기존의 외화유출 유도 중심의 외환거래제도[41]를 외화유동성 안정을 반영하는 방향으로 보완

○ 외화유출과 관련된 제도 개선은 2009년 2월 26일 정부의 개선 방안 발표[42]에 누락되어 있음

○ 투자목적 해외부동산 취득 자유화, 해외펀드 비과세 등에 대해서도 외화유동성의 안정적 관리와 세제 형평성 차원에서 일부 보완하는 방안 검토

○ 또한 정부 차원의 해외투자에 대해서도 선택적으로 접근
  • 정부 차원에서 자원 확보 등 경제안보와 무관한 투자를 최소화하거나, 불요불급한 해외자산을 매각

---

41 투자목적용 국외부동산 취득한도 300만 달러로 확대(2007년 2월), 국외펀드 비과세 조치 시행(2007년 6월), 국외송금 연 5만 달러까지 자유화(2007년 11월) 등

42 공기업 및 은행 등의 해외차입과 채권발행 촉진, 외국인 국내투자 확대, 국내 은행의 외화예금 증대 등 외화유입에 초점

글로벌 금융불안의 국내 파급효과 최소화

◉ 국내외 금융시장 모니터링을 강화해 선제적으로 대응해 파급효과를 최소화

　○ 미국, 영국, 유럽 등의 주요 금융회사의 실적 발표 및 금융안정화 조치
　　진행 일정, 신흥시장의 현장 정보 등 주요 불안변수를 정기적으로 점검
　　　• 해외 공관의 국제 금융시장, 현지시장 모니터링 기능을 강화

　○ 국내 외국인 보유채권의 만기와 우리나라의 외채 만기도래 일정을 사전
　　에 파악해 국내 외화유동성 과부족에 선제적으로 대처

◉ 주요 외국 언론, 국제 신용평가사, 애널리스트 등에 대해 정기적인 국가
　IR(Investor Relations) 또는 브리핑을 통해 한국 상황에 대한 오해를 불식
　시키고 한국에 대한 인식을 개선

　○ 두 번의 위기설 과정에서 해외 언론[43]이 국내 금융불안을 더욱 증폭시켰
　　기 때문에 이를 차단할 수 있도록 외신담당 대변인의 역할을 강화
　　　• 유력 외신에 근무한 경력이 있는 외국인 전문가를 채용해 활용하는
　　　　방안도 고려
　　　• 국내외 소재 외신에 대해 정례적인 브리핑 추진 등 외신들과의 직접
　　　　적인 소통 강화에 주력

　○ 미국, 영국, 유럽, 일본 등 해외 주요 지역을 순회하는 IR 활동도 강화

◉ 글로벌 금융불안으로 어려움을 겪고 있는 해외 진출 한국현지기업을 지원
　하고, 국내 금융사의 해외자산 관리를 강화해 피해를 최소화하도록 유도

　○ 당장 동유럽의 위기로 국내 기업의 손실 발생이 우려되고 있어, 이에 대
　　한 대비책 마련이 절실
　　　• 동유럽은 한국기업의 EU시장 공략을 위한 생산기지로 인식되어 이미
　　　　332개사가 진출해 있으며, 37.8억 달러가 투자[44]
　　　• 국내 은행들의 동유럽 관련 대출채권 및 투자자산(7억 달러)에 대해서
　　　　도 손실이 최소화할 수 있도록 해외 현지 공관을 통해 지원

---

[43] 2008년 9월 위기설 이후 *Financial Times*(10월 6일, 14일), *Wall Street Journal*(10월 8일) 등 해외 유
　　력 언론들이 한국의 금융위기 감염 가능성을 보도하면서 시장 참여자들의 위기감을 확대 재생산
[44] 한국수출입은행, 해외투자 DB.

외환위기 상흔(Trauma) 해소 노력

◉ 외화유동성의 개선과 함께 외화유동성 관련 정보공개 범위의 확대와 홍보 활동 강화도 병행

ㅇ 단기외채, 가용외환보유액 등 외화유동성과 관련된 정보를 허용되는 범위에서 최대한 공개
- 최근 단기외채와 관련해 차환율이 매우 낮고, 가용외환보유액이 바닥 났다는 주장으로 외환시장 불안이 과도하게 증폭
- 정보 및 자료 공개 시 주요국 자료와 비교해 발표함으로써 한국 상황에 대해 객관적으로 접근할 수 있도록 함

ㅇ 또한 현재 상황과 지난 외환위기 상황과의 비교, 두 차례의 위기설의 실체와 위기설이 '설'로 그친 점을 국민에게 홍보

2. 중장기 대응 방안

취약한 외환시장 구조 개선

◉ 경제규모에 비해 작은 외환거래 규모 외에 국내 외환시장의 쏠림현상, 선물환거래에서 NDF의 높은 비중, 금리재정거래 차익기회의 장기간 지속 등은 국내 외환시장 구조가 취약함을 대변

ㅇ 비거주자의 NDF 거래 비중이 높아 국내 외환시장에서 비거주자의 영향력이 갈수록 고조[45]

ㅇ 2000년 이후 국내 외환·통화스와프 시장에서 금리재정거래 차익기회가 장기간 지속[46]
- 이로 인해 외화자금을 조달해 국내 채권에 투자하는 거래가 활발해졌고, 이는 실제 한국의 대외채무 급증으로 연결되었음

---

[45] 비거주자의 NDF 매입 확대와 원/달러 환율 간에는 유의적인 정(正)의 상관관계가 존재
[46] 박성진 (2008.10.). "우리나라 외환·통화스와프 시장의 효율성 및 안정성 분석"에 따르면, 한국은행의 2001~2008년 5월 기간 중 외환스와프(3개월)를 통한 재정거래차익은 평균 33bp, 통화스와프(1년)의 경우 평균 55bp의 양(+)의 값을 기록

◉ 외환시장에서 쏠림 현상을 방지할 수 있는 시장조성자(Market Maker)[47]
를 육성하고 외환시장 참여자를 확대

○ 정부 당국의 외환시장 개입 시 시장조성자 역할을 하는 외국환 은행에
우선 배분하는 방안 등을 통해 시장조성자를 육성
  • 시장조성자는 시장에서 쏠림현상이 발생할 때 위험을 지고 반대 포지
    션을 취해 시장 기능과 유동성을 제고하는 역할을 수행

○ 국내 투자자들의 외환시장 참여 확대를 통해 외환시장의 저변을 확대하
는 방안도 검토
  • 국내 통화선물거래제도 개선을 통해, 급증하고 있는 해외통화선물거
    래(FX마진거래) 수요[48]를 국내 시장으로 흡수하는 방안을 모색

○ 여건이 형성되면 이종통화 간 직거래 시장을 개설해 달러화 의존도를
축소하는 것을 검토
  • 통화별 무역거래에서 달러화가 전체의 80% 수준[49]을 차지하나, 외환
    거래에서는 이보다 더 편중된 97.7%(2008년 기준)를 기록
  • 중장기적으로 동북아 경제권 통합 추진에 맞추어 원/엔, 원/위안 직거
    래 시장 개설도 검토[50]

◉ 환투기 감시시스템을 항시 가동하고 시장경고 장치 등을 마련하는 방안
도 검토

○ 국내 시장 또는 역외NDF에서 비거주자의 투기적 거래, 비정상 거래를
파악할 수 있는 시스템을 개발하고 발생 시 경고 장치를 발동

○ 전형적인 환투기 수법인 원화차입을 통한 달러화 매수 등과 같은 거래
행위에 대해서도 관리감독을 강화하는 것이 필요

---

47 자신의 위험과 책임하에 환율을 고시하고 적극적으로 시장을 주도하는 자를 의미
48 한국선물협회에 따르면 FX마진거래의 월별 규모는 2006년 8월 9.1억 달러에서 2008년 8월 632억
달러로 70배 가까이 급증
49 송원호 외 (2007.12.). "원화 국제화 추진에 따른 장단점 비교와 정책적 시사점." 대외경제정책연구
원에 따르면 2003년 우리나라 수출, 수입에 있어 결제통화 비중은 각각 84.6%, 78.3%
50 은행 간 장내 원/엔 직거래 시장은 1996년 10월 개장되었으나, 개장 초 거래실적이 미미해 중단된
상태이고, 2005년 이후에도 원/엔 직거래 시장 개설이 검토되었으나 보류된 상태

글로벌 금융불안 진정을 위한 국제공조체제 강화

◉ 금융보호주의 폐해를 알리는 등 국제사회의 공조체제를 구축

○ 미국 등 주요국이 각국의 금융사에 공적자금 투입 시 각국 정부는 해당
  금융사의 대출을 자국에 제한하자는 의견이 제기되고 있는 상황
  • 이는 글로벌 유동성을 더욱 축소하고, 글로벌 금융위기를 심화

○ 유럽, 신흥 시장 등 금융보호주의로 인해 피해를 입는 국가 간의 공조를
  강화하고 G20 등의 국제회의에서 개선 방안을 제시

◉ 아시아 금융시장 안정과 금융협력을 위한 방안도 구체적으로 마련

○ 치앙마이 이니셔티브(CMI)[51]가 아시아 지역에서 IMF와 같은 역할(아시
  아통화기금(AMF))을 조기에 감당할 수 있도록 세부 방안을 제안
  • 2009년 2월 아세안+3 재무장관회의에서 치앙마이 이니셔티브의 증액
  에 합의(800억 달러 → 1,200억 달러)

외국인 직접투자 활성화를 통해 외국인 직접투자 비중 제고

◉ 우리나라의 외국인 직접투자 비중(GDP 대비)은 OECD 국가 중에서 일
  본과 함께 가장 낮은 수준을 기록

○ 외국인 직접투자는 주식, 채권 등 증권투자에 비해 장기적이고 안정적
  이라는 점에서 국내 경제와 금융시장에 기여

○ 한국의 외국인 투자 비중(GDP 대비)은 12.3%(2007년 기준)로 30개국 중
  에서 29위

---

[51] CMI는 2000년 5월 치앙마이에서 열린 아세안+3 재무장관회의에서 도입한 것으로 금융위기가 발생
  했을 때 통화스와프를 통해 자금을 보장해주는 제도

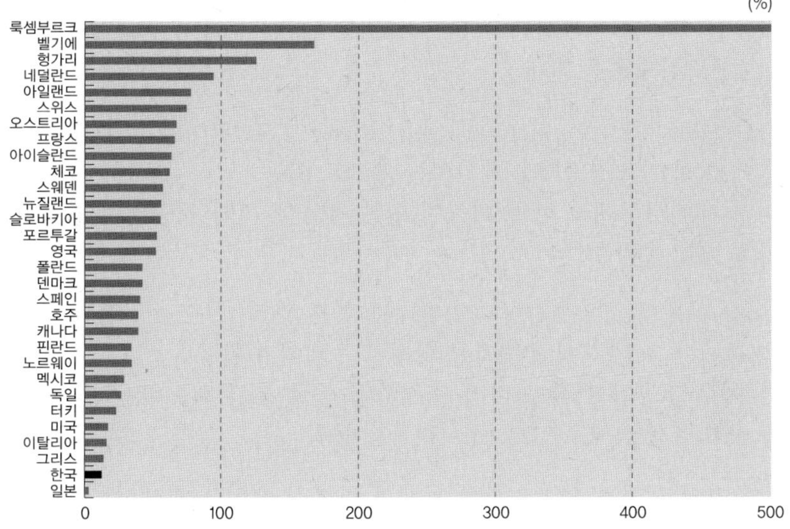

주 : 룩셈부르크의 경상GDP 대비 외국인 직접투자 비중은 3,091%.
자료 : IMF, BOP DB.; OECD, Source OECD.

◉ 외국인 직접투자 유치는 인센티브 제공과 고환율 상황을 적극적으로 활용

○ 국가의 전략적 필요 업종, 지역별 특성에 맞는 업종을 선정해 세제, 부지 사용 등 다각적인 인센티브를 제공

- 국가적으로 부품소재산업의 기술경쟁력이 일본에 크게 뒤처져 이를 극복하는 것이 급선무
- 한국으로 수출하는 외국기업 중 현지화를 시도하려는 기업, 한국의 지리적, 인적, 기술적 강점과 결합해 윈-윈할 수 있는 기업을 우선적으로 유치

○ 최근 원화가 과거에 비해 크게 약세를 보이고 있는 점을 외국인 직접투자 유치의 기회로 활용

높은 수출의존도 : 고환율을 위기극복의 기회로 활용

● 그동안 일본과 중국 사이에서 샌드위치 신세였던 한국이 원화약세를 이용해 逆샌드위치론을 전개

○ 2007년 800원 선이던 원/100엔 환율이 최근 1,500원대로 급등해, 이를 일본에 대해 가격경쟁력을 제고하는 계기로 활용
  • 이미 세계시장에서 한국 제품이 일본 제품에 비해 시장 지배력을 높이고 있는 상황[52]

○ 원/위안 환율의 경우 2007년 120원에서 최근 220원 선으로 급등해, 중국에 대해서는 기술 경쟁력 격차를 확대하는 계기로 활용
  • 한 예로 그동안 한국을 바짝 추격하던 중국 조선업은 위안화의 강세와 세계경제 침체로 인해 큰 어려움에 봉착

● 최근 우려되고 있는 외화유동성 문제의 근본적 개선을 위해서도 원화약세를 경상수지 흑자 기조를 다지는 기회로 활용

○ 2009년 2월 26일 정부 당국도 외화유동성 확충 방안 중 하나로 교육·의료, 관광 등 서비스산업 선진화를 통한 경상수지 적자 해소 방안을 발표[53]

○ 정부 개선 방안에 포함되어 있지 않은 부품소재산업에 대해서도 구체적인 방안을 마련할 필요가 있음
  • 부품소재산업의 육성 및 지원은 대일 무역수지적자 개선뿐만 아니라 국내 성장기반 확충, 내수경기 부양을 위해서도 필요
  • 2008년 대일 무역수지 적자규모가 327억 달러이고 이 중 부품소재 관련 품목이 209억 달러로 64%를 차지

---

52 자동차산업의 경우 2009년 2월 미국 시장에서 한국차는 매출 증가율(전년동기 대비)이 -1.5%인 반면, 일본차(도요타, 혼다, 닛산)의 경우 각각 -39.0%, -37.5%, -37.1%를 기록
53 일본·중국 등 각국 수요에 맞는 의료관광상품 개발, 외국 교육기관의 국내 유치와 관련된 추진 계획을 향후 마련해 제시할 것임을 발표

경제심리로 본 최근 경기 진단 09

SERI 경제 포커스

≫≫≫ 2009. 3. 31. (2009. 4. 24. 업데이트)

신창목

Ⅰ 최근 소비 및 기업 심리 추이

소비자심리가 소폭 개선

◉ 최근 소비심리지표들의 급락세가 향후 생활형편 및 경기 기대감의 개선으로 진정 또는 소폭 개선되었으나 여전히 기준치에는 미달[1]

○ 삼성경제연구소(SERI)의 소비자태도지수는 2008년 3/4분기의 37.7을 저점으로 2008년 4/4분기와 2009년 1/4분기에는 각각 38.5와 41.5로 소폭 개선
   - 2009년 1/4분기의 미래생활형편지수(51.4)와 미래경기예상지수(50.8)가 크게 상승하여 기준치(50)를 상회
   - 반면, 현재생활형편지수(38.9)와 현재경기판단지수(15.5)는 신용위기 당시인 2004년 4/4분기와 유사한 수준까지 하락[2]

| 주요 기관 소비심리지표 추이 |

(기준치: 소비자태도지수=50, 소비자심리지수=100)

구분		2008년				2009년
		1/4	2/4	3/4	4/4	1/4
SERI 소비자태도지수		51.1	47.8	37.7	38.5	41.5
	미래생활형편지수	57.8	54.1	46.5	48.0	51.4
	미래경기예상지수	65.2	55.7	41.7	43.8	50.8
	현재생활형편지수	46.8	46.0	39.5	39.2	38.9
	현재경기판단지수	36.0	35.6	17.8	17.3	15.5
한국은행 소비자심리지수[1]		102	85	92	84	84[2]
	생활형편전망CSI	93	72	83	77	79
	향후경기전망CSI	96	52	70	58	65
	현재생활형편CSI	81	67	74	71	72
	현재경기판단CSI	66	40	39	30	35

주 : 1) 분기별로 발표되던 한국은행의 소비자심리지수는 2008년 하반기부터 월간 자료로 변경되어, 2008년 3/4분기부터는 월간 자료의 분기별 평균을 이용
2) 2009년 중 월간 지표는 81(2008년 12월) → 84(2009년 1월) → 85(2월) → 84(3월)로 보합세
자료 : 삼성경제연구소.; 한국은행, ECOS DB.

○ 한국은행의 소비자심리지수는 2008년 4/4분기와 2009년 1/4분기 모두 84로 동일한 수준이나 생활형편 및 경기 관련 지수들은 개선
- 생활형편전망CSI와 향후경기전망CSI는 각각 2008년 4/4분기에 비해 2p와 7p가 상승한 79와 65를 기록
- 삼성경제연구소의 조사결과와는 달리[3] 현재생활형편CSI와 현재경기판단CSI 모두 전분기에 비해 1p와 5p가 상승하여 72와 35를 기록

기업의 경제심리도 소폭 개선

● 주요 기관의 기업경기조사 결과, 최근 기업들의 심리도 소폭 개선되는 추세이나 여전히 기준치를 하회

○ 한국은행이 2,929개 업체를 대상으로 조사하는 전 산업 업황BSI는 2009년 3월 큰 폭으로 상승했으며, 전망BSI는 2009년 들어 상승세를 지속[4]
- 업황BSI는 2009년 3월에 전월 대비 8p 상승한 60을 기록했으며, 전망BSI는 50(2009년 1월) → 54(2월) → 56(3월) → 62(4월)의 상승세를 지속

○ 전국경제인연합회가 매출액순 600대 기업을 대상으로 조사한 전 산업 종합경기BSI는 실적 및 전망치 모두 2009년 들어 상승세를 지속
- 2009년 3월의 업황BSI가 전월에 비해 26.6p나 상승하였으며, 4월 전망BSI도 3월에 비해 큰 폭(10.6p)으로 상승한 86.7을 기록

○ 중소기업중앙회가 1,415개 중소제조업체를 대상으로 조사하는 중소기업건강도지수도 최근 상승세를 지속
- 2009년 3월 업황BSI가 전월에 비해 9.6p 상승한 69.4를 기록했으며, 4월 전망BSI는 3월에 비해 6.9p 상승한 77.4를 기록

---

1 경제심리지수들이 기준치에 미달하였다는 것은 향후 경기를 부정적으로 보는 경제주체의 수가 긍정적으로 보는 경제주체의 수보다 많음을 의미

2 2004년 4/4분기의 현재생활형편지수와 현재경기판단지수는 각각 38.6과 15.7을 기록

3 삼성경제연구소의 경우 현재의 생활형편 및 경기를 1년 전과 비교하여 지수화하나, 한국은행은 6개월 전과 비교하는 것도 두 기관의 지표가 상이한 결과를 보인 이유가 될 수 있음

4 한국은행의 기업경기조사 중 비제조업을 대상으로 한 지표 역시 동일한 흐름을 보임

(기준치=100)

구분		2008년			2009년			
		10월	11월	12월	1월	2월	3월	4월
전 산업 업황BSI (한국은행)	실적	65	57	53	54	52	60	-
	전망	76	64	57	50	54	56	62
전 산업 종합경기BSI (전국경제인연합회)	실적	64.6	53.7	52.4	58.1	62.4	89.0	-
	전망	84.9	63.7	55.0	52.0	66.0	76.1	86.7
중소기업건강도지수 (중소기업중앙회)	실적	73.4	63.7	58.6	54.9	59.8	69.4	-
	전망	85.5	79.6	65.0	60.1	60.0	70.5	77.4

주 : 전망 수치의 조사시점은 해당 월보다 1개월 앞선 시점
자료 : 한국은행, ECOS DB.

 경제심리 개선의 원인

경기급락세 완화에 따른 기대감이 경제심리를 개선

◉ 경기급락세가 완화되는 신호가 포착되면서 경기회복에 대한 기대가 형성

○ 경기선행종합지수가 14개월 연속 하락세를 멈추고 2009년 2월에 반등
 • 경기악화 속도가 둔화되며 바닥 확인 과정에 진입했다는 기대감이 형성[5]
 • 선행종합지수 : 110.4(2008년 12월) → 110.1(2009년 1월) → 110.7(2월)
 • 선행종합지수 전월비 : -0.8%(2008년 12월) → -0.3%(2009년 1월) → 0.5%(2월)

| 최근 경기선행종합지수 변동 추이 |

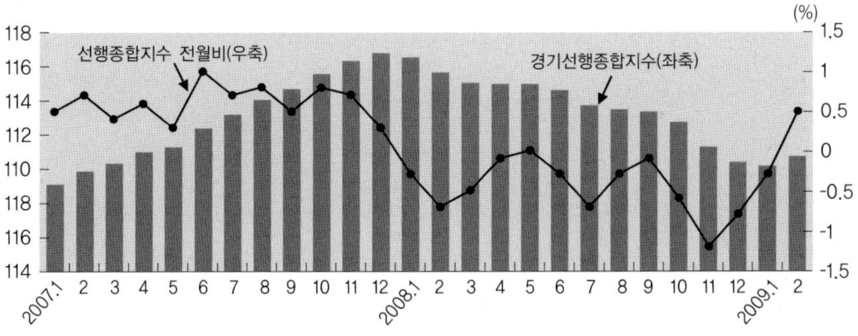

자료 : 통계청, KOSIS DB.

○ 최근 전년동월 대비 재고증가율이 크게 축소되고 재고/출하 비율이 감소하는 등 재고조정이 이루어지는 모습
 • 재고 부담의 축소는 생산활동의 정상화와 기업 수익성 회복에 대한 기대를 형성

---

5 OCED에서 발표하는 개별국가의 경기선행지수 중 주요 아시아 국가에서 한국만이 94.9(2008년 11월) → 95.0(2008년 12월) → 96.0(2009년 1월)로 2개월 연속 상승

| 제조업 재고 추이 |

구분	2008년				2009년	
	9월	10월	11월	12월	1월	2월
계절조정 재고지수	134.1	136.9	136.5	127.4	123.1	117.6
재고지수 전년동월비(%)	17.3	17.5	16.1	7.3	0.4	-4.4
재고/출하 비율(%)	112.1	117.4	128.9	129.2	126.6	113.1

자료 : 통계청, 산업활동동향.

○ 한국은행의 통화안정정책으로 저금리 기조가 이어지는 가운데 신용스
  프레드가 축소되며 자금사정 안정화에 대한 기대가 형성
  • 위험 기피 현상이 약화되는 위험에 대한 인식 변화는 금융·신용위기
    국면에서 신용경색 해소를 위한 중요한 변환점 역할을 할 가능성

| 신용스프레드 추이 |

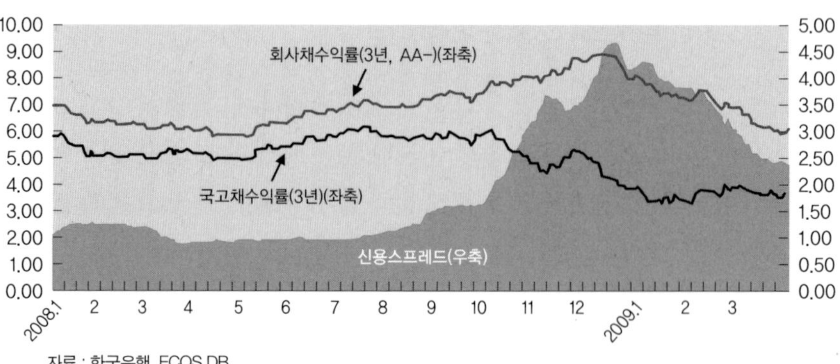

자료 : 한국은행, ECOS DB.

○ 최근 심리지표의 조사시점인 2009년 2월 4~20일과 3월 17~24일 중 2008
  년 하반기의 원/달러 환율 급등세가 진정되고 일간 변동폭도 축소되면
  서 외환시장 안정에 대한 기대감이 형성

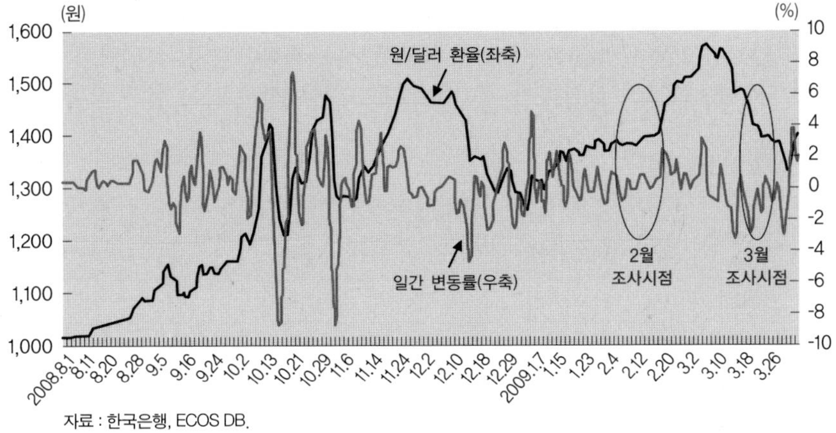

자료 : 한국은행, ECOS DB.

경제심리 개선을 뒷받침할 뚜렷한 실물지표의 반등은 부재

◉ 소비심리를 결정하는 주요 변수는 처분가능소득, 소득5분위배율, 생활불안도(실업률 + 소비자물가상승률) 및 실질주가[6]

○ 2인 이상 전국 가구의 처분가능소득 증가율이 5.3%(2008년 2/4) → 4.8%(3/4) → 2.3%(4/4)로 감소하는 등 소비원천인 소득이 부진한 상태

• 2008년 4/4분기 중 상용근로자 5인 이상 사업체의 전체 근로자 1인당 월평균 임금 총액은 266만 1,000원으로 전년동기에 비해 5만 8,000원(2.6%)이 감소(물가상승을 고려한 실질임금은 6.4% 감소)

○ 2인 이상 전국 가구의 근로소득 기준 소득5분위배율은 5.2(2008년 2/4) → 5.6(3/4) → 5.5(4/4)로 소득분배 개선도 이루어지지 않은 상황

• 삼성경제연구소 2009년 1/4분기 소비자태도조사 부가조사의 분배공평성지수는 37.1로 1년 전에 비해 분배의 공평성이 악화된 것으로 조사[7]

○ 실업률과 물가상승률의 합으로 평가한 생활불안도가 2009년 2월에는 1월(7.3)에 비해 크게 확대된 8.0을 기록

---

6 황상연, 황인성, 신창목 (2007.6.7.). "체감경기 분석: 실질 GNI와 경제심리지표" (CEO Information 제607호). 삼성경제연구소.

7 신창목 (2009.3.6.). "가계의 경제 행복도 조사" (소비자태도조사 2009년 1/4분기 부가조사 제106호). 삼성경제연구소.

- 진정세를 보이던 소비자물가상승률은 원화약세 등으로 수입물가 상승세가 재개되면서 2월에는 1월의 3.7%에서 4.1%로 확대
- 2009년 2월 실업률은 3.9%를 기록했으나 구직단념자, 쉬었음 등에 해당하는 실질적 실업자를 고려할 경우 고용사정은 더욱 힘든 상황

| 최근 생활불안도 추이 |

구분	2008년			2009년	
	10월	11월	12월	1월	2월
생활불안도	7.8	7.6	7.4	7.3	8.0
소비자물가상승률(%)	4.8	4.5	4.1	3.7	4.1
실업률(%)	3	3.1	3.3	3.6	3.9

자료 : 한국은행, ECOS DB.

○ 최근 발표된 경제심리지표들의 조사시점인 2009년 2월의 실질주가지수는 1월의 1037.2보다 15.9p 하락한 1021.3을 기록

| 실질주가지수 추이 |

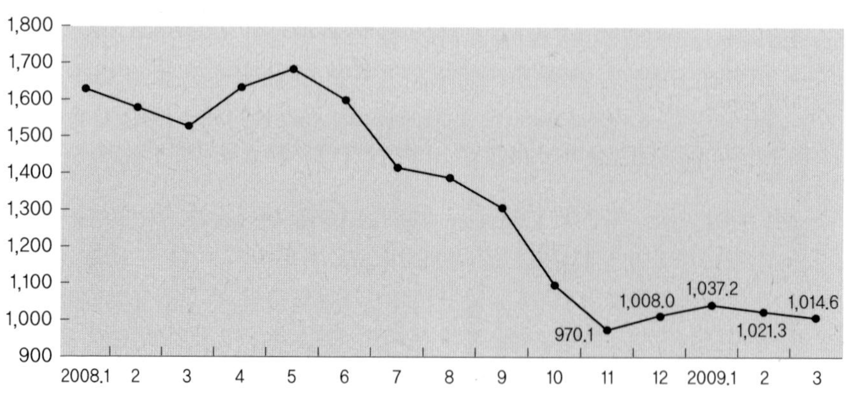

자료 : 한국은행, ECOS DB에 의거 작성.

◉ 기업심리를 결정하는 주요 변수는 주가, 매출액 및 채산성 등[8]

○ 한국은행의 기업경기조사[9]에 의하면 2009년 2월 현재 제조업 및 비제조업의 매출실적이 개선되지 못하는 상황

- 제조업의 매출실적지수는 2008년 12월의 57에서 2009년 1월과 2월에는 모두 54로 정체된 상태
- 비제조업의 매출실적지수도 2008년 12월의 82에서 2009년 1월과 2월에는 각각 72와 70을 기록하면서 하락세

○ 2009년 2월 중 제조업 및 비제조업 기업 모두의 채산성이 소폭 악화
- 제조업의 2월 중 원자재구입가격의 상승폭이 제품판매가격의 상승폭을 능가하면서 1월 중 소폭 개선되었던 채산성 지수가 재차 하락
- 비제조업의 경우는 내수부진의 영향에 따라 2008년 8월부터 채산성 실적이 지속적으로 하락

○ 2009년 3월 조사결과 매출, 채산성 등의 개선폭이 확대되고 업황실적 지수도 크게 개선된 것은 향후 심리지표 개선의 지속가능성을 예고

| 매출 및 채산성 실적BSI 추이 | (기준치=100)

구분		2008년			2009년		
		10월	11월	12월	1월	2월	3월
제조업	매출실적	94	77	57	54	54	64
	수출실적	96	83	61	60	56	68
	내수판매실적	88	72	54	53	52	59
	채산성실적	70	66	61	66	65	68
	원자재구입가격	134	116	108	105	113	121
	제품판매가격	99	91	83	84	86	90
비제조업	매출실적	87	84	82	72	70	74
	채산성실적	76	73	73	72	71	75

자료 : 한국은행, 기업경기조사.

---

8 황상연 외 (2007.6.7.)에 의하면 기업의 체감경기는 주가, 매출액 및 1인당 인건비에 크게 영향을 받는 것으로 나타남. 1인당 인건비의 경우 2009년 추이를 살펴볼 수 있는 자료의 부재로 본 보고서에서는 1인당 인건비와 밀접한 관계를 가지며 기업심리에 영향을 미치는 채산성 추이를 살펴봄

9 2009년 중의 기업경영통계는 아직 집계되지 않아 기업경기실사조사를 이용하여 최근 기업들의 매출과 채산성 추이를 파악

Ⅲ 종합판단 및 시사점

심리의 추세적 개선이라고 보는 것은 시기상조

◉ 최근 소비심리의 개선은 뚜렷한 실물지표의 반등이 뒷받침되지 않은 채 형성된 기대감에 의한 것으로 구조적인 개선이라고 보기엔 시기상조

○ 실물경기 회복의 뒷받침이 없을 경우 경제심리는 재차 위축될 가능성
 • 한국은행의 2009년 3월 소비자심리지수가 전월에 비해 소폭 하락한 것도 실물경기 회복이 지연되고 있는 탓

| 한국은행 월간 소비자심리지수 추이 |

(기준치=100)

구분		2008년			2009년			(b-a)
		10월	11월	12월	1월	2월(a)	3월(b)	
한국은행 소비자심리지수		88	84	81	84	85	84	-1
	생활형편전망CSI	79	76	75	80	80	78	-2
	향후경기전망CSI	61	58	56	66	65	64	-1
	현재생활형편CSI	71	72	70	72	75	70	-5
	현재경기판단CSI	31	31	27	33	38	35	-3

자료 : 한국은행 (2009.3.). "2009년 3월 소비자동향조사 결과." 보도자료.

심리개선이 지속되어야 2009년 중반 중 경기바닥 확인 가능

◉ 외환위기 당시 경제심리지표들은 경기저점[10]보다 약 2분기 앞서 저점을 형성한 후 약 1년여 동안 추세적으로 반등

○ 삼성경제연구소의 소비자태도지수와 한국은행의 업황BSI(실적)는 경기 저점보다 2분기 앞선 1998년 1/4분기에 저점을 형성 후 1년 이상 상승

---

10 통계청의 기준순환일상 외환위기 당시의 경기저점은 1998년 8월(3/4분기)

- 월간 자료인 전국경제인연합회의 종합경기BSI(실적)는 경기저점보다 7개월 앞선 1998년 1월 저점 형성 후 추세적으로 상승[11]
- 한국은행의 소비자심리지수는 경기저점과 같은 시기에 저점을 형성했으나, 경기저점 2분기 전부터 급락세가 진정되면서 회복세

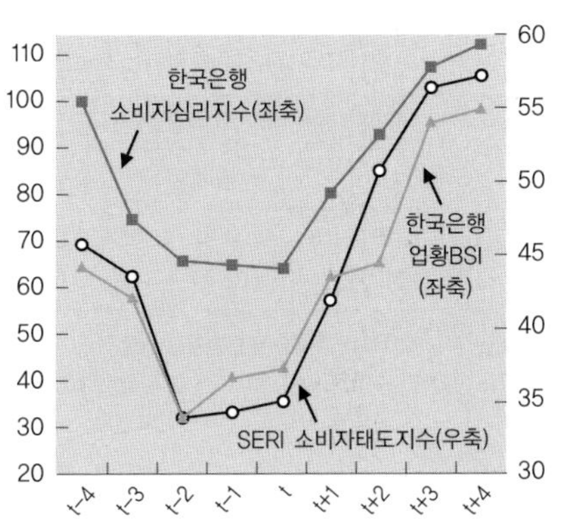

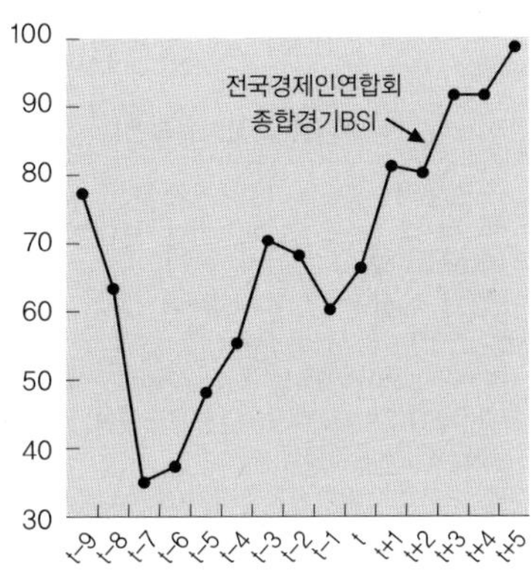

주 : 1) t는 외환위기 당시 경기저점인 1998년 3/4분기 또는 8월
    2) 전국경제인연합회 종합경기BSI는 월간 자료, 그 외는 분기별 자료임
자료 : 삼성경제연구소.; 한국은행.; 전국경제인연합회.

◉ 외환위기 상황에 비추어볼 때, 최근의 경제심리 개선이 일시적 현상에 그치지 않고 추세적인 개선으로 이어진다면 2009년 중반(2/4분기 또는 3/4분기) 중 경기저점 확인도 가능

○ 최근 경제심리지표들이 저점을 형성 후 약 1~2분기 정도 횡보 또는 반등하기 시작하는 모습은 외환위기 당시와 흡사

○ 실물지표의 반등이 뒷받침되어야 경기회복에 대한 기대감이 한층 높아져 경제주체의 투자 및 소비 심리도 추세적인 회복이 가능
  - 심리가 경기에, 경기가 심리에 영향을 미치는 선순환적 상호작용이 있어야 지속적인 심리 개선 및 경기회복 가능

---

11 월간 자료의 성격상 종합경기BSI가 하락한 달도 있으나, 월간자료의 분기별 평균을 살펴보면 저점 형성 후 1년 이상 상승세를 지속

- 주요기관의 경제심리지표들과 실제경기 간에는 2분기 시차를 두고 상
  호간에 통계적으로 유의한 Granger 인과관계가 존재하는 것으로 분석

| 경제심리와 경기 간의 Granger 인과관계 검정 |

(lag=2분기)

SERI 소비자태도지수			한국은행 소비자심리지수		
귀무가설	F-통계량	p-값	귀무가설	F-통계량	p-값
심리 ↛ 경기	5.34	0.01	심리 ↛ 경기	4.23	0.02
경기 ↛ 심리	3.40	0.04	경기 ↛ 심리	3.44	0.04
한국은행 업황BSI(실적)			전경련 종합경기BSI(실적)		
귀무가설	F-통계량	p-값	귀무가설	F-통계량	p-값
심리 ↛ 경기	6.51	0.00	심리 ↛ 경기	9.82	0.00
경기 ↛ 심리	8.63	0.00	경기 ↛ 심리	6.84	0.00

주 : 1) 분석기간은 1991년 4/4분기~2008년 4/4분기이며, 경기변수로는 전년동기 대비 실질경제성장률을 사용
    2) 한국은행 소비자심리지수의 경우는 분석기간이 1996년 1/4분기~2008년 4/4분기이며, 경기변수는 실질민간소비의 전
       년동기 대비 증감률을 사용
    3) 전국경제인연합회 종합경기BSI(실적)는 월간 자료의 분기별 평균을 사용

경제심리 개선을 위한 노력 강화

◉ 경기 반등에 대한 기대감이 형성되고 있으나, 불안요소들이 남아 있어 경
  기회복이 지연될 우려

  ○ 현재 가장 큰 경기불안 요인은 고용악화에 따른 내수부진과 수출 감소세
    - 2009년 2월 실업률은 2006년 3월 이후 최대치인 3.9%를 기록하였으
      며, 취업자 수 감소폭도 14만 2,000명으로 전월에 비해 확대
    - 2009년 1~2월 중 선박을 제외한 모든 주력 수출산업에서 수출액이 감
      소하면서 총 수출이 전년동기 대비 26.4%나 감소

◉ 계획 중인 경기부양책을 차질 없이 신속히 추진하여 그 효과를 조속히 가
  시화하는 것이 경제심리 개선 및 경기회복의 관건

  ○ 금융안정과 내수부양에 목적을 둔 정부의 금융완화 및 확대재정 정책[12]
    의 방향성은 긍정적이나 아직 정책효과의 뚜렷한 가시화가 부재

---

[12] 한국은행의 저금리(2009년 4월 현재 기준금리 2%) 및 유동성공급 정책과 사상 최대 규모인 약 28.9
     조 원의 추경예산편성 등

한국경제 조기 회복설 점검

10

CEO Information

≫≫≫ 2009. 4. 15. (2009. 4. 24. 업데이트)

황인성, 김범식, 전효찬, 박현수, 정영식, 신창목, 유정석

경기하강 추세는 2009년 상반기까지 지속될 전망

최근 미국 주택시장의 바닥 탈출 징후, 국제유가 상승에 이은 주가 상승, 환율 하락 등 국내 금융지표들이 개선되면서 일부에서는 한국경제가 현재 경기저점을 통과하고 있다는 조기(早期) 경기회복설이 제기되고 있다. 그러나 당분간 재고 감축에 따른 생산 위축이 불가피하다는 점을 고려하고 경기 선행지수 및 심리지표들을 척도로 판단해볼 때 현재의 경기하강 추세는 2009년 6월 말까지 지속될 것으로 예상된다.

2009년 하반기 이후 더딘 회복 예상

하반기에도 대외여건은 여전히 불안할 것으로 보인다. 바닥을 통과한 하반기의 경기회복 패턴은 대외여건 변화와 국내 금융시장의 안정 여부에 따라 결정되는데 낙관은 할 수 없는 상황이다. 세계경제 침체로 인한 금융권 손실 확대와 유럽발 금융불안으로 글로벌 금융시장에서는 위기재발 가능성이 남아 있다. 미국경제도 실업난, 가계부채 등 펀더멘털의 악화로 조속한 회복을 기대하기 힘들다. 이에 따라 하반기에도 수출이 본격적으로 회복되기는 어려울 것으로 예상된다. 국내 금융시장의 불안정도 완전히 해소되지는 못할 것이다. 원화 환율은 전반적으로 하락하고 변동폭이 줄어들겠지만, 글로벌 위기 이전 수준에 비해 여전히 변동성이 클 것이다. 자금시장은 일반기업의 신용위험이 높고 연체율이 급등하고 있어 향후에도 신용경색이 해소되기는 어려울 것으로 전망된다. 한편 최근 국내 주가가 상승하고 있으나, 경제 펀더멘털의 개선이 가시화되지 않은 상황에서 유동성 장세가 본격적인 실적장세로 연결될 것으로 판단하기에는 아직 불투명하다. 종합해보면, 수출을 통한 경기회복은 기대하기 힘들고 국내 금융불안이 내수회복을 제약하여 하반기 경기는 "U자형"의 더딘 회복이 예상된다.

경기부양책의 지속 추진과 기업의 리스크 관리가 필요

지나친 비관론이나 낙관론에 쏠려 그릇된 경기판단을 내리는 것을 경계해야 한다. 정부는 상반기 중 재정지출 집중 등 계획된 경기부양 조치를 차질 없이 진행하고 재정지출의 효과가 높은 사업을 우선적으로 추진해야 한다. 기업도 상시적 모니터링 등 위기관리를 일상화하여 위기 징후를 조기 포착하는 데 주력해야 한다. 또한 환(換) 리스크, 시장 리스크 등 단기 상황별 리스크 관리와 더불어 사업구조 재편, 투자조정 등 위기 이후의 경제상황에 대비하는 것에도 중점을 두어야 할 것이다.

I 조기 경기회복설 등장

최근 일부 경기지표에 회복 징후

◉ 비관 일색이던 세계경제에 미국 주택시장의 바닥 탈출 가능성, 글로벌 금융불안의 진정 조짐 등 일부 낙관적인 신호가 발생

○ 글로벌 금융불안의 진앙지인 미국경제에서 최근 주택시장 회복 조짐[1]과 더불어 재고 감소 및 ISM(공급관리협회) 제조업지수 상승 등[2] 일부 지표가 개선

○ 세계경제 침체의 영향으로 2008년 3/4분기 이후 급락하던 국제유가도 2009년 2월 19일 배럴당 40.1달러를 기록한 이후 빠르게 상승
  - 세계경제 상승에 대한 기대감을 반영

◉ 극심한 침체를 경험하고 있는 한국경제에도 최근 긍정적 지표가 나타나면서 경기가 2009년 1/4분기에 이미 바닥을 통과했다는 주장이 제기

○ 금융지표 개선과 재고조정의 가속화 등에 따라 경기가 현재 저점을 통과하고 있다는 기대감이 확산
  - 주가 1,300선 회복, 원/달러 환율 1,300원대 하락 등 금융시장은 3월 위기설에서 벗어나 안정을 되찾는 모습

○ 그러나 광공업생산 감소폭 확대, 소비재판매 부진, 고용상황 악화 등 다수의 실물경제 지표 수준은 침체상태가 지속
  - 1~2월 광공업생산 증가율은 전년동기 대비 -18.4%로 2008년 4/4분기 (-11.3%)에 비해 감소폭이 확대

---

1 2009년 2월 신규 및 기존 주택 판매가 전월 대비 각각 4.7%, 5.6% 증가하였고, 4월 첫 주 모기지신청 지수가 전주 대비 4.7% 상승
2 2009년 2월 도매재고가 전월 대비 1.5% 감소하여 1992년 1월 이후 최대 감소폭을 기록하고, ISM 제조업지수는 2월 35.8에서 3월 36.3으로 상승

| 금융지표 개선 |

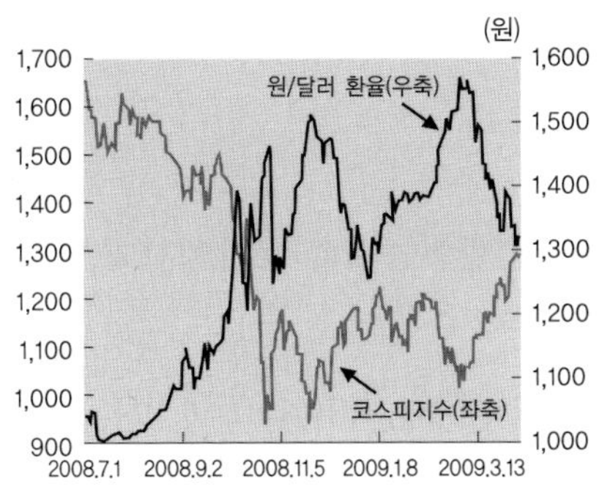

| 실물경기 부진 |

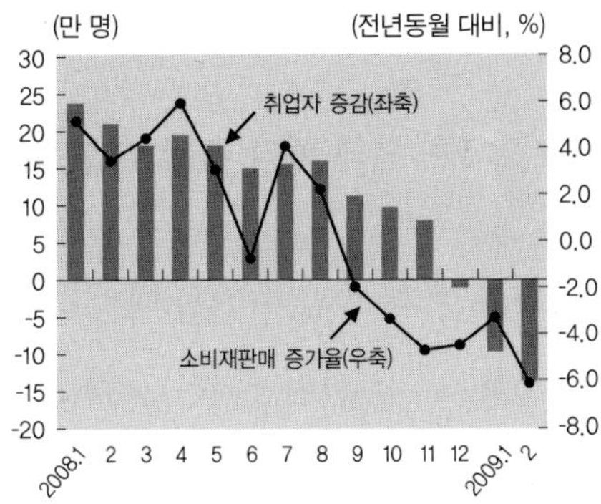

자료 : 한국거래소. ; 금융감독원, 금융통계정보 DB.

저점 시기 및 이후의 경기회복 패턴을 점검

◉ 최근 제기되고 있는 한국경제의 조기 회복설을 점검하기 위해서는 ① 경기저점이 언제인지, ② 저점 이후 경기회복의 형태(U자형, L자형, V자형 등)가 어떠할지를 분석해야 함

○ 경기저점은 전통적 방법인 경기순환 분석과 더불어 재고순환 및 심리지표 분석 등 다각도로 판단

○ 저점 이후의 경기 패턴은 대외여건 변화와 국내 금융시장의 안정 여부에 따라 달라짐
  • 대외의존도가 높은 한국경제에 있어 글로벌 금융불안 진정과 세계경제의 상승세 전환은 경기회복의 전제조건
  • 경기선행성이 강한 국내 금융시장의 안정 여부도 향후 경기흐름 판단에 중요한 변수[3]

---

3 통계청 경기선행지수의 10개 구성지표 중 3개(종합주가지수, 금융기관 유동성, 장단기 금리차)가 금융 관련 지표. 본 보고서에는 장단기 금리차 대신 환율을 향후 경기흐름 판단에 중요변수로 분석. 환율불안이 경제주체의 심리에 지대한 영향을 미치고 있다는 점에서 외환시장 안정이 향후 경기흐름에 중요. 반면, 장단기 금리차의 경우 추경 재원 마련 등을 위한 국고채 발행 급증으로 장기금리가 상승할 것으로 예상된다는 점에서 금리차 확대를 통한 경기흐름 예측은 분석에 문제점 존재

Ⅱ 순환 측면에서 본 현 경기진단

한국경제는 현재 바닥 확인 과정에 진입

◉ 현재의 경기국면을 보여주는 동행지수 순환변동치의 급락세가 2009년 2월 들어 대폭 완화(전월 대비 0.4p 하락)

○ 동행지수 순환변동치는 2008년 12월 이후 2개월 연속 전월 대비 2p 이상 급락(외환위기 이후 최대 하락폭)

| 동행지수 순환변동치 |

구분	2008년				2009년	
	9월	10월	11월	12월	1월	2월
동행지수 순환변동치 (전월차)	99.8 (-0.3)	99.2 (-0.6)	97.3 (-1.9)	94.6 (-2.7)	92.4 (-2.2)	92.0 (-0.4)

주 : 추세치=100
자료 : 통계청, KOSIS DB.

◉ 재고순환선(출하증가율–재고증가율)[4]으로 볼 때, 재고조정이 본격화되고 있지만 경기는 현재 저점에 도달하지는 않은 것으로 판단

○ 2009년 1~2월 중 제조업 출하증가율과 재고증가율은 각각 전년동기 대비 -17.5%, -4.3%를 기록 → 재고조정이 본격화될 경우 출하뿐 아니라 재고도 감소하기 시작[5]
   - 수요회복이 시작되어 제품 출하가 다시 늘어나면 재고조정이 마무리
   - 2009년 1~2월 중 제조업 평균가동률이 아직 1998년(67.8%) 수준인 64.1%에 불과해 수요회복이 가시화되지 못한 상황임을 시사

---

4 재고순환선은 출하증가율과 재고증가율의 격차로서 기업이 보유하고 있는 재고의 변동 과정을 측정. 경기가 저점을 지나 회복국면으로 진입하면, 재고는 경기침체국면에서 이미 상당 부분 처분되었지만 출하는 서서히 늘어나기 때문에 재고순환선은 경기 판단에 유용

5 외환위기 당시에는 1998년 2월부터 11월까지 총 10개월 간 재고조정이 지속

○ 2009년 1~2월의 재고순환선도 아직 -13.2%p로 플러스로 전환되기까지
　 는 시간이 필요
　　• 외환위기 이후 재고순환선을 보면, 경기가 저점 근방에 도달한 후 '재
　　　고순환선'이 '−'에서 '+'로 전환되는 것이 일반적

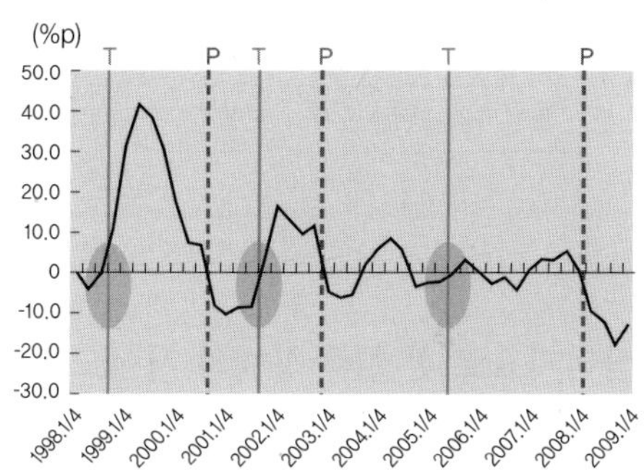

주 : 1) 2005년 이후 경기의 정점은 미정이므로 동행지수 순환변동치를 기준으로 2008년 1월을 정점으로 설정. T는 경기저
　　　점(Trough), P는 경기정점(Peak)
　　2) 2009년 1/4분기는 1~2월 평균 수치(단, 재고는 2월 말 기준)
자료 : 통계청, KOSIS DB에 의거 작성.

◉ 향후 경기국면을 예고하는 지표인 선행지수로 본 한국경제는 2009년 2/4
　 분기 말에 경기저점을 통과할 가능성

○ 선행지수 전년동월비는 2007년 11월(7.7%) 이후 계속 둔화되다가 2009
　 년 1월 -4.5%로 최저치를 기록한 후 2월 중에는 처음으로 전월 대비
　 0.5%p 상승
　　• 선행지수 전년동월비 전월차 : -0.3%p(2009년 1월) → 0.5%p(2월)

○ 선행지수 전년동월비가 2009년 1월에 최저 수준을 기록하여 현 경기는
　 이때로부터 5개월 후인 2009년 6월경 저점에 도달할 것으로 예상
　　• 1990년대 중반 이후 경기 수축기에서의 선행지수 전년동월비 저점과
　　　경기(동행지수 순환변동치)저점 간 평균 시차는 5개월
　　• 과거 평균 수축기(19개월)를 고려해도 2009년 상반기까지는 경기하강
　　　국면이 지속될 가능성(현재까지 수축기간은 13개월)[6]

6　현재 경기 패턴과 유사한 제6순환(1993.1~1996.3~1998.8)의 경기수축기는 29개월로 최장

선행지수 전년동월비와 동행지수 순환변동치 간 Granger 인과관계 분석

■ 선행지수 전년동월비가 5개월 시차를 두고 동행지수 순환변동치에 통계적으로 유의
미한 영향을 미치는 것으로 나타남(역인과관계는 성립하지 않음)

귀무가설(lag = 5개월)	F-통계량	p-값	인과관계
선행지수 전년동월비 ↛ 동행지수 순환변동치	4.289	0.001	성립
동행지수 순환변동치 ↛ 선행지수 전년동월비	1.506	0.191	성립하지 않음

심리지표로 본 한국경제의 저점도 2/4분기 말 또는 3/4분기 초

◉ 외환위기 당시 경제심리지표들은 경기저점(1998년 8월)보다 약 2분기 앞
서 저점을 형성한 후 약 1년 동안 추세적으로 반등

○ 삼성경제연구소의 소비자태도지수와 한은 및 전경련의 BSI(실적)는 실
제 경기의 저점보다 약 2분기 앞서 저점을 형성한 후 1년 이상 상승

| 외환위기 당시의 심리지표와 경기 |

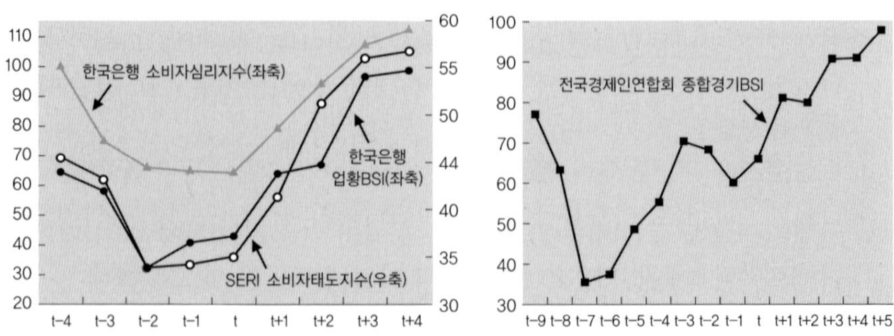

주 : 1) t는 외환위기 당시 경기저점인 1998년 3/4분기(8월)
2) 전국경제인연합회 종합경기BSI는 월간 자료, 그 외는 분기별 자료
자료 : 삼성경제연구소.; 한국은행.; 전국경제인연합회.

◉ 최근 심리지표들은 2009년 1/4분기를 전후로 저점을 형성하고 있어 2009년 중반에 실제 경기가 저점에 도달할 가능성

○ 삼성경제연구소의 소비자태도지수는 2008년 3/4분기에 이미 저점을 형성한 후 2분기 연속 개선 추세
  • 전경련과 한은의 BSI는 각각 2008년 12월, 2009년 2월에 저점에 도달한 것으로 판단
  • 한국은행 CSI(소비자심리지수)는 아직 저점을 형성하지 않은 채 횡보 중[7]

○ 실물지표의 반등이 뒷받침되어야 경기회복에 대한 기대감이 한층 높아져 경제주체의 투자 및 소비 심리도 추세적인 회복이 가능[8]

| 최근 심리지표 추이 |

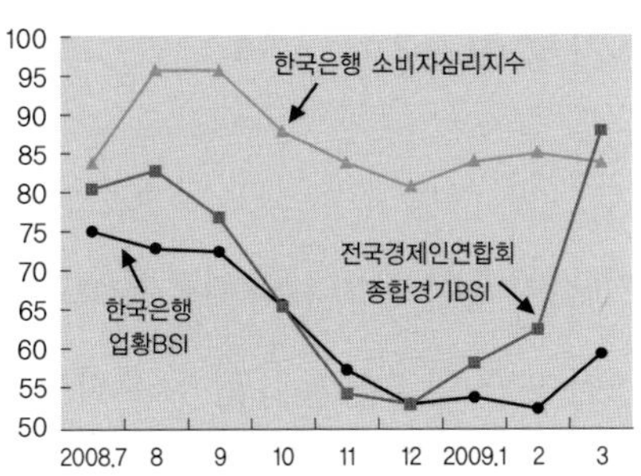

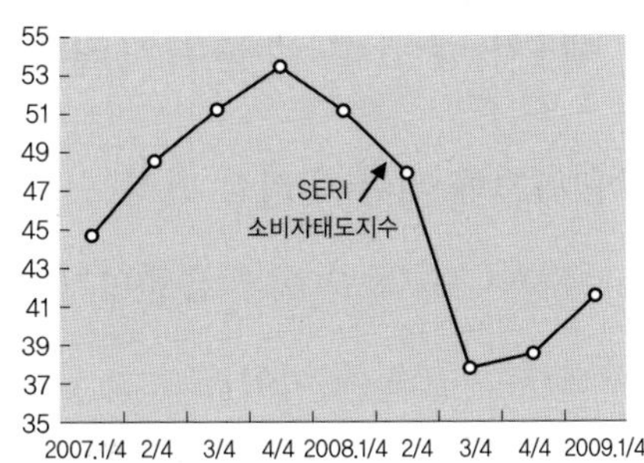

주 : 한국은행의 BSI와 CSI는 각각 2003년 1월과 2008년 9월부터 분기에서 월 자료로 변경
자료 : 한국은행.; 전국경제인연합회.; 삼성경제연구소.

---

7 외환위기 당시에도 한은 CSI는 경기저점 2분기 전부터 급락세가 진정되면서 횡보
8 1991년 4/4분기~2008년 4/4분기 중 심리지표들과 경기(전년동기 대비 실질경제성장률) 사이에는 2분기 시차를 두고 상호 간에 Granger 인과관계가 존재(lag = 2분기)

SERI 소비자태도지수			한국은행 소비자심리지수		
귀무가설	F-통계량	p-값	귀무가설	F-통계량	p-값
심리 ↛ 경기 경기 ↛ 심리	5.34 3.40	0.01 0.04	심리 ↛ 경기 경기 ↛ 심리	4.23 3.44	0.02 0.04
한국은행 업황BSI(실적)			전국경제인연합회 종합경기BSI(실적)		
귀무가설	F-통계량	p-값	귀무가설	F-통계량	p-값
심리 ↛ 경기 경기 ↛ 심리	6.51 8.63	0.00 0.00	심리 ↛ 경기 경기 ↛ 심리	9.82 6.84	0.00 0.00

주 : 한은 CSI의 경우 분석기간은 1996년 1/4분기~2008년 4/4분기이고 경기변수는 실질민간소비의 전년동기 대비 증감률을 사용.
전경련 종합경기BSI(실적)는 월간 자료의 분기별 평균을 사용

Ⅲ 대내외 경기회복 요인 점검

◉ 글로벌 경제의 본격 회복, 국내 금융시장의 안정 등 대내외 여건이 개선
되어야 한국경제의 실질적인 회복이 가능

  ○ 현 경제위기의 핵심인 글로벌 금융불안이 완전히 해소되고, 세계경제의
  중심축인 미국경제가 회복되는 것이 대외여건 개선의 핵심

  ○ 외환시장 안정, 원활한 자금흐름, 주식시장 활성화 등 국내 금융시장의
  안정도 한국경제의 회복을 위한 필수 요건

1. 제3차 글로벌 금융위기의 발생 가능성은?

금융위기에 대한 우려감 진정

◉ 2009년 3월 중순 이후 금융위기 우려가 진정되며 일부 금융지표가 호전

  ○ 2008년 10월에 이어 글로벌 금융시장은 2009년 3월 동유럽 금융위기와
  미 상업은행 부실 우려로 극심한 불안을 경험했으나, 4월 들어 호전
  • 다우지수 : 9,035(2009년 1월 2일) → 6,547(3월 9일) → 8,083(4월 9일)

  ○ 동유럽에 대한 서유럽의 공조지원 기대와 미국의 민관합동펀드[9]를 통한
  최대 1조 달러 부실자산 매입계획(2009년 3월 23일) 등이 호재로 작용

◉ 전반적인 신용경색 현상은 지속되고 있으나 일부 시장에서는 자금흐름이
개선되는 조짐

  ○ 미국 상업은행 대출은 2009년 2월을 제외하고는 4개월 연속 감소해 신
  용공급 위축 상황이 지속
  • 은행대출 감소 규모(2009년 3월) : 1,085억 달러

---

[9] Private-Public Partnership Investment Program. 공적자금과 민간자본이 공동으로 최대 1조 달러의
기금을 조성하여 금융권의 부실채권을 매입하려는 계획

○ 회사채 발행액은 253억 달러(2008년 10월)까지 감소했으나, 2009년 2월
에는 922억 달러로 증가
 • 2008년 월평균 발행액(1,850억 달러)의 50% 수준

| 회사채 신규 발행 및 상업은행의 신용공급 증감 추이 |

(단위: 십억 달러)

구분	2008년					2009년		
	8월	9월	10월	11월	12월	1월	2월	3월 25일
회사채	39.3	30.7	25.3	44.0	84.4	79.1	92.2	-
은행대출	15.6	103.2	220.0	-56.2	-26.1	-62.7	15.8	-108.5

자료 : FRB. 〈http://www.federalreserve.gov/releases/h8/Current/〉

글로벌 금융위기 재발 가능성은 상존

◉ 실물경기 침체로 인해 금융권의 손실이 확대되고 금융위기 대책이 순조
롭게 진행되지 못할 경우 금융위기가 다시 발생할 우려

○ 미국 주택가격 하락과 고용사정 악화로 경기침체와 금융권의 손실 확대
추세가 당분간 지속될 전망
 • 모기지론뿐만 아니라 소비자신용, 기업대출 등에서도 연체율이 급등
하고 있는 상황

| 미국 상업은행의 연체율 추이 |

(단위: %)

구분	2007년				2008년			
	1/4	2/4	3/4	4/4	1/4	2/4	3/4	4/4
전체	0.51	0.54	0.63	0.75	0.99	1.27	1.50	1.89
부동산대출	0.12	0.14	0.25	0.41	0.68	1.00	1.31	1.75
기업대출	0.40	0.45	0.51	0.61	0.71	0.85	1.02	1.35
소비자신용	2.37	2.37	2.58	2.59	3.00	3.36	3.65	4.02

자료 : FRB. 〈http://www.federalreserve.gov/releases/chargeoff/delallsa.htm〉

○ 영국의 금융위기가 심화되는 가운데 국제공조 실패로 동유럽 위기마저 고조될 경우 금융위기는 재발

- 서유럽 은행의 건전성 악화 → 유럽 경기침체 심화 → 금융기관의 신흥국에 대한 투자회수 → 신흥국의 금융불안 가중

◉ 동유럽 국가의 연쇄부도 사태가 발생할 경우 유럽발 글로벌 금융위기로 확대될 가능성

○ 동유럽 위기설의 진정에도 불구하고 발트 3국 등 거시경제가 취약한 상당수 동유럽 국가들의 디폴트 위험이 여전

- 외환보유액 대비 대외채무, 경상수지, 재정수지 등 전반적인 거시 지표들이 더욱 악화될 우려

| 2009년 동유럽 국가들의 거시경제 지표 전망 |

(단위: %)

국가	경제성장률	경상수지(GDP 대비)	재정수지(GDP 대비)	인플레이션
러시아	-3.0	-2.2	-8.0	13.5
우크라이나	-10.0	-1.8	-3.0	18.5
에스토니아	-5.6	-4.2	-3.4	3.3
라트비아	-9.1	-5.0	-6.0	3.0
리투아니아	-4.1	-8.7	-2.4	4.3
헝가리	-3.1	-3.7	-2.7	2.9

자료 : IMF, IFS; 각국 중앙은행 및 통계청; EIU, Country Report.

○ 서유럽 금융기관의 역내 대출 비중이 높아서 한 국가의 손실이 유럽 금융권 네트워크를 타고 유럽 전체의 금융위기로 발전될 가능성

- 유럽 은행의 대외채권 중 역내 채권 비중은 52.2%(2008년 3/4분기)[10]

---

10 BIS, Consolidated Banking Statistics 〈http://www.bis.org/statistics/consstats.htm〉

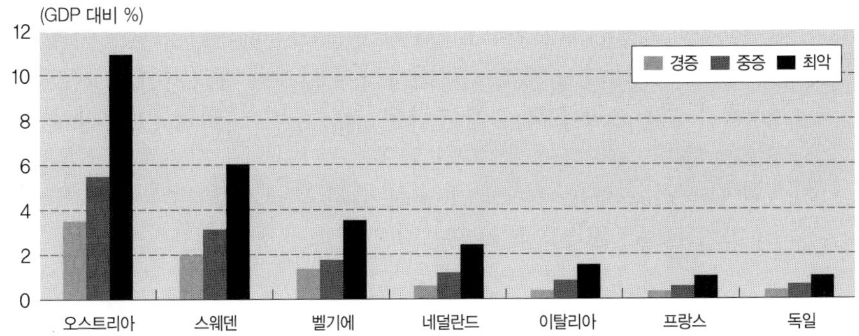

주 : 시나리오 중 '輕症(mild)'은 1990년대 초 스웨덴 은행위기 수준, '重症(hard)'은 보다 악화된 수준의 위기, '最惡
(ugly)'은 아시아 위기 수준을 가정
자료 : Danske Bank (2009.2.24.), Euro Area.: Exposure to the Crisis in Central and Eastern Europe.

2. 미국경제는 침체의 끝이 보이나?

주택경기 침체는 당분간 지속

◉ 금융위기를 촉발한 주택시장의 경우 일부 지표가 호전되면서 경기회복에
대한 기대가 형성

○ 주택 판매량 증가로 재고 비율이 하락하는 한편 주택건설이 증가[11]
• 전월 대비 2월 주택판매 증가율 : 신규주택 4.7%, 기존주택 5.6%

○ 주택가격과 모기지 금리 하락 등이 주택 판매량 증가의 주요 원인
• 30년 만기 모기지 고정금리는 5% 미만으로 1972년 1월 이후 최저

◉ 그러나 주택시장의 수급불균형으로 주택경기의 침체국면은 당분간 지속

○ 월 판매량 대비 주택재고 비율이 하락했으나 그 수준은 과거 평균에 비
해 여전히 높은 상태

---

11 신규주택 판매량 대비 재고 비율은 2009년 1월 12.9개월에서 2월에는 12.2개월로 축소되었으며,
2009년 2월 중 신규주택 착공은 22.2%, 건설허가는 3.0% 증가

- 1998~2005년 중 신규주택 재고는 약 4.1개월 판매량에 불과했으나, 현재는 12.2개월 판매량을 상회

○ 특히 주택경기의 핵심 지표인 주택가격이 여전히 하락 추세
  - 2009년 2월 신규주택 중간가격은 전년동월 대비 18.1%(전월 대비 2.9%) 하락
  - 1월 S&P/Case-Shiller 10대 및 20대 도시 주택가격지수는 전년동월 대비 각각 19.4% 및 19.0% 하락

미국경제의 회복을 논하기에는 시기상조

◉ 일부 지표의 호전에도 불구하고 전반적인 실물경기는 여전히 하락 추세

○ 2009년 2월 산업생산은 전년동월 대비 11.2%(전월 대비 1.4%) 감소
  - 설비가동률은 70.9%로 떨어졌으며, 특히 제조업의 설비가동률은 67.4%에 불과

◉ 고용 악화로 인해 향후 가계의 소득 및 소비의 회복을 기대하기 어려운 상황

○ 2008년 1월 이후 일자리 수가 지속적으로 감소하고 실업률도 상승
  - 신규실업급여 신청자 수 : 58만 명(2009년 1월) → 64만 명(2월)
  - FRB는 실업률이 2010년 상반기까지 계속 상승하고 2010년 말까지도 고실업률 상태가 지속될 것으로 전망[12]

○ 2009년 2월 개인소득은 고용 상황 악화로 인해 전월 대비 0.2% 감소
  - 2008년 4/4분기 기업이익이 16.5% 감소하는 등 당분간 기업 구조조정이 지속되어 고용 상황 및 개인소득 개선을 기대하기는 어려움

◉ 부채누적에 따른 가계의 재무 상황 악화와 금융기관의 보수적 대출 행태도 소비회복을 제약

○ 경기침체로 인한 소득 감소로 원리금 상환의 어려움이 가중되어 부동산 등의 자산 처분을 통해 부채를 축소할 수밖에 없는 상황

---

12 FRB (2009.4.8.). Minutes of Federal Open Market Committee, March 17-18, 2009.

- 2008년 4/4분기 가계부채(명목가치)는 전기 대비 0.5% 감소했으며, 실질가치 기준으로는 3분기 연속 감소

○ 상업은행의 대출기준 강화로 가계는 차입에 의존한 소비를 지속하기 어려운 상황
- 상업은행의 52.9%가 프라임 등급 모기지 대출기준을 강화(2009년 1월)

◉ 금융부실 처리가 차질을 빚어 금융기관의 정상화가 지연될 경우 실물경기에도 악영향

○ 미국 자동차업체 파산 등 대형 악재의 발생 가능성이 여전히 존재
- 미국 정부는 GM과 크라이슬러의 자구안을 거부하고 추가적인 자구 노력을 요구한 가운데, GM의 파산 가능성도 꾸준히 제기되고 있는 상황

○ 일부에서는 민관합동펀드를 통한 부실채권 매입의 실효성에 대한 회의론도 제기하고 있는 실정
- 부실자산 가격 산정 등이 순조롭게 해결되지 못할 경우 상업은행 부실문제가 재연될 우려

3. 원화 환율의 롤러코스터 현상은 종료될 것인가?

◉ '3월 위기설'이 기우로 판명됨에 따라 과도하게 상승했던 원화 환율이 진정국면으로 진입

○ 원/달러 환율은 2009년 3월 2일 1,570원으로 급등한 후, 최근에는 1,300원대로 다시 하락(2009년 1월 하순 환율은 달러당 1,300원대 중반)

○ 3월 위기설의 근거인 대규모 외국인 자금이탈, 외채 상환요구 급증 등에 따른 외화부족 우려는 글로벌 금융불안 진정, 국내 외화유동성 개선으로 해소
- 글로벌 금융불안은 3월 18일 FRB의 국채 매입 발표, 23일 미국 정부의 부실자산 처리계획 발표 등을 계기로 대폭 개선[13]

---

13 4월 2일 G20 정상회담에서 국제공조하의 경기부양책, 신흥국가에 대한 유동성 확대 · 금융지원 등이 합의된 점도 불안 진정에 일조

- 3월 위기설과는 달리 외국인 자금의 대거 유입, 정부·민간의 장기외화자금 조달 성공 등 국내 외화유동성이 개선

| 시기별 원/달러 환율 급등락 주요 요인(2009년) |

구분		환율 급등기(2월~3월 3일)	환율 급락기(3월 4일~4월 10일)
3월 위기설(한국물 CDS 프리미엄)		고조(3월 3일 : 482bp)	소멸(4월 10일 : 304bp)
외국인 증권투자	주식	순매도(1.5조 원)	순매수(3.3조 원)
	채권	순매수(2.0조 원)	순매수(2.2조 원)
장기(3년 이상) 외화조달(억 달러)		無	포스코 7.0(5년), 하나은행 10.0(3년), 정부 외평채 15.0(5년), 15.0(10년) 등
무역수지(억 달러)		적자 : 33.6(1월)	흑자 : 29.3(2월), 46.1(3월)
외환보유액(억 달러)		감소 : 2.0(2월)	증가 : 48.0(3월)

◉ 외화수급 여건이 다소 개선되면서 앞으로 원화 환율은 전반적인 하향 추세를 보일 것으로 전망

  ○ 각국의 금융시장 안정화 및 경기부양 조치의 효과로 불안심리가 진정되어 안전자산 선호 현상이 약화

  ○ 대내적으로 경상수지 흑자가 지속되고 정부 및 금융기관의 외화차입 확대로 외화유동성이 점차 개선

  ○ 원화가 여전히 저평가 국면에 있다는 점도 환율 하락의 요인으로 작용[14]

◉ 외환시장의 불안이 완전히 해소되지 않은 상황으로 변동성이 경제위기 이전 수준으로 안정되기는 어려울 전망

  ○ 높은 장기외화자금 조달 금리[15], 조선사의 수주 취소 및 인도 연기 등은 현재에도 외환시장의 불안요인

---

14 실질실효환율지수 기준으로 본 균형환율은 달러당 1,000원대로 2008년 하반기부터 저평가 국면에 진입(2009년 2월 기준)

15 2009년 4월 9일 발행된 외평채 가산금리(5년물)는 미국 국채금리 대비 400bp로 2006년 12월 발행 시 가산금리(69.6bp), 외환위기 직후인 1998년 발행 시 가산금리(355bp)보다 높은 수준

- 아직 시중은행이 자체적으로 장기(3년 이상, 공모) 외화자금을 조달하지 못하고 있고, 조달금리도 과거에 비해서는 매우 높은 상황

○ 글로벌 금융불안이 재연되면 대규모 외국인 자금 이탈, 외화차입 상환 요구 등으로 외화수급 여건이 다시 악화되어 변동성이 크게 확대[16]

| 글로벌 금융불안지수(VIX)와 원/달러 환율 변동성 추이 |

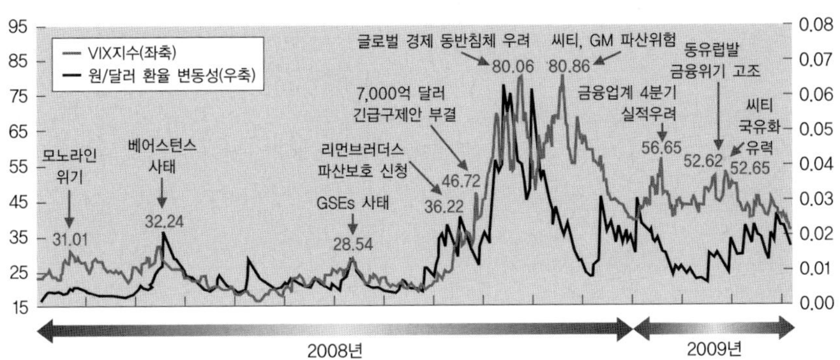

주 : 원/달러 환율의 일간변동성은 GARCH(1,1) 모형을 추정하여 도출
자료 : Thomson Reuters, Datastream.

4. 국내 금융시장의 신용경색은 해소될 것인가?

◉ 글로벌 금융위기가 고조된 2008년 10월 이후 상승한 일반 기업(BBB- 등급)의 신용위험이 아직까지 완화되지 않고 있는 상황

○ 우량기업(AA- 등급)의 자금조달 여건은 개선되었지만 일반 기업의 경우 회사채 금리가 2008년 말 수준을 유지
  - AA- 등급 회사채와 BBB- 등급 회사채 사이의 금리 차이는 4.3%p(2008년 말)에서 6.05%p(2009년 4월 6일)로 확대

---

16 글로벌 금융위기 국면(2008년 1월 2일~2009년 4월 10일)에서의 VIX와 원/달러 환율 변동성 간의 상관계수는 +0.72로 평상시(2000년 1월 2일~2007년 12월 31일) +0.27에 비해 크게 높아짐

○ 2009년 2월까지 BBB 등급 이하 기업의 회사채 발행액은 3,392억 원으로 전체 발행액의 2.7%에 불과(2008년의 경우 11.5%)

| 등급별 회사채 금리 차이 |

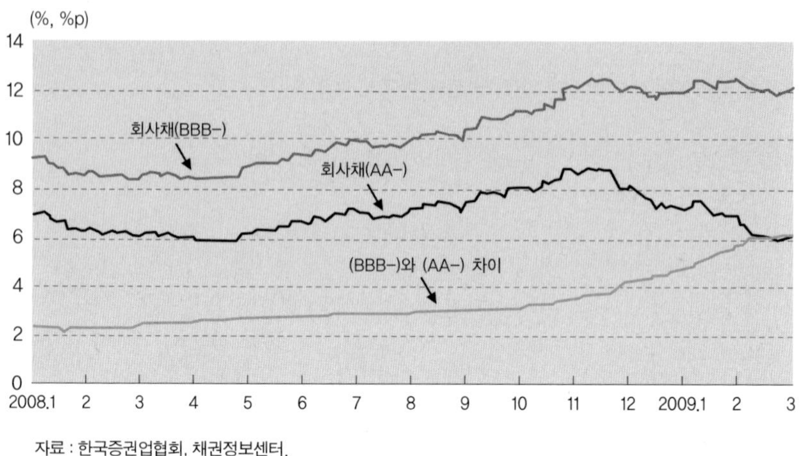

자료 : 한국증권업협회, 채권정보센터.

◉ 중소기업을 포함한 기업대출 연체율이 급등함에 따라 전반적인 기업 자금사정이 더욱 악화

○ 국내은행의 대출 연체율은 2009년 2월 말 현재 1.67%로 2004년 말 (1.7%) 이후 가장 높은 수준

○ 특히 중소기업 대출 연체율은 2.67%로 대기업 대출 연체율(0.63%)에 비해 크게 높아, 신용위험에 따른 자금사정 양극화가 진행됨을 시사
  • 반면 2009년 2월 말 가계대출 연체율은 0.89%로 신용카드 사태 당시인 2003년(1.8%)은 물론 2005년 말(1.21%)보다 낮은 수준

○ 중소기업 대출이 많은 비은행 금융기관이 은행에 비해 높은 연체율을 나타내고 있어 부실이 확대되는 양상
  • 주로 중소기업에 대출하고 있는 여신전문금융회사의 2008년 말 연체율은 4.5%로 은행 연체율(1.08%)의 4배가 넘는 수준

| 국내 은행 부문별 연체율 추이 |

(단위: %)

구분	2005년 말	2006년 말	2007년 말	2008년 말	2009년 2월
기업대출	1.34	1.00	0.92	1.47	2.31
(대기업)	0.09	0.49	0.37	0.34	0.63
(중소기업)	1.55	1.07	1.00	1.70	2.67
가계대출	1.12	0.70	0.55	0.60	0.89
원화대출 계	1.21	0.84	0.74	1.08	1.67

자료 : 금융감독원 (2009.3.18.). "2009년 2월 말 국내 은행의 대출채권 연체율 현황."

◉ 일반기업의 신용위험이 여전히 높은 데다 중소기업 중심으로 연체율이
급등하는 등 자금사정이 악화되고 있음을 고려할 때 향후에도 신용경색
현상이 해소되기는 어려울 것으로 판단

5. 국내 증시의 상승 기조는 튼튼한가?

◉ 시장의 하락 압력으로 작용했던 '펀더멘털 악재'들이 다소 완화되면서
대기하고 있던 풍부한 시중 유동성이 증시의 상승 모멘텀을 유발

○ 풍부한 단기부동자금, 일부 경제지표의 개선 조짐, 인플레 우려와 수급
부담으로 국채 보유의 장점이 희석되면서 증권시장으로 자금이 유입되
기 시작

○ 외국인 투자자도 유가증권 시장에서 주식, 채권 모두 순매수를 이어가
며 주가 상승을 견인

◉ 최근 국내 증시 상승의 주요 원인은 해외 유동성의 공급 확대

○ 글로벌 실물경제는 여전히 침체 국면이나, 각국 중앙은행의 통화공급
확대로 풍부해진 해외 유동성이 국내로 유입
  • 과거 국내 증시에서 나타났던 유동성 장세의 대부분도 외국인 투자자
  의 공격적인 순매수에 의해 주도

● 경제 펀더멘털의 개선이 전제되어야 최근 '유동성 랠리'[17]가 본격적인 '실적장세'[18]로 연결 가능

○ 금융기관의 추가 부실로 국제 금융시장이 동요할 경우 외국인 투자자의 이탈도 재연될 수 있는 취약한 구조

| 과거 국내 증시의 유동성 장세 사례 |

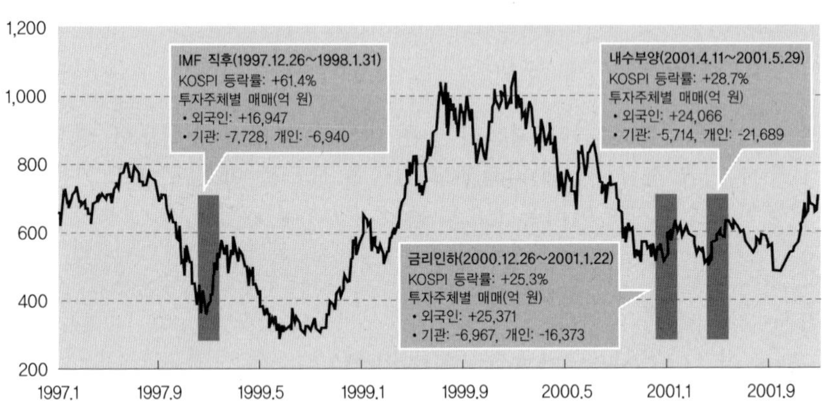

자료 : 한국거래소 자료에 의거 작성.

---

17 기업실적이 악화되는 상황에서도 낮은 금리와 풍부한 유동성으로 주가는 상승하는 현상을 지칭하며, 유동성 장세에선 기업실적보다는 낙폭이 과대했던 종목을 중심으로 주가가 상승

18 경기 전체 또는 각 기업의 실적이 주가를 끌어올리는 증시 상황

Ⅳ 종합판단 및 시사점

경기회복에 대한 때 이른 기대를 경계

◉ 일부 희망적인 지표에도 불구하고 향후 대내외 경제환경의 뚜렷한 개선이 조기에 실현되기는 힘들 것으로 전망

○ 미국의 경우 주택경기는 수급불균형으로 위축세가 지속되고 있으며, 고용 악화와 가계부채 조정 등으로 경기침체 탈피가 어려울 전망

○ 글로벌 금융시장은 유럽발 금융위기 가능성, 기업 및 가계 대출부실 등 실물경기 침체로 인한 금융부실 확대로 불안이 지속될 전망

○ 국내 금융불안은 2009년 1/4분기에 비해 다소 완화되겠지만, 당분간 해소되기는 어려울 전망
  • 외화유동성 확대로 원/달러 환율의 하향세가 예상되나, 글로벌 금융불안으로 원화 변동성은 크게 축소되지 않을 전망
  • 통화당국의 저금리 기조 유지에도 불구하고 신용경색 현상이 해소되지 않아 일반기업(BBB-)이나 중소기업의 자금조달에 어려움이 예상

◉ 한국경제에 대한 지나친 비관론만큼이나 때 이른 낙관론도 경계

○ 근거 없는 비관론은 경제주체들의 경제활동을 불필요하게 위축시켜 침체를 가속시키고 금융불안을 가중시키는 비용을 초래
  • 한국경제에 대한 지나친 비관론이 2009년 3월 위기설을 증폭시키는 역할

○ 때 이른 낙관론 역시 경기오판과 그릇된 대응을 초래할 우려
  • 지금 세계경제는 전례 없는 심각한 위기 상황에 직면해 있다는 점을 상기할 필요

질문	판단
① 제3차 글로벌 금융위기의 발생 가능성은?	경기침체로 인한 금융권 손실 확대 및 동유럽 경제위기 심화 가능성 → 글로벌 금융위기 재발 가능성이 상존
② 미국경제는 침체의 끝이 보이나?	고용, 소득 및 가계부채 등 펀더멘털의 악화 → 실물경제의 조속한 회복은 기대하기 어려움
③ 원화 환율의 롤러코스터 현상은 종료될 것인가?	향후 원화 환율은 전반적으로 하락하고 변동폭도 축소, 그러나 글로벌 금융위기 이전에 비해 여전히 큰 변동성
④ 국내 금융시장의 신용경색은 해소될 것인가?	일반기업의 높은 신용위험과 연체율 급등으로 자금사정 악화 → 향후에도 신용경색이 해소되기 어려운 상황
⑤ 국내 증시의 상승 기조는 튼튼한가?	펀더멘털의 개선이 가시화되지 않음 → 유동성 장세가 실적장세로 연결될 것으로 판단하는 것은 불투명

한국경제는 2009년 상반기 중 저점 통과 후 더딘 회복세 예상

◉ 2008년 10월 이후 경기급락[19]을 경험하고 있는 한국경제는 2009년 2/4분기 말 경기저점에 도달한 후 하반기부터 더딘 회복세를 보일 것으로 예상

○ 재고조정의 지속과 선행지수의 경기선행성을 감안할 때 2008년 초에 시작된 경기하강세는 18개월 정도 경과한 2009년 6월까지 지속

○ 하반기에도 미국경제 침체, 불안한 글로벌 금융시장 등 대외여건 취약으로 인해 주요 성장동력인 수출의 부진이 지속
  • 최근 수출감소세 둔화의 주요 요인인 원화가치 하락이 하반기에는 상승세로 전환되어 수출회복을 제약

○ 신용경색 현상이 해소되지 않는 등 국내 금융불안으로 소비 및 투자 자금이 원활히 공급되지 못해 내수 확대가 제약

◉ 한국경제의 회복을 논의하는 것은 아직 시기상조로 2009년 중 경기회복을 체감하기는 어려울 것

---

19 2008년 10월~2009년 1월의 3개월간 동행지수 순환변동치가 6.6p나 급락

○ 상반기에는 경기하강세가 지속되고 하반기에도 회복은 미약할 전망
• 분기별 경제성장률(전년동기 대비)은 2009년 3/4분기까지 마이너스를 기록하고 4/4분기에야 플러스로 전환 → 성장세 반전의 주요 원인도 2008년 4/4분기의 급락에 따른 기저효과

리스크 관리와 함께 경기부양책을 지속적으로 추진

◉ 정부는 재정지출 확대 등 경기부양 조치를 차질 없이 추진하는 한편, 재정지출의 효과를 극대화하는 데 주력

○ 특히 경제상황이 가장 어려울 것으로 예상되는 2009년 2/4분기에 재정지출을 집중하고, 경기상황에 따라 하반기 중 2차 추경편성도 고려

○ 고용창출 효과가 크고 투입 대비 산출효과가 큰 사업을 우선적으로 추진하는 등 재정지출에 우선순위를 설정해 경기부양 효과를 극대화
• 재정투자 집행 상황을 정기적으로 외부에 공표함으로로써 예산의 집행률을 제고

◉ 하반기에도 경기부진과 함께 금융시장의 불안정이 지속될 것이므로 기업도 리스크 관리에 중점을 둘 필요

○ 상시적 모니터링 등 위기관리의 일상화를 통해 위기 징후를 조기에 포착

○ 환 리스크, 자금조달 리스크, 시장 리스크 등에 대응한 단기 상황전략(contingency plan)과 아울러 위기 이후의 경제상황 변화에 대비해 사업구조 재편, 투자조정 등 중장기 전략을 병행 수립

글로벌 금융위기와 한국의 수출
- 수출 급감의 3가지 원인 분석

11

Issue Paper

≫≫≫ 2009. 4. 7. (2009. 4. 24. 업데이트)

장재철

Summary

2003년 이후 두 자릿수의 호황을 지속했던 한국의 수출이 2008년 4/4분기에 전년동기 대비 9.9% 감소한 이후 2009년에 들어서도 20%대의 감소세를 보이고 있다. 2009년 1~3월의 월평균 수출규모는 250억 달러로 축소되어 2006년 2/4분기 이후 가장 낮은 수준을 기록할 정도로 부진하다. 한국경제의 수출의존도와 수출의 경제성장에 대한 기여도를 고려하면 최근 수출 급감의 원인 분석과 대책 마련이 시급하다.

본 연구에서는 최근 수출의 급락을 소득효과와 가격효과, 그리고 금융불안효과의 세 가지 방향에서 살펴보았다. 소득효과는 세계경제의 침체가 해외시장에서 한국제품의 수요위축을 유발함으로써 나타난 수출 감소를 설명한다. 선진국의 신흥개도국에 대한 수입의존도가 높아지면서 선진국의 경기침체가 신흥개도국의 수출을 감소시키고, 신흥개도국 간의 수출도 감소시켰다. 한국의 수출 급감은 對선진국 및 신흥개도국으로의 수출이 동시에 감소한 결과이며, 특히 선진국으로의 수출 감소폭이 개도국보다 더 크게 나타났다. 가격효과는 수출가격의 하락에 의한 수출 감소를 설명하는데, 세계경제의 침체로 인한 해외시장의 수요압력 축소, 원화 약세, 국제원자재가격의 하락이 주요인으로 지목되었다. 금융불안효과는 금융불안에 따른 신용불안 등이 수출기업의 수출활동을 저해하는 효과를 측정했다. 국내외 금융불안과 수출과의 관계를 분석한 결과, 외환위기 이후 한국의 수출은 금융불안 발생 시 연간 7.6%p의 감소요인이 발생했으며, 외환위기 당시나 2008년

4/4분기와 같은 신용경색, 환율 급등, 무역금융 위축이 동시에 발생하는 심각한 금융불안 시기에는 11.7%p의 감소효과가 있는 것으로 추정되었다. 금융불안의 부정적인 효과는 대기업보다는 자금여력이 취약한 중소기업의 수출에서 더 큰 것으로 분석되었다.

한국 수출 급감의 세 가지 요인을 유발한 세계경제 침체와 글로벌 금융위기 상황은 당분간 지속될 것으로 예상되므로 정부와 기업은 수출 감소폭을 줄이고 수출경기를 개선시키기 위한 적극적인 대안 모색이 필요하다. 무엇보다도 국내 금융환경을 개선하여 무역금융을 활성화함으로써 수출기업들을 지원해야 한다. 수출기업은 글로벌 불황을 극복할 수 있도록 가격, 품질, 브랜드 경쟁력을 높이고, 정부는 원화 약세에 의존하는 중소기업이 품질경쟁력을 갖출 수 있도록 연구개발투자 등을 지속적으로 지원해야 한다.

| 수출 급감의 3대 요인 |

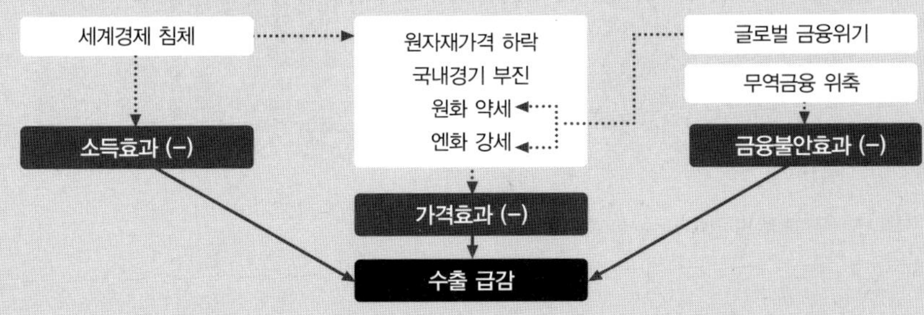

Ⅰ 최근 수출 동향

수출 두 자릿수의 감소세 지속

◉ 2002년 2/4분기 이후 증가세를 지속했던 한국의 수출은 2008년 4/4분기
에 감소세로 전환하고 2009년 들어서는 감소폭이 더욱 확대

○ 2008년 4/4분기 수출은 3/4분기의 27.0%(전년동기 대비) 증가에서 9.9%
감소세로 전환
  • 2008년의 월별 수출증가율은 두 자릿수를 지속했으나 10월에 한 자릿
    수(7.8%)로 둔화되고 그 이후 급격히 감소세로 전환
  • 2008년 11월과 12월의 수출증가율은 각각 전년동월 대비 -19.5%,
    -17.9%로 2002년 2월(-17.5%) 이후 처음으로 두 자릿수의 감소세를 기록

○ 2009년 들어서도 수출의 감소폭은 더욱 확대되는 추세
  • 2009년 1~2월의 수출은 466.9억 달러로 전년동기 대비 26.4% 급감
  • 2009년 3월 수출도 전년동월 대비 21.2% 감소했으며, 1/4분기로는 전
    년동기 대비 24.5% 감소

| 최근의 분기별 및 월별 수출 추이 |

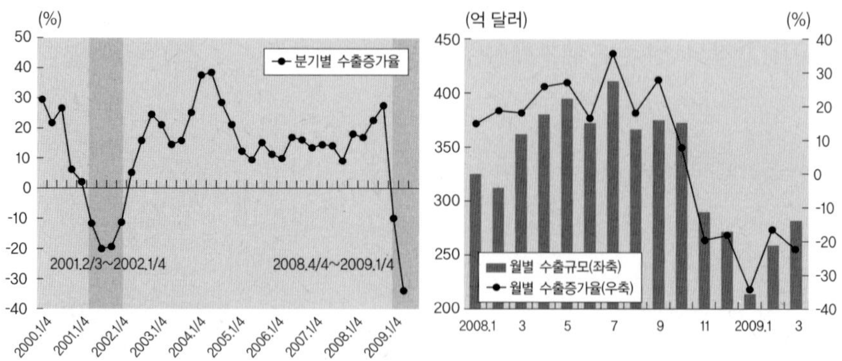

자료 : 한국무역협회, KITA.net DB.; 지식경제부, "수출입동향" 보도자료.

◉ 월평균 수출규모가 200억 달러대로 하락하며 2006년 상반기 이후 가장 저조한 수출실적을 기록

○ 2009년 1/4분기의 월별 수출규모는 250억 달러로 2008년 하반기의 월평균 실적 347억 달러를 크게 하회할 전망
  • 월평균 수출규모 250억 달러는 2006년 1/4분기의 246억 달러 이래 가장 저조한 수준
  • 한국의 월평균 수출실적은 2007년 2/4분기(310억 달러) 이후 2008년 4/4분기까지 300억 달러를 상회

○ 통관일수를 고려한 일평균 수출규모도 2009년 1/4분기에는 11.1억 달러로 2008년 하반기의 14.8억 달러 대비 25.0% 감소
  • 일평균 수출규모는 2008년 5월에 17.5억 달러로 사상 최대치를 기록했으며, 3/4분기에는 16.4억 달러 수준에 달함
  • 일평균 수출규모가 11억 달러대로 하락한 것은 2006년 상반기 이후 처음

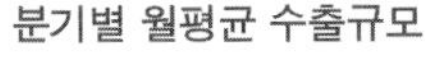

| 최근의 월평균 및 일평균 수출 실적 추이 |

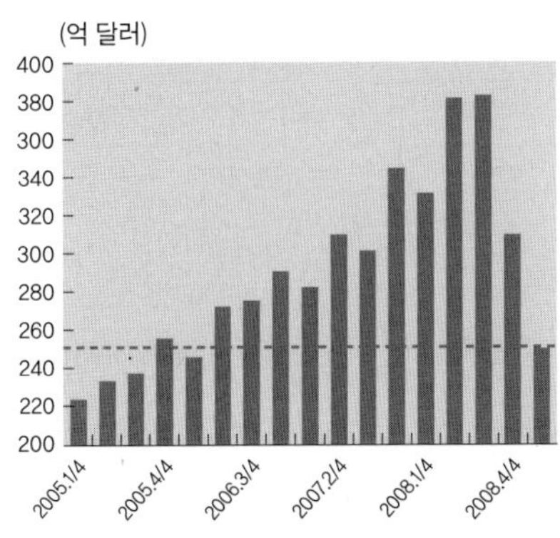

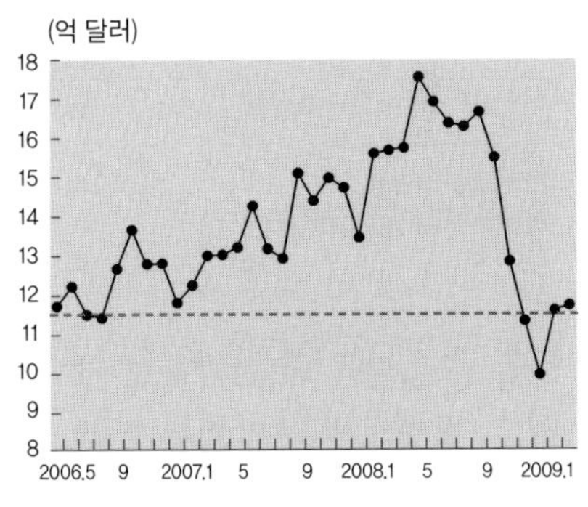

자료 : 한국무역협회, KITA.net DB.; 지식경제부, "수출입동향" 보도자료.

최근의 수출부진은 지역과 산업 전 방위적으로 확산

◉ 미국, 일본, EU 등 선진국뿐만 아니라 중국 등 개도국으로의 수출도 모두 감소세

○ 글로벌 금융불안이 심화되었던 2008년 4/4분기 이후 일본과 EU 등 주요 선진국으로의 수출이 두 자릿수의 감소세로 전환
- 對일본, 對EU 수출은 2008년 4/4분기에 각각 전년동기 대비 11.8%, 16.7% 감소해 전분기의 14%대 증가율과 대조적
- 對미국 수출증가율은 2008년 4/4분기 -6.0%에서 2009년에 들어서는 -23.3%로 감소폭이 확대

○ 2009년 들어서는 모든 지역으로의 수출이 두 자릿수의 감소세를 기록
- 對중국 수출은 2008년 4/4분기에 전년동기 대비 23.9%의 큰 폭 감소 이후 2009년 1~2월에도 전년동월 대비 26.7%나 급락

| 주요지역으로의 수출증가율 추이 |

(단위: 전년동기(월) 대비, %)

구분	2008년				2009년
	1/4	2/4	3/4	4/4	1~2월
중국	20.7	33.7	21.4	-23.9	-26.7
미국	-2.6	5.4	9.6	-6.0	-23.3
일본	12.2	16.8	14.5	-11.8	-32.8
EU	16.0	6.4	14.7	-16.7	-33.9
ASEAN	34.7	38.5	47.4	-6.3	-35.2
CIS	49.8	28.9	40.0	-21.7	-51.5

주 : CIS는 독립국가연합
자료 : 한국무역협회, KITA.net DB.

● 주요 수출품목 중 선박류를 제외한 모든 품목의 수출증가율이 2009년 들어 두 자릿수의 감소세로 전환

○ 주요 10대 수출품목(2008년 기준) 중 자동차, 자동차부품, 컴퓨터, 반도체, 석유제품 등은 2009년 1월 중 30% 이상의 감소세를 기록

○ 선박류와 철강제품을 제외하고는 2008년 4/4분기부터 감소세로 전환
- 자동차와 컴퓨터는 2008년 2/4분기부터 감소세를 지속하고 있으며 감소폭도 확대되는 추세

(단위: 전년동기(월) 대비, %)

구분	2008년				2009년
	1/4	2/4	3/4	4/4	1~2월
선박류	20.4	22.7	149.9	67.8	34.5
석유제품	64.0	101.7	100.9	-14.8	-37.6
무선통신기기	29.2	30.5	26.5	-9.2	-11.6
자동차	8.7	-0.1	-13.2	-17.8	-45.6
반도체	-15.6	2.6	-9.8	-39.7	-43.9
LCD	32.0	28.1	15.5	-21.2	-19.4
철강판	9.3	34.2	60.5	12.1	-25.3
합성수지	28.4	26.7	29.9	-22.6	-29.3
자동차부품	23.8	25.2	24.9	-19.3	-48.2
컴퓨터	5.9	-12.1	-28.4	-49.7	-52.0

주 : 10대 수출품목은 MTI 3단위의 2008년 기준으로 설정. 선박류는 '선박해양구조물 및 부품(746)' 이며 LCD는 '평판디스플레이 및 센서(836)'

자료 : 한국무역협회, KITA.net DB.

◉ 최근의 수출 급감에 대한 원인 분석과 대책 마련이 시급

○ 수출 부진이 심화되면 조기 경기회복에 대한 기대는 더욱 어려워질 전망
- 재화와 서비스 수출은 국내총생산에서 52.9%(2008년 기준)[1]를 차지
- 한국 수출(재화와 서비스)의 2000~2008년의 경제성장 기여도는 4.9%p로 같은 기간의 연평균 경제성장률 4.4%를 상회(2000년 가격 기준)

○ 글로벌 금융위기의 진전으로 교역환경이 향후 더욱 어려워질 전망이므로 수출 급감의 원인 분석이 시급
- 주요 수출지역의 경제성장률 하락과 금융시장 급변동 등으로 수출수요의 위축과 환율의 변동성 확대가 우려
- 수출 부진의 원인 분석을 통해서 향후 수출에 대한 전망과 시사점을 도출해 안정적인 수출 확대 전략을 모색할 필요

---

[1] 2005년 지수 기준의 실질규모로는 2008년 재화와 서비스의 수출이 국내총생산에서 차지하는 비중이 46.1%로 본문의 경상가격(명목) 기준보다는 작음

Ⅱ 수출 급감의 원인 분석

소득효과 : 글로벌 경기침체

◉ 글로벌 금융위기가 심화되면서 금융위기의 진원지인 선진국의 경기침체
가 세계 및 아시아 주요지역의 교역 감소로 나타남

○ 금융위기의 심화로 미국과 EU 등 선진국의 경제성장률 둔화가 가시화
되면서 2008년 하반기부터 세계 교역규모가 감소세로 전환
  - EU와 미국은 각각 2008년 2/4분기와 3/4분기부터 전기 대비 마이너스
    성장세를 지속
  - 선진국의 성장세 둔화 등으로 산업생산이 위축되면서 세계 수출규모
    도 빠르게 위축(2008년 10월, 11월 각각 전년동월 대비 26.0%, 42.6%
    감소)

| 주요 선진국의 경제성장률 및 세계 산업생산과 수출규모 증가율 추이 |

(단위: %)

구분	2008년 경제성장률			
	1/4	2/4	3/4	4/4
미국	0.2	0.7	-0.1	-1.6
EU	0.7	-0.3	-0.2	-1.5
일본	0.3	-1.2	-0.4	-3.2

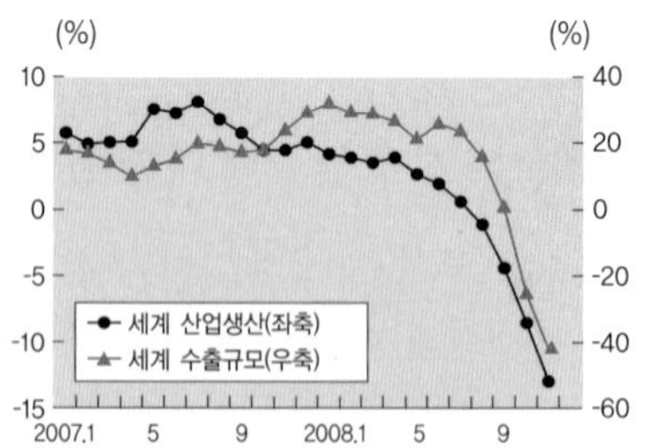

주 : 경제성장률은 전기 대비 성장률이며, 세계 산업생산과 수출규모 증가율은 3개월 전과의 변동률에 대한 연율
자료 : OECD Statistics DB.; IMF WEO Update (2009.1.28.).

○ 미국, EU 등 선진국의 수출입 증가율이 2008년 4/4분기 이후 감소세로
전환
  - 미국은 금융위기로 인한 내수경기 위축 등으로 2009년 들어 수출보다
    수입이 더 큰 폭으로 감소
  - EU는 2008년 4/4분기 수출과 수입이 각각 전년동기 대비 2.3%, 1.7%
    감소한 후 2009년 1~2월에는 감소폭이 전년동월 대비 -31.9%, -28.9%
    로 확대

○ 교역의 감소규모는 중국과 일본 등 아시아 지역에서 더 크게 발생
- 일본은 2008년 4/4분기 수출과 수입이 각각 전년동기 대비 23.1%, 9.5% 감소했으며, 2009년 1~2월에는 전년동월 대비 38.4%, 26.0% 감소
- 중국의 2009년 1~2월 수출과 수입은 각각 전년동월 대비 21.2%, 34.1% 감소

| 주요 선진국 및 중국, 인도의 수출입 증가율 추이 |

(단위: 전년동기(월) 대비, %)

| 구분 | 2008년 | | | | | | | | 2009년 | |
| | 1/4 | | 2/4 | | 3/4 | | 4/4 | | 1~2월 | |
	수출	수입	수출	수입	수출	수입	수출	수입	수출	수입
미국	17.8	11.6	19.8	14.2	17.4	14.3	-3.7	-9.4	-21.1	-27.1
EU	8.0	8.4	9.1	12.7	7.5	13.6	-2.3	-1.7	-31.9	-28.9
일본	5.9	10.5	1.8	11.2	3.2	21.1	-23.1	-9.5	-38.4	-26.0
중국	21.4	28.6	22.4	32.4	23.0	25.7	4.3	-8.9	-21.2	-34.1
인도	37.3	48.6	37.1	36.7	24.7	53.3	-8.2	6.9	-15.9	-18.2

주 : 미국, EU, 인도의 2009년 수출입 증가율은 2009년 1월 자료. 각국의 수출은 달러 기준의 전년동기 대비 증가율
자료 : CEIC DB.

◉ 선진국의 경기침체는 2000년 이후 급성장세를 보였던 아시아 개도국 및 신흥개도국의 수출 급감 요인[2]

○ 선진국의 對개도국 수입의존성이 높아진 결과, 선진국의 경기침체가 신흥시장의 수출 급락으로 나타남
- 2000~2007년 중 선진국 간의 수입은 연평균 7.7% 증가한 반면 신흥개도국(아시아 개도국)으로부터의 수입은 연평균 13.8%(27.3%) 증가

○ 신흥시장 및 개도국 간의 교역도 선진국 경기부진이 개도국의 전반적인 수출수요를 줄임으로써 개도국–선진국뿐만 아니라 개도국–개도국의 교역 위축요인으로 작용

---

2 신흥개도국과 아시아 개도국은 각각 IMF의 DOT 데이터베이스의 'Emerging and Developing Economies'와 'Developing Asia' 국가를 칭함

- 신흥개도국의 신흥개도국과 아시아 개도국으로부터의 수입은 2000~ 2007년 중 연평균 각각 22.8%, 27.3% 증가
- 개도국들의 경제성장이 지속되면서 신흥개도국의 對선진국 수입은 2000~2007년 중 연평균 14.2% 성장

| 2000~2007년 중 선진국 및 개도국 수입의 연평균 증가율 |

(단위: %)

구분	선진국	신흥개도국	아시아 개도국
선진국에서 수입	7.7	14.2	15.2
신흥개도국에서 수입	13.8	22.8	23.7
아시아 개도국에서 수입	27.3	27.3	24.4

주 : 수입시장 규모는 각 지역에서의 수입총액을 의미
자료 : IMF Direction of Trade Database.

◉ 최근 한국 수출증가세의 급락은 외환위기 이후 가장 심각한 상황이며 글로벌 금융위기에 따른 선진국 시장과 개도국 시장의 동반 부실이 주요인

○ 2009년 들어 나타난 한국 수출의 급락은 1998년 아시아 위기와 2001년 IT버블 붕괴 당시의 충격보다 큰 것으로 나타남
- 1998년 아시아 금융위기 당시 수출의 마이너스 성장은 신흥개도국의 경제성장률이 급락(1997년 5.0% → 1998년 2.5%)한 결과
- 2001년의 두 자릿수 수출 감소는 선진국 경제성장률이 전년의 4.0%에서 1.2%로 급락하고 신흥개도국의 성장률도 5.9%에서 3.8%로 둔화된 결과

| 1998년, 2001년, 2009년의 한국 수출 비교 |

(단위: 전년 대비, %)

연도	경제성장률			한국 수출증가율		
	세계	선진국	신흥개도국	총 수출	선진국	신흥개도국
1998년	2.5	2.6	2.5	-2.8	0.9	-7.6
2001년	2.2	1.2	3.8	-12.7	-17.7	-2.7
2009년	-1.0~-0.5	-3.5~-3.0	1.5~2.5	-26.4	-31.7	-23.7

주 : 2009년 경제성장률은 IMF WEO(2009.3) 자료에 의거. 총 수출, 선진국, 신흥개도국으로 수출은 IMF의 DOT DB, 2009년은 KITA.net DB의 2009년 1~2월 누계
자료 : IMF WEO DB.; IMF Staff Report (2009).; 한국무역협회, KITA.net DB.

○ 2009년의 수출 급감은 전체 수출의 50.7%(2007년 기준)를 차지하는 선
   진국으로의 수출 부진이 주도
   • 2009년 1~2월 중 對선진국 수출증가율은 전년동기 대비 31.7%나 감소
     해 같은 기간의 총 수출증가율 -26.4%를 상회
   • 미국, 일본, EU로의 수출은 같은 기간 중 전년동기 대비 각각 23.3%,
     32.8%, 33.9% 감소

○ 선진국의 경기침체로 개도국의 對선진국 수출 둔화와 개도국 경기침체
   등이 나타나면서 개도국 시장으로의 수출도 위축
   • 한국의 신흥개도국 수출 비중은 2000년 34.8%에서 2007년 48.8%로
     상승
   • 2009년 1~2월 중 對개도국 수출은 전년동기 대비 23.7% 감소

| 한국의 對선진국 및 신흥개도국 수출 비중 추이 |

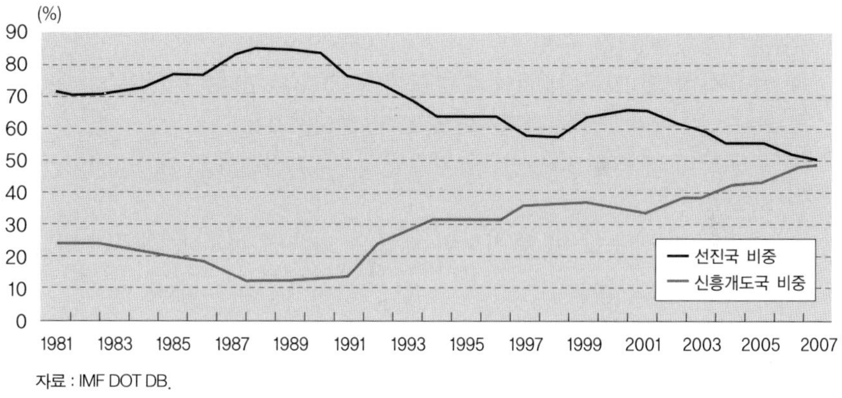

자료 : IMF DOT DB.

가격효과 : 수출가격 하락

● 2008년 4/4분기 이후 수출이 급락세를 보이는 동안 수출제품의 가격도
   가파르게 하락

○ 2009년 들어서도 수출가격의 하락폭은 확대되며 하락세를 지속
   • 수출물가(달러 기준)는 2008년 4/4분기에 전년동기 대비 11.0% 하락
     한 이후 2009년 1월과 2월 중에는 각각 17.0%, 18.8% 하락

○ 수출단가[3]는 2008년 2/4~3/4분기에 전년동기 대비 10% 이상의 높은 상
승세를 기록한 후 4/4분기에 -7.9%의 하락세로 급반전

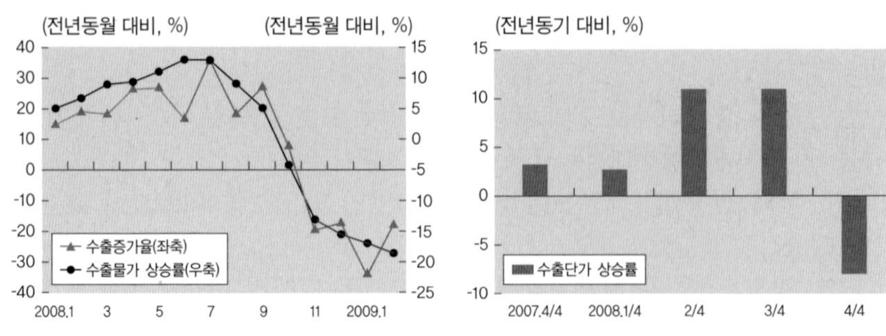

자료 : 한국은행, ECOS DB.

○ 부문별로는 석유화학, 운송장비의 가격 하락폭이 크게 나타나며 전체
수출가격의 하락을 주도
  • 석유화학 및 고무 제품의 수출물가 증가율은 2008년 4/4분기 -23.0%,
    2009년 1월과 2월에 각각 -34.3%, -36.5%를 기록
  • 운송장비 제품은 2009년 1월과 2월에 각각 전년동월 대비 4.1%, 5.8%
    하락
  • 컴퓨터, 영상음향 및 통신장비 제품은 2005년 이후 두 자릿수의 감소
    세를 지속

---

3 2009년 3월 말 현재 한국은행은 수출단가를 2008년 12월까지만 발표. 수출단가와 수출가격지수는 수
출상품의 가격변동을 나타낸다는 점에서 같으나, 지수산정에 포함되는 상품의 수와 지수산출방법(수
출물가는 라스파이레스식, 수출단가는 연쇄파쉐식) 등이 상이

(단위: 전년동기(월) 대비, %)

수출물가	2008년		2009년	
	3/4	4/4	1월	2월
총 지수(1000)	9.1	-11.0	-17.0	-18.8
농림수산품(5.1)	11.3	-12.2	-18.6	-20.8
공산품(994.9)	9.1	-11.0	-16.9	18.8
석유화학 및 고무 제품(193.1)	35.2	-23.0	-34.3	-36.5
컴퓨터/영상음향 및 통신장비 제품(361.5)	-15.2	-20.4	-19.3	-18.4
운송장비 제품(144.4)	6.2	0.4	-4.1	-5.8
금속 1차 제품(72.8)	21.1	0.3	-16.1	-21.7
일반기계 및 장비 제품(66.6)	3.1	-2.3	-2.9	-4.0

주 : 괄호 안은 수출물가 각 항목의 가중치
자료 : 한국은행, ECOS DB.

◉ **수출가격전가식[4]을 추정한 결과 최근의 수출가격 하락은 세계경제의 침체, 원/달러 환율 상승, 국제원자재가격 하락이 주요인으로 작용**

○ 세계경제의 침체로 인한 해외 수출시장에서의 수요압력 약화가 수출가격의 하락압력을 유발

- 세계시장 수요압력의 대리지표로 사용한 OECD 산업생산지수에 대한 추정계수는 1.109로 다른 설명변수의 계수보다 크게 추정됨
- OECD 산업생산지수는 2008년 4/4분기에 전년동기 대비 8.0% 하락 (전분기 대비 5.2% 하락)했으며, 2009년 1월에도 전월 대비 2.3% 하락

○ 최근의 원/달러 환율 상승도 원화 환산 수출대금의 증가와 수익성 증대를 가져와 수출가격의 하락요인으로 작용

- 원/달러 환율변동의 수출가격전가 추정계수는 -0.086으로 원/달러 환율의 상승은 달러 표시 수출가격의 하락을 유발

---

4 수출가격전가 추정식은 최요철·김치호의 모형을 수정해서 추정(최요철·김치호 (2001). "원화환율 변동의 수출가격 전가행태 분석." 『경제분석』, 7(3), 63-103). 추정식은 달러 표시 수출가격의 로그차 분값을 원/달러 환율, 두바이유가, 세계시장과 국내시장의 수요압력의 대용지표로 각각 OECD 산업 생산지수, 제조업평균가동률, 해외시장에서의 가격경쟁 여건을 나타내는 엔/달러 환율의 로그차분값을 설명변수로 하여 구성

- 원/달러 환율은 2008년 3/4분기 1,067.3원, 4/4분기 1,365.5원, 2009년 1~2월 중 1,397.5원으로 상승하며 달러 표시 수출가격의 하락요인으로 작용

| 환율 및 국제유가 등의 수출가격전가식 추정결과 |

설명변수	분석기간 : 2001년 1월~2009년 2월
상수항	-0.002(-1.388)
원/달러 환율	-0.086 (-1.906)*
두바이유가	0.110 (8.895)***
세계 수요압력	1.109 (3.787)***
국내 수요압력	0.064 (1.756)*
엔/달러 환율	-0.099 (-2.389)**
ρ	0.355 (3.636)***
R² Durbin Watson	0.765 1.877

주: 1) 괄호 안은 t값이며, ***, **, *는 각각 1%, 5%, 10% 수준에서 유의함을 의미
2) ρ는 AR(1) 계수

○ 원자재가격의 하락은 수출가격의 하락을 주도하고 있는 석유화학 부문과 중간재 부문 등의 가격하락을 유발
- 원자재가격의 대리지표로 사용한 두바이유가의 계수가 0.110으로 추정되어 유가와 같은 원자재가격의 하락은 수출가격의 하락요인
- 2009년 4/4분기의 두바이유 평균가격은 배럴당 52.7달러로 전년동기의 83.2달러, 전분기의 113.5달러를 크게 하회
- 원자재와 중간재 수출물가는 2008년 4/4분기에 각각 전년동기 대비 5.4%, 12.6% 하락한 뒤 2009년 1월과 2월 중에도 두 자릿수의 하락세를 지속

○ 국내 경기침체에 따른 수요압력 약화도 다른 변수들보다는 미미하나 수출가격의 하락요인으로 작용
- 글로벌 금융위기의 충격으로 국내경기가 위축되면서 제조업가동률지수는 외환위기 수준을 크게 하회(2009년 1월 가동률 원지수는 73으로 외환위기 당시의 최저 수준 1998년 8월의 77.4를 하회)

- 국내 수요압력의 약화가 수출가격에 전가된 추정치는 0.064로 세계시장의 수요압력의 추정계수, 원/달러 환율, 두바이유가 등에 비해서 상대적으로 작음

○ 한편 엔/달러 환율 하락(엔화 강세)은 세계시장에서 일본 제품의 가격 상승을 유발함으로써 한국 제품의 가격이 상승할 수 있는 여지를 제공
  - 수출가격전가식에서 엔/달러 환율의 추정계수는 -0.099로 엔/달러 환율의 하락은 한국의 달러 표시 수출물가의 상승요인
  - 엔/달러 환율은 2008년 3/4분기 달러당 107.6엔(전년동기 대비 -8.7%)에서 4/4분기 96.2엔(-14.9%), 2009년 1~2월에는 91.5엔(-15%)으로 하락
  - 엔화 강세에 따른 한국의 수출제품가격의 상승압력에도 불구하고 기타 요인에 의해 수출가격이 하락한 결과, 한국의 수출 감소폭이 일본을 하회하며 逆샌드위치론까지 제기됨[5]

| 원/달러, 엔/달러 환율과 한국, 일본의 수출증가율 추이 |

(단위: 전년동월 대비, %)

구분	2008년			2009년	
	10월	11월	12월	1월	2월
원/달러 환율 (전년동월 대비 %)	1,326.9 (45.0)	1,400.8 (52.6)	1,368.8 (47.1)	1,354.7 (43.7)	1,440.2 (52.5)
엔/달러 환율 (전년동월 대비 %)	100.3 (-13.4)	97.0 (-12.7)	91.4 (-18.6)	90.6 (-16.1)	92.4 (-13.8)
한국 수출	7.8	-19.5	-17.5	-34.2	-18.3
일본 수출	6.4	-16.1	-20.1	-35.2	-41.3

주 : 수출증가율은 달러 표시 수출규모를 기준.
자료 : 한국은행, ECOS DB; CEIC DB.

---

5 최근 논의되는 역샌드위치론에서는 엔화뿐만 아니라 위안화도 달러화에 대해 강세를 보이고 있어 원화의 달러화에 대한 약세는 일본 및 중국과의 가격경쟁력을 높임으로써 한·중·일 3국이 글로벌 경기침체와 금융불안으로 수출 감소세를 보이는 상황에서도 한국의 수출 감소폭이 상대적으로 적게 나타나는 데 기여. 예를 들면 중국의 수출은 2008년 11월 전년동월 대비 2.2% 감소한 이후 12월 -2.8%, 2009년 1월과 2월에 각각 -17.5%, -25.7%의 증가율을 기록

금융불안효과 : 무역금융 위축 등

◉ 글로벌 금융위기에 따른 신용경색이 심화되면서 무역금융도 위축되며 수출 장애요인으로 부상

○ 글로벌 금융위기에 따른 신용경색이 심화될 경우에는 세계 무역에 심각한 장애가 될 수 있다는 우려가 제기
  - 금융위기에 따른 세계 무역금융의 부족규모가 2008년 11월 250억 달러에서 2009년 3월에는 1,000억 달러에 달하는 것으로 추정(AFP통신, 2009년 3월 19일)[6]
  - WTO 사무총장은 "무역금융을 위한 펀드들의 고갈로 개도국 무역이 심각한 타격을 받을 수 있다"고 우려(2009년 3월 24일)

○ 무역금융의 특성상 금융위기가 발생하면 금융기관들은 우선적으로 수출입 기업들에 대한 대출을 줄이려는 경향
  - 무역금융은 단기이며 마진이 작기 때문에 금융위기가 발생할 경우 금융기관들의 자산축소 방안에서 우선순위가 높음
  - 자금조달의 해외의존도가 높은 신흥국가들의 경우 금융위기 발생 시 무역금융의 감소폭이 크게 나타남[7]

○ 한국의 무역금융은 글로벌 금융불안의 진전과 더불어 2008년 2/4분기부터 위축되기 시작해 수출기업의 자금사정을 압박
  - 은행의 무역금융(달러 기준)은 2008년 2/4분기에 전년동기 대비 월평균 3억 달러 감소한 이후 4/4분기에는 감소규모가 월평균 21억 달러로 확대되며 수출활동에 장애요인으로 대두
  - 2009년 1월에도 무역금융은 전년동월 대비 20.4억 달러의 감소세를 지속

---

6 세계무역기구(WTO) 사무국의 무역금융 관련 전문가 및 은행가 회의 직후 AFP통신이 관련소식통을 인용해 보도. 헤럴드경제 재인용("전세계 무역금융 1천억弗 부족." (2008.3.19.). 『헤럴드경제』.) 〈http://www.heraldbiz.com/SITE/data/html_dir/2009/03/19/ 200903190510.asp〉
7 브라질과 아르헨티나의 경우 금융위기 발생 시 은행의 무역금융이 30~50%가량 감소. 브라질의 경우 일부 360일 만기의 무역 관련 대출 만기가 30일로 줄어들고, 금리스프레드는 LIBOR+100bp에서 LIBOR+600bp까지 상승하기도 했음(Wang, J. & Ronci, M. (2005). *Access to Trade Finance in Times of Crisis*. IMF.)

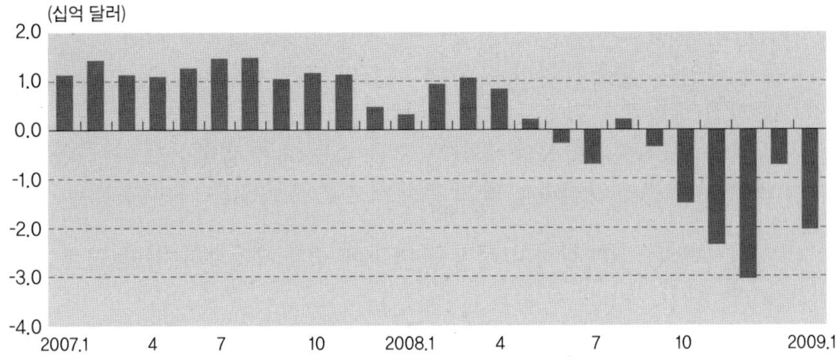

주 : 예금은행의 무역금융(달러 기준)의 전년동월 대비 변동액
자료 : 한국은행, ECOS DB.

◉ 외환위기 이후 기간에서 한국의 국내외 금융시장 불안은 수출의 감소요
   인으로 작용하는 것으로 나타남

   ○ 국내외 금융불안에 따른 국내 금융시장의 신용경색으로 인한 금리상승,
      외화시장 불안에 따른 환율 상승과 무역금융의 위축은 수출기업들의 원
      자재 조달비용 및 생산비용의 상승요인

   ○ 한국의 국내외 금융불안[8]은 분석기간(1997년 1월~2009년 1월) 중 연간
      총 수출(경상금액 기준)을 7.6%p 감소시킴
      • 금융불안이 해소되더라도 수출감소효과는 14개월간 지속

   ○ 2008년 4/4분기와 같이 신용경색, 환율 상승, 무역금융 위축이 동시에 발
      생하는 '심각한 금융불안기'[9]에는 수출감소효과가 연간 11.7%p에 달함
      • 이 경우 금융불안이 해소되더라도 수출감소효과는 16개월간 존속

---

8 금융불안의 측정은 신용스프레드(회사채(AA-3년물) − 국고채 3년물)가 100bp 이상, 원/달러 환율이
   전년동월 대비 15% 이상 상승, 무역금융(달러 기준)의 전년동월비가 마이너스인 경우를 고려. 다음
   페이지의 표에서의 금융불안 더미는 세 조건 중 적어도 하나만 만족할 때의 경우에 1의 값을 가짐.

9 금융불안 더미변수가 각주 8번의 세 가지 조건을 모두 만족하는 경우(1997년 11월~1998년 3월, 1998년
   5~7월, 2001년 6~10월, 2008년 9월~2009년 1월)

◉ 금융불안은 대기업보다 중소기업의 수출을 더욱 위축시킴

○ 금융불안은 특히 한국 중소기업 수출 위축의 주요인으로 작용
- 금융불안이 중소기업의 수출에 미치는 추정계수의 값은 -6.003으로 대기업 추정계수 값인 -3.828을 상회
- 대기업의 경우 금융불안에 따른 수출 감소의 추정계수가 마이너스 값을 가지나 중소기업과는 달리 통계적으로 유의성을 가지지 않음

○ 대기업 수출은 세계경제의 성장률 변화에 중소기업보다 더 탄력적인 것으로 추정됨
- 세계 경제성장률(OECD 산업생산으로 추정)에 대한 대기업의 추정계수는 1.112로 중소기업의 0.627을 크게 상회
- 반면 중소기업의 수출은 엔/달러 환율의 변화에 대기업보다 상대적으로 더 민감한 것으로 나타남

| 심각한 금융불안이 한국의 수출에 미치는 영향 추정결과 |

(단위: 전년 대비, %)

		종속변수		
		총 수출(t)	중소기업 수출(t)	대기업 수출(t)
설명변수	상수	2.574 (2.636)**	2.079 (1.758)*	2.039 (1.692)*
	종속변수(t-1)	0.612 (10.104)***	0.681 (12.074)***	0.697 (12.090)***
	OECD 산업생산(t)	1.078 (4.087)***	0.627 (2.102)**	1.112 (3.335)***
	엔/달러 환율(t)	-0.276 (-3.520)***	-0.269 (-2.931)***	-0.196 (-2.090)**
	금융불안 더미(t)	-5.183 (-2.407)**	-6.003 (-2.181)**	-3.828 (-1.390)
	R^2	0.755	0.699	0.731
	D-W stats	2.275	2.490	2.087

주 : 1) 각 변수는 전년동월 대비 증감률로 측정. 분석기간은 1997년 1월~2009년 1월
　　 2) 괄호 안의 숫자는 t-값이며, ***, **, *는 각각 1%, 5%, 10%에서 유의함을 의미
　　 3) 금융불안 더미는 각주 9번 참고
자료 : 한국은행, ECOS DB.; 한국무역협회, KITA.net DB.; OECD Statistics DB.

Ⅲ 전망 및 시사점

당분간 수출여건은 어려울 전망

◉ 세계경제의 본격 회복이 지연되면서 수출이 단기간에 증가세로 전환하는
것은 어려울 전망

○ 세계 각국의 경기회복과 금융불안 해소를 위한 정책효과는 2009년 하반
기 이후에나 가시화될 전망
- 2008년 하반기에 본격화된 선진국의 금리인하와 2009년 상반기에 시
작될 재정확대정책의 효과가 가시화되는 데는 6개월~1년의 시차가
필요

○ 한국의 수출에 선행하는 OECD 경기선행지수가 하락세를 지속하고 있어
한국의 수출은 2009년 3/4분기까지 부진한 모습을 지속할 것으로 예상
- OECD 경기선행지수의 전년동월비는 한국 수출의 전년동월비에 약
2분기 정도 선행함
- OECD 경기선행지수의 전년동월비가 2008년 3월에 감소세로 전환한
이후 2009년 1월(-8.0%)에도 감소를 지속

| OECD 경기선행지수의 추이 |

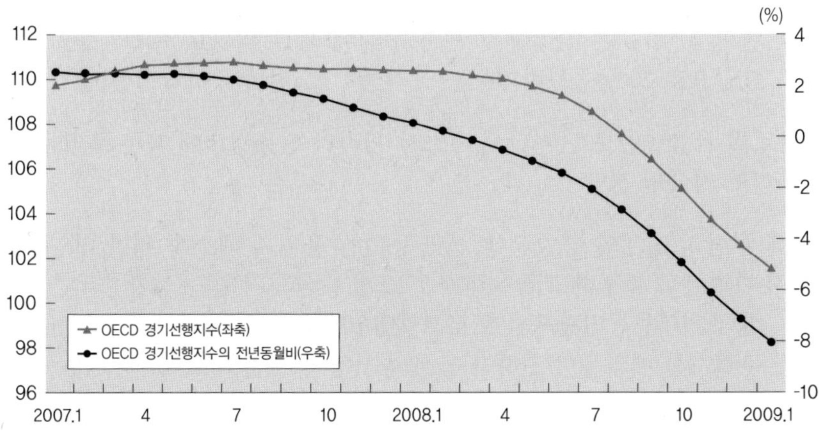

자료 : OECD Statistics DB.

● 對선진국 수출이 부진하고 수출가격의 상승세 전환도 기대하기 어려움

○ 선진국 경제는 금융위기로 인한 경기부진이 개도국보다 상대적으로 심각하기 때문에 對선진국 수출의 감소세 지속이 예상
  • 외환위기 이후 한국 수출은 개도국보다는 선진국 경제성장에 더 민감하게 반응(對선진국 소득탄력성(경제성장)은 3.78로 개도국의 3.01을 상회)
  • 개도국 또한 선진국의 경기회복 이후에 경제성장률이 높아질 것으로 예상되기 때문에 對개도국 수출의 개선도 기대하기 어려울 전망

| 한국 수출의 소득탄력성 |

구분	세계 GDP	선진국 GDP	신흥개도국 GDP
1980~1997년	4.03	3.83	4.85
2000~2007년	3.34	3.78	3.01

주 : 수출의 소득탄력성은 세계 GDP, 선진국과 신흥개도국 GDP의 변화에 대한 한국 수출의 변화를 측정
자료 : IMF WEO DB,; IMF DOT DB에 의거 작성.

○ 세계 경제침체에 따른 해외시장에서의 수요부족으로 인한 수출가격 하락이 원/달러 환율 하락과 국제원자재가격 상승에 의한 수출가격 상승 요인을 제약
  • 원유 등의 원자재가격이 2009년 하반기에는 상반기보다 소폭 상승할 것으로 전망(두바이유(배럴당) : 상반기 50.3달러 → 하반기 62.4달러)[10]
  • 원/달러 환율은 경상수지 흑자 누적에 따른 외환보유고의 증가 등의 요인으로 2009년 하반기에는 달러당 1,124원까지 하락할 전망

● 글로벌 금융불안도 단기간에 해소가 어려워 신용경색에 따른 무역금융의 부진도 지속될 전망

○ 세계 각국 정부와 중앙은행, IMF 등의 금융위기 해소를 위한 다양한 정책 마련에도 불구하고 금융환경은 크게 개선되지 않는 상황
  • 미국 정부는 '민관투자 프로그램(PPIP)'을 통한 최대 1조 달러 규모의 부실자산 매입을 추진하는 등 금융시장의 부실 해소에 적극 대응

---

10 황인성 외 (2009). "2009년 세계경제 및 국내경제 전망." 삼성경제연구소.

- 일본은행(BOJ)은 금융기관의 자금확충을 통한 금융중개 기능 활성화
  와 금융 시스템 안정을 위해 1조 엔 규모의 금융기관 후순위채권 매입
  을 결정
- IMF는 구제금융 자금규모를 2,500억 달러에서 5,000억 달러로 확대

○ 각국의 노력에도 불구하고 금융시장의 환경은 크게 개선되지 않은 상황
  - 정부의 공적자금 투입 등에도 불구하고 금융기관들의 실적부진이 지속[11]
  - 미국 주요 상업은행들의 2009년 3월 실적 악화와 GM과 크라이슬러의
    파산 가능성 등이 불안요인으로 작용

○ 동유럽 국가들에 대한 구제금융 지원과 상업은행의 실적부진 등의 영향
  으로 금융불안 해소가 지연되며 신용경색은 지속
  - IMF는 2009년 3월 중 루마니아와 세르비아에 각각 125.9억 유로, 30억
    유로의 구제금융을 지원
  - 씨티, BoA와 같은 상업은행이나 AIG의 CDS 프리미엄은 2008년 말 수
    준을 훨씬 상회

| 주요 금융기관 CDS 프리미엄 추이 |

(단위: bp)

구분	골드만삭스	모건스탠리	씨티	BoA	AIG
2008년 12월 31일(A)	290	402	189	117	535
2009년 3월 30일(B)	300	398	634	401	2,045
B-A	10	-4	445	284	1,510

자료 : 국제금융센터. Financial Market Daily (2009.1.2.; 2009.3.31.).

무역금융 경색 해소에 주력

◉ 무역금융을 활성화하고 신용경색을 해소함으로써 수출기업들의 수출과
  생산활동의 장애요인을 제거

---

11 UBS는 최소 20억 달러 규모에 달하는 비유동성자산 상각과 더불어 8,000명의 추가감원을 발표할
전망이며, Moody's는 BoA가 정부의 추가 구제금융을 필요로 할 것이라는 우려로 BoA의 신용등급
을 하향 조정(A1→A2). 국제금융센터. Financial Market Daily(2009.3.30.; 2009.3.26.)

○ 정부와 일부 기관에서는 무역 관련 금융의 활성화를 위한 방안을 실행 중
  • 수출입은행은 중소수출기업에 대한 대출 및 보증 등의 금융지원을 위해 2009년에 13조 원(전년 대비 49% 증가)을 마련(2009년 3월 10일)[12]
  • 무역협회는 무역기금을 당초 900억 원에서 1,500억 원으로 확대함으로써 1,000여 개의 업체를 지원할 계획[13]

○ 무역금융 위축으로 가장 타격이 큰 중소기업의 수출여건을 개선하기 위해서는 은행권 전반의 중소기업에 대한 무역금융 활성화가 필요
  • 중소기업 무역금융을 확대한 은행들에 대한 외화유동성 공급 및 자금확충 지원 등에 우선권 부여를 고려

○ 수출 관련 중소기업뿐만 아니라 전반적인 기업 부문에 대한 신용경색의 해소도 시급
  • 금융위기로 인한 신용경색이 수출 부문뿐만 아니라 수출과 관련된 전후방산업의 생산활동에 지장을 줌으로써 수출 저해요인으로 작용

◉ 세계시장에서 수요부족이 지속되더라도 한국 제품의 수요를 유발시키기 위한 적극적인 노력이 필요

○ 2009년 하반기 이후 세계경제가 회복되더라도 2000년대 중반의 골디락스와 같은 호황을 기대하기는 어려울 전망
  • 새로운 금융질서의 모색과 금융 시스템 개혁 등으로 금융 부문의 발전은 지연될 전망
  • 세계 각국은 양적 완화 정책과 재정지출 확대정책으로 늘어난 과잉유동성과 인플레이션 압력을 해소하기 위해 경기회복이 확인되면 서둘러서 긴축정책으로 전환할 것으로 예상

○ 글로벌 불황기에는 특히 제품의 경쟁력 강화만이 수출을 지속할 수 있는 필요조건
  • 불황에도 구매욕구를 자극할 수 있도록 품질경쟁력 제고를 위한 디자인개발 등에 투자를 확대

---

12 한국수출입은행 (2009.3.10.). "수출입은행, 중소기업 지원규모 2배로 확대." 한국수출입은행 보도자료.

13 무역협회가 지원하는 무역기금은 연 4%의 금리에 1년 거치 1년 4회 균등분할상환방식으로 연간 수출실적 1,000만 달러 미만의 중소수출기업에 업체당 최고 3억 원까지 지원함

- 현대자동차의 '어슈어런스(Assurance) 프로그램'[14]과 같은 공격적인 마케팅으로 브랜드 파워를 높여 세계경제의 본격적인 회복에 대비

○ 세계 각국의 경기부양책으로 유발되는 수요를 적극 활용
  - 중국 정부의 쟈덴샤샹(家電下鄕) 정책 등과 같은 소비촉진 정책을 이용하여 한국 전자제품의 수출기회를 확대하는 방안을 모색[15]

◉ 중소기업의 수출경쟁력 제고를 위한 중장기적인 계획이 필요

○ 중소기업들은 가격경쟁력만으로는 수출 확대를 지속하기 어려움
  - 원화 약세에 따른 가격경쟁력으로 수출이 늘어난다는 '逆샌드위치론'의 효과는 하반기 이후 원화강세 전환과 함께 약화될 전망
  - 2009년 하반기에는 원화강세로 인해 엔화나 위안화에 대한 원화 환율의 하락이 예상

| 원화의 엔화와 위안화 환율로 본 對일본, 중국 가격경쟁력 추이 및 전망 |

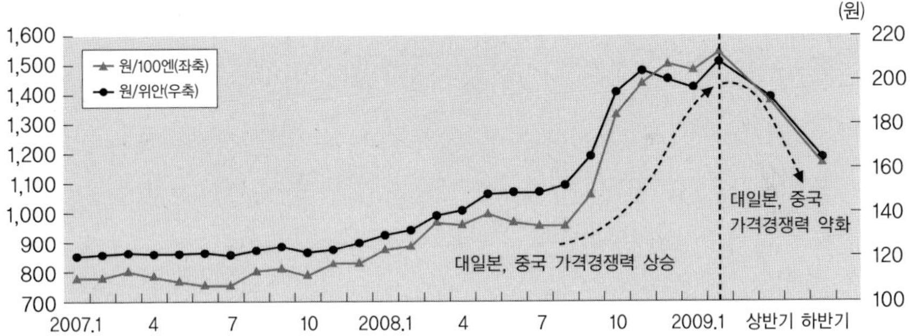

주 : 원/달러 환율은 황인성 외(2009)의 전망치를 참고. 엔화 및 위안화는 상·하반기에 각각 달러당 95엔 내외, 6.83위안 내외를 가정
자료 : 한국은행, ECOS DB.; 삼성경제연구소.

---

14 '어슈어런스 프로그램'은 미국시장에서 현대자동차를 구매한 뒤 1년 내에 실직하면 차량을 되사주는 프로그램

15 중국 정부는 150억 위안의 보조금으로 2009년부터 4년간 농촌의 가전제품(냉장고, 세탁기, 에어컨, 컬러TV, 휴대폰 등) 2대 구입에 한해 13%를 지원

○ 중소기업이 수출하는 경공업, 전자부품, 기계류 부문의 중장기적 경쟁력 제고가 필요
  • 수출증대 효과가 가격경쟁력 위주에서 품질경쟁력 위주로 전환할 수 있도록 중소기업 부문에 대한 기술 및 자금 지원을 확대

| 참고문헌 |

• 최요철, 김치호 (2001). "원화환율 변동의 수출가격 전가행태 분석." 『경제분석』, 7(3), 63-103.
• 황인성 외 (2009). "2009년 세계경제 및 국내경제 전망." 삼성경제연구소.
• IMF (2009). Global Economic Policies and Prospects. IMF.
• Thomas, A. (2009). Financial Crises and Emerging Market Trade. (IMF Staff Position Note). IMF.
• Wang, J. & Ronci M. (2005). *Access to Trade Finance in Times of Crisis*. IMF.

경기침체기 재정정책의 성공방안

12

CEO Information

≫≫≫ 2009. 4. 1. (2009. 4. 24. 업데이트)

강성원, 김범식, 도건우, 이갑수, 박준

Summary

경기부양과 중장기 재정건전성 확보를 동시에 달성해야 하는 상황

2008년 9월 이후 세계 각국은 글로벌 금융위기에 따른 경기침체에 시달리고 있다. 민간이 자력으로 수요 부진을 타개하기 어려운 상황에서는 재정의 적극적인 역할이 불가피하다. 이에 세계 각국은 경쟁적으로 경기부양을 위해서 재정지출을 확대하고 있고, 한국도 경기부양을 위해서 총 27.7조 원의 예산을 편성했다. 현 재정정책의 목표는 단기적으로는 투자, 소비, 고용 등을 촉진하여 경기를 부양하고, 중장기적으로는 GDP 대비 국가채무를 안정적으로 유지하는 것이다. 그러나 1990년대 일본의 경우처럼 재정지출 확대를 통해 경기를 부양하는 데도 실패하고 중장기 재정건전성마저 훼손할 수 있으므로 주의해야 한다.

경기부양을 위해서는 '집행 전 대상선정 – 집행 – 집행 후 평가'의 세 단계에서 투입예산 대비 경기부양 효과를 극대화하는 '효과적 재정운용'이 필요하다.

재정건전성을 유지하려면 우선 효과적 재정운용을 통해 경기부양을 달성하고 경기부양이 확인되면 경기부양 목적의 지출을 신속히 축소하여 국가채무의 급증을 저지해야 한다.

경기부양용 재정운용의 효과성 제고방안

경기부양을 위한 예산 편성은 크게 사회간접자본 건설, 중소기업 및 영세자영업자 지원, 일자리 창출, 저소득층 소득보조 등으로 구성된다. 각각의 분야에서 경기부양 성과를 촉진하려면 ① 사회간접자본 투자는 중복, 과잉투자를 회피하고, '국가균형발전특별법'을 개정하여 집행 속도를 제고하며, 산재된 사후평가 기능을 조정해야 한다. ② 중소기업 및 영세자영업자 지원은 지역신용보증재단의 역할을 강화하고, 컨설팅 지원을 병행하며, 정책 비수혜자의 의견을 포괄한 사후평가를 실시해야 한다. ③ 일자리 창출 목적의 지출은 일자리의 양적 확대와 질적 제고를 병행하고, 부정수급 감시 기능을 강화하며, 고용영향평가제를 도입해야 한다. ④ 소득보조 지출의 부정수급 방지를 위해서는 사회복지 전달체계를 개선해야 한다.

중장기 재정건전성 확보방안

중장기 재정건전성 확보를 위해서는 일차적으로 경기부양에 성공해야 하고, 경기부양이 달성된 이후에는 경기부양 목적의 예산항목을 신속히 삭감해야 한다. 이를 위해서 재정지출의 한시성을 법제화할 필요가 있다. 또한 소득보조 정책은 사회보험지출보다는 재량적 지출을 활용하는 것이 바람직하다.

Ⅰ 경기침체기 재정정책의 의미

재정정책 없이는 불황 극복이 불가능

◉ 2008년 4/4분기 이후 한국경제는 수출 부진과 내수 급감의 이중고에 시달리며 경기침체가 본격화

  ○ 내수가 대외충격의 완충 역할을 전혀 수행하지 못하고 경기침체를 심화
    • 경제성장 기여도(2008년 4/4분기) : -4.9%p(내수), -3.0%p(수출)

| 최근 경제성장률과 내수 및 수출의 경제성장기여도 |

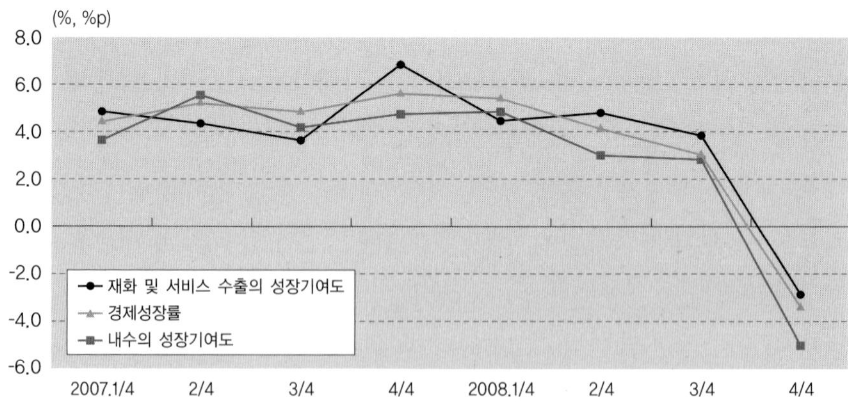

주 : 1) 내수는 최종소비지출과 총 자본형성을 포함
　　 2) 내수(수출)의 경제성장기여도는 내수(수출)가 경제성장에 기여한 정도를 나타내는 것으로 내수(수출)의 증가분
　　　 을 전년동기 GDP로 나눈 것

  ○ 특히 2009년에도 소비재판매와 수출이 모두 마이너스 성장을 기록하는 등 '내·외수 복합불황'이 심화
    • 소비재판매(전년동월 대비) : -1.9%(2008년 9월) → -3.1%(2009년 1월)
    • 수출(전년동월 대비) : -19.5%(2008년 11월) → -18.3%(2009년 2월)

◉ 민간이 자력으로 내·외수 부진을 타개하기 어려운 상황에서 재정의 적극적인 역할이 절실

○ 경기침체기에는 적극적인 재정지출 확대를 통해 경기 급락을 방지할 필요
- 재정정책의 목적은 정부의 직접적인 투자나 기업지원 등을 통해 투자를 촉진하고, 소득보조와 일자리 창출로 소비를 증진하는 것
- 재정지출 증가에 따른 실질GDP 증가 효과는 재정지출 증가분의 21~28%로 추정(재정지출승수 0.21~0.28)[1]

○ 경기부양의 다른 수단인 통화정책의 경우 은행권의 대출 기피 등에 따른 신용경색으로 효과가 제한적
- 2008년 9월 이후 한국은행은 22조 원의 유동성을 공급했으나 기업대출 이자율과 국고채 3년물 이자율 간 격차는 오히려 1.63%p(9월)에서 1.78%p(2009년 2월)로 확대[2]

세계 각국은 불황 극복을 위해 경쟁적으로 재정지출을 확대

◉ 미국과 영국은 경상GDP 대비 5.0% 이상, 일본과 프랑스는 3.0% 이상의 재정적자를 감수하면서 재정확장정책을 시행 중

○ 도로, 교량건설 등 SOC 투자 확대, 생활안정자금 지원 등 소득보조와 중소기업 고용 보조, 공공기관의 고용 확대를 위한 기금 조성 등이 핵심
- 투자여력이 부족한 민간을 대신해 정부가 직접 투자에 나서는 한편, 소득보조와 일자리 창출을 통해 민간의 소비여력을 확충

◉ 한국도 경제위기를 극복하기 위한 트리거와 버팀목으로서의 재정 역할에 주목하여 총 27.7조 원의 재정지출 추가 투입 계획을 마련

○ 2008년 11월 3일 수정예산안(10.0조 원)과 2009년 3월 24일 추가경정예산안(17.7조 원)을 마련해 발표[3]

---

1 단, 집행 시점에서 3분기 이후에는 효과가 소멸(허석균 (2007). "우리나라 재정정책의 유효성에 관한 연구." 『한국개발연구』, 29(2), 1-40.)
2 한국은행 (2009.3.). "2009년 2월 중 금융기관 가중평균금리 동향."

- 금번 17.7조 원 추경편성의 실질경제성장률 제고 효과는 1.5%p로 예상되는 등 규모 측면에서는 경기부양에 기여할 것으로 기대

○ 경기부양 예산의 내역은 사회간접자본 투자, 중소기업 및 자영업자 지원, 일자리 창출 및 유지, 저소득층 소득보조 등 4개 부문으로 대별

| 경기부양 예산 내역 |

(단위: 조 원)

구분	수정예산안 中 추가예산(2008.11.3.)	추가경정예산 中 지출 증액(2009.3.24.)	계
사회간접자본 투자	4.6	1.9[1]	6.6
중소기업·영세자영업자 지원[2]	3.4	5.1	8.5
일자리 창출 및 유지	0.4	3.5	3.9
저소득층 소득보조[3]	0.9	4.2	5.1
기타[4]	0.7	3.0	3.7
계	10.0	17.7	27.7

주 : 1) 지역 SOC 투자 0.9조 원, 미래대비 투자 중 하천정비 및 용수개발 지원 1.0조 원 포함

2) 지역신용보증재단 출연 포함

3) 실업급여 확대 포함. 2008년 11월 수정예산 중 취약계층을 위한 일자리 지원 0.1조 원은 '일자리 창출 및 유지' 항목에 포함

4) 2008년 11월 수정예산의 지방재정 지원 1.1조 원과 기술적 조정으로 인한 지출 감소 0.4조 원을 포함. 2009년 3월 추경예산의 지방재정 중 지출 목적이 불분명한 1.5조 원과 연구개발 및 교육 투자 1.5조 원 포함. 지방재정은 지방자치단체가 재분류하기 때문에 지출 목적이 분명하지 않고, 연구개발 및 교육 투자는 장기 생산성 제고가 목적이므로 분석에서 제외

자료 : 기획재정부 (2008.11.3.). "경제난국 극복과 지방살리기를 위한 재정지출 확대방안: 2009년 수정예산·기금안." 보도자료. ; 기획재정부 (2009.3.23.). "민생안정을 위한 일자리 추경예산(안)." 보도자료.

효과적 경기부양과 중장기 재정건전성 확보를 모두 달성해야 하는 상황

◉ 효과적인 집행과 사후관리 없이 지출 확대만으로는 경기부양에 성공할 수 없으며, 중장기 재정건전성도 반드시 확보해야 함을 유념

○ 성공적인 재정정책이란 투자, 소비 등 내수를 효과적으로 진작시킬 뿐 아니라 중장기 재정건전성도 저해하지 않는 것을 의미

---

3 추가경정예산 중 세출 증액분. 세입결손 보존분 11.2조 원 제외 (기획재정부 (2008.11.3.). "경제난국 극복과 지방살리기를 위한 재정지출 확대방안:2009년 수정예산·기금안." 보도자료.; 기획재정부 (2009.3.23.). "민생안정을 위한 일자리 추경예산(안)." 보도자료.)

○ 재정정책의 일차 목적인 투자, 소비, 고용 촉진 효과를 극대화하기 위해서는 '집행 전 대상선별 – 집행 – 집행 후 평가'의 세 단계에서 효과적인 운용이 요구

　① 사전에 재정지출의 효과를 극대화할 수 있는 대상을 **선별**

　② 재정지원을 실제로, 지연 없이, 적절하게 **집행**

　③ 대상 선정 및 집행을 담당하는 정책담당자에게 정책성과에 대한 정보와 효과 제고를 추구할 동기를 제공하도록 **사후평가**를 실시

○ 동시에 재정확대정책으로 인한 재정적자의 만성화를 방지하여 중장기 재정건전성도 반드시 확보
　※ 재정건전성 : 경기침체기에는 재정지출을 확대하되, 경기회복 후에는 재정을 긴축적으로 운영해 장기적으로 GDP 대비 국가채무 수준을 안정적으로 유지하는 것
　• 재정지출은 일단 증가하면 축소하기 어려운 성향이 존재하며, 한국도 외환위기 이전 5년(1992~1996)간 GDP의 17.9%였던 통합재정지출이 1998년 23.8%로 증가한 후 5년(1998~2002)간 GDP의 22.2%로 유지
　• 재정적자가 장기적으로 지속되면 정부가 향후 증세를 통해 적자를 축소하리라는 우려감이 형성되어 역으로 소비침체를 유발할 우려

| 성공적인 재정정책의 요건 |

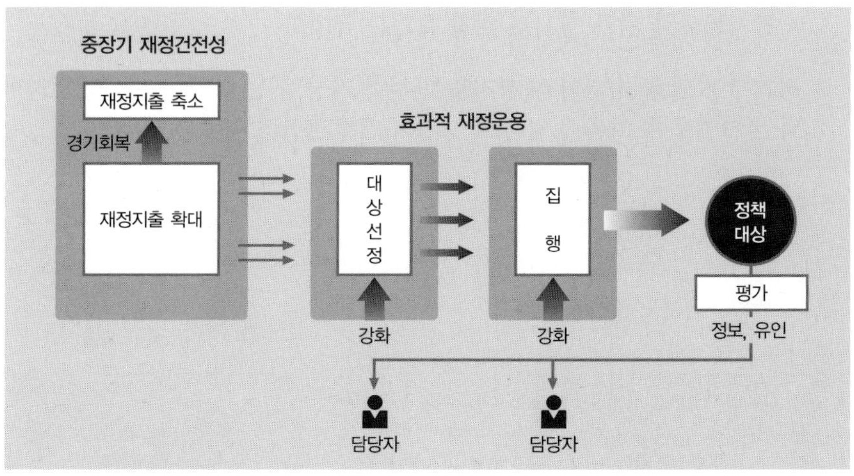

◉ 1990년대 일본은 버블 붕괴로 불황의 늪에 빠지자 경기부양을 위해 재정 확대를 시도했으나 재정운용의 효과성 부족과 장기적인 재정건전성 악화로 성과가 미약했다는 것이 중론[4]

○ 1992~1999년 중 총 아홉 차례에 걸쳐 재정확대정책을 실시했으나 투자 효과가 낮은 대상을 선정해 경제성장률은 같은 기간 중 연평균 0.8%에 그침[5]
  • 경상GDP 대비 정부투자 비중이 여타 선진국의 2배 수준인 6%에 달했으나, 수요가 부족한 지역에 박물관, 심포니 홀 등을 건설하는 등 투자 대상 선정에 문제
  • 1992~1999년 경상GDP 대비 국가부채가 67.9%에서 127.0%로 급증해 미래의 세금부담에 대한 불안감이 확대되면서 민간소비가 위축 → 1993~2001년 연평균 저축률 : 31%(일본), 20%(EU), 16%(미국)[6]

◉ 향후 재정정책의 성공 가능성을 높이려면 과거 재정운용에서 나타났던 문제점을 파악하여 보완하는 한편, 장기 재정건전성 확보가 가능하기 위해 필요한 조치가 무엇인지를 파악할 필요

○ 우선 4대 지출 분야별로 과거 대상 선정의 적절성, 집행 과정 및 사후평가의 실효성 등을 점검하여 이번 재정정책의 효과성을 높일 수 있는 방안을 모색
  • 특히 사후평가 기준은 집행기관의 의사결정 및 행동 지침으로서 평가 기준이 불투명하거나 일관성이 부족하면 재정정책의 효과가 저하 → 철저한 사후평가 실시로 재정 효과를 극대화

○ 경기부양 달성 여부와 재정지출 만성화 가능성 등 다양한 시나리오하에서 국가채무 추이를 전망하여 장기적 재정건전성 여부를 파악

---

4 최광 (2002). 『일본의 경제정책과 재정정책』. 한국조세연구원.

5 OECD (2009). OECD Economic Outlook. Paris: OECD.

6 Madson, Robert (2002). Japan: Game Over.(Working Paper 02.05). MIT Japan Program.

Ⅱ 재정운용의 효과성 제고방안

1. 사회간접자본(SOC) 투자

◉ 경기부양을 위한 총 재원의 23.8%인 6.6조 원을 사회간접자본 투자에 할
애함으로써 단기적으로 일자리를 창출하고, 궁극적으로는 국가경쟁력 제
고에 기여할 것으로 기대

○ 건설업의 경우 고용창출 효과가 상대적으로 높고 수요의 상당 부분을
정부가 차지하기 때문에 민간투자를 구축할 가능성은 낮은 편
- 건설업의 취업유발계수는 16.06으로 산업연관표상 28개 대분류 산업
의 평균(15.84)[7]을 상회
- 건설업에 대한 정부수요 비중은 산업연관표상 28개 대분류 산업 중
세 번째로 높아 정부투자가 민간투자를 구축할 가능성도 상대적으로
낮음[8]

기대효과가 높은 사업대상을 우선적으로 선정

◉ 투입 대비 산출 효과를 극대화하려면 재정 낭비를 초래할 수 있는 중복
또는 과잉 투자가 발생하지 않도록 사업대상을 신중하게 선정할 필요

○ 과거의 예를 보면 고속도로 개통 등 환경 변화와 수요를 잘못 예측한 채
공항을 건설한 결과 지방공항 중 9개가 적자[9]
- 3,017억 원의 공사비를 들여 2007년 개항한 무안공항의 2008년 이용
객 수는 수용 능력의 2.5%인 13만 명에 불과

---

7 기타 부문 제외

8 건설업 생산유발의 경우 최종수요의존 비중 중 정부소비와 정부 자본형성이 29.4%로 높은 편. 건설
업보다 정부의존도가 높은 산업은 공공행정 및 국방(98.1%), 교육 및 보건(43.3%) 두 부문에 불과
(2005년 한국은행 산업연관표 기준)

9 한국공항공사의 2007년 영업실적에 따르면 14개 지방공항 중 김포, 김해, 제주, 대구, 광주 공항은 흑
자를, 원주, 무안, 군산, 사천, 청주, 울산, 포항, 여수, 양양 공항은 적자를 기록

- 예천공항(1989년 개항)은 중앙고속도로 개통으로 2004년 폐쇄되고, 양양공항(2002년 개항)은 영동고속도로 확장으로 승객이 급감하여 폐쇄 위기

  ○ 일본의 경우 1990년대 장기불황을 맞아 불요불급한 각종 공공투자 사업에 막대한 재정을 투입한 결과 정책 효과는 미흡하고 국가재정만 악화

● SOC 투자 중 가장 큰 비중을 차지하는 도로 분야의 경우 기존 추진사업의 공기 단축에 재원을 집중 투입하는 것이 예산 조기집행 취지에 부합

  ○ 신규 도로사업의 경우 타당성 조사, 각종 영향평가 등으로 사업시행 전 단계에 상당 기간이 소요되므로 단기적 경기부양 효과가 약화

  ○ 최근 미국 오바마 정부도 경기부양을 위한 SOC 투자에서 신규사업보다 노후화된 도로·교량 재건에 중점을 두고 추진[10]

● 또한 장기적인 성장동력으로 발전 가능한 스마트 SOC 투자에 주력할 필요

  ○ 기존 SOC에 IT 기술을 접목함으로써 단기적으로 양질의 일자리를 늘리고, 선제적 투자를 통해 미래 신성장동력의 기반 마련을 도모

신속하고 효율적인 예산집행 방안을 강구

● 편성된 예산을 신속하게 집행할 수 있도록 법적·제도적 기반을 마련

  ○ '국가균형발전특별법' 개정안은 30대 국책 선도 프로젝트(2009년 2.7조 원)[11] 예산편성의 근거 법안이나 아직 未처리
  - 2009년 3월 여야합의로 상임위를 통과했으나 본회의 상정이 지연
  - 개정이 지연될 경우 지역별 전략·거점 산업, 교통 및 물류망 확충 등이 총망라된 '5+2 광역경제권' 구축을 위한 예산집행이 곤란

---

10 국회예산정책처 (2009.2.26.). "취업취약계층을 위한 재정지원 단기 일자리 확대와 신성장동력 확충 등 분야별로 좋은 일자리 창출 병행 필요." 보도자료.

11 기획재정부. 국토해양부 (2008.9.10). "광역경제권 발전 선도 프로젝트 추진방안." 보도자료.

○ 예산의 실집행률 제고를 위해서 사업별로 집행 상황에 대해 정기적으로 공표하거나 실시간으로 홈페이지에 공개하는 방안도 검토

◉ 집행 과정에서 예산 낭비를 최소화할 수 있도록 책임소재를 명확히 하고, 예산절감 모범 사례에 대한 포상을 강화

○ 과거 집행기관의 예산절감 의지 부족으로 인한 예산 낭비 사례들을 감사원이 여러 차례 지적[12]
 • 서울 지하철의 경우 교통수요 예측자료에 대한 타당성 검토 없이 적정량보다 243량의 전동차를 더 구매함으로써 약 1,411억 원 추가 지출
 • 도서 및 어촌 소규모 어항 개발사업을 행정자치부와 해양수산부가 각각의 법적 근거에 따라 추진함으로써 중복투자가 발생

○ 예산절감에 대한 인센티브 강화 및 공무원 사기진작 차원에서 예산절감 사례에 대한 성과급 지급을 확대

사후평가 기능의 조정

◉ 여러 기관에 산재된 재정사업 사후평가 기능을 조정

○ 동일 대상사업에 대한 평가결과가 상이한 경우도 발생하여, 집행기관의 사업수행에 혼선을 초래할 우려
 • 평가기관이 기획재정부, 감사원, 국무총리실, 국회 등으로 분산되어 있어 평가기준이 기관별로 상이

○ 공정하고 정확한 평가를 위해서는 평가기관들 간에 평가기준을 공유하는 등 상호협력을 강화
 • 미국의 경우 국회에 소속된 GAO(General Accounting Office : 회계감사원)가 행정부의 정책을 평가

---

[12] 제17대 대통령직 인수위원회 (2008.2.). "국민세금 1원도 중요하다."

2. 중소기업·영세자영업자 지원

◉ 경기침체에 가장 취약한 중소기업·영세자영업자 지원에 8.5조 원을 투입
함으로써 중소기업 자금난 해소 및 고용창출에 일조할 것으로 기대

  ○ 신용보증 확대 등 신용경색 현상 완화를 위한 금융지원 강화가 중소기
  업 재정지출의 핵심
  - 신용보증 및 정책자금 등 중소기업 자금경색 완화를 위한 유동성 지
    원에 4.8조 원을 투입
  - 중소기업 대출 및 수출 지원을 위한 국책은행 출자에 2.1조 원을 할애
  - 지방 중소기업·소상공인·중소 벤처기업 등의 창업 지원과 경영활동
    자금 확대에 약 7,000억 원을 지원

  ○ 주요국들도 중소기업 지원을 위해 막대한 재정투입 계획을 수립·추진
  - 미국은 경기부양법(American Recovery and Reinvestment Act of 2009)
    을 통해 직접대출, 대출보증 등 중소기업 지원 명목으로 총 7억 500만
    달러를 투입할 방침
  - 일본은 2008년 10월 31일, 경기부양 차원에서 중소기업 신용보증 등
    자금 지원을 위해 6,000억 엔 규모의 재정지출 계획을 추가[13]로 발표[14]

지역신보의 비중 확대 및 소프트 지원 강화

◉ 경제위기를 감안한 對중소기업 보증지원 규모 확대 외에, 보증지원의 효
율성을 제고[15]할 수 있는 방안을 모색할 필요

  ○ 정부는 중앙단위의 보증기관(신용보증기금, 기술보증기금) 간 기능 특
  화 및 전문성 강화를 위해 중복보증 비율의 축소를 추진 중[16]
  - 신보의 중복보증 비율은 2005년 26.1%에서 2007년 8.0%로 축소
  - 기보의 경우는 2005년 52.9%에서 2007년 17.7%로 축소

---

13 일본은 2008년 8월 29일 경기둔화에 대응하기 위한 종합대책(11.7조 엔)을 발표

14 기획재정부 외 (2008.11.3.). "경제난국 극복 종합대책," p. 28.

15 정부는 1997년 IMF 외환위기 이후 급증한 신용보증공급 규모를 축소하는 한편, 신용보증시장 참여
자(중소기업, 금융기관, 정부) 간 비용분담 비율을 재조정하는 등 보증제도 전반에 걸쳐 시장원리를
강화하기 위해 2005년 6월 '신용보증제도 개편방안'을 마련하여 시행

○ 보증기관별 보증지원 규모를 보면 지역소재 소상공인·중소기업을 밀착 지원할 수 있는 지역신보[17]의 비중이 아직은 상대적으로 미미
- 신용보증 지원 규모 가운데 지역신보가 차지하는 비중은 2007년 기준 4.6조 원으로 전체(44.3조 원)의 10.4%에 불과[18]

◉ 지역신보의 역할을 확대하고, 재정지원상의 소프트 기능을 강화

○ 지역 소상공인·중소기업의 특성에 맞는 자금난 해소를 위해 지역신보의 역할을 강화
- 현 추경예산안에서 지역신보를 통해 영세자영업자, 무점포·무등록 사업자 등의 신용보증을 위해 5,700억 원을 추가 출연[19]한 것은 시의적절

○ 재정 지원의 실효성·효율성 제고를 위해 창업, 해외 마케팅 등의 컨설팅 기능을 내실화
- 준비된 창업, 자연 구조조정 가능성이 높은 영세자영업자의 원활한 전업, 수출·해외 마케팅 등을 위한 컨설팅 사업의 효율성을 제고

수요자 중심의 사후평가 시스템을 구축

◉ 비수혜자를 포함하는 폭넓은 수요자 중심의 사후평가 시스템을 강화

○ 지원사업 평가는 전문가가 하는 것이 일반적인데, 이 경우 효율성 평가는 가능하지만, 수요자 입장의 평가와는 괴리
- 중소기업·영세자영업자들의 VOC(Voice of Customer)를 효과적으로 청취하여 차후 재정지원 사업의 질 제고로 연결하기 위한 장치를 정비할 필요

○ 수요자 평가는 대부분 지원사업 수혜자들의 평가가 주를 이루고 있는데, 비수혜자에 대한 만족도 조사 및 시사점 반영은 미흡

---

16 중소기업청 (2009). "2008년도 중소기업에 관한 연차보고서," p. 173.
17 지역신보를 지역 소기업 및 소상공인 지원을 위해 1996년부터 운영 중인데, 2003년 제주재단의 설립으로 16개 시도가 모두 지역신용보증재단을 운영 중
18 중소기업청 (2009). 위의 글, p. 169.
19 기획재정부 (2009.3.23.). "민생안정을 위한 일자리 추경예산(안)," p. 15.

- 수혜기업 및 비수혜기업을 모두 포괄하는 사업만족도 조사 결과, 수혜자의 만족도는 87.5%, 비수혜자는 39.9%를 기록[20]

◉ 중소기업·영세자영업자 지원사업의 방대함과 다양함을 감안하여, 재정지원 목적에 따른 평가기준을 설정

○ 중소기업 지원사업이 사회정책적 특성을 일정 부분 갖고는 있지만 효율성 제고를 최우선 원칙으로 설정
- 중소기업 지원사업은 여타 재정지원 사업에 비해 사업성과가 상대적으로 낮을 가능성이 있음을 감안

○ 사후평가 시스템에 수혜자와 비수혜자의 평가를 비교할 수 있는 요인을 포함하여 정부 재정지원 사업의 타당성·형평성을 제고

3. 일자리 창출 및 유지

◉ 이번 추경예산은 경기 급락 방지와 민생안정을 위해 일자리 유지 및 창출에 역점

○ 2008년 11월의 수정예산에서는 일자리 관련 예산이 0.4조 원에 불과했으나 추경예산안에는 3.5조 원을 증액

○ 2.7조 원을 투입해 청년층, 장기실업자, 노인 등 취업애로계층의 일부를 정부고용으로 흡수 → 공공근로, 사회서비스 등의 분야에서 약 55만 개의 일자리 창출이 기대

○ 감원하는 대신 일자리 나누기를 실시하고, 취업애로계층을 채용하는 기업에게 정부가 임금의 일부를 보조하는 고용지원금 확대에 0.5조 원을 투입 → 약 22만 개의 일자리를 유지할 목적

---

20 정부가 시행 중인 중소기업 지원사업의 수혜를 받은 기업과, 수혜를 받지 못한 기업(중소기업 지원사업에 한 번이라도 신청해본 경험이 있는 기업, 즉 지원은 했지만 탈락한 기업군에 국한)을 대상으로 여러 가지 조건들에 대한 만족도를 조사하여 비교분석(조이현 (2005). "중소기업 지원사업 성과평가모형 연구." 중소기업연구원, pp.110-114.)

○ 미취업대졸자, 실업자, 건설일용근로자, 영세자영업자 등 취약계층의 취업능력 향상을 위해 0.2조 원을 증액

단기 일자리와 좋은 일자리 창출을 병행

● 경제난에 처한 취약계층의 활로를 열어주면서 장기적으로도 취약계층이 안정된 일자리로 이동하는 징검다리가 되도록 추진할 필요

○ 비록 한시적인 저임금 일자리이나 행정사무보조, 숲가꾸기 등 40만 개의 공공근로 일자리를 창출하는 것은 위기 시 긴급대응으로서 의의

○ 고령화와 여성의 경제활동 참여 확대로 수요가 늘고 있는 노인, 아동 돌봄 등 사회서비스 분야의 고용 창출사업에 예산지원을 확대할 필요
  • 취약계층에 대한 체계적인 사회서비스 직업훈련을 통해 인력의 전문성을 제고하고 양질의 일자리로 유도

집행 과정에서 지원금의 부정수급을 방지

● 실업급여와 각종 고용보조금의 신청자 수 급증으로 업무량이 폭주함에 따라 집행 과정에서 부정수급이 우려

○ 2009년 1월에 실업급여 지원인원은 전년동월 대비 30.2% 증가했고, 고용유지지원금[21] 지원인원은 전년동월 대비 무려 640.5% 증가[22]

○ 2006년에 적발된 고용안정지원금(고용유지지원금, 신규고용촉진장려금[23] 등)과 실업급여의 부정수급액은 각각 10억 원과 42억 원[24]

---

21 생산량 감소, 재고량 증가 등으로 고용조정이 불가피하게 된 사업주가 근로자를 감원하지 않고 일시 휴업, 훈련, 휴직, 인력재배치 등으로 고용을 유지할 경우 노동부가 예산을 지원하는 제도
22 한국고용정보원 (2009.3.4.). "2009년 1월 고용보험통계현황."
23 장기실업자, 고령자, 장애인 등 취약계층을 고용하는 기업에게 1년간 1인당 월 18만~72만 원을 지원
24 노동부 (2007.8.). "고용보험사업 내실화 및 부정수급방지 종합대책."

고용보험사업의 부정수급 사례(2006년)

■ 고용유지지원금 : 고용유지 휴직이나 훈련을 하지 않았음에도 고용유지계획서를 허위로 작성하여 부정수급

■ 신규고용촉진장려금 : 실업 기간을 채우기 위해 이미 채용한 근로자의 채용일자를 늦추어 허위 신고한 사례가 전체 부정수급 적발건수의 89.4%를 차지

■ 실업급여 : 전체 부정수급 적발건수의 87.4%가 수급 기간 중 취업사실을 은닉

자료 : 노동부 (2007.8). "고용보험사업 내실화 및 부정수급방지 종합대책."

◉ 담당인력을 확충하여 수급자 및 수급기업에 대한 감독을 강화

○ 고용보험사업에 대한 수요 급증에 대응해 고용지원센터에 계약직 공무원을 채용하여 부정수급 감시 인력으로 활용하는 방안을 검토
  • 전문 역량을 발휘할 기회가 부족한 공공근로나 행정인턴과 같은 단순한 일자리 창출사업의 대안으로 검토

○ 부정수급자에 대해서는 지원금 추징, 형사고발 등 엄정 처벌하고, 제보자에 대한 포상금제도를 도입

각종 지원예산별 일자리 창출 효과에 대한 철저한 사후관리

◉ '고용영향평가제'를 도입해 이번 추경예산의 일자리 유지 및 창출 효과를 사후적으로 검증

○ 정부가 4월 임시국회 통과를 추진 중인 고용영향평가제는 국가가 지정·운영하는 '고용영향평가센터'가 중앙정부 및 지자체가 시행하는 사업이나 정책의 일자리 창출 효과를 분석·평가하는 제도

○ 각종 고용보조금 등의 고용영향평가 결과를 소관부처에 통보하여 관련 예산의 증감 여부를 결정하는 데 반영

◉ 특히 과거에 효과가 저조했던 사업의 경우 그 이유를 분석하여 해결방안
을 모색

○ 2007년을 기준으로 훈련참여자 중 취업률이 10.3%에 불과한 영세자영
업자 훈련[25]의 경우 훈련 내용을 내실화하여 취업역량을 제고하고 훈련
기간 중 생계보장지원을 강화하여 중도탈락을 최소화

○ 취업상담인력 부족에 따른 서비스의 질적 저하로 인해 고용지원센터를
통한 취업률이 낮은 상태이므로 고용지원센터의 인프라 확충 및 서비스
의 전문성을 시급히 제고
  • 2005년 공공 고용서비스기관 직원 1인당 경제활동인구는 선진국이
    400~3,700명 수준인 데 비해 한국은 8,000명[26]
  • 공공 고용서비스기관을 통한 취업자의 비율이 전체 취업자 중 영국,
    독일, 스웨덴 등은 40~70%인 반면, 한국은 5% 미만에 불과[27]

4. 저소득층 소득보조

◉ 저소득층 소득보조 예산으로 2008년 수정예산안에 0.9조 원이 편성된 것
에 비해 현 추경에서는 4.2조 원이 편성되어 소비진작 효과가 기대

○ 2008년 11월 수정예산에서는 사회간접자본 투자와 중소기업 지원의 비
중이 높았으나 현 추경예산에서는 저소득층 지원 비중이 확대
  • 민간 스스로의 고용 창출이 어렵기 때문에 고용 창출 및 소득보조에
    초점

○ 특히 기존 복지제도의 수혜를 받기 어렵고 경기침체에도 취약한 계층에
대한 지원을 대폭 강화
  • 기초생활보장제도 혜택을 받지 못하는 240만 명에게 2.5조 원, 실직가
    정과 임금체불 근로자에게 약 5,500억 원을 배정

---

25 한국고용정보원 (2008). "2007 실업자 훈련성과 분석," p. 42.

26 김동헌 (2008). "고용서비스 개혁을 위한 정책방향과 과제."『계간 고용이슈』, 1(3), p. 11.

27 정인수 (2008). "고용지원 서비스 선진화가 필요하다."『계간 고용이슈』, 1(3), p. 2.

○ 한계소비성향이 높은 저소득층에 대한 지원이 확대되어 소비촉진 효과
가 클 것으로 기대
- 소득 상위 40% 계층의 한계소비성향은 66.5%이지만 하위 40% 계층은
99%에 달함[28]

과거 빈번했던 부정수급 방지를 강화해 소득보조정책의 실효성 배가

◉ 2004년 이후 기초생활보장제도 부정수급 사례가 급격하게 증가했으나,
사회복지전담 인력은 부족한 관계로 부정수급 방지가 어려울 가능성

○ 부정수급 건수는 2004년 2,792건에서 2007년 8,654건으로 연 45.8%씩,
부정수급 액수[29]는 같은 기간 중 907억 원에서 4,182억 원으로 연 66.4%
씩 증가

○ 급증하는 복지수혜자의 소득을 면밀히 파악해 부정수급을 방지하기에
는 사회복지전담 공무원이 부족한 실정
- 2008년 현재 복지지출 배분을 담당하는 읍·면·동의 사회복지전담공
무원은 6,264명으로 1인당 기초생활보장가구 137.2가구를 담당[30]
- 정부는 추경예산으로 120만 가구[31]에 신규로 소득보조를 제공할 예정
이어서 소득파악 업무가 가중될 우려

○ 정부도 사회복지 전달체계 정비의 필요성을 적절히 인식하고 추경예산
발표와 함께 투입 인력 확충과 자료 전산화를 추진할 예정
- 시·군·구별로 복지통합 서비스를 제공하는 민생안정 T/F를 운영하
고 사회복지통합전산망을 2009년 11월 개통할 예정[32]

---

28 김범식·신창목·이동원 (2009.3.11.). "소비침체 극복과 Tax Rebate" (이슈페이퍼). 삼성경제연구소.

29 예산결산특별위원회 수석전문위원 (2008.11.). "2009년도 예산안 및 기금운용계획안 검토보고 : 총괄."

30 강혜규 외 (2008). "사회복지서비스 공공 전달체계 개선방안." 보건복지가족부·한국보건사회연구원.

31 기초생활보장제도 수급가구 7만, 긴급복지 3만, 신규 맞춤형 지원사업 110만 가구가 신규로 지원 대
상에 포괄 (기획재정부 (2009.3.23.). "민생안정을 위한 일자리 추경예산(안)." 보도자료.)

32 기획재정부 (2009.3.23.). "민생안정을 위한 일자리 추경예산(안)." 보도자료.

◉ 기초지방자치단체 인력을 보충하고, 소득 관련 자료 공유를 확대하여 정부의 사회복지 전달체계 정비 정책을 보완

  ○ 청년 인턴을 민생안정 T/F의 실무 인력으로 활용하여 저소득층 소득 관련 자료를 수집하고 부정수급을 방지

  ○ 국세청, 사회보험관리기구, 기초지방자치단체 간에 소득 관련 자료 공유를 촉진하고 장기적으로는 통합전산망을 건설
    • 보건복지가족부와 금융기관이 협조하여 기초생활보장제도 수급자 중 금융자산이 일정 규모 이상인 가구를 '중점관리대상'으로 선정하고 부정수급 여부를 실사하는 '금융자산조사' 제도를 참조[33]
    • 개통 예정인 사회복지 통합전산망에 각 기관이 보유한 소득 관련 자료를 연계할 수 있는 방안을 모색

---

33 보건복지부 (2005.9.20.). "금융자산 조회결과 중점 관리대상자 3,764명." 보도자료.

Ⅲ 중장기 재정건전성 확보방안

경기부양 성공과 지출 경직화 방지가 중장기 재정건전성의 관건

◉ 경기부양 성공 여부 및 재정지출 경직화 여부를 기준으로 3개 시나리오를 도출하고 시나리오별로 국가채무 추이를 전망

  ① 시나리오 1 : 경기부양에 성공하고 경기부양지출은 2010년 이후 삭감
  - 경기부양 성공 : 외환위기 당시와 같이 경제위기 2년 후인 2011년에 잠재 GDP[34] 수준으로 실질GDP가 회복[35]

  ② 시나리오 2 : 경기부양에 성공하고 2010년 이후 경기부양 목적 예산 항목의 32%에 해당하는 지출이 매년 증가
  - 경기 회복에 따라 2009년 경기부양 목적 예산이 전액 유지되지는 않지만 예산 삭감의 어려움을 반영하여 32%가 유지된다고 가정

  ③ 시나리오 3 : 경기부양에 실패하고 경기부양지출은 2010년 이후 삭감

| 시나리오 분석 개관 |

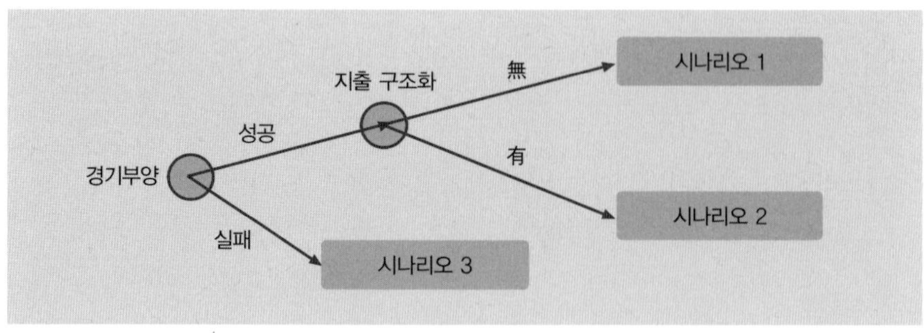

---

34 경제위기를 가정하지 않은 GDP로서 국회예산정책처의 "2008~2012 국가재정운용계획 분석" (2008.10.)의 2010~2012년 전망치를 이용하고 2013년 이후에는 2012년 경상성장률이 유지된다고 가정

35 잠재GDP는 1970~2008년 실질GDP에 Hodrick-Prescott Filter를 적용하여 산출. 외환위기 당시에는 마이너스 성장을 경험한 1998년으로부터 2년 후인 2000년에 잠재 GDP의 99.8% 수준으로 회복

◉ 시나리오 1 : 2018년 GDP 대비 국가채무는 38.1%, 적자보전용 국채 발행 규모는 1.05%로 안정될 전망

  ○ 2011~2018년 경상경제성장률이 8.0%로 국가부채 증가율 7.2%보다 높아 2011년 이후 GDP 대비 국가채무는 하향 추세로 반전

  ○ GDP 대비 국채 발행액은 경제위기를 예상하지 않았을 경우 전망치인 0.8%[36]보다는 높으나 점진적으로 감소할 것으로 예상

◉ 시나리오 2 : 2018년 GDP 대비 국가채무는 43.2%에 달하고, 적자보전용 국채 발행규모는 1.72%에 달할 전망

  ○ 부채증가율이 8.6%로 경상경제성장률 8.0%를 능가하여 GDP 대비 국가부채가 지속적으로 증가

  ○ 적자보전용 국채 발행액은 GDP 대비 1.72%로 경제위기를 가정하지 않은 전망(0.8%)보다 2배 이상에 달할 전망

| 추경 이후 지출이 경직화될 경우 GDP 대비 국가채무 전망 |

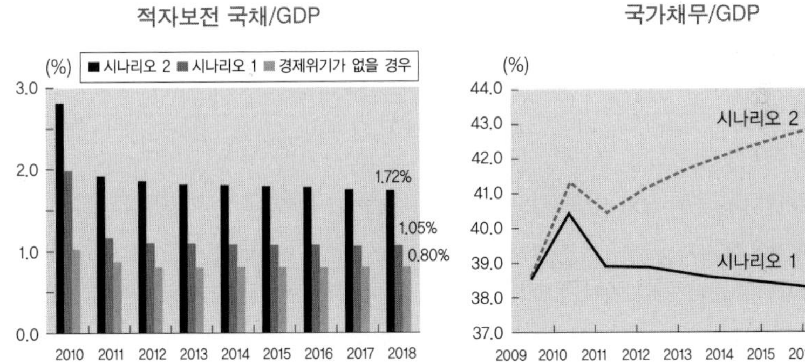

◉ 시나리오 3 : 2018년 GDP 대비 국가채무가 54.1%로 급증하고, 적자보전용 국채 발행규모가 3.24%에 달하며 지속적으로 증가할 전망

---

36 국회예산정책처가 발표한 "2009년도 예산안 「국가채무관리계획」 분석" (2008.11.)을 이용해서 계산

○ 2011~2018년 경상경제성장률이 7.6%로 국가부채 증가율 10.6%보다 크게 낮아서 2011년 이후 GDP 대비 국가채무가 증가 추세를 유지

○ GDP 대비 국채 발행액이 지속적으로 증가해서 GDP 대비 국가채무를 안정시키기 어려울 전망

| 경기부양 성공 여부에 따른 GDP 대비 국가채무 전망 |

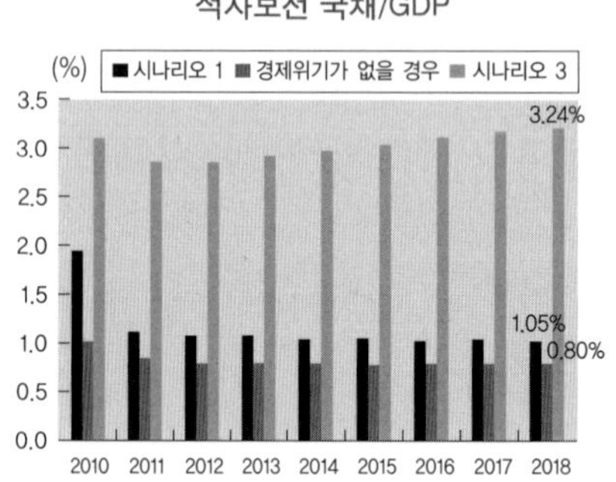

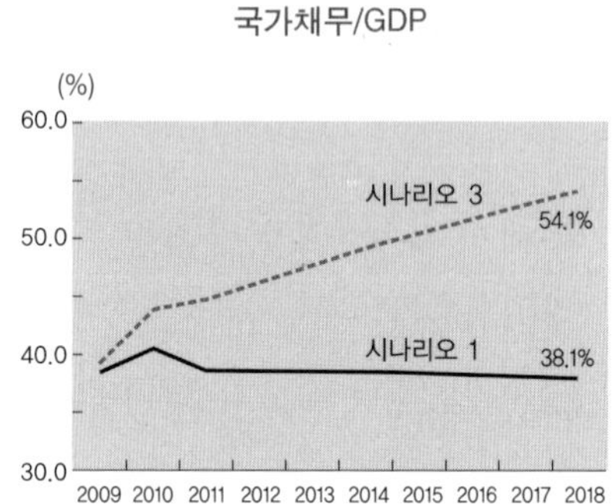

각 시나리오별 가정

■ 시나리오 1

▢ 외환위기 경우와 같이 경제위기 2년 후인 2011년에는 잠재GDP가 회복된다고 가정

▢ 2009년 예산지출(순계 기준)은 추경예산, 2010년 이후 예산지출은 2008~2012년 국가재정 운용계획상 예산지출에 국가채무 증가에 따른 이자지불 부담을 부가

- 2013년 이후 예산지출은 2012년 국가재정운용계획의 GDP 대비 예산지출 비중을 유지한 값에 이자 지불 부담을 더한 값으로 가정

▢ 2010년 이후 예산수입(보전수입 제외)*의 GDP 대비 비중은 국회예산정책처 전망을 반영하고 2012년 이후에는 고정된다고 가정

- 2009년 예산수입은 적자보전 국채 발행량이 36.9조 원이 되도록 조정

■ 시나리오 2 : 시나리오 1과 동일하되 2010년 이후 예산 지출에 27.7조 원의 32%를 추가하고 그에 따르는 이자 부담을 반영

■ 시나리오 3 : 시나리오 1과 동일하되 경기부양에 실패한 경우

   □ 2009년 성장률은 본 연구소 전망치 -2.4%, 2010~2012년 성장률은 국회예산정책처의 성장률 전망을 반영하고 2012년 이후에는 성장률이 고정된다고 가정

■ 각 시나리오별 국가채무는 국회예산정책처의 국가채무 전망치에 예산지출과 수입의 격차(보전수입 제외)와 그에 따른 이자 부담을 추가한 값

   □ 당해연도 발생 적자보전용 국가채무의 이자는 연 이자율의 50%를 적용해 당해연도 발생 국가채무에 편입하고, 과년도 발행 국가채무의 이자는 당해연도 지출에 반영. 이자율 전망은 국회예산정책처 전망치를 이용

주 : * 보전수입을 제외한 예산수입은 예산순계에서 적자보전용 국가채무 순증가분을 제외한 값
자료 : GDP, 예산순계, 성장률, GDP Deflator 전망은 국회예산정책처 (2008.10.). "2008~2012 국가재정운용계획 분석." ; 국가채무 및 일반회계 적자보전 국채발행 전망은 국회예산정책처 (2008.11.). "2009년도 예산안 「국가채무관리계획」 분석." ; 이자율 전망은 국회예산정책처 (2008.10.). "NABO 중기경제전망: 2008~2012년."

경기부양에 반드시 성공하고 한시적 지출항목의 구조화를 경계

◉ 중장기 재정건전성을 유지하기 위해서는 우선 경기부양에 반드시 성공해야 함

  ○ 경기부양에 성공하지 못하면 GDP 대비 재정적자가 지속적으로 상승하고 미래의 증세에 대한 불안감이 고조되어 소비침체가 가중

◉ 경기부양에 성공해도 경기부양용 재정지출이 한시적으로 끝나지 않고 영구화되면 2018년까지는 GDP 대비 국가채무가 지속적으로 증가

  ○ 재정적자가 만성화될 경우 GDP 대비 국가채무 증가가 장기간 지속되어 국가신인도를 저해하고 궁극적으로 세(稅) 부담 증대 우려
    • 경제위기 이전 수준으로 부채를 삭감하기 위해서는 증세가 필요

◉ 지출의 경직화 방지를 위한 제도적 장치를 강화

○ 경기부양 목적의 재정지출과 관계된 법령에는 1~2년의 한시성 부여

○ 경기부양을 위한 소규모 SOC와 국가경쟁력 제고를 위한 대규모 SOC를 구분해, 소규모 SOC 투자의 경우 경기침체기에는 확장적으로, 호황기에는 긴축적으로 운용
  • 소규모 SOC는 경제환경에 따라 총액을 설정하고 설정된 총액 내에서 수요에 따라 배분하는 Top-Down 방식의 예산운용 적용을 검토

○ 소득보조 지출은 국가가 지불의무를 지는 국민연금 등 사회보험 지출 확대를 억제하고 상황에 따라 축소할 수 있는 재량적 지출을 활용
  • 국민연금, 건강보험 등 가입자의 보험료 납입에 대한 대가로 지불되는 사회보험 급여는 가입자의 권리이므로 향후 축소가 어려움
  • 수급조건 조정을 통해 지출을 조절할 수 있는 기초생활보장제도, 긴급지원제도, 근로장려세제 등을 적극적으로 활용

소비침체 극복과 Tax Rebate

13

Issue Paper

≫≫≫ 2009. 3. 11. (2009. 4. 24. 업데이트)

김범식, 신창목, 이동원

Summary

최근 소비침체가 가속화되고 있다. 경기순환적 관점에서 소비는 2007년 4/4분기를 정점으로 하강국면에 진입했다. 대내외 여건 악화로 불안감이 고조되면서 2008년 4/4분기 중 민간소비 순환변동치는 94.9까지 하락했다. 이는 외환위기 이후 최저 수준으로 현재 소비수준이 심각한 침체상태라는 것을 의미한다. 2008년 중 급락한 소비가 다시 정상수준으로 복귀하려면 최소 2조 원 이상의 소비확대가 필요하다. 그러나 가계의 소비여력 저하, 일자리 창출력 약화와 고용불안감 확대 등을 고려할 때 소비침체의 조기 극복은 쉽지 않은 상황이다. 현재의 소비침체는 1990년대 이후의 평균 수축기간을 고려할 때 최소 3분기 이상 지속될 것으로 예상된다.

자생적 소비회복이 쉽지 않은 상황에서 소비를 활성화하기 위한 긴급정책의 하나로 'Tax Rebate'가 부상하고 있다. Tax Rebate는 정부가 소비여력이 축소된 중·저소득층의 소득을 보조함으로써 단기간에 소비를 진작시키는 대표적인 정책이다. 이는 미, 일 등 선진국에서 소비침체 극복을 위해 사용된 바 있고, 현재 미국, 일본, 중국과 대만 등에서도 추진 중인 정책이다. Tax Rebate는 지급방법에 따라 '소비쿠폰지급방식', '일시불현금지급방식', '분할현금지급방식' 등 3가지로 구분된다. Tax Rebate의 소비진작 효과는 대다수 연구에서 입증되었다. 2001년과 2008년에 실시된 미국의 Tax Rebate는 소비를 진작시켰으며, 특히 2001년의 경우 불황탈출에 크게 기여했다.

Tax Rebate 관련 핵심이슈는 크게 3가지다. 첫째, 구체적인 방법의 선택문제이다. 분할현금지급, 일시불현금지급, 소비쿠폰지급 순서로 효과적이므로 분할현금지급방식이 바람직하다. 소비쿠폰지급방식은 제작비용, 사용매장의 선정과 협의 등 집행비용이 과다하고, 알려진 것과 달리 현금을 제공하는 방식에 비해 소비를 증진시키는 효과도 상대적으로 크다고 할 수 없다. 1999년 일본에서 시행되었던 소비쿠폰도 실패한 바 있다. 현금지급방식은 일시불현금지급방식보다 분할현금지급방식이 더 효과적이다. 액수가 큰 일시 소득은 재산증가로 인식되어 저축유인이 상대적으로 큰 반면, 액수가 적은 소득은 현재 소득으로 인식되어 소비유인이 상대적으로 높기 때문이다. 분할지급방식의 경우 집행비용을 절감할 수 있는 원천징수세 감액이 대안이다. 소득이 적어 원천징수 의무가 없을 경우에는 현금으로 지급한다. 둘째, 정책대상의 선정문제이다. 정책목적이 소비진작인 점을 고려해 빈곤층에 대한 지원은 기존 사회복지정책을 확대 · 적용하고, 이들을 제외한 저소득(소득 1, 2분위) 계층과 중간소득(3분위) 계층을 타깃으로 하는 것이 효과적이다. 중 · 저소득층의 한계소비성향은 모두 0.8 이상으로 소득증가가 소비증가로 연결되는 효과가 크다. 셋째, 규모의 문제이다. 규모는 민간소비의 추세치 하회폭인 2조~5.5조 원 수준에서 정하는 것이 바람직하다. 한계소비성향을 감안하면, 5.5조 원 규모의 Tax Rebate 추진 시 실질민간소비의 증가분은 최대 4.5조 원으로 예상되어 민간소비증가율을 최대 1.15%p, 경제성장률을 최대 0.97%p 상승시키는 효과가 발생한다.

 소비침체의 가속화

2008년 4/4분기 이후 소비 위축세 가속화

◉ 2008년 4/4분기 이후 민간소비는 2004년 이후 4년 만에 처음으로 감소하는 등 소비관련 지표가 일제히 감소세로 전환

○ 2008년 4/4분기 민간소비증가율은 전년동기 대비 -4.4%

○ 2009년 1월 소비재판매액지수 증가율은 전년동월 대비 -3.3%(→ 5개월 연속 마이너스 행진)

- 소비재형태별로는 비내구재보다 경기상황에 민감하게 반응하는[1] 내구재 및 준내구재의 감소폭이 큼(특히 1월 중 내구재증가율은 전년동월 대비 -20.8%로 6개월 연속 감소하고 외환위기 이후 최저치)

○ 서비스지출을 간접적으로 보여주는 서비스업생산증가율도 2009년 1월 중 전년동월 대비 -1.1%로 3개월 연속 감소

| 소비 관련 지표 추이 |

(단위: 전년동기 대비, %)

구분	2008년				2009년
	1/4	2/4	3/4	4/4	1월
민간소비	3.4	2.3	1.1	-4.4	-
소비재판매액	4.4	2.9	1.4	-4.2	-3.3
(내구재)	(9.5)	(8.7)	(0.0)	(-9.9)	(-20.8)
(준내구재)	(3.8)	(-2.1)	(0.6)	(-9.9)	(-1.2)
(비내구재)	(1.9)	(0.3)	(1.2)	(-0.4)	(5.1)
서비스업생산	6.7	4.8	3.2	-0.4	-1.1

주 : 민간소비는 2000년 불변가격 기준
자료 : 한국은행, ECOS DB. ; 통계청, KOSIS DB.

---

1 2000년 이후 분기별 실질경제성장률과 내구재, 준내구재, 비내구재, 서비스 등 가계의 형태별 최종 소비지출(국민계정 기준) 간 시차상관계수를 분석한 결과, 모두 경기에 동행하는 것으로 나타나며, 상관계수의 크기는 내구재(0.765) 〉 준내구재(0.761) 〉 비내구재(0.665) 〉 서비스(0.566)의 순서로 나타남

순환변동치로 본 현재 소비침체는 외환위기 이후 최저 수준

◉ 순환변동치[2]로 파악한 소비는 2007년 4/4분기에 정점을 기록한 후 하강 국면에 진입

   ○ 특히 2008년 4/4분기 중 민간소비 순환변동치는 94.9로 추세치를 크게 하회

     • 민간소비 순환변동치 : 102.0(2007년 4/4) → 101.8(2008년 1/4) → 100.9(2/4) → 100.3(3/4) → 94.9(4/4)

   ○ 현재 민간소비 순환변동치 수준은 외환위기 당시인 1998년 2/4분기 (88.4)를 제외하고는 최저 수준

| 1990년대 이후 민간소비 순환변동치 추이 |

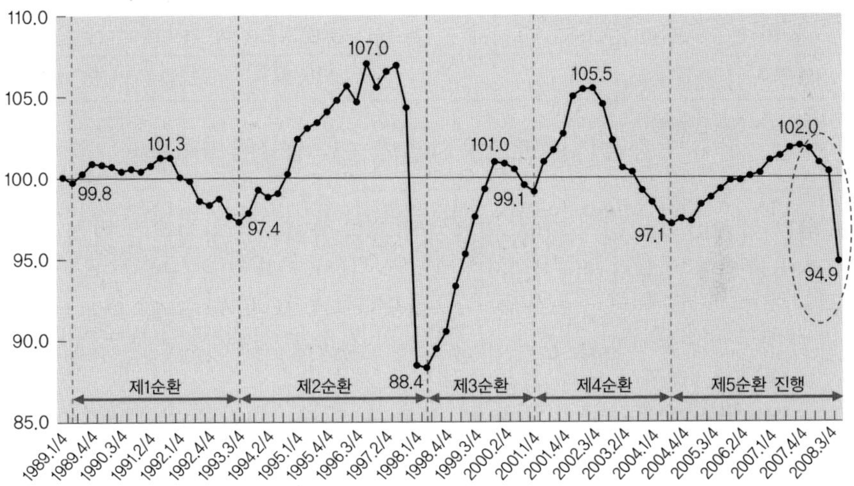

주 : 1) 민간소비는 2000년 불변가격 기준
    2) 민간소비의 순환구분은 소비만을 대상으로 순환변동치로 파악한 특수순환일로 통계청에서 경기전반을 대상으로 공식적으로 발표하는 기준순환일(Reference Date)과는 다름

---

2 민간소비의 순환변동치는 원자료의 경기순환적 패턴(Cyclical Pattern)을 파악하기 위해 계절적 요인과 추세치를 제거하여 작성한 수치. 이때 추세치는 계절조정된 자료에서 HP 필터를 이용해 산출함

소비침체의 조기 극복도 쉽지 않은 상황

◉ 최근 소비침체는 1990년대 이후의 평균 수축기간을 고려할 때 향후 최소
3분기 이상 지속될 것으로 전망

○ 1990년대 이후 민간소비의 평균 수축기간은 6.5분기
- 2008년 4/4분기 현재 수축국면은 4분기 정도 진행

| 1990년대 이후 민간소비의 특수순환일 |

구분	특수순환일			지속기간		
	저점	정점	저점	확장	수축	전순환
제1순환	1989.2/4	1991.3/4	1993.3/4	9분기	8분기	17분기
제2순환	1993.3/4	1996.4/4	1998.2/4	13분기	6분기	19분기
제3순환	1998.2/4	2000.1/4	2001.1/4	7분기	4분기	11분기
제4순환	2001.1/4	2002.3/4	2004.3/4	6분기	8분기	14분기
제5순환	2004.3/4	2007.4/4	-	13분기	-	-
평균	-	-	-	9.6분기	6.5분기	15.3분기

주 : 민간소비는 2000년 불변가격 기준

◉ 최근 가계의 소비여력 저하, 일자리 창출력 약화와 고용불안감 확대 등도
소비침체를 가속시키는 주요인[3]

○ 가계부채가 증가한 가운데 전국가구의 월평균 처분가능소득[4] 증가율이
2008년 4/4분기 2.3%로 전분기 대비 2.5%p 축소
- 2008년 전국가구의 월평균 처분가능소득 증가율 : 4.0%(1/4) →
5.3%(2/4) → 4.8%(3/4) → 2.3%(4/4)
- 2008년 12월 말 현재 가계신용(가계대출 + 판매신용) 잔액은 688.2조
원으로 전년 말 대비 9.1% 증가

---

3 외환위기 이후 소비부진의 주된 요인은 가처분소득증가율(소비여력 대변), 취업자수증가율(고용창출
력 대변), 소득5분위배율(소득불균형 대변), 시간선호율(미래소득에 대한 불안감 대변) 등으로 분석.
특히 미래소득에 대한 불안감을 초래하는 주요인은 고용불안, 교육불안, 노후불안, 금융불안 등의 순
으로 나타남(신창목 외 (2008). "장기적 소비부진의 원인분석" (CEO Information 제669호). 삼성경
제연구소.)

4 처분가능소득 = 소득 - 비소비지출. 비소비지출은 조세 등 공적지출과 타 가구 송금 등 사적지출이 포함

○ 미래소득에 대한 불안감 확대로 소비심리도 기준치를 크게 하회

- 삼성경제연구소의 2009년 1/4분기 소비자태도지수는 41.5로 4분기 연속 기준치(50)를 하회
- 2004년 이후 개인순저축률[5]도 하락 추세 → 미래 소비여력이 약화되고 있음을 시사(개인순저축률 : 2004년 5.7% → 2006년 3.1% → 2007년 2.3%)

○ 경기침체로 2009년 1월 일자리 창출 수도 -10.3만 개로 2개월 연속 감소

소비여력 확충을 위한 긴급대안으로 Tax Rebate가 부상

◉ 자생적 소비회복이 쉽지 않은 상황에서 침체의 골을 완화시킬 수 있는 정책대응이 시급한 상황

○ 2008년 중 급락한 소비가 다시 정상수준(추세치 수준)으로 복귀하려면 최소 2조 원 이상의 소비확대가 필요

- 2008년 연간 기준으로 실제소비는 추세치를 2.1조 원 하회(4/4분기에만 5.1조 원을 하회)[6]

◉ 이러한 가운데 최근 민간의 소비여력 확충을 위한 방안 중 하나로 Tax Rebate가 주요 이슈로 부상

○ 본 보고서의 목적은 Tax Rebate의 기본 개념, 과거 사례분석 등을 통해 효율적인 정책적 시사점을 제시하는 데 있음

○ 특히 Tax Rebate 정책을 실행할 때 소비쿠폰지급방식, 일시불현금지급방식, 분할현금지급방식 등의 비교검토를 통해 효율적인 방식의 선택, 정책대상 선정 및 그 효과 등을 검토하였음

---

5 개인 부문의 순저축률은 개인 부문의 저축성향을 나타내는 대표적 지표로 개인이 임의로 처분할 수 있는 소득 중 소비하고 남은 금액을 개인순조정처분가능소득과 연금기금의 가계순지분조정액의 합계액으로 나누어 산출

6 실제치 – 추세치(조 원) : 1.73(1/4) → 0.94(2/4) → 0.34(3/4) → -5.13(4/4)

▣ Ⅱ Tax Rebate의 효과와 해외사례

1. 기본개념

Tax Rebate는 중 · 저소득층 소득보조를 통한 단기 소비진작책

◉ Tax Rebate 프로그램은 정부가 소비여력이 축소된 중산층과 저소득층의 소득을 보조함으로써 단기간에 소비를 진작시키려는 대표적 정책

  ○ 소비진작을 위해 한시적으로 중·저소득층에게 세금(tax)으로 거둔 재원을 활용해 '현금' 이나 '소비쿠폰' 을 지급하는 것으로 1990년대 초 일본 등에서 주로 활용

  ○ 정책대상은 세금납부 여부에 관계없이 일정 소득요건을 충족하면 되고, 반드시 저소득층만으로 혜택을 한정하지 않는 것이 일반적

◉ Tax Rebate는 환급방법이나 혜택대상의 선정기준에 따라 다양한 방식이 가능하지만, 실제 정책적용에서는 지급방법에 따라 크게 3가지로 분류

  ① 일시불현금지급방식 : 현금을 일시불로 지급
  • 가장 보편적인 Tax Rebate 방식으로 집행비용이 적게 드는 장점

  ② 분할현금지급방식 : 일정 규모의 현금을 여러 번에 걸쳐서 지급
  • 이 경우 매달 납부할 원천징수세(Withholding Tax)[7]를 줄여주는 방법을 주로 사용(소득이 적어 원천징수 의무가 없는 사람에게는 현금을 지급)

  ③ 소비쿠폰지급방식 : 사용 한도 및 기간이 명시된 소비쿠폰을 배분
  • 소비쿠폰 종류로는 상품권, 푸드쿠폰, 가전제품구입 지원쿠폰 등이 존재

---

[7] 소득을 지급하는 사람이 직접 근로소득세, 사업소득세, 기타소득세 등의 세금을 세무서에 납부하는 것

2. 해외사례

● 일본 : 1990년대 소비진작을 위해 소득이나 부양가족 수를 기준으로 세금을 환급하거나 소비쿠폰을 지급[8]

○ 1994~1996년간 매년 소득세의 15~20%를 연 2회 환급(일시불현금지급방식)
  • 1980년대 호황 시 일본경제 성장의 견인차 역할을 했던 민간소비가 1990년대 버블경제 붕괴로 냉각[9]되자, 소비진작책의 일환으로 1994년에 처음 세금환급을 시작

○ 1998년에는 소득이 아닌 부양가족 수를 기준으로 환급액을 정하였으며, 여러 달에 걸쳐 원천징수액을 감액(분할현금지급방식)

○ 1999년에는 현금 대신 기한(6개월)이 명시된 '소비쿠폰'을 주로 저소득층 대상으로 발급(소비쿠폰지급방식)
  • 1인당 2만 엔씩 약 3,500만 명에게 지급

● 미국 : 주로 소득과 양육자녀 수 기준으로 현금을 지급[10]

○ 2001년에는 9,200만 가구에 평균 300~600달러의 현금을 지급(일시불 현금지급방식)
  • 2002년부터 시행될 예정이었던 미국의 최저 소득세율 인하(15% → 10%)에 대한 선수금 성격
  • 7,200백만 가구가 최고 600달러 수령(총 380억 달러 규모)

○ 2008년에는 7,000만 가구에 평균 950달러를 지급(일시불현금지급방식)
  • 정책대상 : 과세소득 3,000~15만 달러(부부합산 기준) 이하 가구

---

8 Hori, M. & Shimizutani, S. (2002). Micro Data Studies on Japanese Tax Policy and Consumption in the 1990s. (ESRI Discussion Paper Series No. 14). Economic and Social Research Institute, Cabinet Office, Tokyo, Japan.

9 일본의 연평균 민간소비증가율 : 4.2%(1985~1989년) → 2.9%(1990~1993년)

10 Broda, C. & Parker, J. (2008). The Impact of the 2008 Rebate. VOX. ; Johnson, D., Parker J. & Souleles, N. (2006). Household Expenditure and the Income Tax Rebates of 2001. *The American Economic Review*, 96(5), 1589-1610. ; Surowiecki, J. (2009.1.26.). A Smarter Stimulus. *The New Yorker*, 84(46), 25.

- 금액 : 가구별로 1,200달러(+ 양육자녀 1인당 300달러) 지급(총 1,000억달러 규모)

  ○ 오바마 행정부도 소비침체 극복을 위해 여러 달에 걸쳐 매달 약 40달러의 원천징수액을 감액해주는 방식의 Tax Rebate를 검토 중(분할현금지급 방식)

◉ 중국 : 2009년 현재 주요 지방정부를 중심으로 소비쿠폰이나 현금지급을 추진 중

  ○ 주로 저소득층 대상으로 소비쿠폰을 지급(소비쿠폰지급방식)
    - 난징 시 등은 음식점과 상점에서 이용 가능한 '여행자쿠폰'을, 기타 지방정부들은 TV, 냉장고, 세탁기 등을 구입할 때 Rebate를 지급[11]

  ○ 청두 시의 경우 행정절차가 복잡한 소비쿠폰 지급 대신에 현금지급을 시행하였고 다른 도시들도 동참할 전망[12](일시불현금지급방식)

◉ 대만 : 2009년 1~2월 전 국민에게 1인당 3,600NT달러(14만 원 상당)의 쿠폰을 배분(소비쿠폰지급방식)

  ○ 전 국민 2,326만 명을 대상으로 총 857억 NT달러 규모의 쿠폰을 지급[13]

3. Tax Rebate의 소비진작 효과

Tax Rebate의 소비진작 효과는 경험적으로 입증

◉ Tax Rebate에 대한 비판은 대상자들이 현금 등의 형태로 혜택을 받을 경우, 소비를 늘리기보다는 오히려 저축을 늘릴 가능성이 높다는 점에 초점이 맞추어져왔음

---

11 China's Solution: Coupons. (2009.1.31.). *The Los Angeles Times.*

12 The Economist Intelligence Unit (2009.1.14.). China Economy: Consumption Coupons to the Rescue?

13 각종 보도자료.

○ 이는 동일한 금액이라도 소비자들의 소득이 지속적으로 늘어나지 않고 일시적으로 늘어날 경우 소비증가가 제한적이라는 데 근거

- 프리드먼은 항상소득가설(Permanent Income Hypothesis)에서 소비자들은 자신들의 항상소득이 늘어났다고 믿을 경우에만 소비를 늘린다고 주장

○ 따라서 지속적인 소득증가가 아닌 한시적인 재산변화로 볼 수 있는 Tax Rebate의 실시는 소비보다 저축을 늘린다는 비판[14]

- 특히 불황의 골이 깊어 소비자들이 향후 경기를 비관적으로 볼수록 소비보다 저축을 더 선호한다는 입장

◉ 그러나 많은 연구결과 항상소득가설이 언제나 성립하는 것이 아니며, 소비는 항상소득보다 오히려 현재소득 변화에 민감한 것으로 나타남[15]

○ 1965~1985년간 미국의 사회보장혜택이 17번 증가했는데 항상소득가설의 예측과 달리 매번 '증가된 사회보장금액이 지급된 이후' 소비가 증가[16]

- 연간 소비가 현재소득에 민감하다는 연구결과도 존재[17]

○ 특히 소비성향이 높은 저소득층은 불황기일수록 유동성 제약이 심해 현재소비가 부족 → 한시적인 소득변화도 소비로 연결될 수 있음

◉ Tax Rebate 관련 실증적 사례 연구결과도 전반적으로 소비진작 효과가 있던 것으로 입증

○ 미국의 경우 2001년과 2008년 Tax Rebate(일시불현금지급방식)는 모두 소비를 진작시켰으며, 특히 2001년의 Tax Rebate는 불황을 벗어나는 데 기여했다는 평가

14 Feldstein, M. (2008.8.6.). The Tax Rebate Was a Flop. Obama's Stimulus Plan Won't Work Either. *The Wall Street Journal*.

15 Thaler, R. (1990). Anomalies: Saving, Fungibility, and Mental Accounts. *Journal of Economic Perspective*, 4(1), 193-205.

16 Wilcox, D. (1989). Social Security Benefits, Consumption, Expenditure, and the Life Cycle Hypothesis. *Journal of Political Economy*, 97(2), 288-304. Quoted in Thaler, R. (1990). Anomalies: Saving, Fungibility, and Mental Accounts. *Journal of Economic Perspective*, 4(1), 193-205.

17 Hall, R. & Mishkin, F. (1982). The Sensitivity of Consumption to Transitory Income: Estimates from Panel Data on Households. *Econometrica*, 50(2), 461-481. Quoted in Thaler, R. (1990). Anomalies: Saving, Fungibility, and Mental Accounts. *Journal of Economic Perspective*, 4(1), 193-205.

- 2001년 미국의 Tax Rebate 실시 때, 사전 조사에서 수혜자 중 1/4(주로 고소득층)은 소비, 1/3은 저축, 나머지(주로 저소득층)는 빚을 갚을 계획이라고 응답했으나, 실제로 Tax Rebate 총액의 2/3가 3개월 안에 모두 소비[18]
- 2008년 Tax Rebate의 경우 수혜가구들은 4주 이내에 비내구재 소비를 시행 4개월 전후 대비 평균 3.5% 증가시킨 것으로 조사[19]

○ 일본의 경우 1998년 시행한 Tax Rebate(분할현금지급방식)도 한계소비성향(MPC; Marginal Propensity to Consumption)이 0.6으로 분석[20] → 소비진작 효과 발생
- Tax Rebate의 MPC가 0.6이라는 것은 투입된 Rebate 금액의 60%가 추가로 소비되었다는 것을 의미

일본의 1994~1996년간 Tax Rebate(일시불현금지급방식) 효과에 대한 오해

■ 일본의 1994~1996년간 Tax Rebate 효과가 미진했다는 주장은 오해[21]

  □ 일본의 높은 정부부채는 결국 미래의 세금인상을 의미하는데, 정부도 Tax Rebate를 지급할 때 추후 세금인상이 있을 것을 국민에게 강조 → 소비보다 저축을 선호하는 요인으로 작용

  □ 1997년 소비세(3% → 5%) 및 사회보장세가 인상되고, 실질조세부담은 오히려 GDP 대비 2%p 증가

---

18 Shapiro, M. & Slemrod, J. (2003). Consumer Response to Tax Rebate. *The American Economic Review*, 93(1), 381-396. ; Johnson, D., Parker J. & Souleles, N. (2006). Household Expenditure and the Income Tax Rebates of 2001. *The American Economic Review*, 96(5), 1589-1610.

19 Broda, C. & Parker, J. (2008). The Impact of the 2008 Rebate. VOX.

20 Hori, M. & Shimizutani, S. (2002). Micro Data Studies on Japanese Tax Policy and Consumption in the 1990s. (ESRI Discussion Paper Series No. 14). Economic and Social Research Institute, Cabinet Office, Tokyo, Japan.

21 Knutter, K. & Posen, A. (2001). The Great Recession: Lessons for Macroeconomic Policy from Japan. *Brookings Papers on Economic Activity*, 2001(2), 93-160.

Ⅲ 핵심이슈에 대한 검토

1. 어느 방법이 가장 효율적인가?

분할현금지급 〉일시불현금지급 〉소비쿠폰지급 순으로 효율적

◉ 사용기간을 명시한 소비쿠폰의 지급이 다른 방식보다 소비진작 효과가 더 높은 것은 아님

  ○ 사용기간을 제한한 소비쿠폰을 주면, 수혜자들이 어쩔 수 없이 사용하게 되어 소비로 100% 이어진다는 주장은 사실과 다를 가능성

  ○ 이는 쿠폰을 생필품 구입에 사용하고, 쿠폰을 사용한 액수만큼은 현금으로 저축하는 것이 가능하기 때문

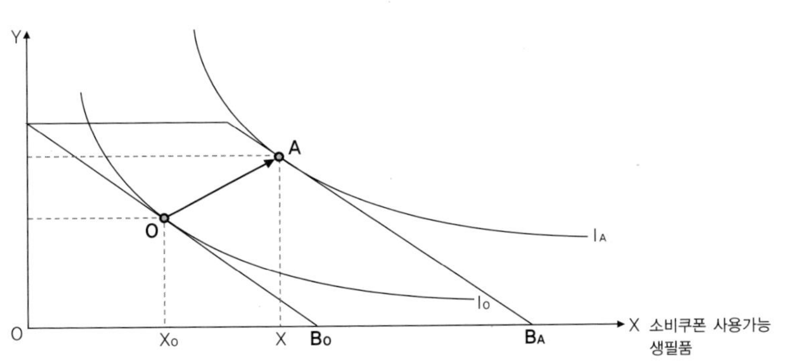

- 생필품 X에 사용가능한 소비쿠폰을 지급할 경우, 예산선은 B_O에서 B_A로 확대

- 이때 소비가 O에서 A로 늘어난다는 주장은 소비자가 모든 예산을 소진한다는 가정에서만 성립

- 그러나 미래에 대한 전망이 부정적일 경우, 받은 소비쿠폰을 기존의 OX_0 구입에 사용하고 그만큼 생활비를 저축하면 소비는 O에서 머물게 됨

◉ 특히 소비쿠폰지급방식은 집행비용이 과다할 뿐 아니라 문화적으로도 다소 거부감을 초래할 수 있음

○ 제작비용, 사용매장의 선정과 협의 등 집행비용이 상대적으로 과다 → 이를 빗대어 '보급상의 악몽(logistical nightmare)'으로 표현할 정도
  • 전자 쿠폰[22]을 쓸 경우에도 단말기 구축에 시간과 비용이 소요

○ 쿠폰 사용기간이 가까워질수록 현금으로 할인할 때 교환가격이 하락하는 등 쿠폰가치도 하락
  • 일본의 경우 행정절차의 지연 등으로 쿠폰의 현금화가 어려워진 상점들이 종업원 임금을 쿠폰으로 지급하거나 쿠폰을 싼 가격에 현금으로 거래하기도 함[23]

○ 체면을 중시하는 동양문화에서 소비쿠폰의 사용은 자신이 국가정책의 수혜자, 즉 하위소득자라고 인식 → 소비효과는 반감되고 할인을 통해 쿠폰을 현금화할 요인 증대

◉ 1999년 일본에서 시행되었던 소비쿠폰도 소비진작에 실패한 경험

○ MPC가 0.1에 불과할 정도로 소비진작 효과가 미미[24]
  • 소비쿠폰을 배부한 직후 준내구재 제품에 대한 MPC는 0.3~0.4였으나 시간이 지나면서 0.1로 감소

○ 소비쿠폰이 주로 15세 이하의 아동이 있는 가구와 저소득층 노인들에게 지급되었으나 정작 소비성향이 큰 청년층은 제외
  • 목적이 소비진작인지, 빈곤층 보조인지가 불분명해 정책효과가 반감

◉ 현금지급방식 중에서는 일시지급방식보다 분할지급방식이 효과적

○ 행동경제학[25]의 연구결과에 의하면, 액수가 큰 일시금의 소득은 재산의 증가로 분류되어 소비보다 저축될 가능성이 큰 반면, 액수가 적은 소득은 현재소득으로 분류되어 MPC를 증대시킴[26]

---

22 도용과 위조 방지 목적으로 사용

23 Coupons fail to spur shopping, but 'dango' sales up. (1999.4.20.). *The Japan Times.*

24 Hori, M. et al. (2002). Did the Shopping Coupon Program Stimulate Consumption? Evidence from Japanese Micro Data. (ESRI Discussion Paper Series No. 12). Economic and Social Research Institute, Cabinet Office, Tokyo, Japan.

- 여러 달에 걸쳐 분할 지급할 경우 소득에 대한 원천징수세를 감소시키는 방법이 집행비용을 절감

○ 일본의 경우 일반소득에 대한 MPC는 0.685인 데 반해, 보너스 소득에 대한 MPC는 0.437로 낮아짐[27]

○ 제2차 세계대전 이후 독일에서 보상금을 받았던 유대인들의 소비성향도 보상금 규모에 따라 차별화
  - 연소득의 66%에 해당하는 보상금을 받은 경우 MPC는 0.23으로 나타나 소비보다 저축을 많이 함
  - 연소득의 7% 수준을 보상받은 경우 MPC는 2.0(받은 액수의 2배 소비)[28]

◉ 즉, 비용측면에서 효율적이고 소비진작 효과가 큰 분할현금지급방식이 최적

| Tax Rebate 방식별 효과와 추가 비용 |

구분	소비촉진(저축방지) 효과	추가 비용
일시불현금지급방식	재산 증가로 분류되어 상대적으로 저축할 가능성이 높음	-
분할현금지급방식	액수가 적고 현재소득으로 분류되어 소비할 가능성이 높음	-
소비쿠폰지급방식	사용기한이 정해져 있다고 반드시 현금지급보다 더 많이 소비하지 않음	제작비용, 사용매장 협의 등 관련 비용 과다

---

25 행동경제학은 인간이라는 불완전한 존재가 사회적, 심리적, 문화적 맥락과 상호작용으로 이루어지는 복잡한 행동의 결과로 경제행위를 인식하고, 기존 경제학에서 가정하는 감정이 없고 항상 계산하는 이성적인 경제주체를 대체

26 Thaler, R. (1990). Anomalies: Saving, Fungibility, and Mental Accounts. *Journal of Economic Perspective*, 4(1), 193-205.

27 Ishikawa, T. & Ueda, K. (1984). The Bonus Payment System and Japanese Personal Savings. In Aoki, M. (Ed.), *The Economic Analysis of the Japanese Firm*. Amsterdam: North Holland.

28 Landsberger, M. (1966). Windfall Income and Consumption: Comment. *The American Economic Review*, 56(3), 534-540. Quoted in Thaler, R. (1990). Anomalies: Saving, Fungibility, and Mental Accounts. *Journal of Economic Perspective*, 4(1), 193-205.

2. 정책대상은 누구로 할 것인가?

정책대상은 중·저소득층

◉ 적용대상 선정 시 다음 2가지 측면을 고려할 필요

○ 소득보조가 소득분배에 악영향을 미치지 않아야 됨
- 일반적으로 소득불균형과 민간소비 간에는 負(-)의 상관관계
- 소득분배의 불공평성은 최근 가계의 주관적인 경제적 행복감을 가장 크게 훼손하고 있는 것으로 조사[29](→ 소비심리 위축을 초래)

○ 소득보조를 추가적인 소비지출에 사용할 가능성이 높은 계층을 정책의 주요 타깃으로 할 필요
- MPC가 높고, 흑자율이 높은 계층[30]에 초점

◉ Tax Rebate 정책의 타깃은 소득 1, 2분위(저소득층) 및 3분위(중간소득) 계층

○ MPC를 기준으로 할 경우 핵심 타깃은 1, 2분위 계층이고, 그 다음은 3분위 계층으로 판명(1분위 중 최저생계비 이하인 빈곤층은 제외)
- 소득 5분위별로 한계소비성향을 추정한 결과, 소득수준이 낮을수록 한계소비성향이 높은 것으로 분석
- 일반적으로 평균소비성향(소비지출/처분가능소득)은 소득수준이 낮을수록 높은데, 추정결과 한계소비성향도 동일한 특징을 보유
- 평균 및 한계소비성향이 모두 높다는 것은 추가적인 소득증대가 소비 증대로 사용되는 비율이 높다는 것을 의미

○ 가계의 부채부담 증대에 따른 디레버리징 추세를 고려할 경우 1, 2분위 계층과 더불어 3분위 계층도 대상에 포함시키는 것이 더 효과적
- 2008년 소득 1, 2분위 계층의 흑자율은 -44.4%, 3.3%에 불과해 일시적인 소득보조가 주어질 경우 소비보다는 부채 축소나 저축 증대에 사용할 유인이 높다고 판단

---

29 삼성경제연구소 (2009.3.6). "가계의 경제행복도 조사." (소비자태도조사 제106호).

30 흑자율(= [가계소득 - 가계지출] / 처분가능소득 × 100)이 낮은 계층은 Tax Rebate를 받을 경우 이를 소비하기보다는 부채를 갚는 데 사용할 가능성

- 따라서 0.80의 한계소비성향과 14.8%의 흑자율을 보이고 있는 소득 3분위 계층도 정책대상에 포함시키는 것이 보다 효율적

| 소득 5분위별 소비성향 및 가계수지 |

구분	1분위	2분위	3분위	4분위	5분위
평균소비성향	144.4	96.7	85.2	76.3	62.5
한계소비성향	1.10	0.88	0.80	0.73	0.60
t- 통계량	40.20	61.16	70.23	77.00	97.52
R^2	0.99	0.99	0.99	0.99	0.99
D-W 통계량	2.21	2.16	2.09	2.12	2.00
흑자율(%)	-44.4	3.3	14.8	23.7	37.5

주 : 1) 평균소비성향과 흑자율은 2008년 연간 기준
　　2) 한계소비성향은 소득 5분위별 소비지출을 소득 5분위별 처분가능소득(경상 및 비경상 소득을 모두 포함한 가계소득에서 조세, 연금과 사회보험 등 비소비지출을 차감)에 대해 회귀분석을 통해 도출(분석기간은 1982년 1/4분기~2008년 4/4분기)

◉ 다만, 소득 1분위 중 최저생계비 미만 '빈곤층' 에 대한 지원정책은 기초생활보장제도 등 기존 사회복지정책을 확대 · 적용하는 것이 효과적

○ Tax Rebate의 주요 목적이 빈곤층에 대한 소득보전보다는 소비진작에 있기 때문임
- 미국도 2008년 Tax Rebate를 실시할 당시 정책대상을 빈곤층을 제외한 과세소득 3,000달러 이상인 자로 한정

○ 저소득층과 중산층은 지급된 Tax Rebate 금액을 이용해 그 이상 가격인 내구재 등의 구입에 사용할 가능성이 큼

◉ 소득불균형이 악화되는 것을 방지하기 위해서는 소득 상위 40% 계층에 해당하는 5분위 및 4분위 계층은 제외

○ 대표적인 소득분배지표인 지니계수, 소득 5분위배율 및 상대적 빈곤률 모두 최근 3년간 악화

구분	지니계수		소득5분위배율[1]		상대적 빈곤률[2]	
	시장소득기준	가처분소득기준	시장소득기준	가처분소득기준	시장소득기준	가처분소득기준
2006년	0.338	0.312	7.01	5.60	17.5	14.6
2007년	0.344	0.316	7.28	5.73	17.5	14.8
2008년	0.348	0.316	7.59	5.74	18.1	15.1

주 : 1) 소득 상위 20% 계층(5분위)의 소득을 하위 20% 계층(1분위)의 소득으로 나눈 값
    2) 소득이 중위소득의 50% 미만인 계층이 전체 인구에서 차지하는 비율
자료 : 통계청, 가계동향.

3. 규모는 어느 정도?

규모는 2조~5조 원 사이, 효과는 최대 1.15%p 소비 증가

◉ 소득 1~3분위에 Tax Rebate(현금지급방식)를 실시할 경우 정책효과를 추산

 ○ 총 지급규모는 5.5조 원, 2.2조 원의 2가지 경우를 고려
   • 5.5조 원은 2008년 4/4분기 중 실질민간소비가 추세치를 하회한 부분을 명목기준으로 환산한 수준[31]
   • 2.2조 원은 2008년 연간 기준으로 실질민간소비가 추세치를 하회한 부분을 명목기준으로 환산한 수준

◉ 정책효과를 좌우할 한계소비성향(MPC)의 경우 최대 정책효과, 일본의 성공 및 실패 사례 등 3가지 경우를 고려

 ○ 최대 정책효과는 추정된 소득 1~3분위의 한계소비성향이 모두 시현되는 경우

 ○ 일본의 사례에서 분석된 가장 성공적인 경우와 실패한 경우에 한계소비성향은 각각 0.6과 0.1

---

31 민간소비가 추세치 수준으로 회복된다는 것은 정상수준으로 복귀한다는 것을 의미

◉ 2009년 중 정부가 Tax Rebate를 실시할 경우 예상되는 실질민간소비의
증가분은 최대 4.5조 원에서 최소 0.2조 원 수준

○ 5.5조 원을 투입하고 소비가 한계소비성향 수준까지 실현될 경우 : 2009년
연간 실질민간소비는 약 4.5조 원 증가
- 민간소비증가율은 약 1.15%p 상승하고, 경제성장률은 0.97%p 상승

○ 2.2조 원을 투입하고 소비가 일본 실패사례의 한계소비성향까지 실현될
경우 : 2009년 민간소비는 약 0.2조 원 증가
- 민간소비증가율 0.05%p 상승, 경제성장률 0.04%p 상승

| 시나리오별 예상 정책효과 |

투입액	구분	최대 정책효과	일본 성공사례	일본 실패사례
5.5조 원	민간소비	4.53조 원 (1.15%p)	2.94조 원 (0.74%p)	0.49조 원 (0.12%p)
	GDP	7.95조 원 (0.97%p)	5.15조 원 (0.63%p)	0.86조 원 (0.10%p)
2.2조 원	민간소비	1.81조 원 (0.46%p)	1.17조 원 (0.30%p)	0.20조 원 (0.05%p)
	GDP	3.18조 원 (0.39%p)	2.06조 원 (0.25%p)	0.34조 원 (0.04%p)

주 : 1) 정책효과의 금액은 증가분이고, 괄호 안은 증가율 상승효과
　　2) 실질GDP증가분은 2005년 산업연관분석 기준 민간소비의 생산유발계수를 적용해 추산
자료 : 삼성경제연구소.

| 참고문헌 |

- Broda, C. & Parker, J. (2008). The Impact of the 2008 Rebate. VOX.

- China's Solution: Coupons. (2009.1.31.). *The Los Angeles Times*.

- Feldstein, M. (2008.8.6.). The Tax Rebate Was a Flop. Obama's Stimulus Plan Won't Work Either. *The Wall Street Journal*.

- Hall, R. & Mishkin, F. (1982). The Sensitivity of Consumption to Transitory Income: Estimates from Panel Data on Households. *Econometrica*, 50(2), 461-481.

- Hori, M. et al. (2002). Did the Shopping Coupon Program Stimulate Consumption? Evidence from Japanese Micro Data. (ESRI Discussion Paper Series No. 12). Economic and Social Research Institute, Cabinet Office, Tokyo, Japan.

- Hori, M. & Shimizutani, S. (2002). Micro Data Studies on Japanese Tax Policy and Consumption in the 1990s. (ESRI Discussion Paper Series No. 14). Economic and Social Research Institute, Cabinet Office, Tokyo, Japan.

- Ishikawa, T. & Ueda, K. (1984). The Bonus Payment System and Japanese Personal Savings. In Aoki, M. (Ed.), *The Economic Analysis of the Japanese Firm*. Amsterdam: North Holland.

- Johnson, D., Parker J. & Souleles, N. (2006). Household Expenditure and the Income Tax Rebates of 2001. *The American Economic Review*, 96(5), 1589-1610.

- Knutter, K. & Posen, A. (2001). The Great Recession: Lessons for Macroeconomic Policy from Japan. *Brookings Papers on Economic Activity*, 2001(2), 93-160.

- Landsberger, M. (1966). Windfall Income and Consumption: Comment. *The American Economic Review*, 56(3), 534-540.

- Shapiro, M. & Slemrod, J. (2003). Consumer Response to Tax Rebate. *The American Economic Review*, 93(1), 381-396.

- Surowiecki, J. (2009.1.26.). A Smarter Stimulus. *The New Yorker*, 84(46), 25.

- Thaler, R. (1990). Anomalies: Saving, Fungibility, and Mental Accounts. *Journal of Economic Perspective*, 4(1), 193-205.

- The Economist Intelligence Unit (2009.1.14.). China Economy: Consumption Coupons to the Rescue?

- Wilcox, D. (1989). Social Security Benefits, Consumption, Expenditure, and the Life Cycle Hypothesis. *Journal of Political Economy*, 97(2), 288-304.

청년 일자리 창출을 위한 3대 과제

14

Issue Paper

≫≫≫ 2009. 3. 23 (2009. 4. 24. 업데이트)

류지성, 태원유, 조현국, 이언오, 이안재, 이종훈

Summary

2009년 2월 현재 청년 실업자가 37.2만 명, 실제 실직상태에 있는 사람이 120만 명을 넘어섰다. 정부는 청년인턴, 해외취업·연수 등 청년실업 해결을 위한 다양한 대책을 내놓고 있지만 기대만큼 효과가 나타나지 않고 있다. 사실 청년실업은 경기불황과 더불어 단기간에 쉽게 해결할 수 없는 구조적 측면을 가지고 있다. 청년실업 문제를 풀기 위해서는 우선 청년실업 특성에 대한 정확한 이해가 필요하며, 이를 바탕으로 대책이 마련되어야 한다.

실업자, 취업준비자 등 실직상태 청년층의 대다수인 76.4%가 취업경험자이다. 실업자의 경우 현재 1년 미만 실직상태인 청년 23.7만 명 중 37.3%가 시간, 보수 등 작업여건 불만으로 인한 자발적 이직자이다. 2009년 2월 취업준비자는 실업자 수보다 훨씬 많은 43.4만 명이며, 이들의 62.6%가 대졸 이상이어서 고학력화가 취업자 수를 감소시키는 원인임을 알 수 있다. 자발적 이직자와 취업준비자의 상당수는 일자리 미스매치이거나 양질의 일자리를 추구하는 것으로 추정된다. 청년 실업자의 50.5%, 쉬었음의 68.8%가 고졸 이하로 이들의 실업 문제도 심각하다.

청년실업의 특성을 고려할 때, 경기불황으로 급증하는 실업 문제를 해결하기 위해 긴급 일자리 마련과 함께 구조적 청년실업에도 대비해야 한다. 자발적 이직으로 양산되는 실업 문제의 해결, 취약계층을 위한 일자리 제공, 고용가능성 제고 등 청년층의 다양한 상황을 감안한 맞춤형 대책이 필요하

다. 무엇보다 노동수요 주체인 산업체, 특히 일자리의 88%를 차지하는 중소
기업과 창업 등을 통해 일자리 창출이 일어나야 한다. 노동공급자인 학교도
청년실업 문제 해결에 적극 나서야 한다. 미스매치, 양질의 일자리 추구가
실업을 양산하는 만큼 학교가 청년실업자를 흡수하여 고용가능성 제고와
일자리 창출을 동시에 해결해야 한다.

노동수요 측면에서 일자리 창출을 위해 ① 중소기업 빈 일자리 채우기를 추
진해야 한다. 이를 위해 중소기업 경력가산점제도도 도입해야 한다. 2009년
4월 16일 현재 목표 대비 26% 실적에 불과한 중소기업 청년인턴을 활성화하
기 위해 양질의 중소기업 일자리에 대한 홍보와 함께 인센티브를 제공해야
한다. 청년고용을 창출한 중소기업에 사회보험료를 1년간 한시적으로 유예
하는 등 고용비용을 감축하는 인센티브도 필요하다. ② 창업 및 학교기업 활
성화가 필요하다. 사회적 기업 등 다양한 분야에서 1인 벤처기업을 장려하
고, 이를 위해 민관 공동펀드를 조성해야 한다. 현재 연간 150억 예산, 66개
인 학교기업을 대폭 확충하고 일자리 창출형으로 발전시켜야 한다. 청년층
의 아이디어에 투자하고 이를 창업으로 연결시켜야 한다.

노동공급 측면에서 고용가능성 제고를 위해 ③ 학교가 주도하는 역량개발
형 일자리 제공이 필요하다. 미스매치 해소를 위한 수요자 맞춤형 직업능력
개발 프로그램인 '직업아카데미+인력개발계좌제'가 도입되어야 한다. 단

Summary

순노무직보다는 '스마트 SOC+직업능력개발', '일자리 Co-op' 등 직업능력개발과 연계된 프로그램을 동시에 제공해야 한다. 미래산업 인력의 선제적 육성을 위해 출연연구소와 기업이 연계된 인턴제, 대학과 기업이 함께하는 전문석사제도 등이 도입되어야 한다. 대학의 취업지원 서비스 기능 강화를 위해 전문인력 보강, 고용 네트워크에 대한 투자도 있어야 한다.

정부는 정책 프로그램에 대한 컨트롤 타워 강화와 성과관리를 통해 정책의 실효성을 높여야 한다. 정부의 일방적, 행정 위주의 정책보다는 기업과 학교가 일자리 창출을 주도할 수 있도록 지원을 강화하고 고용주체 간 효율적 협력관계를 구축해야 한다.

Ⅰ 청년실업 및 대책 현황

1. 청년실업의 특성

실제적 청년 실업자 120만 명 시대

◉ 청년층 인구 감소보다 더 빠르게 취업자 감소 현상이 지속[1]

○ 청년 취업자 수는 최근 5년간(2003~2008년) 약 52.2만 명 감소하였으며,
2009년 2월에는 전년동월 대비 19.6만 명이 감소

| 청년인구 및 취업자 추이 |

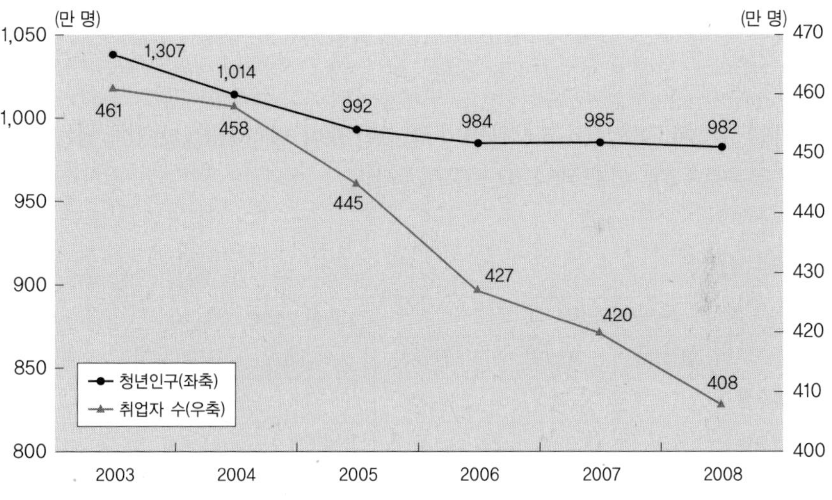

자료 : 통계청. "경제활동인구 조사."

○ 감소된 취업자의 상당수가 비경제활동인구로 유입
- 청년 비경제활동인구가 청년 전체 인구에서 차지하는 비율은 2004년
50.8%에서 2008년 55.2%로 약 4.4%p 증가

---

1 청년은 15~29세 인구로 정의됨

| 청년 비경제활동인구 비율 |

(단위: 만 명, %)

연도	청년인구	청년 비경제활동인구	청년 비경제활동인구 비율
2003년	1,037	536	51.7
2004년	1,014	515	50.8
2005년	992	508	51.2
2006년	984	521	52.9
2007년	985	532	54.0
2008년	982	542	55.2

자료 : 통계청. "경제활동인구 조사." 원자료.

◉ 특히 경기불황으로 실업자, 쉬었음, 구직단념자가 대폭 증가

○ 청년 실업자는 2008년 2월 32.6만 명(실업률 7.3%)에서 2009년 2월에는 37.2만 명(실업률 8.7%)으로 4.6만 명 증가

○ 취업준비자, 쉬었음, 구직단념자를 포함하여 실질 실업상태에 있는 청년 은 2009년 2월 현재 약 121만 명에 달함

| 청년층의 실업 |

(단위: %, 만 명)

시기	공식 실업상태		실질 실업상태			실제 실업자
	실업률	실업자	취업준비자	쉬었음	구직단념자	
2008년 2월	7.3	32.6	47.1	30.2	3.4	113
2009년 2월	8.7	37.2	43.4	36.3	4.4	121

자료 : 통계청. "경제활동인구 조사." 원자료.

실업자의 37.3%가 자발적 이직자

◉ 예상 외로 실업자, 취업준비자 등 실직상태의 청년층 중 76.4%가 취업경험자[2]

○ 실업자의 87.1%(32.5만 명), 취업준비자의 70.7%(30.6만 명), 쉬었음의 72.4%(26.3만 명)는 취업경험자

- 취업경험이 있는 사람 중 1년 미만 실직상태인 사람의 약 68.1%는 임시, 일용직 종사자였던 것으로 나타나 대부분 직업 불안정을 경험

| 청년층 실업자, 취업준비자, 쉬었음의 취업경험 유무 |

(단위: 만 명, %)

구분		실업자	취업준비자	쉬었음
취업경험 있음	1년 미만(실직상태)	23.7(63.5)	9.6(22.2)	17.2(47.3)
	1년 이상(실직상태)	8.8(23.6)	21.0(48.4)	9.1(25.1)
	계	32.5(87.1)	30.6(70.7)	26.3(72.4)
취업경험 없음		4.8(12.9)	12.7(29.3)	10.0(27.6)
계		37.2	43.4	36.3

주 : 괄호 안은 구성비
자료 : 통계청 (2009. 2.). "경제활동인구 조사." 원자료.

◉ 실업자, 취업준비자, 쉬었음 중에서 1년 미만 실직상태의 30%가 시간, 보수 등 작업여건의 불만족으로 인한 자발적 이직자

○ 특히 실업자의 경우, 1년 미만 실직상태 23.7만 명 중 37.3%가 자발적 이직자

- 경기불황으로 인한 직장의 휴폐업, 정리해고, 임시직 계약기간 만료, 일거리가 없어져 실직한 비자발적 실업자는 36.9%

○ 취업준비자, 쉬었음의 경우 50% 이상이 개인과 가족 관련 문제로 인한 자발적 이직자

---

[2] 통계청 (2009.2.). "경제활동인구 조사." 원자료.

| 청년층 실업자, 취업준비자, 쉬었음의 이직 사유 |

| 청년층 실업자, 취업준비자, 쉬었음의 이직 사유 | | | | (단위: 만 명, %) |

이직 사유	실업자	취업준비자	쉬었음	계
개인, 가족 관련 이유	5.7(23.9)	5.2(53.5)	8.9(51.6)	19.7(39.0)
작업여건(시간, 보수 등) 불만족	8.8(37.3)	2.8(28.8)	3.6(20.7)	15.2(30.0)
경기불황 실업(직장 휴폐업, 정리해고, 임시계절직 기간만료, 일거리 無)	8.7(36.9)	1.4(14.7)	4.7(27.3)	14.8(29.4)
기타	0.5(1.9)	0.2(3.0)	0(0.4)	0.8(1.6)

주 : 괄호 안은 구성비. 기타 이유로는 육아, 가사, 심신장애 등이 있음
자료 : 통계청 (2009. 2.). "경제활동인구 조사." 원자료.

고학력화도 취업자 수 감소의 원인

◉ 2009년 2월 현재 취업준비자는 43.4만 명으로 실업자 37.2만 명보다 많으며, 취업준비자 중 전문대졸 이상이 약 62.7%

○ 취업경험이 있는 취업준비자 중 48.4%(21만 명)는 1년 이상 장기 실직상태로 양질의 일자리를 추구하는 것으로 추정

○ 특히, 전문대졸 이상인 취업준비자는 27.2만 명으로 동일 학력 실업자의 1.5배에 달함
  • 이들 중 1년 이상의 장기 실직상태에 있는 청년은 14.1만 명

◉ 통학인구를 제외한 청년층 고용률은 일정한 것으로 나타나 고학력화가 청년층 취업자 수 감소를 유발

○ 통학인구를 제외한 고용률은 2003년 69.7%, 2008년 70.1%로 거의 변화가 없음

| 통학인구를 제외한 고용률 추이 | | | | (단위: %, 만 명) |

연도	통학인구를 제외한 고용률	생산가능인구	취업자 수	통학인구
2008	70.1	982	408	400
2005	70.2	992	445	358
2003	69.7	1,037	461	376

주 : 통학인구를 제외한 고용률은 취업자 수/(생산가능인구 − 통학인구)로 계산
자료 : 통계청. "경제활동인구 조사." 원자료.

실직상태의 청년 실업자 중 과반수가 고졸 이하

◉ 고졸 이하 실직상태(실업자, 취업준비자, 쉬었음)는 60만 명으로 청년 전체 인구의 49.5%

○ 고졸 이하 청년 실업자는 18.8만 명으로 전체 청년 실업자의 50.5%

○ 고졸 이하 실직상태 중 쉬었음이 25만 명으로, 청년층 전체 쉬었음의 68.8%를 차지
 • 단, 고졸 이하 쉬었음 중 45.8%가 1년 미만 실직상태로 무기력한 장기 실직(NEET[3])은 아니어서 적절한 유인책만 있으면 경제활동인구화가 가능

| 청년층 실업자, 취업준비자, 쉬었음의 학력별 취업경험 유무 |

(단위 : 만 명, %)

구분		실업자	취업준비자	쉬었음
전체	1년 미만(실직상태)	23.7(63.5)	9.6(22.2)	17.2(47.3)
	1년 이상(실직상태)	8.8(23.6)	21.0(48.4)	9.1(25.1)
	취업경험 없음	4.8(12.9)	12.7(29.3)	10.0(27.6)
	계	37.2(100.0)	43.4(100.0)	36.3(100.0)
고졸 이하	1년 미만(실직상태)	13.0(68.9)	3.7(23.1)	11.5(45.8)
	1년 이상(실직상태)	3.7(19.6)	6.9(42.5)	6.2(24.9)
	취업경험 없음	2.2(11.4)	5.6(34.4)	7.3(29.2)
	계	18.8(100)	16.2(100)	25.0(100)
전문대졸 이상	1년 미만(실직상태)	10.7(58.0)	5.9(21.7)	5.7(50.6)
	1년 이상(실직상태)	5.1(27.6)	14.1(52.0)	2.9(25.4)
	취업경험 없음	2.6(14.3)	7.2(26.3)	2.7(24.0)
	계	18.4(100)	27.2(100)	11.3(100)

주 : 괄호 안은 구성비
자료 : 통계청 (2009. 2.). "경제활동인구 조사." 원자료.

---

3 NEET(Not in Education, Employment or Training)는 청년 무직자(쉬었음 내지 구직단념자)를 의미

2. 정부의 청년실업 대책 현황

◉ 현재 정부는 청년취업 지원을 위해 총력을 다하고 있으나 아직 별다른 성
과는 없는 상황

○ 정부는 2009년 청년실업 해소를 위해 5개 분야 33개의 다양한 청년취업
지원 프로그램을 운영
  • 인턴 지원, 글로벌 취업 지원, 직업훈련, 진로지도, 장려금 지원, 종합고
  용서비스, 창업 지원으로 나누어 33개의 청년지원 프로그램을 운영 중

| 정부의 2009년 청년취업 지원 프로그램 |

프로그램	내용
1. 인턴 지원(5개)	청년인턴제/ 행정인턴제/ 이공계 전문기술 연수사업/ 관광기업 청년인턴 채용 지원/ 중소기업 인력채용패키지
2. 글로벌 취업 지원(14개)	해외취업연수/ 해외건설인력 양성/ 전문대학생 해외인턴십/ 4년제 대학생 해외인턴십/ 글로벌 무역인력 양성/ 재외공관 인턴/ 국제전문 여성인턴/ 글로벌 농업청년리더 양성/ 미국 연수취업(WEST)/ KOICA 해외봉사단/ 대학생 해외봉사단 파견/ 해외 인터넷 청년 봉사단/ 개도국 과학기술 지원단/ 미래산업 분야 청년리더 양성
3. 직업훈련(5개)	신규실업자 훈련생계비 대부/ 신규실업자 직업훈련/ 우선선정 직업훈련/ 직업능력개발계좌제/ 한국폴리텍기술 기능인력 양성
4. 진로지도(5개)	청소년 직장 체험 프로그램/ 전문계고교 취업 지원 기능 확충/ 대학취업 지원기능 확충/ 여대생 커리어 개발 지원/ 단기복무 장병 취업 캠프/
5. 장려금 지원(1개)	청년신규 고용촉진 장려금
6. 종합고용서비스(2개)	종합직업체험관 신축/ 청년층 뉴스타트 프로젝트
7. 창업 지원(1개)	청년 사회적 기업가 육성

자료 : 노동부 홈페이지.

◉ 청년실업 대책의 상당 부문을 차지하는 청년인턴, 해외취업 및 연수 등은
그 실효성이 상당히 의문시되는 상황

○ 중소기업청년인턴제의 경우 2009년 4월 16일 현재 26.3%에 불과

○ 취업지원 프로그램 중 상당수는 4년제 대졸자에 맞춰져 고교·전문대 출
  신 이하 구직자는 소외
  • 고졸 이하 취업애로계층에 대한 취업 지원 프로그램인 '청년층 뉴스
    타트 프로젝트'가 있지만 활성화되지 않고 있는 상황

🔲 Ⅱ 일자리 해결의 기본방향

◉ 경기불황으로 인해 급증하는 실업 문제를 해결하되 구조적 청년실업도 대비

  ○ 최근 급증하고 있는 실업자에 대해서는 긴급 일자리를 적극적으로 제공
    • 실업자 37.2만 명과 이 중 특히 비자발적 실업자는 일자리가 더욱 시급

  ○ 동시에 고학력화가 취업자 감소의 주요 원인이므로 대학 졸업 후의 사후적 실업정책보다는 조기 진로지도, 역량개발 등의 예방정책을 통해 구조적 실업 문제를 해결

◉ 실직상태인 청년층의 다양한 상황을 고려한 대책을 마련

  ○ 자발적 이직으로 양산되는 실업을 해결하기 위한 근본적인 대책이 필요
    • 양질의 일자리, 미스매치 해소 등 다양한 대안을 모색

  ○ 장기 취업준비생은 창업, 직업능력개발, 중소기업 취업 인센티브 제공 등을 통해 경제활동인구로 끌어낼 필요
    • 동시에 쉬었음의 대부분은 무기력한 NEET가 아니므로 이들 역시 경제활동인구로 적극 유인

  ○ 대졸뿐 아니라 고졸 이하 청년 실업자에 대한 긴급 일자리 및 직업능력개발 대책도 강화
    • 현재 청년실업 대책의 대부분은 고졸 이하의 취업취약계층이 소외된 대졸 미취업자에게 초점(예, 행정인턴 등)

◉ 산업체와 학교가 일자리를 주도하고 정부는 지원을 강화

  ○ 정부 입장에서 밀어붙이기식 대응보다는 일자리 창출의 주체인 산업체, 노동공급자인 학교 및 취업희망자의 수요를 우선 파악
    • 청년인턴제의 경우, 공공기관 및 민간기업에서 약 10만 명을 채용 중이나 일자리 지속성, 고용가능성 측면에서 실효성이 낮을 것을 우려

  ○ 일자리 주체인 산업체, 특히 일자리의 대부분을 책임지고 있는 중소기업에서 일자리가 창출될 수 있도록 인센티브를 제공

- 아직 실적이 미약한 중소기업인턴은 향후 중소기업과 청년 모두에게 인센티브가 될 수 있는 수요 지향적 대안을 보완할 필요

○ 미스매치, 양질의 일자리 추구가 실업을 양산하는 만큼 학교가 청년 실업자를 흡수하여 고용가능성 제고와 일자리 문제를 해결
  - 청년층을 임시, 단순노무직으로 내몰기보다는 당분간 학교에서 직업역량을 개발해주면서 미래산업 인력의 선제적 육성, 창업지도, 양질의 중소기업 일자리 창출을 도모

◉ 노동수요 측면의 일자리 창출과 동시에 공급 측면의 고용가능성을 제고

○ 노동수요는 양질의 일자리와 미스매치 해소를 위해 중소기업 고용을 촉진하는 ① 중소기업 빈 일자리 채우기, 일자리의 직접 창출인 ② 창업과 학교기업 활성화

○ 노동공급은 학교에서 직업능력개발을 주도하고 고용가능성을 높이는 ③ 역량개발형 일자리 제공 등이 필요

| 청년실업 대책 도출 프레임 |

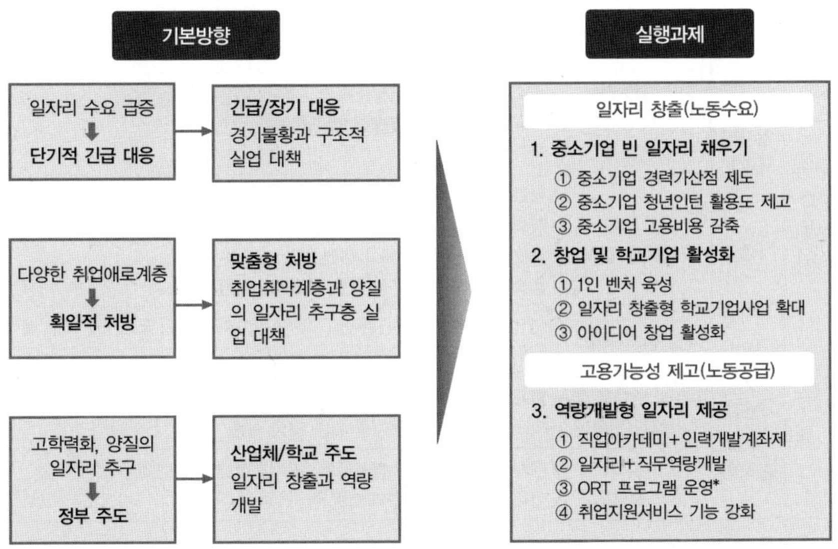

주 : ORT(On the Research Training), 대졸 석·박사들이 출연 연구소에서 연수 후 기업연구소 채용 단계를 거치는 개념으로 본 연구진이 사용

실행과제			실업자		비경제활동 인구	
			대졸	고졸	취업준비자	쉬었음
고용 가능성 제고 (노동 공급)	역량 개발형 일자리 제공	직업아카데미+ 인력개발 계좌제	• 직무능력 개발 • 인력개발 계좌제	• 직무능력 개발 • 인력개발 계좌제	• 직무능력 개발 • 인력개발 계좌제	• 직무능력 개발 • 인력개발 계좌제
		일자리+직무 능력 개발 제공	• Smart SOC 등 일자리+직업 능력 개발 • 일자리 Co-op	• 일자리 + 직업 능력 개발		• 학교+공공도서 관 활용(취업능 력 개발)
		ORT프로그램 운영	• On the Research Training • 학석사 통합과 정 운영 • 사회복지 일자 리 제공	• 사회복지 일자리 제공		
		취업지원서비스 기능 강화	• 학교별 취업지원서비스 투자 강화(외부전문가 활용) • 직업이동의 장단점 교육 강화			
일자리 창출 (노동 수요)	중소 기업 빈 일자리 채우기	중소기업 경력가산점 제도			• 공무원, 공기 업 채용 시 중 소기업 근무에 대한 경력 가산점 부여	
		중소기업 청년 인턴제 활용도 제고	• 중소기업 청년인턴제의 홍보 강화 **고졸대상 집중홍보** • 지원 제외규정 축소 및 참여기업 확대			
		중소기업 고용비용 감축	• 청년 신규고용 촉진 장려금 확대 • 사회보험료 1년간 유예 • 10인 미만 사업장 해고 제한규정 적용 유예 • 중소기업 법주 조정을 통한 중견기업 성장 유도			
	창업 및 학교 기업 활성화	1인 벤처 육성	• '1인 벤처'를 1990년 후반 IT 벤처 활성화 수준의 국가 아젠다로 채택 • 1인 창업이 유망한 분야 발굴, 지원			
		일자리 창출형 학 교기업사업 확대	• 학교기업당 재정 지원 확대(수익성 제고) • 학교기업수 대폭 증대를 위한 재정 확충			
		아이디어 창업활성화	• 벤처육성을 위한 정책자금의 일부를 청년 아이디어 구입에 투입 • 전국 단위의 창업 콘테스트 실시			

Ⅲ 3대 과제

1. 중소기업 빈 일자리 채우기

(1) 필요성

◉ 일자리 부족 문제가 사회적 쟁점으로 부각되는 상황임에도 불구하고 중소기업은 인력 확보에 어려움을 겪고 있음

○ 중소기업(300인 미만)의 부족인력은 매년 20만 명 전후 수준을 유지하고 있으며, 2008년 하반기 현재 15만 6,000여 명이 부족(부족률 2.4%)
  • 2008년 하반기 대기업(300인 이상)의 부족인력은 1만 5,000여 명(부족률 1.0%) 수준으로 중소기업 부족인력의 1/10 수준

○ 기업의 규모가 작을수록 구인난이 가중되는 상황
  • 기업 규모별 부족률(2008년 하반기 기준) : 5~9인(3.4%), 10~29인(2.4%), 30~99인(2.0%), 100~299인(1.7%), 300인 이상(1.0%)

| 중소기업(300인 미만)의 부족인력 및 부족률 추이 |

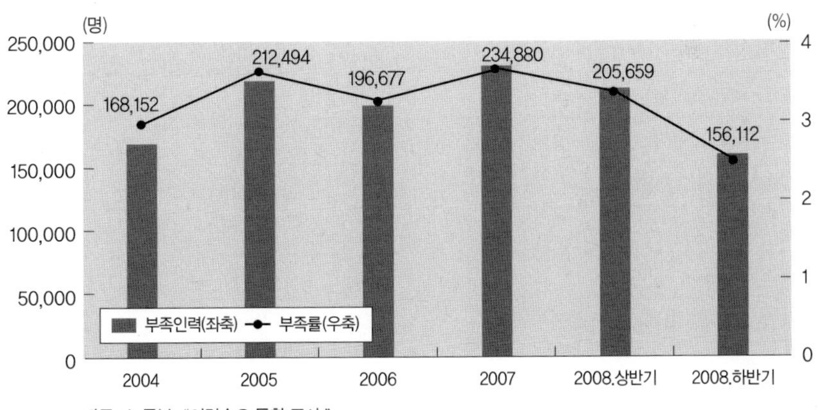

자료 : 노동부. "인력수요 동향 조사."

◉ 운전, 생산 등 단순직뿐 아니라 사무관리자, 연구원 등 일정 수준 이상의 학력과 전문성을 갖춘 인력의 부족도 상당수

○ 중소기업의 부족인력을 직종별로 보면 경영·회계·사무 관련직의 부족
  인력이 2만 3,000여 명으로 가장 큰 비중(15%)을 차지

| 300인 미만 중소기업의 직종별 부족인력 분포(2008년 하반기 기준) |

(단위 : 명, %)

직종	부족인력	비중
경영, 회계, 사무 관련직	23,396	15.0
운전 및 운송 관련직	17,235	11.0
기계 관련직	15,333	9.8
영업 및 판매 관련직	14,340	9.2
전기전자 관련직	10,108	6.5
환경, 인쇄, 목재, 가구, 공예 및 생산단순직	9,037	5.8
재료 관련직	8,833	5.7
정보통신 관련직	7,815	5.0
건설 관련직	7,651	4.9
음식서비스 관련직	6,107	3.9
보건, 의료 관련직	5,814	3.7
화학 관련직	5,690	3.6
문화, 예술, 디자인, 방송 관련직	5,160	3.3
교육 및 자연과학·사회과학연구 관련직	4,255	2.7
섬유 및 의복 관련직	3,024	1.9
경비 및 청소 관련직	2,782	1.8
사회복지 및 종교 관련직	2,636	1.7
금융, 보험 관련직	2,543	1.6
식품가공 관련직	2,294	1.5
미용, 숙박, 여행, 오락, 스포츠 관련직	1,649	1.1
관리직	204	0.1
법률, 경찰, 소방교도 관련직	110	0.1
농림어업 관련직	99	0.1
합계	156,112	100.0

자료 : 통계청, KOSIS DB.

◉ 양질의 일자리를 찾는 취업준비생 또한 지속적으로 증가하는 추세

　○ 상당수 대졸자들이 공무원, 공기업, 대기업 등 양질의 일자리를 구하기
　　위해 취업준비 상태에 있으나, 이들 일자리 수는 한정되어 있어 갈수록
　　적체현상이 심화
　　• 취업준비생 수는 매년 큰 폭으로 증가해 2008년 현재 45만 5,000여 명
　　　에 달함

2009년 공무원 및 공기업 시험의 경쟁률

■ 2009년 4월에 치러진 9급 공무원 공채의 경우 2,350명 모집에 14만 670명이 지원
　해 59.9대 1의 경쟁률을 기록

　□ 2008년도의 경우 164,690명이 응시

■ 2009년 한국전기안전공사 대졸 신입사원 공채의 경우 72명 모집에 1만 502명이 지
　원해 146대 1의 경쟁률을 기록

　○ 연이은 취업 실패로 취업준비 기간이 장기화될 경우 나이, 경력, 전문능
　　력 부족 등으로 산업계 취업도 어려워지는 악순환이 반복
　　• 장기 미취업자의 경우 "쉬었음", "구직단념", "실업자" 등으로 하향
　　　이동하는 경향이 강함

(2) 대안

① 중소기업 경력가산점제도 실시

◉ 중소기업 일자리의 수요·공급 간 미스매치를 해소하기 위해서는 중소기
　업 일자리에 대한 유인(誘因)을 확충해 취업준비생들을 흡수할 필요

　○ 대기업에 비해 상대적으로 열악한 근무환경 및 처우, 낮은 사회적 인식,
　　낙인효과(Stigma Effect) 등 중소기업에 대한 취업기피요인은 많으나 취
　　업유인요인은 매우 부족

○ 따라서 중소기업 취업기피요인을 개선해 나감과 동시에 적극적인 유인 정책을 마련해, 인력난을 겪고 있는 중소기업과 좋은 일자리를 찾고 있는 취업준비생이 상생할 수 있는 구조를 만들 필요

● 공무원, 공기업 등 공공 부문의 공개 채용 시 중소기업 경력에 대한 가산점을 부여함으로써 취업준비생의 중소기업 취업을 유도

○ 현재 공무원, 공기업 등 공공 부문 공채 시 관련 자격증에 대한 가산점제도를 시행하고 있는 바, 이러한 제도를 중소기업 근무경력에도 적용한다면 상당수의 취업준비생을 중소기업으로 유도 가능
  • 9급 공무원 채용의 경우 워드프로세서, 정보처리기사 등 자격증의 종류에 따라 0.5~3%의 가산점 부여

○ 나아가 동 제도를 민간 영역에까지 확산할 경우 중소기업의 구인난 해소 및 취업준비생의 과다 문제 해결에 크게 기여할 수 있을 것으로 예상
  • 대·중소기업 상생이 화두가 되고 있는 점을 적극 활용

○ 다만 숙련인력의 이탈 등 예상 가능한 부작용을 최소화할 수 있도록 충분한 조사와 준비를 거쳐 제도의 실효성을 강화할 필요
  • 가산점제도 적용의 대상기업 및 수혜자의 요건을 명확히 설정하여 형평성 시비, 제도의 매력도 저하, 인력 이탈의 부작용 등을 사전에 방지
  • 단, 가산점제도의 수혜를 받아 공공 부문으로 전직하는 인력은 공공 부문 공채 규모 등을 감안할 때 많지 않을 것으로 예상

● 제도의 효율성 제고를 위해 우수 중소기업에 대한 홍보를 강화

○ 중소기업 취업의 매력 제고를 위해서는 중소기업 일자리에 대한 부정적 인식을 불식시키는 것이 중요하며, 이를 위한 다양한 홍보활동이 필요

○ 따라서 우수 중소·벤처 기업 등을 선정하고 온·오프라인 홍보를 지원

중소기업 가산점제도 개요(案)

■ 가산점제도의 대상기업 및 인력

　□ 대상기업의 범위를 '10인 이상, 300인 미만의 회사법인' 등으로 명확히 설정하고 사업실적, 성장성 등도 감안하여 대상기업의 요건을 설정

　□ 가산점 수혜대상자도 제도 도입 이후의 '신규입사자(전직, 재입사 제외)' 등으로 명확히 설정하여 기존 숙련인력의 이탈을 방지

　　• 형평성(재직자, 신입) 시비 방지 및 숙련인력 이탈 방지를 위한 조율 필요

■ 제도의 주요 내용

　□ 일정 요건을 갖춘 중소·벤처 기업에 취업하여 일정 기간 이상 근무한 자에 대해 공공 부문(공무원, 공기업 등) 채용 시 적정 가산점 부여

　　• 예 : 2년 이상 3년 미만 근무자 3%, 3년 이상 근무자 5%

■ 기대 효과

　□ 중소기업의 구인난 해소 및 양질의 인력 공급을 통한 경쟁력 강화

　□ 과다한 취업준비생을 산업인력으로 전환하여 부가가치 창출에 기여

② '중소기업 청년인턴제도' 활용도 제고

◉ 중소기업 청년인턴제는 홍보 부족, 적용제외 규정 등으로 활용이 저조

○ 청년층을 인턴으로 채용하는 중소기업에 6개월간 임금의 절반을 지원하는 '중소기업 청년인턴제' 가 2009년 1월부터 본격 시행 중
　• 인턴 종료 후 정규직 채용 시 6개월간 추가 지원(월 50만~80만 원)

○ 2009년 정부의 중소기업 인턴제 목표는 2만 5,000명이지만 2009년 4월 16일 현재 6,563명(26.3%)만 이를 활용

◉ 전문대졸, 고졸 실업자를 대상으로 중소기업 청년인턴제의 홍보를 강화

○ 청년인턴제는 주로 4년제 대졸사원에만 해당되는 것으로 인식되어 전문
대, 고졸 출신자는 상대적으로 소외
• 실제 행정인턴 등 대다수가 4년제 대학졸업자에게 유리한 조건

○ 전문대졸, 고졸 미취업자를 대상으로 고용지원센터 및 각종 미디어를
통해 중소기업 청년인턴제 홍보를 강화하여 활용도를 제고
• 중소·중견 기업의 경우는 경영·회계·사무 관련직 등 양질의 일자리
인력조차 부족한 상황이므로 대졸을 포함한 청년인턴을 적극적으로
유도

◉ 지원제외 규정 축소 및 참여기업 확대를 통해 보다 많은 청년층의 지원을
유도

○ 3개월 이내에 취업사실이 있을 경우 지원자 적용제외 규정에 해당하는 바,
이를 철폐하여 보다 많은 청년 실업자가 인턴제를 활용할 수 있게 유도
• 현재 29세 이하로 졸업예정자를 포함한 실업상태의 청년이면 청년인
턴에 응시할 수 있지만 신청일 이전 3개월 이내에 취업사실이 있으면
제외되어 활용의 걸림돌이 되고 있음

○ 대상기업의 적용제외 규정 중 고용보험 미사업장 규정을 삭제하여 참여
기업을 확대
• 현재 적용대상은 5인 이상의 중소기업이면 모두 혜택을 받을 수 있으
나 고용보험에 가입하지 않은 기업이나 소비향락업체, 파견업체, 직업
소개소, 계절적·일시적 인력수요업체, 숙박음식업종은 제외

③ 중소기업 고용비용 감축

◉ 취업애로계층을 대상으로 한 '청년 신규고용촉진 장려금'을 청년 실업자
전체로 확대 실시

○ 현재 구직신청 후 3개월을 초과한 29세 이하 취업애로자(저학력, 경력
및 작업기술의 부족 등)를 대상으로 임금 보조를 실시

- 이들을 채용하는 경우 고용 후 최초 6개월간은 매월 45만 원, 이후 6개월간은 30만 원의 임금 보조금을 지급

○ 청년 신규고용 촉진장려금의 대상자 폭을 저학력, 경력 및 작업기술의 부족 등에 제한을 두지 말고 29세 미만의 전 청년층으로 확대
- 단, 구직등록 후 3개월을 초과한 기준만 맞으면 지급

◉ 청년 고용을 창출한 중소기업에 사회보험료를 1년간 한시적으로 유예

○ 5인 이상 100인 미만의 중소기업이 청년을 채용한 경우 채용인력의 4대 보험료 납입을 1년간 유예
- 사업주 부담 4대 사회보험요율(노인장기요양보험 포함)은 임금의 8.31%로 비용부담이 과다한 상황
- 프랑스는 '고용촉진계약'을 통해 장기실업자를 고용하는 기업에 사회보장비를 면제해주고 매달 보조금을 지급

◉ 상용근로자 10인 이하의 소규모 사업장의 경우 해고 제한규정 적용 대상에서 제외하여 청년층 고용창출을 유도

○ 현행 근로기준법의 해고제한 규정은 5인 이상 사업장의 모든 영구직 근로자에 포괄적으로 적용되는데, 이는 고용창출을 억제하는 부작용을 낳고 있음

◉ 중소기업의 범주를 재조정함으로써 중견기업으로의 성장 지원을 강화

○ 중소기업의 지원책이 300인 미만 기업으로 규정되어 있어, 특혜 유지를 위해 중소기업이 그 이상의 규모로 성장하는 것을 꺼림
- 대·중소기업의 정책적 분류로 인해 우수 중견기업이나 대기업으로 성장 가능한 중소기업들이 특혜를 위해 규모 확대를 회피, 비정규직 증원 및 사내 하청 등의 비정상적 방법으로 고용 창출에 역행[4]
- 기업의 범주를 중소기업·중견기업·대기업으로 재조정하고 성장단계별로 유연한 지원제도를 도입, 중소기업이 중견기업 및 대기업으로 성장할 수 있는 체제를 지원[5]

---

4 조준모·황성수 (2009). "산업정책 고용." 김승택 외, 『고용과 성장』. 서울: 박영사.
5 조준모·황성수 (2009)는 정책 대안으로 초기 생산요소 지원, 성장단계에서는 R&D 지원, 중견화된 이후에는 경영기법의 전수 등의 방법으로 중소기업 정책을 재구성할 필요가 있다고 주장

| 중소기업 지원 및 대기업 규제 사례 |

구분	중소기업 지원	대기업 규제
자금	• 자금지원, 금리우대, 보증특례	• 부채비율 200% 제한 • 계열사 간 채무보증 제한
투자	• 벤처캐피털, 소상공인 창업지원	• 출자총액 제한 • 계열사 간 상호출자 제한
기술	• R&D 지출 혹은 증가분에 대한 세금 감면 • 혁신기업 육성	(증가분에 대해서만 세금 감면)
판매	• 공공구매 우선, 홍보·해외진출 지원	• 독과점 규제, 기업결합 심사
입지	(200 m² 이하 시설 제외)	• 수도권 공장 총량제 적용
기타	• 조세 감면, 경영컨설팅 등	• 지배구조 등

주 : 괄호 안은 인센티브 축소(대기업)나 규제 예외(중소기업)를 의미
자료 : 진현·강우란·정태수 (2005). "일류 중견기업의 성공요인" (CEO Information 제502호). 삼성경제연구소.; 조준모·황성
　　　수 (2009). "산업정책 고용." 김승택 외, 『고용과 성장』. 서울: 박영사.

2. 창업 및 학교기업 활성화

(1) 필요성

◉ 현재 120만 명 이상의 청년실업을 해소하기 위해서는 기존 일자리로는
　한계가 있으며 창업 등으로 신규 일자리 창출이 필요

　○ 고용 없는 성장이 지속되면서 경제성장에 비해 일자리 창출 부진이 지속
　　• 고용탄력성(취업자증가율/실질GDP증가율)은 2001년 0.51에서 2008
　　　년에는 0.25로 거의 절반 수준으로 하락

　○ 1998년 IMF 위기 시 극심한 일자리 부족을 벤처창업으로 극복한 것처럼
　　다시 창업으로 일자리를 창출할 필요
　　• 단, 당시의 벤처거품을 교훈삼아 건강한 창업이 되도록 시스템을 구축

◉ 양질의 일자리를 찾는 자발적 실업청년에게 창업 도전의 기회를 부여

　○ 특히, 학교기업은 실패에 따른 부담이 적기 때문에 학교기업을 통한 창
　　업을 적극 장려할 필요

○ 청년창업은 대기업 등 번듯한 직장을 갖는 데 주력한 나머지 휴학, 취업 재수를 감수하고 있는 현재의 상황을 개선할 수 있는 기회를 제공

(2) 대안

① '1인 벤처'를 육성

◉ '1인 벤처'를 1990년 후반 IT 벤처 활성화 수준의 국가 의제로 채택

○ 5,000억 원 규모의 민관공동기금을 조성하고, 1인 벤처 대상의 투자·기부에 대해서는 세 감면 혜택 부여
  • 1인 벤처의 기대수익률이 벤처기업에 비해 높지 않은 점을 고려

○ 벤처협회의 인증을 받은 1인 벤처에 대해 간이 회계·세무처리 인정, 공공건물 무상임대 등의 인센티브를 제공

○ 청년 일자리 사업의 일부를 창업체험 및 창업지원 프로그램으로 전환
  • 창업아이디어를 심사 및 선발한 후 지원역량이 있는 공공기관에 배정
  • 출연연구소가 창업지망 이공계 졸업자를 위한 산실 역할

독일 슈뢰더 정권의 '1인 창업회사' 육성

■ 취업률 제고 및 일자리 창출을 위해 1인 기업 설립을 적극 지원

　□ 2003년 1월 1일 '자생기업유치법(Existenzgruendungsgesetz)' 발효

　□ 불법적인 노동과 세금 탈루를 방지하는 것도 목적의 하나

■ 실업보험 및 보조금을 받는 사람, 국가 고용정책과 구조조정정책에 따라 일자리를 찾는 사람이 창업을 할 경우에 정부가 창업자금을 지원

　□ 지원 요건은 노동연방청에 실업자로 등록되어 있는 사람으로 제한

■ 창업자는 자신의 실업수당 및 사회보험 수당의 3년치를 창업비로 지원받으며, 정부 보조금은 최장 3년간 지급(세금은 면제)

　□ 1년차 월 600유로, 2년차 월 360유로, 3년차 월 260유로 지급

주 : 'Agenda 2030'에서 2003~2006년에 추진한 '1인 창업회사' 육성 사례
자료 : 독일 정부. 'Agenda 2030', Ich-AG(Aktiengesellschaft).

● 청년 1인 창업이 유망한 분야를 발굴하고 필요한 정책수단을 제공

| 청년 1인 창업 유망 분야와 정책수단 |

구분	유망 분야	정책수단
인터넷상거래	쇼핑몰 운영, 블로그 판매점, 중고품 매매, 명품 소개	미디어 개방(코드 및 사용권), 사용료 인하, 인증 지원
문화콘텐츠게임	개발, 시나리오 작성, 사용자 모니터링, 문화원형 발굴, 지역문화 지킴이	콘텐츠 투자 확대(교육용 등), 지역문화 사업 연계
용역·업무 지원	SW 개발, 아웃소싱 수탁, 홍보자료 제작, Back-office	정부구매 확대, 재교육 실시, 전문가 매칭
고객관리	1인점포(프랜차이즈), 소비자조사, 지역별 A/S 대행, 맞춤 고객관리	공공건물 제공, 공공DB 접근 허용 참여기업 인센티브 부여
아이디어·특허	아이디어 판매, 특허조사 대행, 지식거래, 신제품 체험	지식캐피털 지정, 아이디어 평가, 지식거래소 운영, 특허비용 보조
사회적 기업	신용회복 지원, 방과 후 교육, 신빈곤층 맞춤복지, 사회공헌 연계	복지예산 활용, 자격증 개발, 기업출신 멘토 지정

자료 : 유망 분야는 이민화. "창조경제와 1인 창조기업." (미발표 자료)를 참고

② 일자리 창출형 학교기업사업 확대

● 학교기업은 현장 적합형 인력 양성, 학생 및 교원의 현장실습교육 참여, 산업체 기술이전 촉진을 목적으로 시작

　○ 2008년 66개 학교기업이 운영 중이며, 총 예산은 150억 원으로 학교기업 당 2억~4.5억 원 지원

| 학교기업사업 성과 |

구분	2004년	2005년	2006년	2007년	2008년
학교기업 수	40개	45개	59개	48개	66개
정부지원금	100억 원	130억 원	150억 원	150억 원	150억 원
총 매출액	2,283백만 원	10,470백만 원	16,754백만 원	16,163백만 원	14,101백만 원
고용인원	113명	304명	594명	281명	511명

자료 : 한국산업기술재단 (2009). "2009년 학교기업지원사업설명회 자료." ; 고용인원은 한국산업기술재단 내부 자료.

◉ 현재 교육성과에 치중하고 있는 학교기업을 '수익성 제고를 통한 일자리 창출'이 가능한 체제로 육성

○ 학교기업 수의 대폭 증대를 위한 재정 확충과 학교기업당 재정지원 확대
  • 전문계, 전문대, 대학 중 30%만 참여해도 300여 개의 학교기업이 가능
  • 정부 재정지원과 함께 민간기금 조성, 기술지주회사 설립 등으로 학교기업을 위한 투자재원을 확충

○ 학교기업의 경영 전문성 및 선진화를 위한 컨설팅, 제도 개선, 지원 등을 강화
  • 현재는 학교 내부인력(교사, 교수)이 교육 목적으로 학교기업을 운영함으로써 경영마인드를 가진 사업체로서의 수익성 창출에는 취약

③ 아이디어창업 활성화

◉ 초기단계 아이디어에 투자하는 벤처캐피털과 인큐베이터를 육성

○ 미국 Intellectual Venture, Invention Capital을 벤치마킹하여 국내 도입
  • 'garage.com'은 아이디어 채택 시 6,000달러, 특허출원 시 1,000달러, 특허등록 시 1,000달러, 수익 발생 시 10% 이내 분배

○ 벤처 육성을 위한 정책자금의 일부를 청년 아이디어 구입에 투입
  • 건당 500만 원의 1만 개 아이디어를 수집할 경우 500억 원의 자금 소요
  • 유망한 아이디어에 대해 1,000만~5,000만 원의 초기 창업자금을 지원 (기존 창업지원·벤처육성자금을 활용)

◉ 전국 수준의 창업자 대회를 개최하고 선발된 아이템에 대해 창업지원

○ 단계별·지역별 경쟁을 거쳐 우수 아이디어를 선별하고 전국 수상자에게는 창업이 가능한 규모의(1억 원 이상) 투자를 집행
  • 소자본이 소요되고 조기 창업이 가능한 지식서비스 분야를 권장

○ 관련 업종의 벤처기업 연결, 전문 멘토 지원 등으로 시행착오를 최소화

④ 창업 인프라 선진화 및 확충

● 창업에 소요되는 비용을 대폭 경감

○ 청년창업의 경우 자본금 하한, 공간 확보 의무 등에서 예외를 인정
- 한국의 법인 설립에 따른 직·간접 비용은 130만 원으로 캐나다의 4배
- 일본은 상징적으로 '자본금 1엔 회사'를 허용

○ 부가세, 법인세를 면제해주고 간이 회계 처리를 적용
- 법률구조공단과 유사한 (가칭)회계세무지원공단을 운영

● 선진국 수준 이상으로 창업절차를 간소화

○ 서류 작성, 회사등록 기간 등에서 세계 최고의 효율을 지향
- 1쪽 창업신고서, 온라인 접수, 24시간 이내 회사 등록 등

○ 등록(중기청)과 세무관계 신고(세무서)의 2단계로 절차를 압축
- 중기청이 창업 관련 원스톱 서비스를 제공하고 관련 부처들이 협력

| 창업절차 개선 방안 |

구분		현재 단계	캐나다	청년창업(案)
법인설립 준비	상호	등기소(−)	−	−
	정관	공증사무소(8)	−	
	등록세	지자체/은행(2)	−	
설립등기		등기소(17)	산업성(4)	중기청(1)
사업자등록		세무서(5)	세무서(3)	세무서(1)
4대보험		보험공단(−)	−	−
취업규칙		노동사무소(−)	−	−
합계		32개	7개	2개

주 : 괄호 안은 제출서류 숫자
자료 : 인터젠 (2008. 10.). "성장잠재력 확충을 위한 경제제도 선진화 방안," p. 495를 토대로 재정리

◉ '창업진흥원'(대전 소재)을 청년창업 지원기관으로 특화

  ○ 대학 지원 위주에서 탈피, 청년 주도의 창업지원 허브기관으로 위상을
    설정
    • 현재는 900억 원 이상의 예산이 교수 컨설팅 비용 등에 주로 사용

  ○ 대학생 창업모임들과 공격적으로 협력(수동적 공모·선정 지양)
    • 국내에는 '대학생창업연합회', 'SIFE(Students in Free Enterprise)',
      '청년독립기업' 등 창업 커뮤니티들이 활동 중

◉ 창업지원 네트워크를 구축하고 창업 친화적 사회문화 조성

  ○ 중견기업, 벤처 등이 청년창업 소기업들과 의도적으로 생태계를 형성
    • 중기청 쿠폰제를 활용하여 컨설팅, 인력파견 등 발생비용을 부담

  ○ 창업에 실패한 청년창업자에 대한 안전망을 구축하고 재도전 기회를
    부여
    • 신용보증 등이 일정 한도까지 발생 채무를 전액 변제
    • 창업 실패 경험자는 취업, 재창업 심사 시에 가산점 부여

  ○ 청년창업 '스토리'를 언론에서 여론화하고, 초중등 교과 과정에도 반영

3. 역량개발형 일자리 제공

(1) 필요성

◉ 청년실업의 본원적 문제는 산업수요에 부합하지 못하는 인력을 배출하는
  학교로부터 발생

  ○ 산업수요에 필요한 직무능력을 제대로 갖춘 인력이 부족하다는 지적이
    끊임없이 제기
    • 기업이 종업원을 미충원하는 사유로 '직무능력을 갖춘 지원자가 없음
      이 43.5%'에 달할 만큼 직무능력 개발은 시급한 문제[6]

---

6 노동부. "2008년 하반기 인력수요동향 조사."

◉ 학교가 청년 실업자를 대상으로 고용가능성 제고에 적극적으로 나설 필요

○ 긴급한 일자리가 필요한 경우는 임시 일자리를 제공하되 동시에 학교가 직무능력 개발 프로그램을 제공
  • 최근 실시 중인 청년인턴은 직업역량 개발 효과가 미흡하다는 우려가 있는 만큼 미취업 졸업생에게 직업능력 개발과 인턴을 동시에 제공하는 접근방법이 필요
  • 특히, 일단 학교를 벗어나면 취업 가능성이 급속이 낮아져 장기 취업준비 등 취업비용이 증가하므로, 학교에 머물면서 저비용으로 실무지식과 취업에 필요한 역량을 개발하도록 배려

◉ 全 학력 및 全 학교단계 모두 청년층에게 일자리와 직업능력 개발이 가능하도록 기회 부여

○ 정부의 청년층에 대한 실업대책이 주로 4년제 미취업 대졸자에 초점을 두고 있으나 실제는 전문대 및 고교 졸업의 취업애로계층도 상당수
  • 실업자와 취업준비, 쉬었음 등에서 고졸 이하 및 전문대 졸업자의 비중이 75%를 차지
  • 대졸뿐 아니라 고졸 이하를 위한 학교의 역할이 요구되며, 이를 위해서는 전문계고, 전문대학, 대학 등을 폭넓게 활용할 필요

◉ 학교의 취업지원 서비스를 강화

○ 취업 관련 전문인력, 정보서비스 체계, 산업체 및 취업 관련기관과의 취업 네트워크 등을 강화할 필요

○ 2008년 통계청 조사에 의하면 졸업 및 중퇴자 청년층의 주된 취업경로는 '연고에 의한 취업'이 다수
  • 가족·친지에 의한 소개(21.5%), 직장 근무자로부터의 소개(12.5%), 학교 선생님 추천(8.8%) 등

○ 반면, 공공·민간 직업알선기관, 학교 내 취업소개기관, 직업(취업)박람회 등을 통한 취업은 6.1%에 불과
  • 이는 학교에서 직업세계로의 이행 기간을 장기화하는 요인

| 졸업·중퇴 청년층의 주된 취업경로 | (단위: 만 명, %)

연도	졸업·중퇴 취업자	가족·친지 소개(추천)	직장 근무자 추천	학교 선생님 추천	신문, 잡지, 인터넷 등 응모	공개 시험	특별 채용	그 외*
2007년	353.7 (100.0)	76.1 (21.5)	44.9 (12.7)	32.8 (9.3)	97.6 (27.6)	66.9 (18.9)	14.1 (4.0)	21.3 (6.0)
2008년	347.1 (100.0)	747 (21.5)	433 (12.5)	306 (8.8)	942 (27.1)	707 (20.4)	124 (3.6)	213 (6.1)

주 : *는 공공/민간 직업알선기관, 학교 내 취업소개기관, 직업(취업)박람회 등. 괄호 안은 구성비
자료 : 통계청(2008. 5.). "경제활동인구조사 부가조사(청년층) 결과."

(2) 대안

① '직업아카데미+인력개발계좌제' 운영

● 학교에 직업아카데미(Professional Academy)를 두고, 다양한 직업능력 개발을 지원

○ 미취업 졸업생을 위해 전문대학, 대학 등에 직업아카데미를 설치하고, 수요자 맞춤형 직무능력 개발 프로그램을 운영

○ 희망하는 직종에 필요한 전공 및 실무지식, 취업준비를 위한 토익 등 이른바 다양한 스펙(spec)을 위한 프로그램을 개설

● 직업아카데미에 참여하는 청년층을 위한 인력개발계좌제를 도입

○ 현재 실시 중인 취약계층 대상을 위한 직업능력개발계좌제는 청년층의 다양한 실업 문제를 해결하는 데는 한계
  • 현재 직업훈련기관은 지역 내 직업학교, 직업전문학원 등이며 훈련비용 지원도 200만 원 한도

○ 청년층을 위한 별도의 '인력개발계좌제'를 만들어 청년층의 다양한 수요를 해결
  • 훈련기관을 전문계고, 전문대학, 대학 등으로 확대하고 훈련과목 제한을 철폐

○ 동시에 지원금액도 확대하여 6개월~1년 정도의 취업준비가 가능하도록 해야 함

- 현재 직업능력개발계좌제의 200만 원 지원으로는 3개월 이내의 직업학교 내지 학원 수강이 대부분인 형편

직업아카데미의 직업능력 개발 프로그램(案)

■ 희망직종 관련 실무 또는 전공교육을 받을 수 있도록 특별 재교육 프로그램을 6개월~1년 동안 실시

　□ 이를 위해, 개별 대학뿐 아니라 지역대학 간 연계, 전문대학·대학의 연계, 전문계 고-전문대의 연계 등 다양한 특별교육과정을 운영

■ 지역대학 중 특정 전공에 대한 명성이 있는 경우, 지역대학들이 제휴하여 특별강좌 개설을 요청하고, 희망하는 미취업 졸업생에게 수강할 기회를 제공

■ 미취업(대학, 고교) 졸업생이 동일 법인의 전문대 혹은 사회교육원에 개설된 과목 수강을 희망할 경우, 추가등록비 부담 없이 수강을 허용

　□ 전문대나 사회교육원이 없는 학교법인의 경우는 타 학교 법인과의 제휴를 통해 수강 기회를 제공

■ 수강비용은 인력개발계좌제를 이용

　□ 교재 및 실습 소모품 비용은 학생 부담, 학생의 강사료와 시설이용료는 인력개발계좌제 재원을 이용

② '일자리 + 직무능력 개발'을 제공

◉ 대졸 실업청년들에게 스마트 SOC[7] 일자리, 대학 소재지역 비영리기관, 또는 지역에 대한 봉사 등과 일과 후 학습을 병행

○ UC San Diego 대학은 비영리기관의 공학적 문제를 팀을 이뤄 해결함으로써 학습과 지역봉사를 함께 이루는 효과를 거둠

---

[7] 삼성경제연구소는 이성호 외 (2008). "SOC 투자의 신조류, 스마트 SOC"(CEO Information 제696호)에서 스마트 SOC를 첨단 정보통신기술을 활용하여 더욱 똑똑해진 사회 인프라로 정의하고, 이에 대한 투자는 양질의 고용을 확대할 수 있는 방안이 될 수 있음을 강조. 특히 교육 부문의 스마트 에듀에 대한 투자는 정보 DB 및 콘텐츠 개발의 고용창출 효과가 높을 것으로 전망

- 호수의 환경모니터링 장치, 장애아동을 위한 장난감 개발 및 수리 등
  을 수행
- 동시에 문제해결 방법, 공학적 기술, 리더십 등의 교육도 함께 이루어짐

○ 청년실업을 해결하기 위해 대졸 미취업 인력을 스마트 SOC, 지역사회의
  공익적 봉사 등에 투입하고 직업능력 개발도 병행
  - 전산프로그램 설계, 컴퓨터 교육, 설비 및 기계장치 수리 등에 대한 근
    로와 함께 대인관계 기술, 리더십, 커뮤니케이션, 공동작업 등에 대한
    학습기회를 제공

○ 정부와 지자체는 일자리 제공 및 재정지원, 대학은 학습 프로그램을 제공

◉ 현재 일자리를 구하고 있는 고졸 청년 실업자 상당수는 취업에 취약한 계
  층이므로 일자리와 함께 직무능력 개발이 필요

○ 단순노무적인 일자리보다 공익적 사업과 일과 후 학습을 병행하는 프로
  그램을 개발
  - 학교시설 개보수, 재활센터 장비수리, SOC 등 다양한 공익사업에 투입

○ 전문계고, 전문대학 등의 시설을 활용하여 기초 직업능력을 포함한 직
  업교육을 실시
  - 강사는 학교 교사(교수)를 비롯하여 기업체 유휴인력, 실직상태에 있
    는 전문인력 등을 적극 활용

미국 민간자원보존단(Civilian Conservation Corps)

■ 대공황기 실업 문제에 대처하기 위해 설립된 정책기구(1933~1942년)로 청년들을 식
  목, 댐 건설, 도로 · 철도 개설 등에 투입

   □ 평균 나이 18~19세, 총 300만 명에게 일자리를 제공

■ 단원들은 엄격한 규율하에 작업캠프에서 생활했으며, 정부는 의식주와 월 30달러 수
  당을 제공(가족에게 25달러씩 송금하고 남은 돈으로 생활)

   □ 낮에는 작업을 하고 일과 후에는 글쓰기 등 교육을 받음

■ 이 근무 경력이 이후 취업에 도움이 되었고, 현 국가 및 각 지역단체 프로그램의 선도
  적 모델로 평가

◉ 일자리 Co-op을 실시하여 현재의 임시적 인턴에서 산학연계를 통한 직무능력 개발형 인턴으로 개념을 전환

○ 소수의 대학에서 실시하고 있는 재학생 Co-op 프로그램을 미취업 졸업생에게도 적용
  • 인턴 채용이 가능한 기업들의 공통 직무수요를 파악하여 학교에 특별강좌를 개설하고, 기업인턴과 특별강좌 수강을 번갈아 하는 형태로 운영

○ 기업의 직무수요에 따라 전문계고, 전문대, 대학 등을 다양하게 활용하는 것이 가능
  • 기업과 정부는 인턴에 대한 급여 지급, 학교는 정부의 지원을 일부 받아 장소와 강사를 제공

성균관대학교의 연구중심 Co-op 프로그램 사례

■ Co-op 프로그램의 기본구도는 산업체의 요구를 바탕으로 학습과 현장실습을 번갈아 하는 형태

■ 학기 중에는 취업소양 교육과 산업체에서 필요로 하는 현장중심 전공교육을 강화하고, 여름학기에는 연구현장 실습을 수행

■ 3학년 때에는 8개월간 산업체 연구인턴십을 통해 연구개발 업무를 실제로 수행

	1학기	여름학기	2학기	겨울학기
1학년	취업소양교육 (산업체 CEO 강의)		정보시스템 활용 교육 (e-러닝)	
2학년	현장중심 전공교육 (설계+e-러닝)	연구현장실습	대학원 현장 학습 (연구프로젝트 학습)	연구현장실습
3학년	산업체 현장학습 (주1회 방문 근무)		산업체 연구 인턴십 (총 6~8개월 근무)	
4학년	대학원 현장학습 (연구프로젝트 학습)	연구현장실습	Capstone Design 또는 글로벌 인턴십	

자료 : 최재붕. "지식기반산업 인력양성을 위한 연구중심 Co-op 프로그램." SERI 내부 세미나 (2006.6.19.). 삼성경제연구소.

◉ 청년층과 중고령층이 함께 실업 문제를 해결할 수 있는 방안으로 학교, 공공도서관을 활용

○ 현재의 고용안정센터 인력과 시설로는 중고령층의 실업급부를 주는 데 급급하며, 실업탈출을 위한 컨설팅 및 전직 지원은 한계

○ 공공도서관 607개, 학교의 유휴시설 등을 활용하여 청년층과 중고령층의 공동 실업탈출 전담팀을 운영
  • 청년층과 중고령층이 같이 할 수 있는 창업 또는 전직을 지원, 공동 실업탈출을 위한 지식공유 및 협력 프로그램 등을 운영

미국의 공공도서관 활용

■ 미국의 경우 공공도서관에서 실업자 전직 및 일자리 제공을 위한 각종 심포지엄 및 세미나를 개최

■ 한국은 2013년까지 900개 도서관을 확충해 국민 5만 명당 1개관 수준으로 끌어올릴 예정

  ▫ 2007년 12월 현재 1개 도서관당 인구 수가 미국 대비 2.6배, 일본 대비 1.8배로 OECD 선진국에 비해 현저히 부족

③ 미래산업 일자리를 위한 고급인력을 선제적으로 육성

◉ 미래산업을 위한 과학기술인력 양성 프로그램을 실업대책에 적극 활용

○ 이공계 졸업생을 위한 출연연구소 연수제도를 도입하되, 기업과의 제휴를 통해 일정 기간 연수 후 기업 R&D 인력으로 채용
  • 대졸 석·박사 → 출연연구소 연수, 인턴 → 기업연구소 채용 단계를 거치는 일종의 'On the Research Training' 개념

○ 일본 産業技術綜合研究所(AIST)는 대학으로부터 인력을 받아 프로젝트 수행 등으로 R&D 실무능력을 개발시킨 이후 산업체로 보내는 과정을 실시 중

◉ 학·석사 통합과정인 전문석사, 전문인 양성 프로그램을 도입하여 산업인
력 양성과 함께 미취업 졸업생의 학교체류 효과도 기대

○ 학·석사 통합과정에서 석사과정 1학기 또는 1년은 산업체에서 프로젝
트를 수행하면서 현장 참여형 논문 등을 작성, 향후 관련 산업체에 취업
  • 3+2제 학·석사 과정을 운영하는 유럽대학의 경우, 석사(2년) 과정은
    직업훈련 프로그램(Vocational Program)으로 산업체에 체류하는 동안
    은 기업체가 급여를 지급

◉ 사회복지서비스 전공 분야 등을 지역사회와 연결하여 전문인력 양성과
일자리를 동시에 제공

○ 고령화에 따른 요양산업의 시장 규모는 2010년 4.9조 원으로 추정될 만
큼 급속히 팽창
  • 유료 노인요양 시설만 173개(2006년)이며, 노인전문간호사, 노인물리
    치료사 등은 유망 신직종으로 부각
  • 한편 간병, 개호 등은 '고된 일' 이라는 인식으로 구직활동에 소극적임

○ 대학에서 사회서비스 전공을 융·복합 분야로 육성하고, 지역사회와 협
력하여 일자리를 개발
  • 간호, 의료, 사회보장, 스포츠 등을 건강복지 분야로 융합하여 전문인
    력을 양성하고, 지역사회와 함께 공익사업단을 운영
  • 수도권 S대학은 심리, 식품영양, 스포츠, 미디어정보 전공이 협력하여
    지역 내에 가족건강복지센터를 운영하면서 수익도 창출

④ 학교의 취업지원 서비스 기능 강화

◉ 대학취업지원 기능 확충사업을 전국적으로 확대

○ 일부 지방노동청에서 실시 중인 '대학취업지원 기능 확충사업' 을 전국
적으로 확대하고, 고용 관련 서비스 내용 및 지원 시스템을 강화

○ 학교와 기업 간, 지역사회와 직업 서비스기관 간 커리어 네트워크를 구
축하여 초중등은 단기 직장체험, 대학은 인턴십, 커리어 개발 등을 실시
  • 초중등 학교의 경우 진로지도, 직업설계, 직업의식 교육을 강화하되
    기업 및 지역사회가 참여하여 현장경험을 강조

○ 학교에도 고용지원 서비스 우수기관 인증제를 도입하여 정기적인 평가
와 함께 양질의 서비스에 대한 인센티브를 제공

◉ 대학취업지원 서비스 전문인력을 보강하여 취업서비스 경쟁력을 강화

○ 대학의 취업지원실이 역할을 제대로 수행하지 못하는 가장 큰 이유는
전문인력이 없기 때문

○ 대기업에서 채용·인사 업무의 오랜 경험을 가진 인력을 전문가로 영입
하여 대학생들의 진로 및 취업 준비를 지도

◉ 청년층에게 직업이동의 득과 실에 대한 직업교육을 강화

○ 청년층 실업률이 중고령 실업률보다 높은 원인 중의 하나는 청년층은
양질의 일자리를 찾아 쉽게 이직하는 경향이 높기 때문
　• 그러나 실제 청년패널 조사 결과 일자리 이동과 임금의 변화 효과는
미미한 것으로 나타남[8]

○ 대학 취업지원실 주관하에 청년층에게 직업이동의 득과 실에 대한 직업
교육을 강화하여 쉽게 포기하거나 이직하는 경향을 방지

---

[8] 남기성 (2007). "청년층 일자리 이동과 임금변화에 대한 소고" (고용이슈 제8호). 한국고용정보원.
보고서에 따르면, 이직으로 인한 임금의 상승 효과는 미미. 초기 직장이 3~4년 이후에도 영향을 끼치
고 있고, 비정규직의 경우 동일 일자리에서의 정규직으로의 변화가 향후 임금 측면에서 가장 좋은 결
과를 나타냄. 또한 비정규직에서 일자리 이동으로 인한 정규직 변환은 임금 측면에서 효과가 없는 것
으로 나타남

Ⅳ 시사점 및 제언

1. 산업계에서 일자리를 주도

◉ 청년인턴의 경우 직무수요에 따른 일자리와 직무개발 기회를 적극 제공

 ○ '몇 명을 인턴으로 고용' 한 것이 중요한 것이 아니라 내실 있는 인턴제가 될 수 있도록 인턴 프로그램을 산업계가 책임지고 설계

 ○ 산업계는 직무수요를 감안하여 학교와 연계한 산학협력 프로그램을 운영하고 비용은 정부와 분담

◉ 중소기업은 스스로 매력도를 높여 청년층을 일자리로 적극 유도

 ○ 우리나라 일자리의 88%를 차지하는 중소기업이 일자리 매력도를 높이지 않고는 청년실업 문제 해결이 난망(難望)
 • 중소기업 스스로 근무여건 개선 등 우수인력의 유지·확보를 위한 노력을 전개

 ○ 정부의 정책지원과 인센티브에만 의존하지 말고, 중소기업에도 괜찮은 일자리가 있다는 것을 적극적으로 홍보

◉ 창업 및 학교기업 활성화를 위해 기금을 조성

 ○ 청년벤처, 창업 등은 정부 재정지원에만 의존해서는 활성화되기 어려움
 • 정부 재정은 지원상 제약뿐 아니라 다양한 규제가 따를 수밖에 없는 것이 현실

 ○ 기업과 민간이 공동으로 기금을 조성하고 지분에 참여하는 방식은 지속적 투자 마인드와 창업을 촉진시킬 수 있는 기제로 작용
 • 기금에 참여한 기업은 수익에 관심을 가지고 경영노하우 전달, 경영마인드 제고 등을 통해 수익창출에 보다 적극적인 동기부여가 가능

2. 학교는 고용가능성 제고에 주력

◉ 학교가 청년의 직업능력 개발과 일자리 문제를 주도적으로 해결

○ 청년 실업자의 대부분은 학교와 연계되어 있는 점을 감안하여 학교 중심의 일자리 대책을 강화
  • 직업능력 개발과 무관한 일자리보다는 학교에 머물면서 역량을 개발하여 고용가능성을 높이고 관련 일자리도 제공

○ 학교의 역할에 연구, 교육과 함께 취업기능을 강화하여 취업이 학교의 중요한 사명임을 인식
  • 대학 평가 시 졸업생의 취업성과 지표를 강화하여 청년층의 고용가능성을 제고

◉ 조기 진로 및 경력 지도를 통해 고학력화로의 쏠림 현상을 완화

○ 초중등 때부터 진로지도, 직업설계, 직업의식 교육을 강화하되 기업 및 지역사회가 참여하여 현장경험을 강조하고, 조기에 자신의 능력에 적합한 직업을 선택하도록 유도

○ 이를 위해서는 대학의 과감한 구조조정도 시작해야 할 시점
  • 취업성과가 미비하고 정원을 제대로 채우지 못하는 명목상의 4년제 대학은 과감히 구조조정하고, 전문직업학교, 직업형 전문대학 등을 활성화

○ 산업체도 채용기준을 학위보다는 전문성을 더 중시하는 방향으로 전환

3. 정부 대책의 실효성 제고

◉ 정책 프로그램별 성과관리 강화를 통한 정책의 실효성 제고

○ 청년 취업프로그램별 고용성과 평가를 월별로 실시하고, 문제점과 개선 방안을 도출하여 실천

- 예를 들어, 해외 일자리 지원의 경우 14개의 글로벌 지원 프로그램이 있으나 현재 해외인턴의 선발은 290명(5.7%)에 불과하여, 이에 대한 개선 대책이 필요

○ 각 부처의 정책수립 시 일자리 문제를 우선적으로 고려하고, 정책 및 프로그램별 고용영향 정도를 평가해 성공사례를 전 부처로 확산하고 홍보

● **정부는 고용주체 간의 유기적 협력체계를 강화하는 컨트롤 타워를 가동**

○ 정부 각 부처의 파편적 정책 나열이 아닌 정합성 있는 종합적 대책을 위해 컨트롤 타워 기능 강화
- 정부부처뿐 아니라 기업, 학교 등 고용주체 간의 효율적 협력관계 구축

○ 정부는 일방적, 행정 위주의 정책에서 벗어나 기업, 학교가 일자리 창출을 주도할 수 있는 환경을 조성하고 재정을 지원

| 참고문헌 |

- 권혜자, 노현국 (2008). "최근 청년층 취업준비생의 변화와 매출액 상위기업의 일자리 동향"(고용이슈 제2008-1호). 한국고용정보원.
- 금재호 (2007). "청년실업의 현황과 원인 및 대책." *Journal of Social Science*. 9, 27-54.
- 김승택 외 (2009). 『고용과 성장』. 서울: 박영사.
- 김혜원, 안상훈, 조영훈 (2006). "사회서비스 분야 일자리창출 방안에 관한 연구"(연구보고서 2006-01). 한국노동연구원.
- 남기성 (2007). "청년층 일자리 이동과 임금 변화에 대한 소고: 청년패널을 중심으로"(고용이슈 제8호). 한국고용정보원.
- 남성일 외 (2008). 『한국의 노동, 어떻게 할 것인가 II: 글로벌 기준과 제도개선』. 서울: 서강대학교 출판부.
- 남재량 (2008). "노동시장의 동태적 특성에 관한 연구"(정책연구 2008-05). 한국노동연구원.
- 노동부 (2008). "중소기업 청년인턴제 사업시행계획."
- 박강우, 홍승제 (2009). "최근 고용여건 변화와 청년실업 해소방안"(WORKING PAPER 제364호). 한국은행 금융경제연구원.
- 박찬임 외 (2007). "취약계층 고용서비스 이용실태 및 서비스 강화방안"(정책자료 2007-02). 한국노동연구원.
- 박희열 (2008). "고용지원서비스 우수기관 인증모델 개발에 관한 연구." 한국고용정보원.
- 방하남 외 (2007). "고용의 질: 거시·기업·개인수준에서의 지표개발 및 평가"(연구보고서 2007-02). 한국노동연구원.
- 오성욱 (2008). "구직서비스 유형별 취업효과 평가에 관한 연구." 한국고용정보원.
- 오성욱 (2008). "고용지원센터 이용 구인기업의 재이용촉진을 위한 구인서비스 향상방안." 한국고용정보원.
- 이규용 외 (2006). "2004년도 일자리 창출 사업평가: 추가적 일자리 창출사업을 중심으로"(정책자료 2006-03). 한국노동연구원.
- 이민화. "창조경제와 1인 창조기업"(미발표 자료).
- 이성호 외 (2008). "SOC 투자의 신조류, 스마트 SOC"(CEO Information 제696호). 삼성경제연구소.

- 통계청. "경제활동인구 조사 부가조사(청년층)" (2008. 5).
- 통계청. "경제활동인구 조사." 원자료 (2003~2009. 1.).
- 통계청. "경제활동인구조사표" (2003~2009).
- 통계청. 경제활동조사 설계서 및 코드집 (2003~2009).
- 통계청. 고용동향. 각 월호.
- 천영민 (2009). "잦은 이직, 임금 높이는 데 도움 안 돼" (보도자료). 한국고용정보원.
- 최재붕. "지식기반산업 인력양성을 위한 연구중심 Co-op 프로그램". SERI 내부 세미나 (2006.6.19.). 서울: 삼성경제연구소.
- 한국산업기술재단 (2009). "학교기업지원 사업설명회 자료."

김선빈, 유석진, 강한수, 임수호, 박준, 김치풍

시티즌십, 위기극복의 필요조건

15

CEO Information

≫≫≫ 2009. 3. 25. (2009. 4. 24. 업데이트)

위기 때 진가를 발휘하는 시티즌십

격동적인 위기상황에서 완벽한 정책을 적기에 시행하고 이해관계를 원활하게 조정하기는 쉽지 않다. 사회응집력을 확보함으로써 국민역량을 결집해야만 위기돌파가 가능하다. 위기극복에 성공한 역사적 사례의 이면에는 리더뿐만 아니라 합심해서 공적 목표달성에 헌신한 구성원이 존재했음을 확인할 수 있다. 위기를 맞은 사회에서는 시티즌십(citizenship)이 진가를 발휘한다. 시티즌십은 시민으로서 갖는 권리뿐만 아니라 책임과 의무, 그리고 바람직한 덕성을 의미하는데, 공익달성을 위해 사익추구를 절제하고, 평소 갈등관계에 있던 집단과도 협력하려는 태도를 보유하는 것이 진정한 의미의 시티즌십이라 할 수 있다.

역사적 사례를 통해 보면 위기극복에 성공한 국가나 지역사회에서는 적극적으로 위기극복을 위한 대안을 제시하며, 결정된 정책의 실행에 능동적으로 참여하는 구성원들의 공헌이 두드러졌다. 야당임에도 불구하고 집권당의 재정개혁에 적극 협력함으로써 경제위기를 극복하는 데 기여한 아일랜드의 통일아일랜드당이 대표적인 사례라 할 수 있다. 반면 비타협적 태도를 고수하며 역량결집과 정책실현을 지연시키거나, 대안 없이 부정적 입장만을 내세우는 경우에는 위기가 더욱 확산되었다. 비타협적 대립으로 영국을 '불만의 겨울'에 빠트렸던 영국 탄광노조나 불법적인 방식의 불만 표출에 주력했던 아르헨티나의 피케테로(Piquetero) 운동은 사회혼란과 국가부도를 초래했다.

소통, 연대, 교육을 통해 시티즌십을 증진

타협적 태도와 적극적 행동을 취하는 시티즌십의 발휘를 위해서는 우선 소통을 원활히 해야 한다. 다양한 커뮤니케이션 네트워크를 구축하는 한편, 지속적으로 밀도 높은 소통을 추구해야 한다. 또한 사회구성원들의 적극적인 참여를 유도하도록 시민 제안이 정책에 원활하게 반영되는 정책 파트너십을 공고히 해야 한다. 시티즌십을 함양하는 가장 근본적인 방안은 교육이다. 정규 교육과정에서의 시티즌십 교육을 필수화하는 등 시민으로서 갖추어야 할 덕목을 어릴 때부터 갖추어 나가도록 해야 할 것이다.

I 위기극복을 뒷받침하는 시티즌십

사회응집력이 절실하게 필요한 시점

◉ 위기극복의 관건은 리더와 사회구성원의 협력을 통한 사회응집력의 확보

　○ 환경변화가 극심한 위기상황일수록 리더뿐만 아니라 사회구성원의 역
　　할이 중요
　　　• 격변하는 상황에 맞추어 완벽한 정책을 적시에 시행하기는 어려우며,
　　　　이해관계도 복잡하여 리더 혼자 힘으로는 위기극복이 곤란

　○ 위기극복의 성공사례를 언급할 때 리더의 탁월성만이 조명되나, 성공의
　　이면에는 합심해서 공적 목표달성에 헌신한 구성원이 존재

◉ 전례 없는 경제위기를 맞아 각국의 지도자들은 국민에게 적극적인 협력
　과 역량결집을 호소

　○ 사회응집력을 바탕으로 국가역량을 총동원해야 위기극복이 가능하며
　　이를 위해서는 국민의 동참이 필수임을 강조

각국 지도자들의 사회응집력 강화에 대한 호소

■ "우리 모두 함께 뭉치고 희생정신과 책임감을 공유하여 위기를 극복해야 하며, 이렇
게 하는 사람이 바로 미국인이다." (버락 오바마 미국 대통령)

■ "경제성장 8%에 대해 의구심이 많은데, 노력하면 충분히 달성할 수 있는 수치로 정
부의 책임지는 자세와 지도력, 온 국민의 신뢰와 희망이 모두 어우러져야 한다." (원
자바오 중국 총리)

■ "도덕적, 조직적, 재정적, 정치적으로 위기극복에 하나가 되어야 하며, 최소한의 희
생으로 이 곤경을 극복할 것이다." (블라디미르 푸틴 러시아 총리)

기업조직에서는 스타형 팔로워가 중요

◉ 기업의 성과 향상을 위해 리더뿐만 아니라 조직구성원(Follower)의 사고방식과 행동양식이 변화해야 한다는 주장이 제기

  ○ 카네기 멜론 대학의 로버트 켈리 교수는 종전 연구들이 조직목표 달성에 있어 리더의 영향을 지나치게 강조하여 팔로워의 중요성을 간과하고 있다고 지적[1]

  ○ 사고방식과 행동양식에 주목하면서 팔로워를 유형화하고, 이들이 구비해야 할 바람직한 덕목을 팔로워십(Followership)으로 명명
    • 유형 구분의 기준은 사고의 독립성, 행동의 적극성 정도
    • 바람직한 팔로워는 독립적 사고능력과 적극적 참여는 물론 팀워크와 열정, 조직목표 인식, 자기관리와 같은 덕목을 보유

| 팔로워의 유형[2] |

독립적 사고

	소극적		적극적
	냉소형 (The Alienated)	스타형 (The Star Followers)	
	수동형 (The Sheep)	순응형 (The Yes-People)	

의존적 사고

자료 : Kelley, R. E. (2008). Rethinking Followership. In Riggio, R., Chaleff, I. & Lipman-Blumen, J. (Eds.) *The Art of Followership*. SF: Jossey-Bass.를 토대로 재작성

◉ 매우 적극적인 사고를 하고 긍정적 에너지(Positive Energy)를 보유한 스타형 팔로워가 기업 목표달성은 물론 위기극복에도 기여

---

1 Kelley, R. E. (1988). In Praise of Followers. *Harvard Business Review*, 66(6), 142-148.

2 하버드大의 켈러만 교수는 팔로워를 고립형(Isolates), 방관형(Bystanders), 참여형(Participants), 행동형(Activists), 완강형(Diehards)으로, 조지타운大의 챌리프 교수는 복종형(Implementers), 동반자형(Partners), 개인주의형(Individualists), 복지부동형(Resources)으로 구분하기도 했으나 켈리의 구분에서 크게 벗어나지 않음. Kellerman, B. (2008). *Followership*. MA: HBP ; Chaleff, I. (1995). *The Courageous Follower*. CA: Berrett-Koehler.

○ 스타형 팔로워는 리더의 결정을 무조건 수용하지는 않지만, 리더의 결정에 동의할 경우에는 적극적으로 리더를 지원

○ 리더의 결정에 동의하지 않는 경우에도 조직에 도움이 되는 건설적 대안을 제시하는 역할에 충실

스타형 팔로워들이 주도한 기업의 성공 사례: IBM

■ 특허가 가장 많은 회사인 IBM이 혁신을 지속하는 비결은 조직구성원들의 팔로워십

  □ 이노베이션 잼(Innovation Jam)이라는 온라인 콘퍼런스를 통해 전 세계 15만 명의 직원들이 자발적으로 수만 건에 달하는 창조적인 혁신 아이디어를 제시

  □ 선정된 아이디어에 대해 조직원들이 활발한 온라인 토론을 전개함으로써 추상적인 아이디어를 구체화하고 이를 실용화하여 제품에 반영

  □ 이노베이션 잼 운영과정에서 리더는 혁신의 방향만 제시하고 자발적인 참여를 유도

팔로워십의 사회적 확장, 시티즌십

◉ 기업조직에 팔로워십이 필요하다면 사회에는 시티즌십이 중요

○ 사회구성원들이 갖춰야 할 덕성을 총칭하는 시티즌십이 발휘되는 사회는 위기를 돌파할 수 있는 저력을 보유

○ 리더를 '돕고', '후원하며', '공헌하는' 시민이 사회통합에 기여

'시티즌십(Citizenship)' 의 의의

■ 현대 시티즌십 연구의 대가인 토머스 마셜은 시티즌십을 "사회가 시민에게 부여한 권리와 의무에 기반을 둔 사회적 멤버십"으로 정의(Marshall, T. H. (1964). *Class, Citizenship, and Social Development: Essays*. NY: Doubleday.)

■ 시티즌십은 시민의 지위를 가진 자가 누릴 수 있는 권리뿐만 아니라 시민으로서의 의무, 시민이 갖추어야 할 자격과 덕목, 시민으로서의 활동 등도 포함

◉ 팔로워십은 기업구성원, 시티즌십은 사회구성원에 관한 것이나 바탕이 되는 덕목은 일맥상통

○ 대체로 위계조직인 기업에서의 팔로워는 조직이 추구하는 목표달성을 위해 기본적으로 리더의 영향력을 수용하는 것이 의무

○ 사회구성원은 그 자신이 사회의 주인이며 리더는 사회구성원에게 권한을 부여받은 대표자(代表者)라는 점에서 근본적 차이

○ 구성원으로서 리더와의 유기적 관계 형성과 역할 분담 등을 통해 조직이나 사회의 생존과 발전에 기여한다는 점에서는 유사

| 팔로워십과 시티즌십의 차이점과 유사점 |

구분	팔로워십(Followership)	시티즌십(Citizenship)
분석 단위	기업조직	국가/지역사회
목표	일원적, 명확	다원적, 불명확
구성원과 리더의 관계	1차원적, 직접적	다차원적, 간접적
바람직한 덕목	독립적 사고 및 대안 제시력, 적극적 태도, 책임감 및 규범준수, 균형감각 등	

사회가 위기에 처해 있을 때는 특히 시티즌십이 중요

◉ 위기 때 보이는 태도와 행동을 축으로 하여 사회구성원을 유형화[3]

○ 위기에 처했을 때 공익달성을 위해 사익추구를 절제하고, 평소 갈등관계에 있던 집단과도 협력하려는 태도에 따라 '타협적 對 비타협적'으로 구분

○ 건설적 대안을 제시하며 문제해결을 위해 능동적으로 행동하는가를 기준으로 '적극적 對 소극적'으로 구별

---

3 시티즌십과 팔로워십의 유사점과 차이점을 토대로 켈리 교수의 팔로워십 유형 모델을 수정 원용

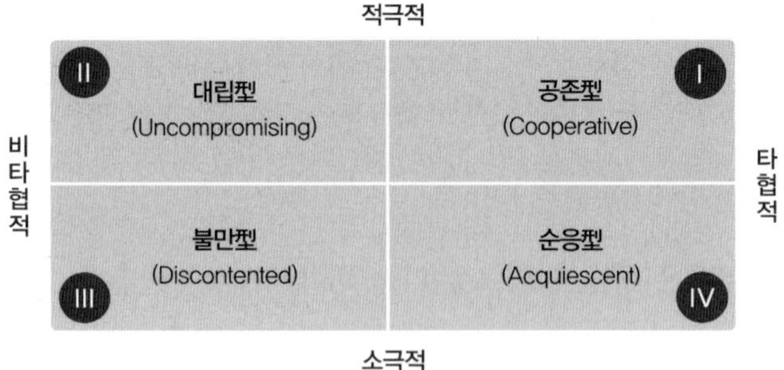

① 공존형 구성원 : 모든 구성원들과의 대화와 타협 및 역량의 결집을 꾀하고 적극적으로 위기극복을 위한 대안을 제시하며, 결정된 정책의 실행에 능동적으로 참여

- 적극적인 참여를 통해 사회통합에 기여하는 사회구성원이야말로 진정한 의미의 시티즌십[4]을 발휘

② 대립형 구성원 : 자신의 생각과 다른 정책방안에 대해 비타협적인 태도를 보여 역량결집과 정책실현을 지연

③ 불만형 구성원 : 위기극복을 위한 정책방향에 대안 없이 부정적 입장을 갖고 있으며 비타협적인 태도로 일관

④ 순응형 구성원 : 정부가 제시하는 정책에 기본적으로 호응하는 안정 지향형이 주류

- 반대의 입장을 보유하고 있음에도 사회통합과 역량결집이라는 대승적 차원에서 적극적으로 반대를 하지 않는 유형도 포함

---

4 One crucial test for any conception of citizenship is wether or not it can be said to contribute to social integration.(Citizenship (n. d.). Stanford Encyclopedia of Philosophy. 〈http://plato.stanford.edu/entries/citizenship/#1.1〉)

Ⅱ 역사 속의 시티즌십

◉ 역사적 사례를 살펴볼 때 위기극복에 성공한 국가나 지역사회에는 '공존형 사회구성원'들의 공헌이 반드시 존재

  ○ '유럽의 病者'였던 아일랜드를 위기에서 구한 핵심요인은 정치지도자들의 시티즌십 발휘

  ○ '아래로부터의 합의'의 전통이 강했던 네덜란드에서는 사회단체가 위기극복 방안을 자율적으로 제시하여 대타협을 뒷받침

  ○ '센트럴파크 보호협회'를 중심으로 뉴욕 시민들이 보여준 민관협력을 통한 공공서비스는 지역사회 재건의 모범 사례

◉ 비타협적 태도를 고수하는 '대립型', '불만型' 사회구성원들이 지배적인 경우에는 위기가 심화될 우려

  ○ 국력이 쇠잔하던 시기에 비타협적 대립을 고집했던 1970년대 영국의 탄광노조는 '불만의 겨울'을 잉태(대립型)

  ○ 아르헨티나 데 라 루아(de la Rua) 정부하에서 불만 표출에 주력했던 시민저항운동은 사회혼란과 국가부도로 연결(불만型)

◉ '대립型'이나 '불만型'과는 달리 자신의 평소 이념이나 의견과 다른 정책방향에 대해서도 격렬한 저항이나 적극적 반발을 자제하는 '순응型 사회구성원'은 최소한 위기돌파의 걸림돌로 작용하지는 않음

  ○ 대공황을 극복하기 위해 민주당 프랭클린 루스벨트 대통령이 뉴딜정책을 추진했을 때, 공화당은 소극적 반대에 그쳤던 것이 한 예

통일아일랜드당 : 당리(黨利)보다 경제위기 극복을 우선시

◉ 1986년 재정위기를 극복하기 위한 집권 통일아일랜드당의 노력은 야당의 반대로 실패

○ 오일쇼크로 인한 세계경제 불황과 내수 위축으로 1975년과 1982년 두 차례의 경기침체를 경험
- GDP성장률 : 2.9%(1974년) → 0.4%(1975년) → 2.4%(1981년) → 0.1%(1982년)

○ 경기침체를 극복하기 위해 재정지출을 확대한 결과 정부부채가 급증
- GDP 대비 정부부채 비중 : 41.3%(1973년) → 111.8%(1986년)

○ 1986년 당시 집권당인 통일아일랜드당(Fine Gael)은 재정지출 삭감을 시도했으나, 연정(聯政) 파트너인 노동당과 제1야당인 공화당(Fianna Fail)의 반대로 실패하고 결국 연정도 붕괴[5]

아일랜드 양대 정당 간 반목의 역사

■ 통일아일랜드당과 공화당 간의 반목은 1920년대 초 아일랜드 내전에서 유래

  □ 북아일랜드를 제외한 아일랜드 지역을 영국의 자치령으로 인정한 1921년 영국-아일랜드 조약을 둘러싸고 찬성파와 반대파 간의 갈등이 내전으로 비화

  □ 1930년대에 조약찬성파는 통일아일랜드당, 조약반대파는 공화당으로 결집

자료 : EIU (2007. 3.). "Country Briefings: Ireland." 〈http://www.economist.com〉

◉ 통일아일랜드당은 1987년 선거 패배에도 불구하고 대승적 견지에서 새 공화당 정부의 성공적 국정운영을 위한 동반자 역할을 자임

○ 찰스 호이(Charles Haughey)의 공화당은 과반수 의석 획득에 실패해 단독으로 소수정부를 구성하고 前 정부의 긴축예산안을 그대로 추진
- 호이 정부는 교육, 보건지출 삭감, 공무원 정원 및 임금 동결 등을 통해 재정적자를 GDP 대비 8.5%에서 1년 후 6.9%로 감축할 것을 천명[6]

---

5 'Fine Gael'은 '아일랜드 가족(Family of the Irish), 'Fianna Fail'은 '운명의 전사(Soldiers of Destiny)'를 뜻하는 아일랜드어

6 Irish Austerity Budget Cuts Public Spending by 276 Million Pounds. (1987.4.1.). *The Times.*

○ 여소야대(與小野大) 국면에서 제1야당인 통일아일랜드당의 앨런 듀크스(Alan Dukes) 당수는 재정개혁을 위해서라면 아무런 대가 없이 정부의 정책을 지지하겠다는 '탈라 전략(Tallaght Strategy)'을 선언[7]

○ 호이 정부는 통일아일랜드당의 협조를 바탕으로 대중적으로는 인기가 없으나 국가적으로는 긴요한 재정긴축을 추진
  • 통일아일랜드당의 협조 덕택에 호이 정부의 긴축예산안은 안정다수의 지지를 얻어 의회를 통과하는 데 성공

◉ 당파적 이익을 떠난 초당적 협력은 아일랜드가 재정위기를 극복하고 1990년대 유럽의 강소국(強小國)으로 부상하는 데 기여

○ 1987년 당시 GDP 대비 정부부채 비율이 112.9%에 달했으나 10여 년 후인 1998년에는 유로화 가입 기준선인 60% 미만으로 감소

○ 재정건전성의 회복을 바탕으로 경제체질을 개선하고 외국인 직접투자를 적극 유치함으로써 경제의 활력을 배가

○ 1990년대 연평균 7.2%의 경제성장을 기록, 아시아의 신흥공업국에 비견되는 '켈트 호랑이(Celtic Tiger)'로 탈바꿈

네덜란드 '노동재단' : 노사의 자율적 대안 제시로 경제위기 극복

◉ 1980년대 초까지 네덜란드 경제는 저성장과 일자리 감소로 '네덜란드병(Dutch Disease)'의 증세가 완연

○ 북해(北海)에서 엄청난 양의 천연가스가 발견된 이후 네덜란드는 자국 통화의 급격한 평가절상 및 제조업 부문의 임금상승으로 인해 수출경쟁력이 악화되며 경제난에 봉착

---

7 앨런 듀크스가 1987년 9월 4일에 아일랜드의 수도 더블린 인근의 탈라 시 상공회의소에서 행한 연설 내용(통일아일랜드당 홈페이지. 〈http://www.finegael.ie//page.cfm/area/information/page/TheTallaghtStrategy/pkey/1375〉)

○ 조기은퇴자와 실업자를 위한 정부의 과도한 복지지출도 근로의욕의 감퇴를 유발

- 1982년 당시 GDP성장률은 -1.3%를 기록했고 고용증가율도 -5.2%에 그침[8]
- GDP 대비 재정적자의 비중 : 0.3%(1974년) → 6.2%(1982년)

○ 생산성을 초과하는 실질임금 상승이 기업 수익성 악화와 일자리 감소를 초래

- 1970~1980년 사이 실질단위노동비용의 증가율이 5.6%를 기록하여 미국(-0.9%), 일본(3.1%)과 EU 15개국 평균(4.1%)을 상회[9]

◉ 경제난 극복을 위해서는 임금안정이 관건임을 인식한 노사는 자율적 대화를 통해 근로시간 단축과 임금 삭감에 의한 일자리 나누기를 대안으로 제시

○ 정부가 아닌 민간의 노사협의기구인 '노동재단(Labor Foundation)'이 일자리 나누기를 위한 대안을 발의

- 1982년 여름 이후 노사는 노동재단에서 일자리 나누기 실행을 위한 구체적인 협상을 진행[10]

네덜란드 노동재단

■ 노사단체들이 전후 경제복구사업에 공동 대응하기 위해 1945년 5월에 자발적으로 설립한 사회적 협의체

□ 노동재단의 이사회는 네덜란드 經總과 勞總 등 6개 노사단체의 노사同數대표 16명으로 구성되어 정부측 인사는 배제되며, 노사가 함께 일자리 창출, 교육훈련, 연금 등 다양한 노동 현안을 협의하고 정부에 대한 정책자문 기능을 수행

자료 : 네덜란드 노동재단 홈페이지 〈http://www.stvda.nl〉

---

8 European Commission (2008. 4). *Statistical Annex of European Economy.*

9 실질단위노동비용(real unit labor cost)은 실질가치를 기준으로 상품 한 단위를 생산하는 데 드는 인건비를 의미. EU통계에서 실질단위노동비용은 1인당 인건비를 1인당 실질GDP로 나누어 계산. European Commission (2008. 4). 위의 책.

○ 1982년 9월에 집권한 루드 루버스(Ruud Rubbers) 총리는 복지지출과 공무원 급여의 동결을 선언하고 노사 간의 조속한 합의를 촉구
  • 루버스 정부의 개혁 노력에 화답하여 크리스 반 빈(Chris van Veen) 경총회장과 빔 콕(Wim Kok) 노총위원장은 근로시간 단축과 임금 삭감을 담은 '바세나르협약'에 합의

○ 일자리 나누기 실시 후 기업 비용 절감과 고용창출의 성과를 이룩
  • 실질노동비용 상승률이 0.4%(1981~1990년)로 EU 15개국 평균(0.8%)을 하회하고, 실업률도 반감(1982년 11.5% → 1991년 5.5%)

◉ '바세나르협약'은 1990년대 '네덜란드 기적(Dutch Miracle)'의 초석을 마련

○ 1990년대에 네덜란드는 미국 수준의 경제성장을 하면서도 양호한 소득분배구조를 유지하여 경제개혁의 대표적 성공사례로 부상
  • 실질GDP성장률 : 3.2%(1991~2000년), 지니계수 : 0.248(2000년, OECD 국가 중 5번째로 양호한 수준)

美 뉴욕 센트럴파크 보호협회 : 자발적 시민참여로 지역사회 재건

◉ 미국의 대표적 도심공원으로 1857년에 조성된 센트럴파크는 1970년대 이후 버려진 공원으로 전락

○ 市정부의 재정난으로 관리가 소홀해져 낙서, 범죄, 쓰레기 투기 등 무질서가 난무하고 녹지가 훼손
  • 1975년 파산위기에 처한 뉴욕 시는 시청 공원국 직원 절반을 줄이고 공원예산의 2/3를 삭감하며 사실상 공원관리를 포기
  • 당시 뉴욕 주 연방상원의원 다니엘 모이니한(Daniel Moynihan)은 센트럴파크를 "국가의 수치(National Disgrace)"라고 말했을 정도[11]

---

10 Hemerijck, A., Unger, B. & Visser, J. (2000). How Small Countries Negotiate Change. In Scharpf, F. W. & Schmidt, V. A. (Eds.), *Welfare and Work in the Open Economy*, (2). Oxford: Oxford University Press. p. 215.

11 New York's Central Park: One-hundred-fifty Years. (2003). *Places*, 15(3).

◉ 위기에 처한 공원을 구하려는 뉴욕 시민들이 1980년 '센트럴파크 보호협회(Central Park Conservancy)'를 결성

○ 센트럴파크 보호협회는 비영리 민간단체로서 자선모금으로 마련한 재원을 가지고 공원의 복구 및 유지관리 사업을 실시
  • 연간 1,500만 달러를 모금하여 시 정부로부터 재정지원을 받지 않고 독자적으로 사업을 전개[12]

◉ 공원 생태계가 성공적으로 복원된 센트럴파크는 매년 2,500만 명의 방문객이 찾을 정도로 뉴욕의 대표적 명소로 변모

○ 시민단체가 선도적 역할을 수행하고 지역주민이 인적·물적 지원을 통해 적극적으로 참여하면 지방정부가 포기한 도심공원도 되살릴 수 있다는 교훈을 제공

○ 현재 센트럴파크 공원관리소장직은 센트럴파크 보호협회장이 겸임하고 있으며 시 정부가 관리할 때보다 질 높은 서비스를 제공

영국의 탄광노조 : 비타협적 대립으로 '불만의 겨울'을 초래

◉ 1970년대 영국의 탄광노조는 경제난에 대처하기 위한 정부의 임금억제 정책에 비타협적 태도로 맞서 경제위기를 심화

○ 1960년대 말 이후 영국은 주요 산업의 경쟁력 약화와 인플레이션에 시달리며 이른바 '영국병'에 걸림
  • 물가상승률 : 4.3%(1965~1969년) → 8.0%(1970~1973년)

○ 1972년 9월 보수당의 에드워드 히스(Edward Heath) 총리는 물가안정을 위해 노조에 임금인상 요구를 자제해줄 것을 요청했으나, 탄광노조는 총파업으로 대항
  • 히스는 탄광노조의 총파업에 대응해 "누가 영국을 지배하는가?"를 슬로건으로 내걸고 1974년 2월 조기 총선을 실시했으나 패배하고 실각

---

12 Neighbors Give Central Park a Wealthy Glow. (1999.11.22.). *New York Times*, A1.

- 후임 노동당 정부는 1975년 2월 탄광노조에 굴복하여 무려 35%의 임금인상을 허용

◉ 노조파업으로 인해 임금상승 억제정책이 실패하자 1970년대 후반 영국 경제는 총체적 난국에 봉착

○ 임금상승이 인플레이션을 부채질하여 파운드화 가치가 폭락하고 결국 영국은 1976년 IMF에 구제금융을 신청하는 신세로 전락
  - 물가상승률 : 9.2%(1973년) → 24.2%(1975년)
  - 파운드화 가치(£, ECU[13] 대비) : 0.43(1970년) → 0.56(1975년)

○ 노조가 총파업을 결행하여 생필품과 전기, 가스 등의 공급을 마비시킨 '불만의 겨울'(1978~1979년)은 1979년 5월 선거에서 노조에 대해 강경 노선을 표방한 마가렛 대처의 승리 요인으로 작용

아르헨티나의 '페론주의 연대' : 개혁에 대한 저항으로 국가부도를 초래

◉ 1990년대 이후 아르헨티나는 재정적자 누적 등 심각한 경제위기에 직면

○ 정부지출이 과도한 상황에서 경기침체 및 수출 부진 등으로 재정여건이 악화되어 재정적자가 확대

○ 1990년대 중반 이후 아르헨티나 정부는 재정적자 축소 및 수출경쟁력 확보를 위해 사회복지·노동시장 개혁을 추진했으나 실패
  - 재정적자를 외채조달로 충당함에 따라 대외채무가 급증[14]

◉ 舊시대의 향수에 젖은 '페론주의 연대'의 저항과 지지율을 의식한 정부의 우유부단한 리더십이 재정개혁 실패의 원인

○ 페론주의 연대(Peronist Coalition)는 페론주의를 바탕으로, 정부의 경제개혁을 저지하려는 노조, 일반 국민 및 정치권의 암묵적 공조를 지칭

---

13 유럽공동체(EC) 회원국 화폐의 공통계산단위로서 1972년부터 유로화가 도입된 1998년까지 사용
14 2000년 당시 아르헨티나의 총 외채는 1,462억 달러로 GDP의 51.3%를 차지. 외환보유액은 269억 달러에 불과(아르헨티나 경제부 〈http://www.mecon.gov.ar/〉)

- 페론주의(Peronism)란 1940년대 페론 대통령 이후 아르헨티나에 고착된 인기영합주의(Populism) 정책 및 그에 대한 국민들의 추종을 의미(노동 및 사회복지 비용의 과도화로 경제위기가 만성화)

○ 정부는 재정지출에서 가장 큰 비중을 차지하는 사회복지 지출을 감축하려 했으나, 국민과 정치권의 반대에 부딪혀 오히려 증액
- 사회복지 지출이 1991년 116억 달러에서 2000년 267억 달러로 2배 이상 증가(2000년 현재 사회복지 지출은 연방 재정지출의 60%를 차지)
- 국민들은 전국적인 도로점거 운동(피케테로 운동), 납세거부 운동 등을 전개하며 정부와 정치인들을 압박해 사회복지 개혁을 저지

피케테로(Piquetero) 운동

■ 아르헨티나 反신자유주의 사회운동, 특히 실업자운동의 대표적인 투쟁방식으로, 도로에 인공적인 장애물을 설치하고 점거하는 불법적 방식으로 진행

　□ 1996년 6월 국영석유업체 YPF에서 해고된 노동자들이 아르헨티나 22번 국도를 점거한 사건에서 시작되어 1998년부터는 전국적으로 확산

■ 슬로건이 외국자본 등에 대해 "하나도 남기지 말고 모두 떠나라(Que no quede ninguno!)"일 정도로 무정부주의적이고 과격

자료 : Carrea, N. & Cotarelo, M. (2003). Social Struggles in Present Day Argentina. *Bulletin of Latin American Research*, 22(2).

○ 노조가 정부 및 정치인에 대한 선별적 찬반운동을 통해 노동시장 개혁을 좌초시킴으로써, 결국 '수출경쟁력 악화 → 재정 악화'의 악순환이 지속[15]
- 2000년 5월 데 라 루아 정부에서 노동개혁법이 국회를 통과했으나, 현실에서는 비노조원에게만 적용되는 방식으로 변질[16]

---

[15] 김원호 (2005). "포퓰리즘 유산과 뒤늦은 개혁의 고통." 국가경영전략연구원. pp. 33-39.

◉ 재정개혁의 실패로 인해 아르헨티나는 국가부도에 직면

  ○ 2000년 3월부터 IMF 구제금융이 시작됐으나, 데 라 루아 정부는 자금지
    원의 전제조건인 재정개혁에 실패

  ○ IMF는 자금지원을 유보했고, 결국 2001년 12월 23일 대외채무 지불유예
    를 선언
    • 2002년 1월 6일 국가부도 사태의 와중에서도 "고용주는 향후 90일간
      정당한 사유 없이 해고를 결정할 수 없으며, 해고 시 2배의 퇴직금을
      지급해야 한다"는 해고금지령을 선포

대공황 이후 美 공화당 : 뉴딜정책을 반대했지만 위기극복을 위해 묵인

◉ 민주당의 루스벨트 대통령은 대공황에 빠진 미국경제를 회생시키기 위해
  뉴딜법안을 추진

  ○ 1929년 주식시장의 붕괴로 촉발된 대공황으로 1933년까지 제조업 생산
    이 55.2% 감소하고 실업률이 4%에서 25%로 급증

  ○ 1933~1935년 사이에 루스벨트 정부는 '국가산업부흥법', '사회보장법',
    '국가노동관계법' 등 핵심 뉴딜법안을 의회에 제출
    • 대규모 공공근로사업의 실시, 사회복지제도의 도입, 노동조합의 권리
      보호 등 연방정부의 역할을 확대시켜 '작은 정부'를 선호하는 공화당
      의 이념과 갈등

◉ 미국 공화당은 이념적으로는 반대하는 뉴딜법안을 국익의 관점에서 수용

  ○ 만약 당시 야당인 공화당 의원들이 '의사진행방해(Filibustering)'[17]를 감
    행할 경우, 뉴딜법안이 상원에서 폐기될 수도 있었던 상황

---

16 아르헨티나의 노조 조직률은 현재 약 50%로 세계 최고 수준. 아르헨티나에는 약 1,500개의 공인된
   노조와 1,100여 개의 비공인 노조가 있으며, 이들 노조는 대부분 최대의 노조연합체인 노총(CGT,
   노조원 320만 명)이나 노동자연합(CTA, 160만 명)에 소속. ("아르헨티나 노동조합 어제와 오늘."
   (2009.3.). 『월간노동』.)
17 미국 상원의 대표적 소수파 보호제도로서 1930년대 당시 의원 2/3 이상의 반대가 없는 한 개별 의원
   들이 장시간 발언을 통해 법안이 회기 내에 통과되지 못하도록 지연시킬 수 있었음

- 민주당 상원의원의 수가 1933년 59명(1935년에는 69명)이었으나, 뉴
  딜법안에 반대하는 남부출신 민주당 의원들도 있어 의사진행방해를
  강제 종결시킬 수 있는 의결정족수 확보가 어려운 상황

○ 공화당 상원의원들은 의사진행방해를 시도하지 않고 루스벨트 정부의
  뉴딜법안이 통과되도록 허용

○ 양당체제가 확립되어 정파 간 경쟁이 치열한 미국에서도 위기 시에는
  타협과 양보를 앞세우는 실용주의가 부상

Ⅲ 시티즌십 증진을 위한 제언

◉ '위기극복 → 도약 → 지속 발전'을 위해서는 타협적인 태도와 적극적인 행동을 취하는 시티즌십의 발휘가 필요

 ○ 타협의 문화가 정착되려면 우선 소통의 체계화를 통해 오해에서 비롯되는 갈등의 소지를 최소화

 ○ 공존형 사회구성원을 북돋우려면 정부와 시민사회의 정책 파트너십 구축을 통해 참여기회를 확대하고 적극적으로 정보를 제공

 ○ 장기적으로는 시티즌십 교육의 내실화를 민관공동으로 추진

소통 : 소통채널을 구축해 타협의 문화를 정착

◉ 부정확한 정보, 정책에 대한 이해 부족으로 갈등이 발생하고 비타협적 태도가 확산되는 현상을 시정하기 위해 정부-국민 간 커뮤니케이션을 강화

 ○ 정부정책에 대한 부정적 태도와 사회갈등은 이해 당사자의 가치관, 목표의 차이뿐만 아니라 사실에 대한 인식의 불일치 때문에도 발생[18]
   • 효과적인 의사소통이 활성화되면 사실의 정확한 전달이 가능해지며 가치관, 목표 및 수단에 대한 의견 차이를 좁히는 것도 용이해짐

 ○ 정확한 정보 공유와 공감대 형성을 위해서는 다양한 커뮤니케이션 네트워크를 활용해서 구성원들의 적극적인 참여를 유도해야 함

◉ 다양한 이해관계를 가진 사회구성원의 의사소통이 활성화되도록 개인-개인, 개인-집단, 집단-집단 등 다중(多重) 커뮤니케이션 네트워크를 활용

 ○ 온·오프라인 채널, 직접적인 정보지식과 감성적 메시지, 외국어와 멀티미디어 매체 등을 포함하는 소통채널 및 형식의 다양화도 추구

---

18 Lippitt, G. L. (1985). Managing Conflict in Today's Organizations. In Davis, K. & Newstrom, J.(Eds.). *Organization Behavior: Readings and Exercise* (pp. 442-451). NY: McGraw-Hill.

- 미국 오바마 대통령은 2008년 11월 이후 유튜브(www.youtube.com/barackobamadotcom)를 통해 경제위기에 대한 G20의 회의결과 및 경제위기 극복방안 등을 전 세계인과 소통

◉ 직접대면에 기반한 쌍방향 소통채널을 구축해 시민참여의 확대를 유도

○ 제시된 정책에의 순응만으로는 능동적이며 타협적인 시티즌십이 확보될 수 없음을 인식

○ 대통령을 비롯한 국정운영 주체와 국민 간의 타운미팅(Town Meeting)과 같은 정례적 의사소통의 장을 마련해 시민의 참여와 대안 제시를 촉진

○ 세미나, 간담회, 심포지엄 등 직접대면을 통해 정책내용을 자세히 설명하되, 일회성에 그치지 않고 반복적으로 이루어질 수 있는 방안을 다양하게 모색

칠레 FTA 협상의 성공요인, '옆방정책'

■ 미국과의 FTA 협상 당시 칠레는 협상장 옆에 대기업, 중소기업, 노동계 등 이익단체 대표들에게 각각 방을 배정하고, 진행되는 협상내용을 지속적으로 설명하는 '옆방정책(Rooms Next Door Policy)'을 통해 설득에 성공

자료 : "칠레 '옆방정책'으로 FTA 반대파 설득" (2006. 5. 31.). 『동아일보』.

◉ 정책마케팅을 적극 활용해 소통의 효과성을 증대

○ 광고, 홍보, 판매촉진 등 다양한 소통기법을 활용해 정책내용을 전달하거나 설득

○ 제품기획과 생산단계부터 소비자가 적극적으로 참여하는 프로슈머(Prosumer)[19]의 흐름을 정책 부문에도 적용

---

19 Producer(생산자)와 Consumer(소비자)가 결합된 신조어로서, 제품의 개발, 유통 등 여러 단계에서 직·간접으로 참여도가 높아진 최근의 소비자를 지칭. 앨빈 토플러가 『제3의 물결』에서 최초로 사용

- 최근 기업 등에서 창의적 대안 모색을 위해 활발히 이용되고 있는 크라우드소싱(Crowd Sourcing)처럼 대중의 지혜를 활용해 정책 콘텐츠를 조달하는 방안도 고려

연대 : 공존型 사회구성원이 적극적으로 활동하도록 정책 파트너십 구축

◉ 공존型 사회구성원이 적극적으로 건설적 대안을 제시하고 활동하도록 시민제안을 정책에 반영하는 장치를 마련

○ '정부 – 정당 – 연구기관 – 시민단체'가 정책지식 생산과정에서 능동적으로 협력하는 정책공동체를 다양하게 운영
  - 정부는 정책자문위원회를 경계를 초월하는 다각적인 지식이 투입되는 유연한 정책지식협의체로 운영

○ 정책입안 과정에 대한 정보 제공을 활성화하고 시민제안에 대한 인센티브를 강화해 정책에 대한 관심을 환기하고 대안 제시력을 고양

◉ 조정을 전문으로 하는 NGO를 활성화해 정부와 시민을 효과적으로 연계

○ 시민단체 간 이해관계를 조정하는 한편, 사회갈등을 중재함으로써 정부와 시민단체, 시민과 시민을 원활하게 연결
  - 유엔 NGO 협의회 등과의 협력을 통해 시티즌십 증진을 위한 정보를 공유

○ 조정 전문 NGO를 매개로 정부조직과 시민단체 사이의 자발적 연결고리(Voluntary Links)를 형성해 문제해결 지식의 통로를 확충

교육 : 시티즌십 함양 교육의 강화

◉ 학교교육 프로그램을 재설계해 청소년에게 시티즌십을 함양

○ 현재 한국 청소년들의 경우 공동체(국가)에 대한 헌신 의사 등 시티즌십이 요구하는 시민적 덕성이 저하

- 한·중·일 청소년(대학생 포함) 시민의식에 관한 한 조사결과에 따르면, 전쟁 시 "앞장서서 싸우겠다"고 응답한 비율은 한국이 10.2%로 일본(41.1%)의 1/4 수준에 불과
- 반면, "외국으로 출국하겠다"고 응답한 비율은 한국이 10.4%로 중국(2.3%), 일본(1.7%)보다 월등히 높게 나타남[20]

| 한·중·일 청소년(대학생 포함)의 전쟁 시 행동 |

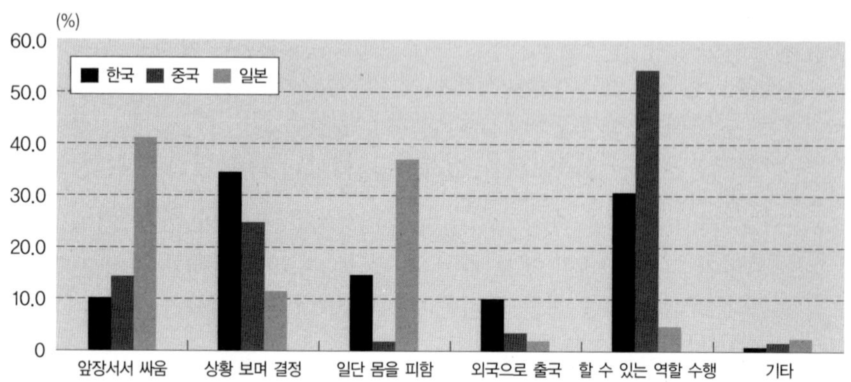

자료 : 한국청소년개발원 (2006). "동북아 청소년의 역사인식·국가관: 한중일 3개국 비교", 《한중일 국제심포지엄 자료집》.

○ 학교교육에서 상대적으로 소홀했던 시티즌십 교육을 초등학교부터 강화하는 것이 절실
- 선진국들의 경우, 이미 20세기 초반부터 권리와 의무의 균형을 주제로 한 시티즌십 교육을 전개
- 특히 사회의 다원화가 심화된 20세기 후반부터는 공공성의 재발견이 강조되는 추세[21]

---

20 한국청소년개발원 (2006). "동북아 청소년의 역사인식·국가관: 한중일 3개국 비교." 『한중일 국제심포지엄 자료집』.

21 시민성 교육은 독일에서는 'Politiche Bildung', 프랑스에서는 'Education Civique', 영국과 미국에서는 'Education for Citizenship' 등으로 불리고 있음. (박재창 외 (2007). 『민주시민교육의 전략과 과제』. 서울: 오름.; 엄판호(2001). "민주시민교육 발전방안." 『교육이론과 실천』, 11(2), 463-511.; Doheny, S. (2007). Responsibility and the Deliberative Citizen. *Citizenship Studies*, 11(4), 405-420.)

영국·아일랜드 학교의 시티즌십 교육

- 영국은 2002년부터 7~16세 학생들을 대상으로 시티즌십을 필수과목으로 지정

    - 사회적·도덕적 책임감, 정치적 소양, 공동체에의 참여, 정체성과 다양성 등 4가지가 주요 주제

    - 영국의 학교 시티즌십 교육방식은 단순히 강의와 토론으로 끝나는 것이 아니라 반드시 실습과정을 통해 체험하도록 규정

- 아일랜드 역시 1990년대부터 12~16세 학생들을 대상으로 시티즌십 교육과정 (Civic : Social and Political Education)을 운영

자료 : House of Commons Education and Skills Select Committee (2007). *Citizenship Education: Second Report of Session 2006-2007*. London: Stationery Office Limited.

◉ 직무 관련 지식 및 기술 습득에 집중되어 있는 성인 대상의 평생교육에서도 시티즌십 교육을 강화할 필요[22]

○ 미국 시민교육센터(CCE : Center for Civic Education)는 시민적 덕성 함양과 시민참여 증진을 목표로 운영되는 민간 비영리기관으로서 다양한 프로그램을 운용해 내실을 제고[23]
  - 프로그램의 주 내용은 민주주의의 기본원리와 가치, 책임감 있는 사회참여, 민주적 의사결정 및 갈등해결 등

○ 시티즌십 교육은 영국 학교의 시티즌십 교육처럼 일방적 강의가 아니라 토론과 참여를 통한 체험학습 방식이 더욱 효과적[24]

---

22 전현심 (2005). "능동적 시민성 교육의 이론형성에 관한 연구." 『교육사회학연구』, 15(2), 147-169.

23 전득주 (2002). "미국의 시민교육". 『한국민주시민교육학회보』, (7), 41-65.

24 선진국의 시민교육 방법론에 대해서는 박재창 외 (2007). 앞의 책 참조

시스템 관점의 위기관리 프로세스

- 북한의 로켓발사 사례를 중심으로

16

CEO Information

≫≫≫ 2009. 4. 8. (2009. 4. 24. 업데이트)

방태섭, 전효찬, 임수호, 박성민

Summary

국가위기의 효과적 관리를 위한 시스템적 접근

국가위기의 발생빈도가 높아지고 그 영향력과 파급 속도도 증대되고 있다. 국가위기란 주권, 경제적 번영, 삶의 질, 사회안정 등 국가가 추구하는 핵심가치가 위협받는 상황을 의미한다. 이러한 국가위기에 대응하기 위해서는 사전예방 조치를 통해 위기발생 확률을 최소화하는 한편, 위기가 실제로 발생하면 확산경로를 차단하고 피해를 최소화하는 위기관리가 필요하다. 표면에 드러난 위기요인에만 대응하거나 전체가 아닌 부분만 보고 위기확산경로를 예측하는 단견적 처방으로는 효과적인 위기관리가 불가능하다. 위기관리에도 시스템 사고와 분석을 적용해 위기상황에 관련된 다양한 요인들을 전체의 관점에서 파악하고 이들 요인의 복잡한 연관관계를 고려해 대응방안을 마련할 필요가 있다. 이처럼 시스템 사고를 활용해 도출한 위기관리의 프로세스는 '현황 파악 → 위기관리지표 설정 → 위기 전개과정 분석 → 대응방안 도출'의 4단계로 구성된다.

위기관리 프로세스 관점에서 본 북한의 로켓발사

북한의 로켓발사 자체를 위기로 규정지을 수는 없지만 이후에 연쇄적으로 발생할 대북 대응과 북한의 반작용은 향후 위기발생 여부와 수준을 결정할 것이다. 특히 경제위기 상황에서 북한발 위기고조로 인한 지정학적 위험까지 높아질 가능성에 유념해야 한다. 따라서 위기관리 핵심지표로 국가신인도를 설정하고 이의 유지에 중점을 두어야 할 것이다. 로켓발사라는 위기의 트리거가 촉발된 상황에서는 앞으로의 대응이 중요하다. 지금까지의 신속 대응체제를 유지하며 연쇄적 위기발생을 막아야 한다. 현 로켓발사를 교두보로 활용해 연쇄적으로 긴장감을 고조시키려는 북한의 위협과 도발을 억제해야 한다. 과거의 예를 보면, 북한발 위기발생 후에는 국제공조가 가장 중요한 것으로 나타났다. 특히 북한의 도발적 행동을 저지하려면 반드시 중국 및 러시아의 협조를 유도해야 할 필요가 있다. 그러나 국제사회의 압력이 북한 같은 고도의 위험감수국가에 효과가 있을지는 의문이다. 한편, 대응이 미온적이면 당장의 위기는 잠복되지만 장기적으로는 북한이 비타협적 태도를 고수할 것으로 예상된다. 이 경우 추후에 유사전술을 반복 사용하여 악순환이 지속될 가능성이 높다.

국가와 기업 모두 상시적 위기관리 체제를 구축

한국은 북한발 안보위협 등 상시적으로 위기에 노출되어 있다. 따라서 사회구성원 모두가 위기의식을 갖고 위기발생에 대한 경계를 늦추어서는 안 된다. 위기상황에서 신속하고 유연하게 대응할 수 있는 조직으로 컨트롤 타워를 구축해야 한다. 기업도 전사적 수준에서 사전예방과 초기대응에 중점을 둔 위기관리를 일상적 경영활동으로 추진해야 한다.

 # 복잡한 양상의 국가위기가 빈발

복잡·다양한 위기에 노출

◉ 국가위기의 발생빈도가 높아지고 그 영향력과 파급속도도 증대되는 추세

○ 위기란 특정사건을 계기로 조직이나 시스템이 추구하는 핵심가치가 현저하게 훼손될 가능성이 높아지거나 훼손되는 상태를 의미

○ 국가 차원에서의 핵심가치는 주권, 경제적 번영, 삶의 질, 사회안정 등으로, 국가위기는 이러한 가치가 위협받는 상황
  • 2000년 이후 한국은 안보위기, 자연재해, 금융위기, 에너지위기, 사회불안 등 다양한 국가위기에 직면

| 2000년 이후 주요 사건·사고 |

연도	한반도 정세	재해·사고	사회불안	경제·기업위기
2000년		• 동해안 산불	• 매향리 사건	(벤처버블 붕괴)
2001년		(9·11테러)		(엔론 사태)
2002년	• 서해교전/2차 핵위기	• 태풍 루사	• 효순·미선 사건	
2003년	(이라크전쟁)	• 대구지하철 방화 • 사스 발생		• 카드 사태
2004년		(동남아 쓰나미)	• 쓰레기 만두 사건 • 연쇄살인 사건 • 대통령 탄핵	
2005년	• 북한 핵무기 보유 선언	(허리케인 카트리나) • GP총기난사 사건 • 양양산불	• 사학법 파동 • 황우석 사태	
2006년	• 대포동 2호 미사일 시험 발사 • 북한 핵실험	• 조류인플루엔자 (인도네시아 지진)	• 소말리아 동원호 피랍	
2007년		• 태안 기름 유출	• 아프간 납치 사건	(서브프라임 사태) (기업 내부 고발)
2008년	• 금강산 관광객 피격 • 독도파문	• 숭례문 방화 (쓰촨성 지진) • 조류인플루엔자	• 촛불시위 • 물류파업	(자원 파동) (부동산 침체) (글로벌 금융위기)
2009년	• NLL(북방한계선) 긴장 고조 • 개성공단 출입 통제 • 북한 로켓발사	• 용산참사	• 연쇄살인 사건	

주 : 괄호 안은 해외에서 발생한 사건·사고

○ 글로벌화의 진전으로 위기가 국경을 초월해 전파되므로 일국의 통제범위를 넘어선 위기가 발생

- 미국의 서브프라임 부실로 촉발된 현 글로벌 금융위기의 피해는 진앙지인 미국뿐만 아니라 유럽, 일본, 신흥개도국 등 전 세계로 확산

국가 위기관리에도 시스템적 접근이 필요

◉ 국가위기에 대응하는 데 있어서 체계적인 위기관리가 핵심

○ 위기관리란 사전예방 조치를 통해 위기발생 확률을 최소화하는 한편 위기가 실제로 발생하면 확산경로를 차단하고 피해를 최소화하는 것

- 국가가 추구하는 핵심가치를 최소한의 비용으로 보존하는 것이 효과적인 국가 위기관리의 목표

○ 위기를 인지하기 위한 현황파악에서부터 오판 최소화를 위한 객관적 정보수집 및 분석이 중요

○ 위기발생요인을 잘못 식별하거나 위기 전개양상을 제대로 파악하지 못하면 위기관리의 효율성이 저하

- 표면에 드러난 위기요인에만 대응하는 단견적 처방은 위기요인을 축적시켜 향후 더 큰 위기를 초래할 우려가 있고 전체가 아닌 부분만 보고 위기 확산경로를 예측하면 위기 전개양상을 오판할 우려
- 위기관리에도 시스템 사고[1]와 분석을 적용해 위기상황에 관련된 다양한 요인들을 전체의 관점에서 파악하고 이들 요인의 복잡한 연관관계를 고려해 대응방안을 마련

◉ 체계적인 위기관리를 통해 북한발 위협으로 인해 발생할 수 있는 국가위기에도 효과적인 대응이 가능

○ 글로벌 금융위기의 충격으로 불황이 본격화되고 있는 상황에서 한반도 정세불안이 경제위기와 맞물려 복합위기로 진행될 위험성이 존재

- 전형적인 안보문제이지만 경제 전반에 미칠 부정적 영향까지 고려한 상황판단이 필요

---

1 시스템 사고(System Thinking)는 사건의 원인과 결과를 단선적으로 파악하는 것이 아니라 시스템 전체의 다양한 사건들과의 연관관계 속에서 상호간의 피드백을 고려한 연결고리 관계로 파악

Ⅱ 시스템 관점의 위기관리 프로세스[2]

● 위기관리 프로세스는 '현황파악 → 위기관리지표 설정 → 위기 전개과정 분석 → 대응방안 도출'의 4단계로 구성

| 위기관리의 프로세스 |

현황파악	위기관리지표 설정	위기 전개과정 분석	대응방안 도출
1. 상황인지 　① 관련 정보 수집 2. 상황분석 　① 심각도 파악 　② 위기여부 판단 　③ 분석 및 대응 　　범위 확정	1. 핵심보존가치 선정 　① 위기에 대한 다양한 　　관점의 가치 공유 　② 핵심보존가치 선정 2. 위기관리핵심지표 　설정 　① 핵심보존가치 지표 　　화 모색 　② 위기관리핵심지표 　　설정	1. 다양한 인과관계 파악 　① 위기 관련 사건, 변수 파악 　② 사건, 변수간 인과관계 파악 2. 위기관리 핵심지표를 중심으로 　인과관계 재구성 　① 위기관리 핵심지표에 핵심적으 　　로 영향을 미치는 인과관계 추출 　② 변수 간 피드백 루프 반영 3. 잠재위기요인과 트리거 규정 　및 특성파악 　① 잠재위기요인과 트리거 규정 　② 시스템 전반에 미치는 영향 파악	1. 순환루프 관리방안 　모색 　① 순환루프 관리를 위 　　한 개입 지점 선별 　② 부작용을 고려한 개 　　입방안 모색 2. 잠재요인, 트리거 관 　리방안 모색 　① 잠재요인과 트리거 　　의 관리 가능 여부 　　판단 　② 억제방안 모색

단계 ① : 현황파악

● 현황파악 단계의 핵심은 특정사건이 발생할 우려가 있거나 발생했을 때 위기상황으로 볼 것인지 아닌지를 판단하는 것

○ 상황인지 단계에서는 관련 정보 수집을 통해 특정사건과 주변상황의 관계를 파악

　• 상황에 대한 충분한 정보 수집과정이 없으면 섣불리 위기로 판단해 불필요한 대응을 하거나 사태의 심각성을 과소평가할 우려

○ 상황분석 단계를 거쳐 특정사건이 핵심가치에 끼칠 악영향의 심각도를 파악해 위기 여부를 판단

2　여기서 설명하고 있는 위기관리 프로세스는 시스템 사고를 적용하여 삼성경제연구소에서 개발

○ 위기로 판단될 경우 해당 위기의 분석 및 대응의 범위를 설정
  • 예를 들어 조류인플루엔자의 경우, 분석 및 대응범위를 인명보호로까지 할 것인지 또는 양계농가 피해 최소화로 할 것인지에 따라 위기관리 대응의 방식이 달라질 수 있음

단계 ② : 위기관리지표 설정

◉ 먼저 국가가 위기상황에서 지켜야 할 다양한 가치들 가운데 '핵심보존가치'를 선정

○ '핵심보존가치'란 국가가 위기관리를 통해 지키고자 하는 가치 중 가장 핵심이 되는 것

○ 위기가 발생했을 경우 그로 인해 훼손될 우려가 있는 가치를 도출하고 그 가치들이 훼손되는 과정을 분석해 핵심보존가치를 선정
  • 일례로 조류인플루엔자가 발생하는 경우 인체감염과 인명의 손실, 사회불안, 가축농가 피해, 소비 위축, 관련 산업 피해 등 다양한 가치의 훼손이 발생
  • 가치 훼손과정을 분석하여 사회적 안정, 경제적 번영 유지, 국민의 생명과 건강 보호 등을 핵심보존가치로 선정

◉ 핵심가치가 훼손되는 과정을 분석한 후 위기의 진전을 방지하기 위해 관리해야 할 대상을 지표화함으로써 '위기관리 핵심지표'를 설정

○ 선정된 핵심보존가치를 통해 위기관리 프로세스에서 가장 핵심적인 요인을 도출하고 이를 지표화한 것이 위기관리 핵심지표
  • 조류인플루엔자 사례에서 사회적 안정 및 경제적 번영을 지키기 위해서는 피해 지역 및 발병가축 수를 최소화하는 것이 관건

○ 위기관리 핵심지표를 평상 수준으로 유지하거나, 일단 하락했을 때 원상복구하려는 노력을 통해 위기를 효과적으로 관리하는 것이 가능

○ 각 부처는 하위 위기관리 핵심지표를 설정하여 위기에 대응하되, 국가 차원의 위기관리 핵심지표를 공유하고 그 성과를 측정

조류인플루엔자 사례의 위기관리 핵심지표 설정

- 국가 차원에서 관리하는 위기관리 핵심지표는 '피해 지역×발병가축 수 최소화+α'로 설정 가능 (α는 인명피해 관련 변수)

  - 가축폐사 및 방역 지원 등 직접적인 피해와 소비 위축으로 인한 간접적인 피해도 반영

  - 한 명의 인명피해가 발생하더라도 위기관리 핵심지표가 허용수준 이하로 하락, 위기국면으로 전환

- 관련 부처는 하위개념의 위기관리 핵심지표를 설정하여 개별적으로 위기에 대응하면서, 가장 중요한 전체 위기관리 핵심지표를 공유

  - 방역 관련(피해 지역 확산 방지) / 살처분 관련(감염된 가축의 처리)

  - 축산업 관련(가축사육 농가의 피해 방지) / 소비 관련(소비 위축 대응)

  - 국민보건 관련(국민안전(인체감염 방지))

단계 ③ : 위기 전개과정 분석

◉ 위기 전개과정 분석을 위해 우선, 위기와 관련된 다양한 사건 및 직접적인 발생요인, 정황 등의 인과관계를 파악

○ 위기와 연관된 다양한 사건, 요인, 정황 등이 인과관계로 복잡하게 얽혀 있는 것 자체를 하나의 시스템, '복잡계(Complex Systems)'로 보고 분석
- 분석범위는 위기 전개과정에 위기의 근본적인 원인부터 발생 가능한 사건 및 그에 따른 결과의 예측까지 포괄

○ '조류인플루엔자 발생'이라는 사건, '양계농가 피해규모'라는 변수와 같이 위기와 관련된 사건과 변수를 파악

○ 파악된 사건과 변수 간의 인과관계를 분석
- 편향된 현황파악의 가능성을 최소화하기 위해 현상으로 드러난 인과관계뿐만 아니라 이면에 숨어 있는 관계까지 분석

- 미국발 글로벌 금융위기는 초기에 주택담보시장의 부실 문제로 파악되었으나, 실제는 감독체제 결여로 인해 리스크가 정확히 평가되지 않은 금융상품이 세계시장에 확산된 것임을 간과

◉ 변수들 간의 피드백(Feedback) 효과까지 반영하여 위기관리 핵심지표를 중심으로 전체 인과관계를 재구성 및 이를 분석(시스템 사고 활용)

○ 재구성한 모든 인과관계들의 영향을 받게 되는 변수가 위기관리 핵심지표가 되도록 여러 변수들과 인과관계를 재조정

○ 변수들 간의 순환적인 영향 관계(예 : a→b→c→a, a↔b)를 파악
  - 위기관리 핵심지표를 지속적으로 악화시키는 악순환 루프나 호전시키는 선순환 루프를 고려

◉ 재구성된 위기 전개과정 인과관계에서 잠재위기요인, 트리거를 규정한 다음 이를 가지고 위기의 전반에 걸친 영향을 파악

○ 잠재위기요인은 트리거를 촉발하고 위기를 심화시키는 내재된 위험요인
  - 통제가 안 될 경우 위기 전개과정에서 부정적인 영향이 증폭

○ 트리거는 위험상황을 위기국면으로 전환시키는 계기가 되는 사건[3]
  - 위기의 성격에 따라 위험상황이 즉각적으로 위기국면으로 전환되기도 하고 차후에 있을 위기의 계기로만 작용하기도 함

○ 잠재위기요인과 트리거로 인한 영향은 잠재위기요인이나 트리거가 발생된 이후의 변수들의 연쇄적인 변화 정도로 파악

단계 ④ : 대응방안 도출

◉ 위기관리 핵심지표로 재구성된 위기전개 인과관계에서 순환 루프를 통제하기 위한 구체적인 개입지점을 선별

○ 순환 루프 선상에 존재하는 여러 변수 중에서 실질적으로 통제 가능한 변수를 선정하여 제어

---

3 위험상황은 안전하지 못한 상태를 의미하며, 위기국면은 위험상황에서 모종의 사건이나 전환점으로 인해 허용수준을 넘는 피해가 발생하는 상태

○ 위기관리 핵심지표를 악화시키는 악순환 루프를 차단하고, 선순환 루프를 활성화해야 위기관리 핵심지표의 상승이 가능

◉ 잠재위기요인과 트리거가 관리 가능한지 판단하고 억제방안을 모색

○ 설정한 잠재위기요인 이외에 예상치 못한 잠재위기요인들이 돌발적으로 발생하는 경우, 억제가 불가능하므로 발생 초기대응에 주력

○ 시스템의 안정성 여부, 트리거의 예측 가능성 여부에 따라 대응이 차별
• 위기가 전개되는 시스템이 비교적 안정되고 트리거의 종류나 발생이 예측 가능할 경우에는 트리거 차단이 위기발생 억제에 효과적
• 반면, 시스템이 혼돈의 가장자리[4]에 있을 경우 트리거를 차단해도 사소한 사건들이 트리거의 역할을 할 수 있기에 트리거 차단은 효과적인 위기대응 방법으로 부적절

◉ 통제 불가능한 요인에 의해 위기가 발생하거나 사전 억제력이 부족할 경우에는 불가피하게 사후수습에 주력

○ 조류인플루엔자 확산 위기처럼 과학적으로 발생과 감염의 메커니즘이 모호하여 잠재위기요인과 트리거 파악이 불분명한 경우도 존재

○ 백신 제조, 바이러스의 병원성 및 변이 등에 대한 연구 등 위기에 대한 근본적인 통제력을 제고하는 노력을 병행

---

4 혼돈의 가장자리(Edge of Chaos)는 시스템이 안정된 질서정연한 상태와 불안정한 혼돈 상태의 경계에 놓여 있어 작은 외부의 충격에도 급격한 시스템 붕괴가 발생할 수 있는 상태를 지칭

Ⅲ 위기관리 프로세스로 본 북한의 로켓발사

단계 ① : 북한의 로켓발사에 따른 위기징후 분석

◉ 북한이 로켓발사를 강행함에 따라 국제사회의 대북제재 움직임이 본격화

○ 탑재물(Payload)을 지구궤도에 올리는 데는 실패했으나, 탄도미사일의
유효사거리 연장은 입증
- 이번에 발사된 로켓의 비행거리는 대포동 1호의 1,600km에 비해 2배
가량 증가한 3,200km

○ 미국 주도로 유엔 안보리 제재가 논의되어 의장성명 채택(4월 14일)
- 논의과정에서 美·英·佛·日의 '제재 불가피론'과 中·露의 '신중대
응론'이 팽팽하게 대립했으나 의장성명 채택선에서 절충

○ 한국과 일본이 별도의 대북제재를 추진할 방침인 가운데, 미국 내에서
도 대북제재 추진 기류가 형성
- 한국은 대량살상무기 확산방지구상(PSI) 전면참여를 검토 중이며, 일
본은 기존 대북제재를 1년 더 연장하기로 결정
- 미국 공화당 하원 외교위원회 로스 레티넌(Ileana Ros-Lehtinen) 의원
을 중심으로 대북제재 완화 중단 관련 입법화가 추진 중[5]

◉ 국제사회의 대북제재 및 이에 대한 북한의 반발로 한반도에 긴장이 고조
될 우려

○ 현재로서는 안보리 협의결과가 대북 경고조치로 끝났으나, 북한의 추후
대응에 따라 제재조치도 배제할 수 없는 상황
- 미국이 강력한 의지를 가지고 중국 및 러시아를 설득하면 새로운 제
재결의안까지는 아니더라도 기존 '안보리 결의안 1718호'를 실효화
하는 것은 가능할 전망[6]

---

[5] 2008년 미국은 북한을 테러지원국 리스트에서 삭제하고 적성국교역법 적용 대상에서도 제외하는 등
대북제재 완화조치를 단행. 2009년 1월 상원 인준청문회에서 클린턴 미 국무장관은 북한의 도발적
행동이 있는 경우 "2008년 유예된 제재를 재부과할 수 있다"고 공언

[6] 2007년 '2·13 합의' 이후 1718호에 따른 제재는 사문화된 상태이지만, 상임이사국들 간의 합의로 안
보리가 제재위원회에 1718호에 대한 권한을 위임할 경우 제재의 실효화가 가능

○ 북한은 "6자회담 불참"가능성을 선언한 상황이어서 안보리 제재나 한국과 미국의 별도 제재조치가 실행되는 경우 상당한 반발이 예상
- 6자회담은 2002년 10월 발생한 '2차 핵위기'를 관리해온 틀로, 깨질 경우 '3차 핵위기' 발발이 불가피

◉ 북한의 비핵화 전망이 더욱 불투명해짐에 따라 한반도 안보리스크가 증대

○ 현재 북한은 핵시설 등 핵 프로그램은 비핵화의 대상이지만, 이미 만든 핵무기는 핵 군축(Nuclear Disarmament)의 대상이라고 주장
- '정당한 대가'를 지불하면 핵 프로그램은 포기할 수 있지만, 핵무기는 미국의 대남 핵우산이 폐기되지 않는 한 포기할 수 없다는 입장

○ 탄도미사일 사거리 증가로 핵 전력이 향상되었기 때문에 향후 핵 군축 협상에 대한 북한의 요구는 더욱 거세질 전망

◉ 남북간 군사력 불균형 및 한미동맹 약화가 초래될 우려

○ 북한의 장거리 탄도미사일 개발능력 향상으로 핵위협이 실체화되면서 남북간 군사력 균형이 북한 우위로 전환될 가능성
- 한국은 재래식 전력에서 대북 우위를 차지하고 있으나 북한이 핵무기라는 '절대무기(Absolute Weapon)'를 전력화하면 남북간 군사력 균형은 북한 우위로 전환될 우려

○ 특히 북한이 미국 본토까지는 아니더라도 미군기지가 있는 오키나와나 괌, 하와이를 타격할 수 있는 사거리만이라도 확보하는 경우, 유사시 미군의 한반도 개입이 제약받을 수 있음
- 유사시 북한은 미군의 개입을 저지하기 위해 오키나와나 괌 등을 핵 인질로 잡을 가능성

단계 ② : 국가신인도를 위기관리 핵심지표로 설정

◉ 북한의 로켓발사 이후의 위기관리 핵심지표를 한국의 '국가신인도'로 설정

○ 북한의 로켓발사로 촉발될 수 있는 국가안보 위험 등 모든 정치적 리스크가 국가신인도에 영향을 미침

- 정치적 리스크에는 국가안보 위험 이외에도 정부의 안정성과 정통성, 대중의 정치참여 정도 등이 포함

○ 위기의 범위와 기간에 따라 위기관리 핵심지표가 달라질 수 있으나 위기범위를 단기간에 걸친 한반도의 긴장고조로 보는 경우 국가신인도가 적절

| 국가신인도 결정요인과 주요 지표 및 분석항목 |

국가신인도 결정요인	주요 지표	주요 분석항목
정치적 리스크	정성적 지표	정부형태와 안정성, 국가안보 위험
소득 및 경제구조	1인당 GDP	생활수준, 소득수준 및 그 분포
경제성장 전망	경제성장률	저축 및 투자의 크기와 구성 등
재정 유연성	GDP 대비 재정수지	정부의 재정수지 등
공공부채 부담	GDP 대비 정부부채	공공부채 및 이자 부담 수준 등
물가 안정성	물가상승률	물가상승률 추이 등
국제수지 구조 및 유연성	GDP 대비 경상수지	재정, 통화의 유연성 등
대외채무 부담 및 유동성	수출액 대비 총 외채 수준	공공외채 크기 등

자료 : 김병기, 최호상 (2007). 『왜 우리는 AAA를 원하는가』. 삼성경제연구소.

◉ 국가신인도를 유지하거나 개선하는 데 필요한 조치를 취함으로써 북한발 위기에 효과적으로 대응하는 것이 가능

○ 위기관리 핵심지표를 국가신인도로 설정하는 경우, 위기에 대한 직접적 대응만이 아니라 정부의 차분한 태도나 튼튼한 국제공조 체제의 확립 등 간접적 대응만으로도 일정 정도 위기확산 차단이 가능
  - 그간 북한발 위기에도 불구하고 국가신인도가 유지되고 금융시장에 미치는 영향도 미미했던 것은 정부의 차분한 대응이 있었기 때문

일자	내용	주식시장 변동
1993년 3월 12일	북한 NPT 탈퇴	당일 상승(12.9p), 이후 상승세 유지
1994년 7월 8일	김일성 사망	당일 상승(3.25p), 이후 상승세 유지
1998년 8월 31일	대포동 미사일 발사	당일 상승(5.37p), 다음날 소폭 하락(-0.45p)
1999년 6월 15일	1차 서해교전	당일 하락(-18.19p), 다음날 회복(25.81p)
2002년 6월 29일	2차 서해교전	당일 휴장, 다음날 상승(3.51p)
2005년 2월 10일	북한 핵무기 보유 선언	당일 휴장, 다음날 소폭 하락(-1.96p)
2006년 7월 5일	대포동 미사일 2호 발사	당일(-6.07p), 다음날 하락(-15.89p)후 회복
2006년 10월 9일	북한 핵실험	당일 하락(-32.6p)후 5일 만에 회복

단계 ③ : 잠재위기요인 파악 및 단기 위기전개 경로 예측

잠재위기요인 및 트리거의 특성

● 북한의 '위기조성을 통한 생존전략'이라는 잠재위기요인이 '로켓발사'
라는 트리거를 촉발

○ 구체적으로 체제안정 및 대미관계 개선을 극적인 이벤트나 '벼랑끝 전
술'을 통해 달성하려는 북한의 전략이 잠재위기요인
 • 로켓발사는 김정일 3기체제의 출범(2009년 4월 9일)에 때맞춰 '우주
강국'의 이미지를 선전함으로써 김정일 건강이상설 이후 이완된 체제
를 재결속하려는 시도
 • 또한 미국 본토 타격이 가능한 대륙간 탄도미사일(ICBM) 개발능력을
과시하여 오바마 행정부를 상대로 북미관계 정상화를 압박하려는 의도

○ 로켓발사에도 불구하고 소기의 목적이 달성되지 않을 경우, 북한은 새
로운 긴장국면을 촉발하는 후속조치를 취할 가능성이 높음
 • 잠재위기요인은 위기의 발생과 전개과정 전반에 걸쳐 지속적으로 영
향을 미치는 요소

● 로켓발사 자체는 위험상황이기는 하나 위기로 규정할 수 없으며, 이후 국
제사회의 대응과 북한의 반발 등 연쇄작용을 통해서 위기 여부와 수준이
결정

○ 국가신인도가 허용수준 이하로 하락하는 가시적인 피해가 발생할 경우 위기국면으로 전환

단기 위기전개 경로 예측

● 국제사회의 대응이 안보리 의장성명 채택으로 마무리되어 이번 위험상황은 일단 해소되었으나 오히려 재발 가능성은 증가

○ 강경한 대북 대응에 따른 북한의 추가적인 도발로 사태가 장기화되지 않는 한 로켓발사가 '국가신인도'에 미치는 영향은 미미
   - 북한은 안보리 의장성명 채택 직후 6자회담에 불참하겠다고 위협하고 있으나, 이는 제재를 막기 위한 허세일 가능성이 농후
   - 2002년 12월 핵동결 해제선언이 국가신인도에 영향을 미친 것은 2003년 NPT 재탈퇴까지 문제가 장기화됐기 때문 → 북한발 위기가 국가신인도에 영향을 미친 유일한 사례

○ 그러나 '도발적 행동'이 별다른 대가를 수반하지 않는다는 점을 북한이 학습함에 따라 향후 필요한 경우 또다시 도발을 감행할 우려

● 실제 안보리 제재조치가 발동될 경우에는 위기국면으로의 전환이 가능

○ 북한은 미국이 제재를 중단하고 양자협상에 나설 때까지 도발의 수위를 높여갈 것으로 전망
   - 6자회담 불참 선언 → 핵 불능화 중단 및 핵시설 복구 → 추가 미사일 시험 → 제2차 핵실험 등이 예상

○ 미국이 북한의 돌발행동을 예방하기 위해 한반도에 군사력을 증강시킬 경우 북한 역시 군사대응태세를 강화할 것으로 예상
   - 북한은 "제재는 선전포고"라고 주장하고 있어, 제재를 추진할 경우 북한의 돌발적 행동을 예방하기 위해 군사적 억지태세를 강화할 필요
   - 1994년 6월의 전쟁위기 당시 미국은 주한미군 전력 증강, 동해안 항공모함 급파 등을 계획[7]

---

7 Carter, A. & Perry, W. (1999). *Preventive Defense: A New Strategy for America*. Washington D.C.: Brookings Institute Press.

○ 일단 위기국면으로 진입하면 먼저 협상을 제안하는 것은 굴복으로 비치기 쉬워 위기상황에서 쉽게 빠져나오기 힘든 딜레마가 작동
  • 1994년 6월의 전쟁위기 당시에는 카터 전 미국 대통령의 방북이라는 우발적 변수로 인해 위기가 종식
  • 이제 막 출범한 오바마 행정부가 위기상황에서 얼마나 유연성을 발휘하느냐가 관건

◉ 안보리 제재와 별개로 한국이나 미국의 개별 제재에 따른 북한의 반발도 위기발생요인으로 작용할 가능성

○ 한국이 PSI(대량살상무기 확산방지구상)에 전면 참여하는 경우 북한이 이를 구실로 서해 NLL(북방한계선) 및 MDL(군사분계선)에서 도발을 감행할 우려

○ 미국이 북한을 테러지원국 및 적성국교역법 대상국으로 재지정할 경우, 북한은 6자회담 불참 및 핵시설 복구 등으로 대응할 가능성

◉ 안보리 제재나 개별제재에 북한이 반발하면서 위기국면으로 전환될 경우, 정치적 리스크 상승 및 경제상황 악화로 국가신인도가 하락할 우려

○ 북한이 2차 핵실험을 추진하거나 군사력 증강 등으로 한반도 긴장이 고조될 경우 국가안보 위험이 높아지면서 코리아 디스카운트가 급등

○ 국내 금융시장의 불확실성이 커지면서 외국인 투자자금이 유출되고 외채조달이 어려워지는 등 외화 부족 사태에 직면할 가능성
  • 금융시장 불안이 실물경제로 파급됨에 따라 경제성장률이 추가 하락하면서 경기침체가 심화

○ 정치적 리스크 상승과 경기침체 등으로 국가신인도가 하락하고, 이는 다시 소비 및 투자 위축을 통해 경기하락으로 이어지는 악순환 고리를 형성할 가능성

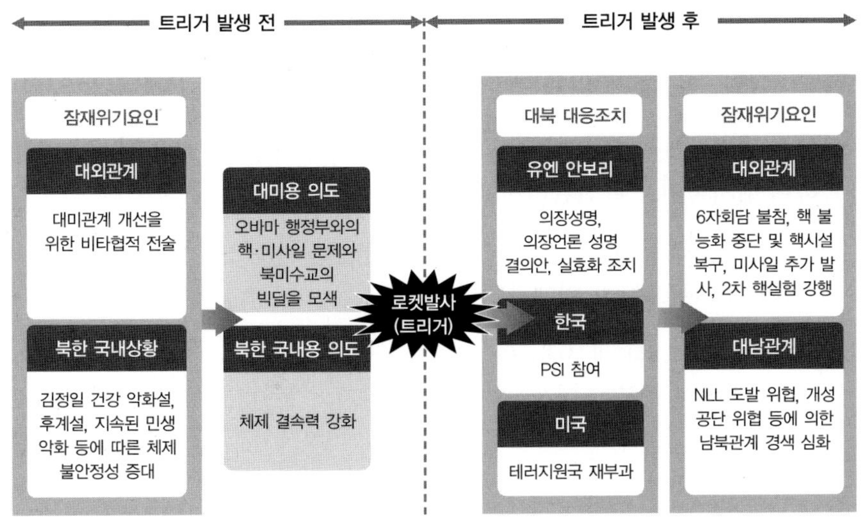

단계 ④ : 신속하고 균형감 있는 사후대응으로 위기발생을 예방

◉ 북한발 위기는 잠재위기요인 및 트리거 차단이 어렵기 때문에 신속하고 도 균형감 있는 대응으로 피해를 최소화하는 것이 관건

○ 북한은 자신이 일방적으로 설정한 해법에 관련국들이 호응하지 않을 경 우 위기조성을 통해 상대방을 굴복시키려는 '벼랑끝 전술'을 사용하므 로 잠재위기요인 관리 및 트리거 차단이 곤란
  • 국제사회는 예고된 도발을 억제하기 위해서 강압을 사용할 수 있으나, 이번 로켓발사 저지 실패에서 알 수 있듯이 북한 같은 고도의 위험감 수국가에는 효과가 미미
  • 인센티브 제공을 통해 사전예방하는 방법도 있으나, 북한처럼 비타협 적 행동이 일상화된 국가에는 유화정책으로 비칠 소지가 많아 오히려 장기적으로는 도발적 행동을 부추길 소지가 다분

○ 트리거 발생 이후 신속하고 균형감 있는 초기대응으로 새로운 잠재위기 요인을 제어하는 것이 중요

- 북한이 이번 발사를 인공위성 시험으로 발표하고 정당성을 강조했기 때문에 '발사' 이전 단계에서의 대응은 쉽지 않았음
- 북한에 충분한 대가를 치르도록 하되, 북한발 위기에 대한 한반도의 민감성을 고려하여 강경일변도의 대응은 자제

◉ 트리거가 작동된 현 상황에서 국가신인도가 감내할 수 없을 정도로 하락하여 위기국면으로 전환되지 않도록 사전대응에 주력

○ 현 로켓발사를 교두보로 활용해 연쇄적으로 긴장감을 고조시키려는 북한의 위협과 도발을 억제하는 것이 중요

○ 로켓발사에 대한 대북대응은 국가신인도의 허용수준을 감안해서 추진
- 현 정부의 차분한 대응은 국내외 투자자의 불안감을 완화시켜 금융시장의 동요를 막고 국가신인도 하락을 예방하는 데 기여한 것으로 평가

| 로켓발사 관련 국가신인도 변화와 위기관리 |

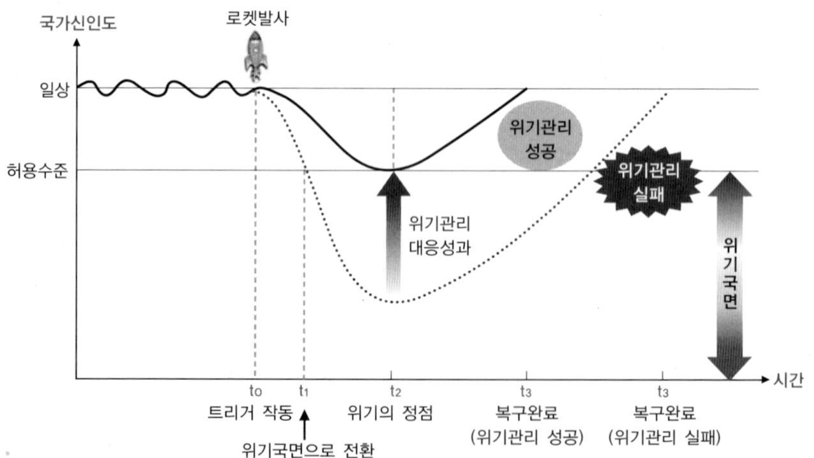

◉ 과거 북한발 위기의 경험을 통해서 보면 국제공조가 가장 중요

  ○ 2002년 12월 12일 핵 동결 해제선언으로 위기가 고조되어 주변국과의
    공조가 절실했으나, 당시 한국은 새 정부 출범 시기로 각국 공조가 원활
    하지 못했던 상황
    • 당시 국가신용등급 전망은 하향 조정(긍정적 → 부정적)되고, 종합주
      가지수는 2003년 1월 말까지 120p 이상 하락(715.38 → 591.9)

  ○ 반면, 2006년 7월 북한 미사일 시험 당시에는 미국이 중국과 러시아를 설
    득하여 '안보리 결의안 1695호'를 도출하는 등 강력한 공조체제를 가동
    • 주가지수는 사건발생 당일(-6.07p) 및 다음날 하락(-15.89p)했으나
      5일 만에 회복세를 기록(1279.85 → 1299.29)

  ○ 북한의 도발적 행동을 저지하려면 한·미·일 공조만으로는 부족하며 중
    국 및 러시아의 협조를 유도해 북한의 탈출구를 봉쇄하는 것이 중요

로켓발사에 따른 위기확산과 대응의 인과관계

- **로켓발사에 대한 대응수위에 따라 위기 전개양상이 달라질 것으로 예상**

  - 대응이 미온적이면 당장의 위기는 잠복되지만 장기적으로는 북한이 비타협적 태도를 고수하면서 추후에 유사전술을 반복 사용하여 악순환이 지속

  - 강경하게 대응할 경우, 북한의 비타협적 태도에 변화를 이끌어낼 수도 있으나 추가적인 잠재위기요인의 발생 가능성이 증가

- **국제공조 등을 통해 추가적인 잠재위기요인인 북한의 6자회담 불참, 추가적인 무력시위 등의 생성 및 심화를 억제하기 위한 조치를 취할 필요**

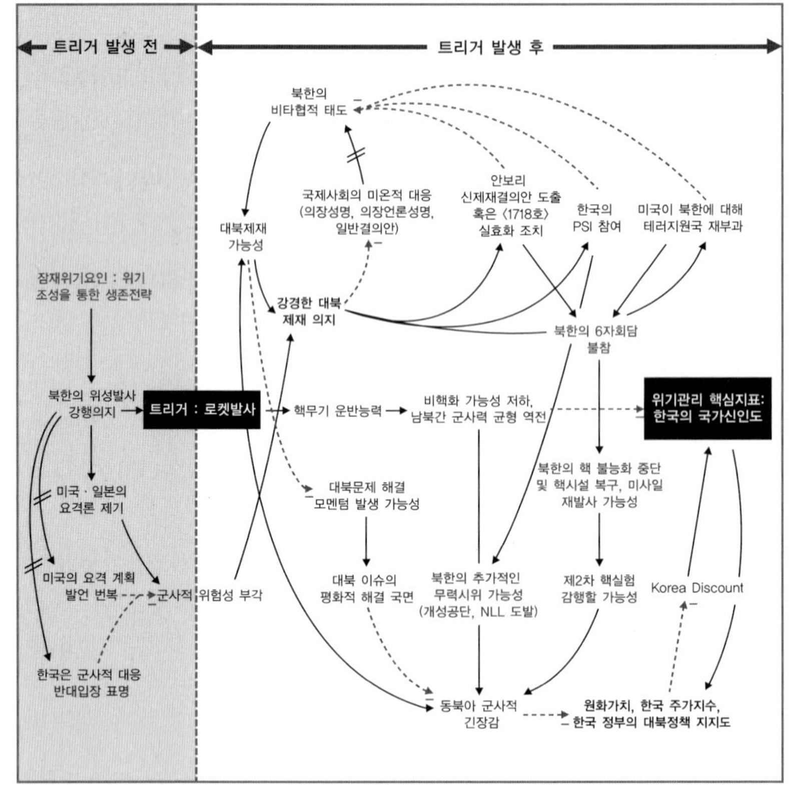

주 : 1) 위 도표는 인과루프지도(CLD : Casual Loop Diagram)

2) 화살표의 시작은 원인, 끝은 결과이며 음(−)의 부호는 인과관계가 반비례, ╫는 시간 지연을 의미

Ⅳ 시사점

북한발 안보위협 등이 상존하므로 항상 긴장감을 유지

◉ 위험상황을 조성하는 북한의 도발이 당장은 위기로 비화되지는 않고 있지만 위기국면으로 전개될 가능성이 상존하기 때문에 긴장감을 늦추어서는 안 되는 상황

○ 한국은 북한발 안보위협이 상존하며, 경제적으로도 대외충격에 민감하게 반응하는 구조를 보유하고 있어 상시적으로 위기에 노출
  - 이들 위기의 원인이 외부에 있어 통제력(Control Power)를 제대로 발휘하기 어려움
  - 위기발생요인에 대한 통제력이 부족하기 때문에 위기대응능력이 취약할 수밖에 없는 것이 한국의 현실

○ 과도한 위기의식으로 지나치게 위축되는 것은 바람직하지 않지만 자칫 위기불감증에 빠지는 것을 경계하고 항상 적절한 긴장감을 유지

◉ 통제할 수 없는 위기가 언제든지 찾아올 수 있음을 유의해 위기관리를 일상화

○ 평소 위기관리의 기본은 위기발생의 가능성을 상시적으로 모니터링하는 것
  - 위기관리 현황파악을 위해 관련 정보를 수집하고 위기의 징후를 조기에 발견해 위기발생 여부를 판단하는 것이 중요

○ 위기가 닥쳤을 때 일회성에 그치는 형식적 대응을 해서는 위기의 반복과 심화만을 초래함을 분명히 인식

컨트롤 타워(Control Tower)를 중심으로 위기관리의 실행력 배가

◉ 위기에 대한 효과적 사전예방과 신속한 조기대응을 위해서는 구심점 역할을 하는 컨트롤 타워가 필요

○ 컨트롤 타워의 정점인 국정 최고책임자는 위기발생의 가능성을 항상 염두에 두고 위기예방과 극복의 큰 틀을 그리는 역할을 수행

○ 국정 최고책임자의 리더십하에 복합적이고 다양한 위기상황에서 신속하고 유연하게 대응할 수 있는 조직으로 컨트롤 타워를 구축
  • 북한발 위기의 경우, 외교안보 부처와 경제부처 간 정보공유를 통해 유기적인 공조를 강화

컨트롤 타워의 기능과 역할

■ 상시적인 위기관리 조직으로 유연성과 신속성을 발휘해 위기관리활동을 수행

  □ 평상시에는 각종 위기특성, 실패사례, 미래전망 등을 바탕으로 위기상황 인지와 분석 기능을 수행 → 위기유형별로 위기관리 핵심지표를 설정하고 잠재위기요인을 제어

  □ 인지된 위기의 범위와 수준별로 이를 담당하는 조직에 하위 위기관리 핵심지표를 부여하고 이를 체계적으로 관리함으로써 예방조치를 강구

  □ 위기발생 시 잠재위기요인을 바탕으로 초기대응에 주력

◉ 컨트롤 타워와 현장과의 밀착을 통해 위기관리의 실행력을 배가

○ 현장에 최대한의 자율성을 부여하는 한편 적극적인 대응조치를 유도하는 인센티브를 제공
  • 책임과 권한을 명확하게 함으로써 현장에서 위기인식 후 판단과 조치까지 소요되는 시간을 단축

○ 컨트롤 타워와 현장 간의 정보공유와 원활한 의사소통 채널을 구축해 신속한 위기대응을 촉진

기업도 위기관리를 상시적 경영활동으로 추진

◉ 기업은 단 한 번의 위기대응 실패로도 복구 불가능한 손실을 입을 수 있으므로 전사적 차원에서의 위기관리가 지속성장의 관건

○ 기업도 위기발생 대응을 잘하는 것보다 위기를 예방하는 것이 훨씬 더 중요

○ 전사적, 종합적, 전문적으로 위기요인들을 관리할 수 있는 시스템을 구축하여 기업의 상태를 수시로 점검

◉ 위기관리 핵심지표를 기업 위기관리 시스템에 도입해 성과를 제고

○ 전사적 차원의 위기관리 핵심지표와 기업의 하위 조직의 기능별로 세부 위기관리 핵심지표를 부여하고 이를 중점 관리
  • 기업 내 각 조직이 기업성과에 밀접한 관련을 갖는 위기관리 핵심지표를 설정해 관리하면 일상적 경영활동을 수행하는 것 그 자체가 바로 위기관리활동으로 연결

○ 기업구성원이 위기관리 핵심지표를 공유하고 이를 유지하고 제고하는 데 노력하는 경우 위기예방은 물론 기업성과 제고에도 기여

기업의 전사적 위기관리 활동의 예

■ 제조기업의 경우 제품결함에 따른 제조물 책임배상은 기업성과를 저해하는 위기

  □ 전사적 차원에서는 매출액을 위기관리 핵심지표로 설정하고 제품결함을 발생시키는 근본원인에 대한 통제를 실시

  □ 하위 조직별로 제조 부문에는 불량률, 마케팅 부문에는 소비자만족도, 재무 부문에는 소비자피해보상액 등 전사적 위기관리 핵심지표와 연계되어 있으며 각 조직의 기능에 부합하는 위기관리 핵심지표를 설정

  □ 전사 조직은 전사적 차원의 위기관리 핵심지표를 관리하는 한편, 각 부서의 위기관리 핵심지표 활동을 통제함으로써 상시적 위기관리활동을 전개